北京市财政课题研究成果
北京科技战略决策咨询中心研究成果

京津冀传统高能耗产业升级与新兴绿色产业培育研究

贾品荣　郭广生　著

科学出版社
北　京

内 容 简 介

全书从宏观、中观和微观角度分析了京津冀地区传统高能耗产业产能过剩现状，阐述了消费主导和供需调整化解产能过剩机制，构建京津冀地区传统高能耗产业升级指数，分析新兴绿色产业培育机制，把脉京津冀地区新兴绿色产业发展态势，构建首个京津冀新兴绿色产业发展指数，寻求京津冀地区新兴绿色产业价值链升级对策，提出京津冀高能耗产业升级及新兴绿色产业培育的六大策略。

本书适合产业经济学、资源与环境经济学领域的科研院所、高校师生、企业研发机构及政府相关部门阅读和参考。

图书在版编目（CIP）数据

京津冀传统高能耗产业升级与新兴绿色产业培育研究/贾品荣，郭广生著．—北京：科学出版社，2019.5
 ISBN 978-7-03-060640-2

Ⅰ.①京… Ⅱ.①贾… ②郭… Ⅲ.①区域经济发展－产业发展－研究－华北地区 Ⅳ.①F127.2

中国版本图书馆 CIP 数据核字（2019）第 037045 号

责任编辑：刘翠娜 / 责任校对：王萌萌
责任印制：师艳茹 / 封面设计：蓝正设计

科学出版社 出版
北京东黄城根北街 16 号
邮政编码：100717
http://www.sciencep.com

河北鹏润印刷有限公司 印刷
科学出版社发行 各地新华书店经销

*

2019 年 5 月第 一 版　开本：787×1092 1/16
2019 年 5 月第一次印刷　印张：20 3/4
字数：335 000

定价：158.00 元
（如有印装质量问题，我社负责调换）

作者简介

贾品荣，北京市科学技术研究院研究员，毕业于华中科技大学，获博士学位，南开大学经济学博士后。主要研究方向：技术经济及管理、创新管理。主持中国社会科学院重大招标课题、国家软科学计划重大课题子课题等。著有《国计民生策论》、《京津冀地区低碳发展的技术进步路径研究》、《民生科技：创新模式与评价体系》、《航空金融论：技术经济视角》、《低碳生态城镇建设与科技创新研究》等专著10部。在 Journal of Environmental Management 等SCI收录期刊和《科学学研究》、《中国管理科学》等中文核心期刊以第一作者发表论文30多篇，其中，《新华文摘》转载论文4篇，《人大复印资料》转载论文14篇，获全国博士后优秀论文一等奖。调研报告发表于科技部内参《软科学要报》和中共北京市委内参《北京信息》及《光明日报》、《人民日报》理论版。

郭广生，北京市科学技术研究院院长，北京科技战略决策咨询中心首席专家，教授，博士生导师。先后毕业于山东大学、北京化工大学，获工学博士学位。主要研究领域：应用激光化学、纳米材料科学与技术、高等教育管理及科技管理等。主持或参加国家863计划项目、国家自然科学基金重点项目、国家基金委国家重大科研仪器研制项目及省部级科研项目数十项。在 Journal of the American Chemical Society、Angewandte Chemie-International Edition、《中国高等教育》、《中国高校科技》等期刊上发表研究论文180余篇，授权专利20余项，授权美国发明专利1项，出版专著3部，获省部级科技进步二等奖2项。作为第一完成人获得国家级教学成果一等奖1项、二等奖1项，获北京市高等教育教学成果奖一等奖8项、二等奖2项。曾先后兼任教育部科技委管理学部副主任、教育部高等学校化学基础课程教学指导委员会副主任、教育部高等学校文化素质教育指导委员会副主任、教育部学科发展与专业设置专家委员会委员、普通高等学校本科教学工作评估专家委员会委员和教育部高等学校学习科学教学指导分委员会主任等。

序

《京津冀传统高能耗产业升级与新兴绿色产业培育研究》是北京市科学技术研究院贾品荣研究员和院长郭广生教授的共同研究成果,也是近年来全面系统研究和回答京津冀地区传统高能耗产业如何转型和新兴绿色产业怎样发展的一部力作。该书根据中国共产党第十八届中央委员会第五次全体会议提出的"创新、协调、绿色、开放、共享"发展理念的要求,结合京津冀地区产业转型与发展的实际,深入分析了京津冀地区传统高能耗产业和新兴绿色产业发展现状和面临的突出问题,提出了传统高能耗产业转型升级的方向和任务,探讨了新兴绿色产业发展的路径和政策措施。这部专著的研究成果对于京津冀地区产业转型升级的实际工作具有很强的指导意义和应用价值。

为什么要积极推进传统高能耗产业转型升级和发展新兴绿色产业?因为我国经济发展阶段出现了新的变化。党的十九大报告指出,我国经济已由高速增长阶段转向高质量发展阶段,正处在转变发展方式、优化经济结构、转换增长动力的攻关期,建设现代化经济体系是跨越关口的迫切要求和我国发展的战略目标。该书分析和揭示了经济发展阶段的变化对经济高质量发展和产业转型升级提出的要求:一是要求我国的发展方式,由主要依靠增加物质资源消耗实现的粗放型高速增长,转变为依靠技术进步和提高劳动者素质实现的高质量发展;二是要求我国的产业体系,由要素密集型产业为主,转向以技术和知识密集型产业为主的产业体系,从而促进我国产业向国际产业价值链的中高端迈进;三是要求我国的产品体系由目前较低技术含量、较低附加值产品为主的产品体系转向高技术含量、高附加值的产品体系为主,从而实现经济质量增长;四是要求建设环境友好、资源节约型经济,在经济发展过程中加强生态环境保护,有效利用自然资源,避免过度开发,从而实现绿色发展、可持续发展。

京津冀地区在地理区位上虽然属于相互毗邻的环渤海湾经济带,但其经济发展水平和产业结构具有较大差异。因此,这一地区传统高能耗产业转型和培育新兴绿色产业的重点、难点和政策选择既有共同点,也有区别。改革开放以来,北京、天津、河北的经济都实现了高速增长。北京已进入后工业化发展阶段，天津的工业化也基本完成，河北还处于工业化的中期阶段；从社会经济形态看，北京市和天津市是特大城市，河北省具有城乡二元结构的突出特征；在产业结构上，北京市服务业的比重已经超过 75%，制造业只占 20%左右，天津以加工制造业和港口服务业为主导，河北以资源密集型的重化工业和农业为主导。因此研究京津冀地区的产业转型升级和绿色产业发展需要考察三地产业结构的区别和相互联系，探讨京津冀协同发展途径和机制。京津冀水土相连，同在一片蓝天下。推动传统高能耗产业转型升级，防治污染、发展绿色产业、改善生态环境既是京津冀地区城乡居民的共同愿望，也是京津冀地区各级政府、企业和社会的共同责任，但由于经济发展水平和产业结构的差异，在目标、任务和政策的着力点等方面，应当各有不同。推进传统高能耗产业转型，首先按照供给侧结构性改革的总体要求，下决心淘汰落后产能。据统计，我国高能耗的钢铁、水泥、平板玻璃、电解铝产能平均利用率不到 70%，需要淘汰的落后产能至少在 30%。传统高能耗产业的转型升级必须抓住重点。在我国能源消耗总量中，工业部门消耗的能源占 70%，其中冶金、建材、火力发电、化工、重型机械装备制造和采掘业等六大行业的能源消耗占工业总能耗的 79%。因此传统高能耗产业转型升级的任务主要集中在是上述六大行业。

进入 21 世纪以来，北京通过淘汰落后产能和企业搬迁，传统高能耗产业的调整和转型取得显著成效。北京的制造业比重相对较低，并逐步向汽车制造、电子信息、航空航天产品制造业、生物医药制造业等高端制造业发展。按照首都的功能定位，北京提高产业层次，收缩产业范围，优化产业分工，重点发展高附加值、知识与技术密集型的先进制造业和现代服务业，勇于做"减法"，不必纠结于部分产业的迁出或放弃的得失。北京传统产业领域就业机会的减少，有利于减少劳动力的不合理流动，也有利于降低劳动力成本。在中高端制造业领域，北京重点发展产品研发与设计、关键零部件制造和产品总成，降低企业零部件自制率，推动一般零部件制造业向河北等地转移，形成专业化、社会化的分工体系。

天津制造业的比重显著高于北京，天津工业包括冶金、石油化工、基础化工、机械制造、汽车、电子信息产品、纺织服装等，具有完整的现代工业体系，仍然是我国重要的老工业基地。天津产业结构调整与北京的共同点在于都要积极推进产业升级，淘汰高能耗、高污染的落后产能，促进低附加值产业转移，优化产业组织结构，通过专业化、社会化分工提高与河北的产业关联度；区别在于天津既要加快现代服务业发展，又必须坚持以发展先进制造业为基础，瞄准工业发达国家先进水平，加强现有制造业改造和创新。

在河北的工业构成中，重工业比重过高，超出了华北地区自然生态环境的承载能力和自我净化能力。近年来国内需求结构变化和产能过剩矛盾突出，加剧了钢铁、建材等重工业的生产经营困难。在生态环境和市场环境的双重压力下，河北产业结构调整的任务更为艰巨。一是在下决心淘汰钢铁、建材等高能耗工业的落后产能的同时，应优化重化工业的生产力布局，促进钢铁、建材、化工等重化工业向沿海地区集中；二是调整和优化企业组织结构，促进资源密集型重化工业的生产要素向生产技术先进和具有规模经济效益的大型企业集中；三是发展与京津产业配套的零部件制造业和现代物流业；四是承接京津劳动密集型制造业转移；五是发挥毗邻京津的地理优势，发展面向京津大市场的农牧产品种养加产业，培育蔬菜生产基地，改变京津地区蔬菜供应依靠远距离运输的状况。

高能耗重化工业的结构调整必须坚持生产力标准。从工业技术经济指标考察，国内大型钢铁企业吨钢综合能耗为 640 千克，已达到国际先进水平，但中小钢铁企业综合能耗超过 900 千克，比大型钢铁企业高 40%。采用先进技术和大型装置的水泥企业，生产每吨熟料消耗标准煤 140 千克，小水泥厂生产每吨熟料要消耗 170 千克。因此，在资源密集型重化工业领域，那些能耗高、污染严重的中小企业应当被淘汰。

治理污染应当实行谁污染、谁治理原则。一些企业片面追求利润最大化，导致严重的外部不经济。企业赚钱、环境遭殃、政府花钱治理的状况必须改变。解决办法一是在指导思想上明确以维护广大人民群众利益为出发点，经济发展不能以牺牲环境为代价；二是提高企业生产排放标准和地区环境容量标准，从市场准入规则上严格限制达不到标准的企业；三是加强传统高能耗、高污染企业的技术改造和产业组织结构调整，努力降低单位产品的能源消耗；四是积极培育和发展新的替代产业，优化区域产业结构；五是改变以罚代管的做法，开征污染物排放与环境保护税，运用强制性的经济杠杆引导企业主动防治污染；六是协调地区利益关系，对河北为保护水源和生态环境而限制开发的地区，以及为了治理污染关停企业较多且影响当地财政收入和就业的地区应建立合理的补偿机制。

新兴绿色产业发展的关键是技术创新。我国经济发展阶段的变化和国际竞争的压力，都要求经济发展必须从依靠外延式扩大再生产转向依靠技术创新为主导的内涵式扩大再生产。发展新兴绿色产业的途径是：对科技进步的方向做出准确的判断；依靠自主研发获得关键的技术；增强将科技创新成果工程化、产业化和市场化的动力和能力；培育具有先进制造业的配套能力和核心龙头企业的集成能力；形成以企业为主导的产学研相结合的机制和组织方式；增强高科技人才的凝聚力；企业家应树立追求创新发展的价值理念。必须克服长期以来形成的企业扩大再生产方式的局限性，即一是过分依赖政府的优惠政策和寻租的机会主义行为；二是偏重于注重扩大产能和市场规模，不注重依靠创新的内涵式扩大再生产；三是过度依靠银行贷款和高杠杆率；四是热衷于投资房地产；五是在资本和金融市场投机；六是不重视主动解决生产经营的外部不经济性；七是偏好于商业模式创新，而不重视生产技术和产品的创新。科技创新不仅是增加投入问题，同时需要转变企业扩大再生产的方式和经营理念。

在《京津冀传统高能耗产业升级与新兴绿色产业培育研究》出版之际，围绕这部专著研究的主题进行讨论，以作为本书的序言。

吕 政[*]

2019年2月10日

---

[*] 吕政，著名经济学家，中国社会科学院学部委员，工业经济研究所研究员。

前　言

我国正处于工业化深度推进过程中，尽管已经形成了较为完善的产业体系，但是面对国内外经济条件和经济发展阶段的转化，依靠高投资、高能耗产业主导支撑的高速增长难以为继。习近平总书记指出，只有从源头上使污染物排放大幅降下来，生态环境质量才能明显好上去[①]。因此，传统高能耗产业不是所有企业的可持续发展问题，而是应当大幅度减少高能耗产业的生产能力和产量，淘汰落后产能，降低高能耗产业的比重。

京津冀地区是我国重要的经济增长极，京津冀协同发展是国家战略。习近平总书记在京津冀协同发展座谈会上指出，要在生态保护机制创新上下功夫，京津冀要走在全国前列。同时指出，严防过剩产能死灰复燃[②]。面对新时代高质量发展的要求，传统高能耗产业转型升级成为京津冀地区产业结构优化升级的战略棋局。同时，在过剩产能退出的同时，应更好地发展新兴绿色产业，并推动新兴绿色产业与传统高能耗产业的深度融合，尤其应注意提升区域的产业结构转化能力与区域绿色发展水平。

本书是北京市财政课题"京津冀传统高能耗产业优化升级与新兴绿色产业培育研究"的成果，是北京科技战略决策咨询中心的研究成果。从科技的维度、创新的视角，对京津冀地区传统产业去产能取得一定成效的基础上，找寻京津冀地区传统高能耗产业优化升级路径及新兴绿色产业培育的战略路径。

全书共 15 章。第 0 章为导论；第 1 章为研究理论基础；第 2 章为研究方法；第 3 章为传统高能耗产业与新兴绿色产业的定义与内涵；第 4 章为传统高能耗产业与新兴绿色产业的战略关系纵论；第 5 章为京津冀地区传统高能耗产业产能利用率研究；第 6 章为京津冀地区典型传统高能耗产业产能过剩原因分析；第 7 章为京津冀地区传统高能耗产业过剩产能化解机制研究；第 8 章为京津冀地区传统高能耗产业升级指数研究，从产业结构优化、产业结构转换能力、产业绿色增长三个方面，构建了高能耗产业升级指数，评价了全

---

① 习近平.推动我国生态文明建设迈上新台阶. 求是，2019(3)：1-5.
② 一项历史性工程——习近平总书记调研京津冀协同发展并主持召开座谈会纪实.(2019-01-20)[2019-01-20]. http://www.xinhuanet.com/politics/leaders/2019-01/20/c_1124014507.htm.

国省域层面的高能耗产业升级水平，重点评价了京津冀地区的高能耗产业升级水平；第 9 章为产业结构优化升级对京津冀地区产能化解的影响评价，运用情景分析法，定量分析产业结构变动对各种产能变动的影响；第 10 章为京津冀地区新兴绿色产业发展现状分析；第 11 章为京津冀地区新兴绿色产业培育机制研究；第 12 章为京津冀地区新兴绿色产业价值链增值研究，从产业链价值增值环节入手，构建新兴绿色产业链价值增值模型；第 13 章为京津冀地区新兴绿色产业发展指数研究，提出新兴绿色产业发展的评价指标体系，评价了全国及京津冀地区新兴绿色产业发展；第 14 章为京津冀地区传统高能耗产业优化升级与新兴绿色产业培育策略。本书提出的京津冀高能耗产业升级的策略有：差异化发展策略、需求导向策略、产业对接策略、技术创新策略、生态化升级策略、素质提升策略等；京津冀地区新兴绿色产业培育策略有：制度支持策略、消费导向策略、商业模式创新策略、集群发展策略、产品多样化策略、产业互动策略。

笔者所在单位为北京市科学技术研究院（以下简称北科院）。北科院是北京市政府直属的综合性科研机构，"北科智库（北京科技战略决策咨询中心）"是北科院整合资源、强强合作、重点打造的六个研究中心之一，是北科院开展科技创新智库领域研究的主要支撑机构和管理平台，是首批首都高端智库建设试点单位。

在建设"北科智库"过程中，我们深深体会到提升"北科智库"的特色与影响力在于"四个桌腿"绘成一个桌面，"四个桌腿"是智库前瞻研究力、智库政策评估力、智库思想启迪力、智库社会影响力，"一个桌面"是北科智库的特色与影响。在此，以本书研究为例说明。

——智库的优势体现在前瞻研究上。新时代将绿色发展作为国家"十三五"乃至更长时期经济社会发展的一个重要理念。本书围绕绿色低碳循环发展进行了一些深入思考。相关成果发表在《光明日报》上，以《绿色发展：京津冀高能耗产业升级的有效路径》为题提出绿色发展视域下的京津冀高能耗产业升级的策略。文章发表后，求是理论网、人民网等重要网站第一时间对其进行了转载、推送。另一篇文章《科技创新是京津冀低碳发展的新引擎》阐释了绿色发展是构建高质量现代化经济体系的必然要求，是解决污染问题的根本之策。

——智库政策评估力。智库的研究与政府政策不同，通过一定的工具反映发展水平、发展态势、发展程度、发展问题，就是智库的着力点。本书建构了京津冀地区传统高能耗产业升级指数和新兴绿色产业发展指数。这两个指数，既反映产业发展动态，又把脉了发展趋势。

——智库思想启迪力。思想性是智库价值的体现，思想启迪才能产生创新性产品，才能提升智库产品的内在价值。本书论述了传统高能耗产业与新兴绿色产业的战略互动、战略互补、战略融合、战略协同、战略嵌入、战略演进六大关系，形成了传统高能耗产业与新兴绿色产业的核心关系。

——智库社会影响力。智库的工作一方面应积极联系政府，精准把握政策；另一方面，精炼研究成果，发布成果报告，提升智库社会影响力。本书的核心内容通过在学术期刊、学术会议和报纸理论版发表产生了一定影响。发表了 SCI 论文，深入探讨了京津冀地区水资源配置的问题；以本书核心内容为依托，在核心期刊发表了 6 篇论文；主办了"京津冀传统产业升级与新兴产业智库高峰论坛"，邀请中国工程院院士钱易教授、中国社会科学院学部委员吕政研究员等专家围绕京津冀地区产业升级与绿色发展做学术报告；发布了《京津冀地区传统高能耗产业升级指数报告》并被《人民日报》报道。

全书既有宏观推动传统高能耗产业升级与新兴绿色产业培育的战略措施，又有中观市场的扶持和微观企业的进步策略。是从科技的维度、创新的视角，找寻京津冀地区传统高能耗产业优化升级的科学路径，提出新兴绿色产业培育的战略措施。

出版成果是智库联系社会的反映。希望本书得到各界读者的指导，以便于在后续的研究中日臻完善！

作　者
2019 年 2 月 1 日

目 录

序
前言

第0章 导论 ·· 1
  0.1 问题的提出 ··· 1
    0.1.1 全球视角：应对新一轮产业革命挑战，破解转型升级难题 ········· 1
    0.1.2 全国视角：高质量发展对我国产业转型升级提出新要求 ············ 2
    0.1.3 京津冀视角：产业转型升级是科学持续协同发展的破题之作 ········ 4
  0.2 研究目的和意义 ··· 10
    0.2.1 理论意义 ··· 10
    0.2.2 实践意义 ··· 11
  0.3 研究目标 ··· 12
  0.4 研究内容 ··· 12
  0.5 技术路线图 ··· 15
  0.6 研究方法 ··· 17
    0.6.1 生产函数法 ······································· 17
    0.6.2 情景分析法 ······································· 17
    0.6.3 演化博弈理论 ····································· 17
    0.6.4 系统动力学 ······································· 18
    0.6.5 系统分析法 ······································· 18
  0.7 研究创新点 ··· 18

第1章 研究理论基础 ·· 21
  1.1 系统理论 ··· 21
  1.2 系统理论的启示及应用 ·································· 23
  1.3 可持续发展理论 ······································· 24
  1.4 可持续发展理论的运用及启示 ··························· 24
  1.5 产业结构理论 ··· 25
    1.5.1 结构的内涵 ······································· 25
    1.5.2 产业结构的内涵 ··································· 25
    1.5.3 产业结构演变理论 ································· 26
    1.5.4 产业结构优化理论 ································· 27

1.6　产业结构理论的启示及应用 ………………………………… 27
　　1.7　技术创新理论 ………………………………………………… 28
　　1.8　技术创新理论的启示及应用 ………………………………… 31
　　1.9　价值链理论 …………………………………………………… 34
　　1.10　价值链理论的启示及应用 …………………………………… 34
　　1.11　本章小结 ……………………………………………………… 35

第 2 章　研究方法 …………………………………………………………… 36
　　2.1　DEA 分析法及其应用 ………………………………………… 36
　　　　2.1.1　DEA 分析法 …………………………………………… 36
　　　　2.1.2　DEA 分析法的应用 …………………………………… 36
　　2.2　情景分析法及其应用 ………………………………………… 37
　　　　2.2.1　情景分析法 …………………………………………… 37
　　　　2.2.2　情景分析法的应用 …………………………………… 39
　　2.3　演化博弈理论及其应用 ……………………………………… 39
　　　　2.3.1　演化博弈理论 ………………………………………… 39
　　　　2.3.2　演化博弈理论的应用 ………………………………… 40
　　2.4　系统动力学及其应用 ………………………………………… 41
　　　　2.4.1　系统动力学 …………………………………………… 41
　　　　2.4.2　系统动力学的应用 …………………………………… 41
　　2.5　系统分析法及其应用 ………………………………………… 42
　　　　2.5.1　系统分析法 …………………………………………… 42
　　　　2.5.2　系统分析法的应用 …………………………………… 43
　　2.6　案例分析法及其应用 ………………………………………… 44
　　　　2.6.1　案例分析法 …………………………………………… 44
　　　　2.6.2　案例分析法的应用 …………………………………… 44
　　2.7　本章小结 ……………………………………………………… 45

第 3 章　传统高能耗产业与新兴绿色产业的定义与内涵 ……………… 46
　　3.1　传统高能耗产业的定义与内涵 ……………………………… 46
　　　　3.1.1　产业的定义 …………………………………………… 46
　　　　3.1.2　传统产业的定义 ……………………………………… 46
　　　　3.1.3　传统高能耗产业的定义 ……………………………… 47
　　3.2　传统高能耗产业升级的定义与内涵 ………………………… 47
　　　　3.2.1　传统高能耗产业升级的定义 ………………………… 47
　　　　3.2.2　传统高能耗产业升级的内涵 ………………………… 47
　　3.3　新兴绿色产业的定义与内涵 ………………………………… 49

3.3.1 新兴产业的定义 49
　　3.3.2 新兴产业的特点 50
　　3.3.3 战略性新兴产业的定义 52
　　3.3.4 绿色产业的定义 53
　　3.3.5 绿色产业的内涵 54
　　3.3.6 新兴绿色产业的定义与内涵 55
　　3.3.7 新兴绿色产业的典型行业 57
　3.4 本章小结 64

第4章 传统高能耗产业与新兴绿色产业的战略关系纵论 66
　4.1 传统高能耗产业与新兴绿色产业的战略互动关系 66
　4.2 传统高能耗产业与新兴绿色产业的战略互补关系 68
　4.3 传统高能耗产业与新兴绿色产业的战略融合关系 69
　4.4 传统高能耗产业与新兴绿色产业的战略协同关系 70
　4.5 传统高能耗产业与新兴绿色产业的战略嵌入关系 71
　4.6 传统高能耗产业与新兴绿色产业的战略演进关系 72
　　4.6.1 传统高能耗产业与新兴绿色产业的相互适应阶段 73
　　4.6.2 传统高能耗产业与新兴绿色产业的协调发展阶段 73
　　4.6.3 传统高能耗产业与新兴绿色产业的分化替代阶段 74
　4.7 本章小结 74

第5章 京津冀地区传统高能耗产业产能利用率研究 75
　5.1 产能过剩的内涵界定 75
　5.2 产能过剩研究现状 78
　　5.2.1 产能过剩的国内外研究进展 78
　　5.2.2 产能过剩的研究评述 80
　5.3 京津冀地区传统高能耗产业产能利用率分析 81
　　5.3.1 产能利用率的计算方法 81
　　5.3.2 产能利用率分析 87
　5.4 本章小结 100

第6章 京津冀地区典型传统高能耗产业产能过剩原因分析 102
　6.1 典型企业产能过剩分析 102
　　6.1.1 案例1：天津天保热电有限公司 102
　　6.1.2 案例2：赞皇金隅水泥有限公司 103
　　6.1.3 案例3：中国电建集团河北工程有限公司 104
　　6.1.4 案例4：德龙钢铁公司 105
　6.2 京津冀地区传统高能耗产业产能过剩的影响因素 105

6.2.1 资本和劳动力因素 ... 105
6.2.2 供需平衡 ... 107
6.2.3 行政干预 ... 108
6.2.4 经济增长方式不合理 ... 108
6.2.5 企业不合理的经济行为 ... 109
6.3 本章小结 ... 109

第7章 京津冀地区传统高能耗产业过剩产能化解机制研究 ... 111
7.1 经济发展所处阶段与产能过剩的关系 ... 111
7.1.1 消费主导型指数的构建 ... 111
7.1.2 京津冀地区消费主导型指数分析 ... 113
7.1.3 京津冀三地经济增长模式对比分析 ... 117
7.1.4 经济发展阶段对产能利用率影响分析 ... 117
7.2 京津冀地区产能过剩化解机制 ... 119
7.2.1 宏观推动 ... 119
7.2.2 中观市场的扶持 ... 119
7.2.3 微观企业的进步 ... 120
7.3 京津冀地区产能过剩化解模式与方法 ... 121
7.3.1 政府引导型 ... 122
7.3.2 环境规制型 ... 123
7.3.3 市场竞争型 ... 124
7.3.4 需求导向型 ... 126
7.3.5 创新驱动型 ... 126
7.4 本章小结 ... 128

第8章 京津冀地区传统高能耗产业升级指数研究 ... 130
8.1 传统高能耗产业升级指数的分析框架 ... 130
8.1.1 传统高能耗产业升级的定义与内涵 ... 130
8.1.2 传统高能耗产业升级的三个维度 ... 130
8.1.3 传统高能耗产业升级指数的原则与总体框架 ... 131
8.2 京津冀地区传统高能耗产业结构优化指数 ... 133
8.2.1 传统高能耗产业结构优化指标体系 ... 133
8.2.2 传统高能耗产业结构优化指数的构建方法 ... 135
8.2.3 传统高能耗产业结构优化指数的测算结果及分析 ... 137
8.2.4 京津冀地区传统高能耗产业结构优化指数 ... 145
8.3 京津冀地区产业结构转换能力指数研究 ... 150
8.3.1 产业结构转换能力评价指标体系 ... 150
8.3.2 中国产业结构转换能力的测算结果及其分析 ... 154

  8.3.3 京津冀地区产业结构转换能力分析 ... 159
  8.3.4 产业结构转换能力指数的结论与讨论 ... 160
 8.4 京津冀地区产业绿色增长指数研究 ... 161
  8.4.1 产业绿色增长综述 ... 161
  8.4.2 产业绿色增长模型和方法 ... 163
  8.4.3 产业绿色增长数据 ... 166
  8.4.4 中国产业绿色增长指数测算结果 ... 167
  8.4.5 京津冀地区产业绿色增长绩效指数 ... 175
  8.4.6 产业绿色增长的结论与讨论 ... 177
 8.5 京津冀地区传统高能耗产业升级指数研究 ... 178
  8.5.1 全国传统高能耗产业升级指数测算 ... 178
  8.5.2 京津冀地区传统高能耗产业升级指数 ... 183
 8.6 本章小结 ... 185

第9章 产业结构优化升级对京津冀地区产能化解的影响评价 ... 187
 9.1 产业结构优化的意义与方式 ... 187
 9.2 京津冀地区经济结构分析 ... 187
  9.2.1 北京市经济结构分析 ... 187
  9.2.2 天津市经济结构分析 ... 189
  9.2.3 河北省经济结构分析 ... 190
 9.3 京津冀地区传统高能耗产业结构情景分析 ... 192
  9.3.1 情景分析核心参数的选择与预测 ... 192
  9.3.2 产业结构调整的目标设定 ... 194
 9.4 传统高能耗产业结构调整对产能利用率的影响分析 ... 195
 9.5 本章小结 ... 197

第10章 京津冀地区新兴绿色产业发展现状分析 ... 198
 10.1 北京市新兴绿色产业发展现状 ... 198
 10.2 天津市新兴绿色产业发展现状 ... 201
 10.3 河北省新兴绿色产业发展现状 ... 204
 10.4 京津冀地区新兴绿色产业发展中的制约因素 ... 209
 10.5 本章小结 ... 210

第11章 京津冀地区新兴绿色产业培育机制研究 ... 211
 11.1 新兴绿色产业培育机制作用解析 ... 211
  11.1.1 新兴绿色产业培育的技术研发机制 ... 211
  11.1.2 新兴绿色产业的市场培育机制 ... 216
  11.1.3 新兴绿色产业培育的制度激励机制 ... 219

11.2 新兴绿色产业培育的阶段特征 ··· 224
　　11.2.1 孕育期：加大政府扶持，选择关键领域技术研发 ················· 224
　　11.2.2 成长期：不断导入市场，完善法律法规体系 ······················· 224
　　11.2.3 成熟期：持续扩张规模，形成新兴产业链 ·························· 225
11.3 京津冀地区节能环保产业培育机制分析 ··································· 225
　　11.3.1 以技术研发为核心，促进新兴产业培育 ···························· 225
　　11.3.2 以市场机制为动力，促进新兴产业培育 ···························· 226
　　11.3.3 以政策环境为条件，促进新兴产业培育 ···························· 227
11.4 本章小结 ·· 228

第 12 章　京津冀地区新兴绿色产业价值链增值研究 ······················ 229
12.1 价值链理论 ·· 229
　　12.1.1 传统价值链 ·· 230
　　12.1.2 价值增加链 ·· 230
　　12.1.3 产业价值链 ·· 231
　　12.1.4 虚拟价值链 ·· 231
12.2 新兴绿色产业价值增值系统分析 ··· 232
　　12.2.1 基本创设条件的设定 ··· 232
　　12.2.2 主要因果关系回路分析 ·· 233
　　12.2.3 价值增值的结构流程 ··· 234
12.3 新兴绿色产业价值增值关键因素分析 ···································· 236
　　12.3.1 公众满意度对利润的影响分析 ······································ 236
　　12.3.2 产业政策对利润的影响分析 ··· 237
　　12.3.3 创新投入对利润的影响分析 ··· 239
　　12.3.4 新兴绿色产业价值增值的途径 ······································ 241
12.4 产业链延长与价值增值策略研究——以再生水产业为例 ············· 241
　　12.4.1 水处理产业链价值增值的原理分析 ································· 242
　　12.4.2 基于演化博弈理论的再生水合理定价与政府补贴策略 ·········· 245
12.5 本章小结 ·· 252

第 13 章　京津冀地区新兴绿色产业发展指数研究 ·························· 253
13.1 新兴绿色产业发展指标体系构建 ·· 253
　　13.1.1 指标体系框架 ··· 253
　　13.1.2 指标解释及计算方法 ··· 254
13.2 新兴绿色产业发展指数模型构建 ·· 258
13.3 京津冀地区新兴绿色产业发展指数测评 ································· 259
13.4 京津冀地区新兴绿色产业发展指数测算结果比较分析 ················ 267
　　13.4.1 京津冀与全国新兴绿色产业发展态势比较分析 ··················· 267

13.4.2　京津冀地区与全国新兴绿色产业发展基础比较分析 ·············· 268
　　13.4.3　京津冀地区与全国新兴绿色产业发展环境比较分析 ·············· 268
　　13.4.4　京津冀地区与全国新兴绿色产业发展能力比较分析 ·············· 270
　13.5　中国三大城市群新兴绿色产业发展指数比较分析 ························ 273
　　13.5.1　中国三大城市群新兴绿色产业发展态势比较分析 ·················· 273
　　13.5.2　中国三大城市群新兴绿色产业发展基础比较分析 ·················· 274
　　13.5.3　中国三大城市群新兴绿色产业发展环境比较分析 ·················· 275
　　13.5.4　中国三大城市群新兴绿色产业发展能力比较分析 ·················· 277
　13.6　结论与讨论 ··· 281
　13.7　本章小结 ··· 282

第14章　京津冀地区传统高能耗产业优化升级与新兴绿色产业培育策略 ··· 284
　14.1　京津冀地区传统高能耗产业优化升级策略 ································ 284
　14.2　京津冀地区新兴绿色产业培育策略 ·· 286

参考文献 ·· 291

附录1　全国省域传统高能耗产业结构合理化指数测算结果（2005～2016年） ··· 297

附录2　全国省域传统高能耗产业结构高级化指数测算结果（2005～2016年） ··· 298

附录3　全国省域六大高能耗产业销售产值占比测算结果（2005～2016年） ··· 299

后记 ·· 300

图 目 录

- 图 0-1　全书技术路线图 ·· 16
- 图 2-1　情景分析法基本思路 ······································· 38
- 图 2-2　多案例研究流程 ··· 44
- 图 4-1　传统高能耗产业与新兴绿色产业的战略演进关系 ········ 73
- 图 5-1　京津冀地区传统高能耗产业2004~2016年产能利用率趋势图 ······ 88
- 图 5-2　北京市2004~2016年传统高能耗产业产能利用率趋势图 ······ 89
- 图 5-3　天津市2004~2016年传统高能耗产业产能利用率趋势图 ······ 91
- 图 5-4　河北省2004~2016年传统高能耗产业产能利用率趋势图 ······ 92
- 图 5-5　京津冀地区传统高能耗产业产能利用率趋势图 ··········· 93
- 图 5-6　2004~2016年京津冀地区石油加工、炼焦及核燃料加工业产能利用率 ······ 94
- 图 5-7　2004~2016年京津冀地区化学原料及化学制品制造业产能利用率 ··· 95
- 图 5-8　2004~2016年京津冀非金属矿物制品业产能利用率 ······· 95
- 图 5-9　2004~2016年京津冀地区黑色金属冶炼及压延加工业产能利用率 ··· 96
- 图 5-10　2004~2016年京津冀地区有色金属冶炼及压延加工业产能利用率 ··· 97
- 图 5-11　2004~2016年京津冀地区电力、热力的生产和供应业产能利用率 ··· 97
- 图 5-12　2004~2016年京津冀地区六大传统高能耗产业产能利用率 ··· 98
- 图 5-13　传统高能耗产业离散度雷达图 ·························· 100
- 图 7-1　2004~2016年北京市消费主导型指数 ···················· 115
- 图 7-2　2004~2016年天津市消费主导型指数 ···················· 116
- 图 7-3　2004~2016年河北省消费主导型指数 ···················· 116
- 图 7-4　2004~2016年京津冀地区消费主导型指数 ··············· 117
- 图 7-5　2004~2016年京津冀消费主导型指数与产能利用率 ····· 118
- 图 7-6　京津冀地区传统高能耗产业过剩产能化解机制 ········· 121
- 图 8-1　产业结构优化指数各组成指标权重 ······················ 138
- 图 8-2　结构合理化指标区域绝对值的比较 ······················ 140
- 图 8-3　结构合理化指标相对值的比较 ···························· 142
- 图 8-4　六大传统高能耗产业销售产值占比绝对值的比较 ······· 142

图 8-5	高级化指标绝对值比较	143
图 8-6	高级化指标相对值比较	144
图 8-7	产业结构优化指标绝对值比较	144
图 8-8	产业结构优化指标相对值比较	145
图 8-9	京津冀地区传统高能耗产业结构合理化指标的绝对值比较	146
图 8-10	京津冀地区传统高能耗产业结构合理化指标的相对值比较	146
图 8-11	京津冀六大传统高能耗产业销售产值占比指标的绝对值比较	147
图 8-12	河北地级市六大传统高能耗产业销售产值占比指标的绝对值比较	148
图 8-13	各地区产业结构转换能力指数时间趋势图(2005~2016 年)	158
图 8-14	各地区产业结构转换能力指数累计增长水平(2005~2016 年)	158
图 8-15	京津冀地区产业结构转换指数时间趋势图(2005~2016 年)	159
图 8-16	京津冀地区产业结构转换指数累计增长水平(2005~2016 年)	160
图 8-17	GDPI 门槛统计(2005~2016 年)	168
图 8-18	七大地区 GDPI 的时间趋势图(2005~2016 年)	169
图 8-19	七大地区 GDPI 累计增长水平(2005~2016 年)	170
图 8-20	七大地区 GDPI 平均值	171
图 8-21	七大地区 GDPI 构成	171
图 8-22	七大地区环境绩效指数构成	172
图 8-23	京津冀地区 GDPI 时间趋势图(2005~2016 年)	175
图 8-24	京津冀地区 GDPI 累计增长水平(2005~2016 年)	176
图 8-25	京津冀地区 GDPI 构成	176
图 8-26	京津冀地区环境增长绩效指数构成	176
图 8-27	各地区 UPI 时间趋势图(2005~2016 年)	180
图 8-28	各地区 UPI 累计增长水平(2005~2016 年)	181
图 8-29	UPI 时间变化趋势(2005~2016 年)	182
图 8-30	UPI 地区分布差异	182
图 8-31	各地区 UPI 分指数比较	183
图 8-32	京津冀地区 UPI 时间趋势图(2005~2016 年)	184
图 8-33	京津冀地区 UPI 累计增长水平(2005~2016 年)	184
图 8-34	京津冀地区 UPI 分指数比较图	185
图 9-1	2007~2016 年北京市三次产业结构	188
图 9-2	2007~2016 年北京市传统高能耗产业比重	188

图 9-3	2007～2016年天津市三次产业结构占比	189
图 9-4	2007～2016年天津市传统高能耗产业比重变化	190
图 9-5	2007～2016年河北省三次产业结构	191
图 9-6	2007～2016年河北省传统高能耗产业比重	191
图 9-7	北京市传统高能耗产业产能利用率	195
图 9-8	天津市传统高能耗产业产能利用率	196
图 9-9	河北省传统高能耗产业产能利用率	196
图 12-1	波特价值链模型	230
图 12-2	产业价值链	231
图 12-3	虚拟价值链模型	232
图 12-4	新兴绿色产业价值链增值的因果关系图	233
图 12-5	系统结构图	234
图 12-6	公众满意度对企业利润总额的影响	237
图 12-7	废弃物资源化水平对企业利润总额的影响	237
图 12-8	政策激励对污染物资源化投资和原材料供给的影响	238
图 12-9	政策激励对公众满意度和利润的影响	238
图 12-10	政策激励对政府排污收费的影响	239
图 12-11	创新投入对污染物资源化投资和废弃物资源化的影响	240
图 12-12	创新投入对原材料供给和生产量的影响	240
图 12-13	技术研发投入对企业利润总额的影响	241
图 12-14	污水处理及再生水产业价值链构成	242
图 13-1	全国新兴绿色产业总发展指数	267
图 13-2	京津冀新兴绿色产业总发展指数	267
图 13-3	全国新兴绿色产业发展基础	268
图 13-4	京津冀新兴绿色产业发展基础	268
图 13-5	全国新兴绿色产业发展环境	269
图 13-6	京津冀新兴绿色产业发展环境	269
图 13-7	全国新兴绿色产业政策因素	269
图 13-8	京津冀新兴绿色产业政策因素	269
图 13-9	全国新兴绿色产业发展能力	270
图 13-10	京津冀新兴绿色产业发展能力	270
图 13-11	全国新兴绿色产业技术创新能力	271
图 13-12	京津冀新兴绿色产业技术创新能力	271

图 13-13	全国新兴绿色产业融资能力	272
图 13-14	京津冀新兴绿色产业融资能力	272
图 13-15	全国新兴绿色产业营运能力	272
图 13-16	京津冀新兴绿色产业营运能力	272
图 13-17	京津冀新兴绿色产业总发展指数	273
图 13-18	长三角新兴绿色产业总发展指数	274
图 13-19	珠三角新兴绿色产业总发展指数	274
图 13-20	京津冀新兴绿色产业发展基础	275
图 13-21	长三角新兴绿色产业发展基础	275
图 13-22	珠三角新兴绿色产业发展基础	275
图 13-23	京津冀新兴绿色产业发展环境	276
图 13-24	长三角新兴绿色产业发展环境	276
图 13-25	珠三角新兴绿色产业发展环境	276
图 13-26	京津冀新兴绿色产业政策因素	277
图 13-27	长三角新兴绿色产业政策因素	277
图 13-28	珠三角新兴绿色产业政策因素	277
图 13-29	京津冀新兴绿色产业发展能力	278
图 13-30	长三角新兴绿色产业发展能力	278
图 13-31	珠三角新兴绿色产业发展能力	278
图 13-32	京津冀新兴绿色产业技术创新能力	279
图 13-33	长三角新兴绿色产业技术创新能力	279
图 13-34	珠三角新兴绿色产业技术创新能力	279
图 13-35	京津冀新兴绿色产业融资能力	280
图 13-36	长三角新兴绿色产业融资能力	280
图 13-37	珠三角新兴绿色产业融资能力	280
图 13-38	京津冀新兴绿色产业营运能力	281
图 13-39	长三角新兴绿色产业营运能力	281
图 13-40	珠三角新兴绿色产业营运能力	281

表 目 录

表 3-1	国内新兴产业概念界定表	50
表 3-2	战略性新兴产业概念界定表	52
表 3-3	绿色产业概念界定表	53
表 5-1	国内外学者对产能过剩的定义	77
表 5-2	石油加工、炼焦及核燃料加工业数据单位根检验结果	84
表 5-3	非金属矿物制品业数据单位根检验结果	84
表 5-4	黑色金属冶炼及压延加工业数据单位根检验结果	85
表 5-5	有色金属冶炼及压延加工业数据单位根检验结果	85
表 5-6	电力、热力的生产和供应业数据单位根检验结果	85
表 5-7	化学原料及化学制品制造业数据单位根检验结果	85
表 5-8	传统高能耗产业面板协整检验结果	86
表 5-9	六大传统高能耗产业的产能利用率汇总表	87
表 5-10	天津市去产能相关政策文件	90
表 6-1	传统高能耗产业面板模型估计结果	106
表 7-1	消费主导型指标体系	111
表 7-2	消费主导型指数表	114
表 7-3	政府引导型	122
表 7-4	环境规制型	124
表 7-5	市场竞争型	125
表 7-6	需求导向型	126
表 7-7	创新驱动型	127
表 8-1	传统高能耗产业升级指数框架	132
表 8-2	传统高能耗产业结构优化指数体系	135
表 8-3	各地区构成产业结构优化指数子指标的描述性统计	138
表 8-4	中国传统高能耗产业结构优化指数测算结果（2005～2016 年）	139
表 8-5	京津冀传统高能耗产业结构优化指标描述性统计（2005～2016 年）	145
表 8-6	变量的描述性统计	155

表 8-7　产业结构转换能力指数主要指标权重 ·················156
表 8-8　产业结构转换能力指数测算结果（2005~2016 年）·········156
表 8-9　变量的描述性统计（2005~2016 年）·····················166
表 8-10　中国产业 GDPI 计算结果（2005~2016 年）···············167
表 8-11　30 个省域传统高能耗产业升级指数测算结果（2005~2016 年）···179
表 9-1　基准年与规划年 GDP 值·······························193
表 9-2　规划年固定资产原价降低比例设定表····················193
表 9-3　规划年平均用工人数设定表····························194
表 9-4　规划年产业结构设定表································194
表 9-5　规划年主营业务收入设定表····························194
表 9-6　各地区产业利用率····································195
表 13-1　新兴绿色产业发展指标体系···························253
表 13-2　新兴绿色产业所包含的产业名称及对应的上市公司企业数量···259
表 13-3　2011 年新兴绿色产业发展指数及各级指标值············260
表 13-4　2012 年新兴绿色产业发展指数及各级指标值············261
表 13-5　2013 年新兴绿色产业发展指数及各级指标值············262
表 13-6　2014 年新兴绿色产业发展指数及各级指标值············263
表 13-7　2015 年新兴绿色产业发展指数及各级指标值············264
表 13-8　2016 年新兴绿色产业发展指数及各级指标值············265
表 13-9　2017 年新兴绿色产业发展指数及各级指标值············266

第 0 章 导 论

0.1 问题的提出

0.1.1 全球视角：应对新一轮产业革命挑战，破解转型升级难题

从 1769 年蒸汽机的发明为标志的第一次技术革命到 1832 年发电机的发明和 1837 年电动机的发明为标志的第二次技术革命，以及 1947 年晶体管的发明和 1959 年集成电路的发明为代表性实例的第三次技术革命，人类社会逐步从农业社会向工业和信息化社会过渡和发展。目前，人类社会正面临着新一轮技术革命驱动产业变革发展。这轮产业革命主要体现在三个层面：一是新信息载体的出现，以电流为信息载体的集成电路将达到 16 纳米的物理极限，人类必须发明新一代信息载体。二是新一代信息技术深度融入经济和社会生活，成为新一轮产业革命的新引擎——与制造业相结合，形成智能制造；向社会渗透，形成智能社会。三是能源变革加速，人类活动在工业和信息化的过程中，长期排放的以二氧化碳为主的温室气体，已经危及人类生存与环境安全。为此，必须站在全球的视野看，面对当前资源环境约束力的不断强化，全面提高能源利用水平，大力改善生态环境。如果说前几次工业革命是技术推动型的"天然"结果的话；那么，目前人类所面临的新一轮产业革命则是既具有技术发展的时代要求，又具有环境与生存的紧迫感和必要性。

产业变革面临内生性约束，从环境与资源经济学来说，要实现可持续发展的经济模式，必须满足三个条件：一是环境技术确保可持续发展，各个环节实现有效链接，譬如，废弃物是放错地方的资源，如何化腐朽为神奇，这对技术创新提出新的要求；二是，经济政策应保证各个环节可获得经济收益，如何将企业串联起来，既解决资源存量问题，又解决增量问题，这就对政策创新提出新的要求；三是，发展环境与资源经济，需要依靠市场机制，前者要解决人类社会面临的资源短缺和环境污染问题，后者则追求利益最大化，二者天然存在矛盾，因此，必须在政策创新上取得新进展，需要汇集更多全球范围内的技术创新与政策创新智慧，破解大变革下的技术与生态发展难题。

0.1.2　全国视角：高质量发展对我国产业转型升级提出新要求

这是全球的视野。从国内经济发展来看，改革开放以来，中国经济保持了持续高速增长，国内生产总值从1978年的3645.22亿元增长到2017年的827122亿元，年均增长率达14.92%。2018年国内生产总值首次突破90万亿元大关，创造了经济增长奇迹。这一举世瞩目成绩的取得离不开传统高能耗产业的重要作用。

传统高能耗产业的重要作用在于对国内生产总值、经济增长的贡献率较高，且产业发展稳定。对于拥有十几亿人口的我国来说，传统高能耗产业在国民经济中占据重要地位。传统高能耗产业的生产技术一般以稳定成熟的传统技术为主，市场结构较为稳定。

但是，不容忽视的是由传统高能耗产业推动的高增长、高能耗、高排放的经济发展模式引发了较突出的资源环境问题。面对当前资源环境约束力的不断强化，劳动力等生产要素成本不断上升，主要依靠资源要素投入、规模扩张的传统工业发展模式必定难以为继，在全球产业变革的推动下，传统高能耗产业优化升级刻不容缓。

2015年10月，中国共产党第十八届中央委员会第五次全体会议提出"创新、协调、绿色、开放、共享"的五大发展理念，成为"十三五"时期发展的指导思想；2016年3月，第十二届全国人民代表大会第四次会议表决通过了《中华人民共和国国民经济和社会发展第十三个五年规划纲要》（简称"十三五"规划），"十三五"规划指出，"创新、协调、绿色、开放、共享"的新发展理念是中国"十三五"时期发展思路、发展方向、发展着力点的集中体现，必须贯穿于经济社会发展的各领域环节；2017年10月18日，中国共产党第十九次全国代表大会（简称十九大）召开，大会提出中国特色社会主义进入了新时代。十九大报告提出，我国经济已由高速增长阶段转向高质量发展阶段，正处在转变发展方式、优化经济结构、转换增长动力的攻关期，建设现代化经济体系是跨越关口的迫切要求和我国发展的战略目标。报告还提出，建设现代化经济体系，必须把发展经济的着力点放在实体经济上，把提高供给体系质量作为主攻方向，显著增强我国经济质量优势。2018年3月，第十三届全国人民代表大会第一次会议和中国人民政治协商会议第十三届全国委员会第一次会议召开，政府工作报告中强调运用新技术、新业态、新模式，大力改造提升传统产业。传统产业优化升级，是我国优化经济结构、实现高质量发展的关键棋局。

本书认为，高质量发展对我国经济转型升级提出四个要求。

(1) 要求我国的发展方式由主要依靠增加物质资源消耗实现的粗放型高速增长，转变为依靠技术进步和提高劳动者素质实现的高质量发展。

(2) 要求我国的产业体系由要素密集型产业为主，转向以技术和知识密集型产业为主的产业体系，从而促进我国产业向国际价值链的中高端迈进。

(3) 要求我国的产品体系由目前较低技术含量、较低附加值产品为主的产品体系转向高技术含量、高附加值的产品体系为主，从而实现经济质量增长。

(4) 要求我国的发展模式把资源利用和环境代价考虑进去，建设环境友好型经济，在经济发展过程中加强生态环境保护，有效利用自然资源，避免过度开发，从而实现绿色发展、可持续发展。

这四个要求体现了经济高质量发展要义。改革开放 40 年来，中国一些产业和企业鲜活的发展历程，亦证明了依靠技术进步和提高劳动者素质、技术和知识密集型产业、高技术含量和高附加值的产品体系、绿色发展是经济高质量发展的有效路径。

华为技术公司依靠技术进步和提高劳动者素质实现高质量发展。华为 17 万员工中，研发人员占比高达 45%，在全球设立了 16 个研发中心、31 个联合创新中心，加入 170 多个标准组织和开源组织。截止到 2015 年 6 月 30 日，华为累计获得专利授权 41903 件，拥有的专利授权量全球第一。

北京中关村依靠技术和知识密集型产业和高技术含量、高附加值的产品体系实现国家自主创新示范区高质量发展。中关村在"1+6"系列新政策、科技创新企业投贷联动 10 条措施、国际引才用才 20 条若干措施等的有力推动下，拥有 5G 移动通信、人工智能芯片、无人驾驶平台、石墨烯材料制备、高端医疗器械、复现高超声速飞行条件激波风洞技术等一批关键核心技术，形成了智能制造、节能环保、现代交通、新兴服务业等一系列强大的产业集群，新一代信息技术产业规模超过 2 万亿元，大数据占有率位居全国第一。2017 年，中关村企业总收入达到 5.3 万亿元，对北京经济增长贡献率达到 34%。

江苏沙钢集团有限公司(以下简称沙钢集团)依靠绿色转型实现高质量发展。沙钢集团在1975年创立之初，仅仅是一家规模极小的民营钢铁公司，如今沙钢集团已经成为行业翘楚、世界500强企业。从一个濒临破产倒闭的小企业，成功转型成为世界知名企业，归功于企业的绿色转型。沙钢集团建立了"资源-产品-再生资源"的圆周绿色发展模式，使96%以上的工业"三废"得以循环利用。沙钢集团每年循环经济的效益占总效益的20%以上。周边企业用上了沙钢集团廉价、质优、稳定的高热值蒸汽，大幅削减了社会用煤，同时减少了污染物和温室气体排放，成为高能耗企业升级的典型，其发展历程证明了中国企业绿色发展的喜人成效。

0.1.3 京津冀视角：产业转型升级是科学持续协同发展的破题之作

从京津冀视角分析，京津冀地区是中国重要的经济增长极，习近平总书记2014年2月26日在北京主持召开座谈会，听取京津冀协同发展工作汇报时强调指出，实现京津冀协同发展，是一个重大国家战略，要坚持优势互补、互利共赢、扎实推进，加快走出一条科学持续的协同发展路子来①。京津冀地区转型升级的一个重大问题是该地区高能耗产业占比大。高能耗产业，在京津冀地区工业产业结构中占据着重要地位，为京津冀地区经济发展做出了重要贡献。但京津冀地区高能耗产业的发展存在能源消耗量大、环境污染严重等问题，具有很大的外部不经济性，且大多数高能耗产业已经进入产业成熟期，若任其自然发展，势必会步入产业衰退期。以河北省为例，2014年上半年第二产业占GDP比重达53.50%，规模以上工业中传统工业占88.20%，在传统工业中，钢铁、石化、装备制造、建材等高能耗产业占比达到79.10%。这些企业大都产业链价值低、商品价格低、市场竞争能力弱，面临着严重的产能过剩问题，必须通过结构调整、转型升级才能实现发展。

1) 京津冀地区高能耗产业发展取得了较大进展

本书研究发现：近年来，京津冀地区高能耗产业升级水平有较大幅度提升，高能耗产业升级指数从2005年的0.31增长到2016年0.638，这说明京津冀地区在绿色发展、高质量发展的认识与实践行动中，正在走上生产发展、

---

① 优势互补互利共赢扎实推进 努力实现京津冀一体化发展.(2014-02-28)[2018-12-20].http://politics.people.com.cn/n/2014/0228/c1024-24487528.html.

生活富裕、生态良好这一新时代发展道路。在实践中,不仅深化了对可持续发展的理解,而且努力探寻循环利用、低碳高效的生产生活方式。

2)京津冀地区高能耗产业发展存在四大突出问题

从经济史来看,工业化发展阶段就是经济增长和经济社会的可持续发展深度调整的阶段。经济学家厉以宁(2015)认为,工业化过程中制度调整有四大任务:一是缓解社会矛盾;二是协调地区经济和社会发展;三是保证经济增长和经济社会的可持续发展;四是满足人们提高生活质量的要求。京津冀地区高能耗产业发展在取得一定进步的基础上,在经济增长和经济社会可持续发展上仍存在一些较为突出的问题。

(1)问题之一:产业结构仍不平衡。

高能耗产业主要集中在第二产业。相关统计数据显示:天津市 2016 年三次产业结构为 1.2∶44.8∶54.0,第三产业比重偏低,而且 2007 年至 2011 年高能耗产业比重呈现持续增加的趋势,直到 2012 年至 2016 年比重才趋于平稳;河北省 2016 年三次产业结构为 11.0∶47.3∶41.7,第三产业比重小,高能耗产业自 2007 年以来比重均高于 25%,尤其 2010 年至 2013 年高能耗产业比重均高于 30%,这说明,京津冀地区整体而言产业结构较不平衡,高能耗产业比重仍然偏高。

(2)问题之二:产能过剩成为区域高能耗产业发展"痛点"。

产能过剩已经成为区域高能耗产业的"痛点",持续对资源的占用不仅抑制了产业发展,同时也阻碍了新兴绿色产业发展和新供给的增长。本书研究发现,2004~2016 年京津冀地区高能耗产业的产能利用率均值是 63.14%,低于正常值的界定范围,这说明京津冀地区高能耗产业存在着产能过剩问题。

(3)问题之三:粗放型增长方式犹在。

区域发展模式有投资主导型和消费主导型两种。投资主导型是通过要素投入的不断增加来推动经济扩张的经济增长模式;消费主导型模式是通过增加消费需求,以拉动经济扩张的经济增长模式。消费主导型模式,可以有效避免供需矛盾问题,破解高能耗产业升级的困境。本书构建了包含经济增长的稳定性、社会消费品零售总额、资本形成率、城市人均医疗保健支出等 30 个指标的京津冀地区消费主导型指数。研究发现:京津冀地区消费主导型指数从2004年的62.02上升至2016年的77.73，但整体而言，京津冀地区仍处于投资主导向消费主导的转变阶段，只有北京进入消费主导型经济增长模式阶段。与消费主导型相比，投资主导对高能耗产业来说，能带来更大的利润，造成一时的繁荣，但增长方式粗放，一些负面影响不可小觑，产能过剩、生态环境恶化、引发金融危机的概率增大、消费拉动力不足、经济的可持续发展难以维持，这是导致京津冀地区高能耗产业产能过剩的深刻原因。因此，为长远计，必须从投资主导转型转为消费主导型。

(4) 问题之四：一些高能耗企业技术设备较落后。

问题表现为：一是与发达国家相比，京津冀地区一些高能耗企业技术水平、产品工艺及技术装备相对落后，还没有形成完整、高效的技术支撑体系；二是一些高能耗企业研发能力较弱，部分高能耗企业无法拥有自主研发机构，设备陈旧，技术落后，不仅无法进行生产工艺、资源循环利用的技术改造，而且无法开发新产品，延伸产业链，阻碍技术创新；三是企业与高校的深度合作有待提高，一定程度上存在智力资源闲置，研发能力无法发挥作用，而企业受制于技术水平，难以提升水平；四是技术水平低下降低了企业的入行门槛，高能耗产业门槛较低，大多属于资源与资本密集型产业，技术水平要求相对较低，导致京津冀地区高能耗产业产品同质化严重，成为投资者投资的重点行业，有利时一哄而上，带来了过剩产能，引发重复建设，造成了升级困难。

由此可见，高能耗产业已成为制约深化经济改革、发展创新性经济和京津冀地区经济社会可持续发展的障碍因素，也成为今后一段时期京津冀地区经济增长和经济社会可持续发展的重点问题。

3) 京津冀地区产业转型升级：绿色发展是战略切入点

在淘汰落后产能的同时，应以创新引领京津冀地区经济升级发展，应该更多地发挥生态的推动和技术创新的引领作用。

在产业结构升级中，绿色发展是战略切入点，是产业转型升级的基本实现途径。

首先，绿色发展不仅要求传统高能耗产业提高资源利用效率，优化物质、能量、技术、信息之间的关系，构建资源集约利用、水资源循环利用、能源梯级利用模式，实现最大效益的同时，降低产业自身的物耗、能耗与水耗，缓解区域资源压力，而且，有助于改善区域环境质量。我国高能耗产业比重较高，传统产业产能过剩问题依然存在，在绿色发展视域下优化产业结构，有助于改善区域环境质量。

其次，绿色发展能克服短期思维，走出粗放增长模式。有的地方有意无意地追求短时间内具有显著效果的政绩，甚至搞大拆大建，但对于提升生态效益却重视不够。在绿色发展的指引下，取消对地方的 GDP 考核，不断完善经济社会评价体系和考核体系，提高生态效益指标权重，改变粗放增长方式，为消费驱动型经济提供重要的制度保障。

再次，绿色发展能培育产业新动能，发展新兴绿色产业，新能源、新能源汽车、节能环保产业及新一代信息产业。在新兴绿色产业的引领下，区域产业结构整体升级，一个高端化、集约化、服务化的新型产业体系崛起，不仅为经济发展提供了新动能，而且为污染治理和环境保护提供了坚实的技术支撑，彻底改变高能耗企业技术设备落后现状，有效促进高能耗产业转型为绿色低碳产业。

邢台市德龙钢铁实业有限公司（以下简称德龙钢铁公司）是一家集烧结、炼铁、炼钢、轧钢为一体的大型钢铁民营企业，截止到 2018 年 7 月底，公司环保吨钢运营费用为 240 元左右，而钢铁业环保吨钢平均运营费用约 100 元。虽然环保投入大，但公司实现了低碳清洁发展，在国内建成民营钢铁企业 AAA 级国家旅游景区，入选国家首批绿色示范工厂，成为全国环保标杆钢铁企业中唯一的民营企业。2018 年 7 月，经济效益创同期最好水平，在发展中实现了效益与环保并举。这说明，高能耗产业升级与绿色发展是和谐统一的，绿色发展是高能耗产业升级的有效途径。

4）京津冀地区产业转型升级：科技创新是核心驱动力

京津冀地区高校多、研发机构多，是我国最具备创新条件的地区之一。京津冀协同发展有利于进一步整合创新资源，提升创新协同能力，促使京津冀地区成为全国乃至全球的创新示范区。在转型升级的过程中，京津冀地区应该更多地发挥科技创新的引领作用。

对于传统高能耗产业而言，科技创新有利于缓解资源环境承载力不足问题，提高资源利用效率，缓解资源与环境的瓶颈制约；科技创新有利于解决区域能源发展与经济结构不均衡问题，形成以科技为核心、产业附加值高、低能耗、绿色的现代先进产业体系;科技创新有利于区域经济、资源、环境、绩效的协调发展,在不牺牲经济增长和繁荣的情况下,取得包括生产、交换、分配、消费在内的社会再生产全过程的经济活动的低碳化,获得较高的生态经济效益;科技创新有利于提高技术水平,提高技术的研发效率和自主创新能力,迈向经济高质量发展阶段。

5)京津冀地区产业转型升级:新兴绿色产业是引擎

在产业转型升级中,需要传统产业和新兴产业的战略互动。传统高能耗产业具有先进的技术装备、雄厚的实力和坚实的基础,这为发展新兴绿色产业提供了技术、人才、市场等有利条件。同时,新模式、新技术、新产品、新管理等与传统高能耗产业融合,也能加快传统高能耗产业的更新换代。对此,在转变发展方式、优化经济结构的过程中,一方面应关注传统高能耗产业的健康发展,加快传统高能耗产业化解过剩、转型升级进程;另一方面应更好地发展新兴绿色产业,建设主导产业及产业群发展,并推动新兴绿色产业与传统高能耗产业深入融合,尤其提升我国的产业结构水平与经济发展质量。

新兴绿色产业是本书提出的概念,指新兴产业中具有绿色特质的产业,是新兴和绿色的有机融合,它强调在满足社会有效需求的前提下,以较少的资源(能源、土地、环境等)投入和较高的科技投入,获得较高生态效益、社会效益、经济效益的产业。新能源及新能源汽车、节能环保产业属于绿色经济范畴,是新兴绿色产业的典型产业。新兴绿色产业离不开高科技的支持,需要新一代信息产业为其提供支撑。新一代信息技术产业、新能源、新能源汽车、节能环保产业等新兴绿色产业群正在成为世界产业发展的主导产业。

从经济史来看,产业发展分为五个阶段:第一阶段,以棉纺业为主导,产业群包括纺织业、冶炼工业、采煤工业、早期制造业及交通运输业;第二阶段主导产业为钢铁业、铁路运输业,产业群包括钢铁工业、采煤工业、造船工业、纺织工业、机器制造、铁路运输业、轮船运输业及其他工业;第三阶段主导产业为电力、汽车、化工和钢铁业,产业群包括电力工业、电器工业、机械制造业、化学工业、汽车工业及第二个主导产业群各产业;第四阶段主导产业为汽车、石油、钢铁和耐用品消费工业,产业群包括耐用品消费工业、宇航工业、计算机工业、原子能工业、合成材料工业级第三个主导产业群各产业；第五阶段主导产业为新一代信息技术，产业群为新一代信息技术、新能源技术、新能源汽车、节能环保产业等新兴绿色产业及第四个主导产业群各产业。这说明，产业升级是主导产业及产业群不断更替的结果。为发展计，中国必须选择、建设第五个发展阶段的主导产业及产业群发展，引领我国产业结构优化升级。

京津冀地区正在布局第五个发展阶段的主导产业及产业群发展，取得了积极进展。大众创新、万众创业的活力不断释放。北京新一代信息技术产业实力雄厚，产值占新兴绿色产业总产值50%以上；新能源产业稳步前行，"十二五"以来北京开展了延庆国家绿色能源示范区、昌平国家新能源示范城市等建设工作，实施了"五大阳光工程"；新能源汽车产业知识产权状况表现抢眼，2016年发明专利授权241件，同比增长68.5%，增幅高于全国新能源汽车产业24.7个百分点；节能环保产业快速发展，2017年增速达19.4%，是新兴绿色产业中增速最快的产业。

天津是我国的老工业基地，有较完备的工业基础。天津新兴绿色产业规模不断扩大，工业节能成效显著，规模以上工业增加值能耗累计下降42%，成功实践了一种绿色与科技融合、技术和市场结合的新模式。天津子牙循环经济产业园区是新兴绿色产业发展的全国典型。在这里，一堆废旧家电经过分解、粉碎、化学提炼，摇身变成铜、铁等再生资源，一条条"吃垃圾、吐黄金"的生产线形成了产业内部的循环经济，整个过程均实现了零污染、零排放，这些上游拆解企业的产品进入下游深加工企业后，作为原料进行再加工，产业链条的逐级延伸建构起园区企业内部的循环。目前，天津子牙循环经济产业园区每年可向市场提供再生铜、铝、铁、橡胶材料等150万吨，为实现资源循环利用的规模化和市场化打开了先河。

河北省新兴绿色产业正处于成长初期向规模扩张的快速成长期发展的关键节点，发展态势良好产业市场投资力度不断增加，政府政策服务水平不断提高，发展速度明显加快。河北确定新兴产业十个主攻方向：大数据与物联网、信息技术产业、生物医药健康、人工智能与智能装备、高端装备制造、新能源与智能电网、新能源汽车与智能网联汽车、新材料、先进环保、未来产业，以重点突破带动新兴产业发展的整体跃升。

值得注意的是,京津冀地区新兴绿色产业发展协同不够,科技优势需进一步转化为产业优势。譬如,天津具有我国首台实测性能超过千万亿次的超级计算机——曙光星云,廊坊由于润泽国际信息港的存在也有大数据航母之称,但是由于上述两者并未联通和协同,以至当前提起大数据产业和大数据交易,人们更多想到的是重庆和贵阳。由于协同不够,京津冀地区的大数据硬件优势并没有转化为产业优势。由此可见,区域内和区域间产业链的完善与延伸对于新兴绿色产业的发展极其重要。由于目前新兴产业市场机制还不够完善,一定程度上制约了产业内部各项资源的整合优化和产业链的延长与价值增值。

总体看来,从全球视野、全国背景及京津冀地区现状来看,研究京津冀地区传统高能耗产业升级与新兴绿色产业培育具有战略意义,不仅是京津冀地区应对全球产业变革、适应中国新时代发展要求,而且是转变发展方式、优化经济结构、实现京津冀城市群高质量发展的关键。

本书调研组开展的满意度问卷调查显示:服务对象(政府、企业、公众)对京津冀地区传统高能耗产业升级与新兴绿色产业培育研究意义和价值的评价较高,为 98%。当被问及是否认同"在绿色发展理念、京津冀协同发展背景下,科研机构应该加强京津冀传统产业升级和新兴产业培育协同发展方面的研究"时,97%的被访者认同。新兴绿色产业的培育和发展与传统高能耗产业的优化升级密不可分,一方面传统高能耗产业为新兴绿色产业发展提供强大资金支撑;另一方面,传统高能耗产业的优化升级需要新兴绿色产业的技术支持。课题把两者协同研究,希望通过新兴绿色产业的培育与传统高能耗产业的升级,共同促进京津冀地区产业结构的优化,建立现代产业新体系。

0.2 研究目的和意义

0.2.1 理论意义

传统高能耗产业升级是区域产业转型升级发展的难点。高能耗产业相关研究成果主要聚焦在高能耗产业绿色发展、产业转移、产业集聚等方面。高能耗产业绿色发展研究,侧重生态效率测算和发展路径探讨;测算高能耗产业生态效率的方法主要有 DEA（data envelopment analysis）或改进 DEA、温室气体排放核算法、耦合协同度模型；高能耗产业绿色发展路径分析主要涉及高能耗产业的环境影响与能源消耗；高能耗产业转移研究侧重高能耗产业转移路径及影响因素分析；高能耗产业集聚研究主要涉及产业集聚水平测算、产业集群发展模式。测算高能耗产业集聚水平的方法主要有区位熵（LQ）、产业集聚指数、行业集中度（CR_n 指数）、赫芬达尔-赫希曼指数（HHI）、空间基尼系数和空间集聚指数（E-G 指数）等。高能耗产业集群发展研究主要涉及高能耗产业集群协同发展、高能耗产业集群循环经济发展。此外，少量研究成果还涉及高能耗产业产能过剩化解、高能耗产业创新发展等。

但是，如何定量地研究高能耗产业升级，并为高能耗产业产能过剩及其化解提供理论依据，这是一个值得考虑的科学问题。这不仅能够丰富传统产业转型升级的理论研究，而且对于京津冀地区的协同发展具有极大的现实意义，并为其他地区高能耗产业提供参考。

新兴绿色产业指新兴产业中具有绿色特质的产业，是新兴和绿色的有机融合。在京津冀地区新兴绿色产业培育已经形成一定特色，需要深入总结凝练机理，研究京津冀地区新兴绿色产业的现状、问题与培育模式。

0.2.2 实践意义

如前所述，京津冀地区传统高能耗产业升级与新兴绿色产业培育具有战略意义，不仅是京津冀地区应对全球挑战、面对新时代发展要求，而且也是转变发展方式、优化经济结构、实现高质量发展的关键问题。

从经济发展的规律看，产业结构转型升级已成为现代经济增长的重要内生变量。经济增长在带来经济结构变动的同时，产业结构反过来进一步促进经济发展。经济发展的过程在某种程度上就是产业转型优化升级的渐进式、螺旋式上升过程。产业结构转型升级包括存量调整——传统高能耗产业消化过剩产能，实现产业结构的优化升级，而且包括增量调整——传统高能耗产业去产能、去杠杆后所释放的市场和资源，也正是新兴绿色产业孕育的空间。

以河北省唐山市为例，2016 年，全市已经化解炼钢产能 783 万吨、炼铁产能 786 万吨。在淘汰过剩的落后产能的同时，通过技术改造、新产品开发等手段，推动钢铁产业结构优化升级。唐山市加大在钢铁深加工和两化融合等方面的投资，逐步使高附加值产品比重达到 20%以上。去产能之后，面对经济增长造成的"空缺"，唐山市积极谋划向新兴产业转型。

产业升级的科学路径在哪里？能不能建立传统高能耗产业产能和市场需求的监测评估体系，使政府与市场在促进过剩产能化解和产业结构调整上协调一致？能不能通过科学指数评价传统高能耗产业优化升级？能不能评价新旧动能转换，实现新兴绿色产业发展？

本书调研组 2017 年 5 月在唐山市召开产业升级座谈会。调研发现：在微观层面，去产能之后，产业结构如何升级，企业需要对策，政府也需要精准的政策，希望智库从科技的维度、创新的视角，对京津冀地区传统高能耗产业去产能取得一定成效的基础上，找寻京津冀地区传统高能耗产业优化升级路径，提出新兴绿色产业培育的战略思路。本书调研组认识到：京津冀地区传统产业结构转型升级，在供给侧改革下绝不是把现有产业体系中的低端产品、低端企业淘汰一点，把高、精、尖产品企业发展一点就可以，而是达到"三个目标"，即推进转型升级、提升产业素质、实现绿色发展。

0.3 研究目标

从科技的维度、创新的视角，在京津冀地区传统产业去产能取得一定成效的基础上，找寻京津冀地区传统高能耗产业优化升级路径及新兴绿色产业培育的战略思路。

0.4 研究内容

(1) 导论。

提出问题，给出研究目的和意义、研究思路、研究内容、技术路线图、研究方法及研究创新点。

(2) 第 1 章：研究理论基础。

通过确定理论基础，为下一步的研究搭建框架。通过对系统理论、可持续发展理论、产业结构理论、技术创新理论、价值链理论的研究，明确其具体含义，确定本书研究的理论基础。

(3) 第 2 章：研究方法。

提出本书应用的 DEA 分析法、情景分析法、演化博弈理论 (evolutionary game theory)、系统动力学、系统分析法、案例分析法的基本框架、要素及范围。

(4) 第 3 章：传统高能耗产业与新兴绿色产业的定义与内涵。

给出传统高能耗产业的定义与内涵，传统高能耗产业升级的定义与内涵，传统高能耗产业升级要义；新兴绿色产业的定义，新兴绿色产业的定义与内涵；新兴绿色产业培育要义。

(5) 第 4 章：传统高能耗产业与新兴绿色产业的战略关系纵论。

如何深刻理解传统高能耗产业与新兴绿色产业的相互促进关系？本书提出，高能耗产业升级与新兴绿色产业培育存在战略互动关系、战略互补关系、战略融合关系、战略协同关系、战略嵌入关系、战略演进关系。

(6) 第 5 章：京津冀地区传统高能耗产业产能利用率研究。

产能利用率指标度量了企业的生产能力利用程度，从而可以得知企业是否存在过剩生产能力。本书首先对产业产能利用率进行界定，分析产能过剩的形成机理，确定产能利用率的测度方法。结合测算出六大传统高能耗产业的产能利用率，采用定量分析和定性分析相结合的实证分析方法，对京津冀地区传统产业产能过剩的影响因素进行分析。

(7) 第 6 章：京津冀地区典型传统高能耗产业产能过剩原因分析。

在微观层面，调研京津冀地区典型行业的代表性企业，分析典型高能耗企业产能过剩的影响因素。基于各产业部门产能利用率的测度结果，分析引起京津冀地区传统产业产能利用率变化的指标，对比分析各指标对产能利用率变化的贡献值及贡献率，了解不同传统产业产能利用率的变化规律，分析传统产业产能利用率的主要影响因素。

(8) 第 7 章：京津冀地区传统高能耗产业过剩产能化解机制研究。

阐述消费主导化解产能过剩的机理，构建京津冀地区消费主导比重指数，分析不同行业不同消费主导比重与产能增长之间的关系，提出基于消费主导的京津冀过剩产能化解的新思路。本书提出京津冀地区过剩产能化解的总体思路为——宏观推动，中观市场的扶持及微观企业的进步。在此基础上，提出京津冀地区产能化解的五种模式——政府引导型模式、环境规制型模式、市场竞争型模式、需求导向型模式、创新驱动型模式。

(9) 第 8 章：京津冀地区传统高能耗产业升级指数研究。

本书原创性提出传统高能耗产业升级指数，简称 STG 指数。其中，S (structure) 指产业结构优化，T (transformation) 指产业结构转换能力，G (green) 指绿色增长。首次测算京津冀地区传统高能耗产业升级指数。

——京津冀地区传统高能耗产业结构优化指数。

根据产业结构优化内涵的界定及其表现，从合理化、高级化维度，构建京津冀地区产业结构优化评价指标体系。产业结构的合理化，指产业结构与区域经济发展相适应，包括产业供给能力与产业需求的调整，产业与产业之间协调能力的加强和关联水平的提高，进而在产业供求的要素变动与供求结构之间实现动态平衡。产业结构的高级化，指产业结构从低度水准向高度水准的发展过程，通常具体反映在三次产业产值比例变化和主导产业的变迁上。

——京津冀地区传统高能耗产业结构转换能力指数。

产业结构优化升级，是一个动态的过程，其实质是资源在产业之间的合理配置、促进效率的提升及反映产业转换能力。传统企业产能过剩化解，提高企业产业结构转换能力是关键。本书通过建立京津冀地区产业结构转换能力指数，评价现有的能力基础，从生产要素的优化组合、提高技术水平和管理水平等措施，提出提高产业结构转换能力的新措施。

——京津冀地区传统高能耗产业绿色增长指数。

产业绿色增长，既提升了资源利用效率，又实现了工业绿色增长，是产业结构升级的目标。本书首次计算京津冀地区传统高能耗产业绿色增长指数，明确化解供给侧的过剩产能、消除需求侧的供需错配是实现京津冀传统高能耗产业绿色增长的必由之路。

——京津冀地区高能耗产业升级指数。

从产业结构优化、产业结构转换能力及产业绿色增长三个方面构建了高能耗产业升级水平的综合评价指数，评价了全国省域层面的高能耗产业升级水平，重点评价了京津冀地区的高能耗产业升级水平。

(10) 第 9 章：产业结构优化升级对京津冀地区产能化解的影响评价。

运用情景分析法，定量分析产业结构变动对各种产能变动的影响。在此基础上，依据对未来京津冀地区产能化解的要求，找寻高效、去产能、可持续发展目标的产业结构。

(11) 第 10 章：京津冀地区新兴绿色产业发展现状分析。

现状分析的目的在于发现问题，明晰问题才是破解瓶颈和促进发展的关键。本书分析了北京市、天津市、河北省的新兴绿色产业发展现状。虽然京津冀三地新兴绿色产业发展有了一定进步，京津冀地区作为一个区域，其新兴绿色产业的发展仍面临着一些深层次问题。

(12) 第 11 章：京津冀地区新兴绿色产业培育机制研究。

新兴绿色产业是充分利用科技革命和重大技术创新成果建立起来的，对于京津冀产业发展而言意义重大。在新兴绿色产业发展中，技术驱动与市场拉动是产业发展的两大动力，而完善的政策制度体系可以优化产业发展的社会环境。本章从三种机制相互影响和相互作用出发，开展京津冀地区新兴绿色产业培育研究。

(13) 第 12 章：京津冀地区新兴绿色产业价值链增值研究。

从价值链角度分析，产业升级是指企业开发资本和技术密集型经济持续提高盈利能力的过程，同时，价值链内部的增加值也从低到高发生转变。本书认为，新兴绿色产业发展不能仅靠政策补贴，还要走产业价值链增值的发展策略。以污水及再生水利用产业为例，进行京津冀新兴绿色产业价值链发展研究。从产业链价值增值环节入手，构建新兴绿色产业链价值增值模型。

(14) 第 13 章：京津冀地区新兴绿色产业发展指数研究。

从产业发展态势、产业发展基础、产业发展环境、产业发展能力解析入手，综合考虑指标体系的系统性，具体指标的代表性、可获取性和易计量性，构建新兴绿色产业发展指标体系。发展基础和发展能力是用于衡量产业自身所具备的发展条件，发展环境用于衡量外环境对产业发展的影响。

(15) 第 14 章：京津冀地区传统高能耗产业优化升级与新兴绿色产业培育策略。

京津冀高能耗产业优化升级策略有：差异化发展策略、需求导向策略、产业对接策略、技术创新策略、生态化升级策略、素质提升策略等。京津冀地区新兴绿色产业培育策略有：制度支持策略、消费导向策略、商业模式创新策略、集群发展策略、产品多样化策略、产业互动策略。

0.5 技术路线图

全书技术路线见图 0-1。

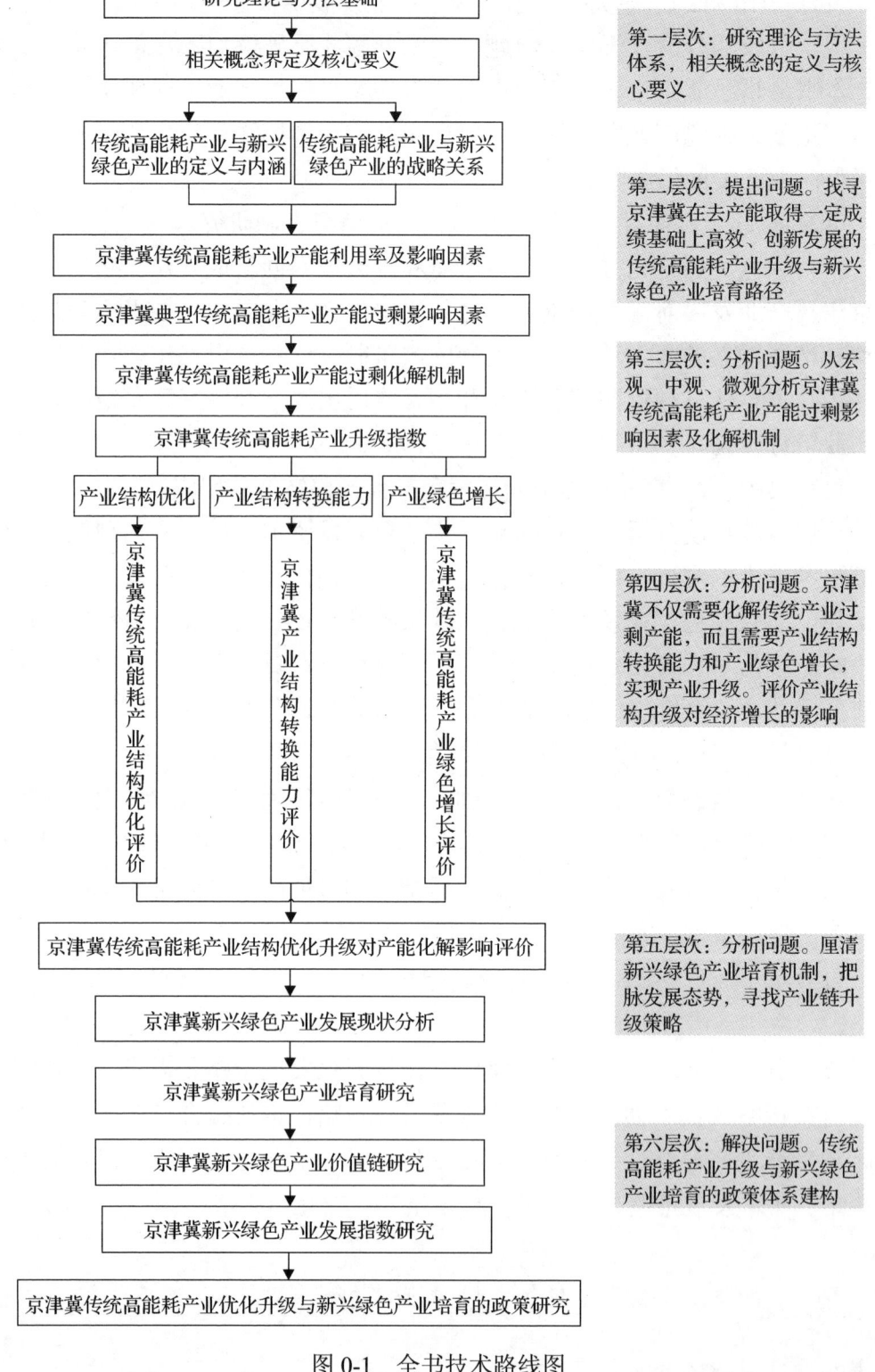

图0-1 全书技术路线图

0.6 研究方法

0.6.1 生产函数法

生产函数法的思路是由实际产出与一定时间内在给定投入和技术水平的条件下所能达到的最大产出的比例,来分析生产能力的利用状况,并估算产能利用率。本书利用回归模型计算出最大产出时的技术水平,从而估算出各传统高能耗产业的产能利用率。

0.6.2 情景分析法

本书从产业结构及未来的调整预期入手,模拟分析产业结构变动对各种产能变动的影响,设置不同情景,分析京津冀传统产业结构调整力度的差异对经济增长的不同影响。

0.6.3 演化博弈理论

在社会经济系统中,演化博弈理论主要用于分析系统中不同参与方的利益诉求、行为方式、相互影响、策略选择及其涌现性,由于往复多次的博弈更接近于真实的社会经济系统,而这种博弈均衡往往通过合作博弈的方式更容易达成。鉴于此,本书运用演化博弈的基本原理,创新性地构建以再生水产业为例的新兴绿色产业链延长和价值增值策略。再生水供水方(简称供方)与再生水用水方(简称用户)本质上是供需关系,供方通过向用户提供再生水获得利益,用户使用再生水会节省费用,可见再生水的推广对供需双方都有利。虽然再生水的使用会带来巨大的利益,但利益如何分配是关系再生水行业发展的关键问题,而利益分配主要体现于再生水的定价方面,再生水定价过低,会抑制供方的投资热情,阻碍再生水行业发展,不利于资源可持续利用,再生水定价过高,用户使用再生水与其所替代的水的费用差异不大,不利于促进再生水的使用。再生水供方与用户是合作关系,没有供就不会有用,也就不会形成再生水市场。本书运用演化博弈理论,从供需双方利益分配角度对再生水定价进行专题研究,为再生水合理定价提供一种新思路。

0.6.4 系统动力学

新兴绿色产业培育由技术、市场和制度等多子系统构成，而这些子系统之间相互联系、相互影响、相互作用，关系极其复杂，而且表现出动态性。本书采用系统动力学方法，进行新兴绿色产业技术、市场和制度培育机制的研究。

0.6.5 系统分析法

发展指数是分析社会经济现象数量变化的一种重要统计方法，综合反映现象总体的变动方向和变动程度。发展指数的构建既需要考察微观企业自身能力，又需要兼顾中观产业结构，还需要考虑宏观经济发展因素对产业的影响，是个多要素多层次的复杂系统分析过程。本书从系统整体视角出发，首次测算京津冀地区的传统高能耗产业升级指数。

0.7 研究创新点

1) 结构创新：构建传统高能耗产业升级的结构-能力-效率框架

当前探究产业升级的环境因素时，对产业的碳排放、硫排放及废弃物的再利用的评价指标较少，本书提出的京津冀地区传统高能耗产业绿色增长指数具有一定的独创性。通过产业供给端，在绿色增长约束下的"工业资源利用率"及产业需求端(销售端)的"需求-供给比率"综合评价产业升级绩效，构架传统产业绿色增长指数。原创地提出传统高能耗产业升级指数，评价了京津冀地区传统高能耗产业的升级水平。

2) 视角创新：构建消费主导比重指数，阐述消费主导化解产能过剩机理

本书提出基于消费主导的京津冀过剩产能化解的新思路，阐述消费主导化解产能过剩的机理，构建京津冀地区消费主导比重指数，分析不同行业不同消费主导比重与产能增长之间的关系。创造性地将罗斯托的经济理论与经济增长模式的演变过程相结合，提出与投资主导型增长模式相适应的是经济发展的起飞阶段；在走向成熟的经济发展阶段时，增长模式是内需主导型，

在经济发展的最后两阶段(高额消费阶段和追求生活质量阶段),增长模式应该是消费主导型。

3)理论创新:纵论传统高能耗产业与新兴绿色产业的六大战略关系

传统高能耗产业与新兴绿色产业存在深刻的战略关系。本书提出,高能耗产业与新兴绿色产业存在战略互动关系;高能耗产业与新兴绿色产业存在战略互补关系;高能耗产业与新兴绿色产业存在战略融合关系;高能耗产业与新兴绿色产业存在战略协同关系;高能耗产业与新兴绿色产业存在战略嵌入关系;高能耗产业与新兴绿色产业存在战略演进关系。

4)概念创新:提出新兴绿色产业概念并评价新兴绿色产业发展

新兴绿色产业是本书提出的概念,指新兴产业中具有绿色特质的产业,是新兴和绿色的有机融合,指在满足社会有效需求的前提下,采用先进的生产技术,以较少的资源投入,获得高产出并与环境形成良性循环的产业。

从概念上把握,新——相对当前的经济发展阶段,这些产业的产品服务或组织形式是以前没有的;兴——刚刚崭露头角,未来可能会高速增长、规模扩大,对经济发展有主导作用;绿色——要求其产业以可持续发展为理念,以绿色资源开发和环境保护为基础,更多地采用节能环保技术、清洁生产技术等高新技术,能够促进环境效益、经济效益、社会效益的协调发展。

新兴绿色产业培育应把握两个特征。

一是环境、经济和社会效益的综合性,是指新兴绿色产业能够将经济与生态自然系统充分联系起来,在促进产业健康发展、经济高质量发展的同时,能够兼顾环境效益和社会效益。传统高能耗产业的生产是以对自然资源的高开采、低利用和污染的高排放为特征的,而新兴绿色产业以对自然资源的低开采、高利用和污染物的低排放为特征的,因而生态效益、社会效益、经济效益是有机统一的。譬如,节能环保产业每投入1元,可为全社会带来接近5元的社会外部收益,其中,30%是避免环境恶化所带来的健康收益。

二是以绿色发展理念指导。党的十九大报告提出,中国特色社会主义进入新时代,我国社会主要矛盾已经转化为人民日益增长的美好生活需要和不平衡不充分的发展之间的矛盾。这要求我们不仅要创造更多的物质和精神产品,而且要创造更为美好的生态环境。从生产的最终产品和服务的角度看,新兴绿色产业与传统高能耗产业没有本质的区别。然而，从生产过程中人与环境的关系角度分析，新兴绿色产业是与环境和谐相处的，是环境、经济和社会效益的统一。传统高能耗产业在生产过程中消耗资源较大、污染较大，在生产过程中不利于环境的保护。新兴绿色产业的内涵在于保护环境、合理利用资源、突出环境效益和社会效益，通过节约能源和保护生态环境，实现优质生产。与一般的新兴产业相比，新兴绿色产业更强调在绿色中实现更好发展，以绿色发展理念指导，使资源、生产等要素与绿色发展相匹配、相适应。

新兴绿色产业应属于环境与自然资源经济学范畴，其内涵具有较强的正外部性、长期可持续性、技术先进性、高度不确定性等多个方面。

本书从产业发展基础、发展环境、发展能力解析入手，构建了新兴绿色产业发展指数。发展基础和发展能力用于衡量产业自身所具备的发展条件，发展环境用于衡量外环境对产业发展的影响。以我国新兴绿色产业的513家上市公司为样本，依据其2009~2017年的数据，进行全国新兴绿色产业发展态势定量分析，并把京津冀地区新兴绿色产业发展与长三角和珠三角进行了对比分析。

5）策略创新：提出京津冀地区产能化解的模式及升级策略

本书提出京津冀地区产业升级应补齐区域协同发展的"六个短板"——共享发展短板、资源辐射带动短板、管理创新短板、产业发展协同短板、科技与产业协调联动短板、绿色发展短板。如何解决短板问题？基于北京、天津、石家庄、唐山、保定、秦皇岛、邯郸、邢台、张家口等地的深入调研，本书提出京津冀地区过剩产能化解的总体思路为宏观推动、中观市场的扶持及微观企业的进步。在此基础上，提出京津冀地区产能化解的模式，基于数据与调研，本书提出京津冀高能耗产业升级的策略有：差异化发展策略、需求导向策略、技术创新策略、生态化升级策略、素质提升策略、产业对接策略等。京津冀地区新兴绿色产业培育策略有：制度支持策略、消费导向策略、商业模式创新策略、集群发展策略、产品多样化策略、产业互动策略。

第1章 研究理论基础

通过确定理论基础,为下一步的研究搭建框架。通过对系统理论、可持续发展理论、产业结构理论、技术创新理论、价值链理论的研究,明确其具体涵义,确定本书研究的理论基础。

1.1 系 统 理 论

"系统"一词源于古希腊语"σνδτημα",是由两个希腊单词组成的,语义是"站在一起"或"放置在一起"。由此可见,所谓系统并不是偶然的堆积,而是按一定的关系结合起来的一个整体。

系统理论是研究系统的模式、性能、行为和规律的一门科学。近代比较完整地提出系统理论的是奥地利学者贝塔朗菲(Bertalanffy)。他在 1952 年发表《抗体系统论》,提出了系统论的思想,1973 年提出了一般系统论原理,从而奠定了这门科学的理论基础。

系统是由相互作用和相互依赖的若干组成要素结合而成的(贝塔朗菲,1987)。系统必须满足以下三个条件:其一,必须由两个或以上系统要素组成;其二,系统各要素相互作用和相互依存;其三,系统受环境影响和干扰,和环境发生相互作用。系统论强调整体性和开放性,追求系统利益的最大化和结构优化。

系统论认为,整体性、相关性、目的性和功能性、环境适应性、动态性、有序性等是所有系统的六个特征。

(1)整体性:系统是由相互依赖的若干部分组成,各部分之间存在着有机的联系,构成一个综合的整体。因此,系统不是各部分的简单组合,而要有整体性,要充分注意各组成部分或各层次的协调和连接,提高系统整体的运行效果。

(2)相关性:系统中相互关联的部分或部件形成"部件集","集"中各部分的特性和行为相互制约和相互影响,这种相关性确定了系统的性质和形态。

(3)目的性和功能性：大多数系统的活动或行为可以完成一定的功能，但不一定所有系统都有目的，例如太阳系或某些生物系统。人造系统或复合系统都是根据系统的目的来设定其功能的，这类系统也是系统工程研究的主要对象。譬如，经营管理系统要按最佳经济效益来优化配置各种资源。

(4)环境适应性：一个系统和包围该系统的环境之间通常都有物质、能量和信息的交换，外界环境的变化会引起系统特性的改变，相应地引起系统内各部分相互关系和功能的变化。为了保持和恢复系统原有特性，系统必须具有对环境的适应能力，例如反馈系统、自适应系统和自学习系统等。

(5)动态性：物质和运动是密不可分的，各种物质的特性、形态、结构、功能及其规律性，都是通过运动表现出来的，要认识物质首先要研究物质的运动，系统的动态性使其具有生命周期。开放系统与外界环境有物质、能量和信息的交换，系统内部结构也可以随时间变化。一般来讲，系统的发展是一个有方向性的动态过程。

(6)有序性：由于系统的结构、功能和层次的动态演变有某种方向性，因而使系统具有有序性的特点。一般系统论的一个重要成果是把生物和生命现象的有序性和目的性同系统的结构稳定性联系起来，也就是说，有序能使系统趋于稳定，有目的才能使系统走向期望的稳定系统结构。

协同学是系统理论的重要分支理论。德国著名物理学家赫尔曼·哈肯(Herman Hawking)于1971年提出协同的概念，1976年创立了协同学。协同学源于希腊文，意思是"协同作用的科学"，是研究不同事物、不同领域的共同特征及相互之间协同机理的科学。根据赫尔曼·哈肯的观点，协同学从统一的观点处理一个系统各部分之间的关系，导致宏观水平上的结构和功能的协作，鼓励不同学科之间的协作。协同学的目的就是建立一种用统一的观点去处理复杂系统的概念和方法，主要研究远离平衡态的开放系统在与外界有物质或能量交换的情况下，如何通过内部的协同作用，自发地出现时间、空间和功能上的有序结构。根据相关学者的研究，协同是一种内涵丰富的拥有价值创造的动态过程，从系统角度进行描述，意指为实现系统总体发展目标，各子系统、要素之间通过有效的协作、科学的协调，达到整体和谐的一个动态过程，是各个子系统、子要素从无序到有序、从低级到高级的运作发展过程。

1.2 系统理论的启示及应用

系统理论为深入研究京津冀地区传统高能耗产业产能过剩提供了科学的理论与方法。从系统科学理论出发，传统高能耗产业产能过剩涉及众多要素，核心是宏观推动、中观扶持和微观进步方面的内容，从整体上可以看作是一个宏观-中观-微观的技术经济系统。

(1) 宏观推动。宏观政策是京津冀地区高能耗产业过剩产能化解的主要推动力。我国特殊的经济体制决定了国家政策的宏观调控能一定程度决定我国经济发展的方向和速度，京津冀地区高能耗产业产能过剩的化解是高能耗产业的发展矛盾，但是也离不开国家政策的推动，只有得到国家政策源动力的推动，京津冀地区过剩产能的化解才能在中观和微观层面得到更好的实施。与普通产业的升级不同的是，京津冀高能耗产业与能源消耗和碳排放紧密相连，其过剩产能化解与环境息息相关，因此宏观政策中的环境规制因素极其重要。

(2) 中观扶持。中观层面的市场扶持机制能够优化产业结构。宏观政策的引导进一步落实到了中观层面对市场结构的调整。对于中观层面而言，其独特性是市场这只隐形的"大手"，通过市场信息的快速流动，达到市场资源的高效配置，倒逼"地条钢"等小锅炉企业退出市场，实现市场出清，减少高能耗产业比重，优化产业升级。

(3) 微观进步。微观层面企业自身的进步是过剩产能化解的直接推动力。对于产能过剩的高能耗产业来说，创新是推动企业进步、化解过剩产能的第一动力，国家政策对区域和行业的扶持促进了企业的创新。企业创新有两个方面的含义：技术创新和管理创新。对于技术工艺创新来说，主要是自主研发与外部引进，促进生产工艺、生产设备的改进，也最终促进产品的升级和创新。技术创新又与该产业共性的创新密不可分，在整个国情与生产条件设备的限制下，多数企业很难在技术创新方面有突飞猛进的发展；而对于管理创新来说，科学化的管理、信息化的建设能实时准确地对资源配置、产品供应链、客户需求、企业订单信息和运营管理等方面做出响应，使企业有充分的时间应对各种情景的变化。技术的创新其实也依赖于管理的创新，因此，管理创新是企业过剩产能化解的最大动力。无论是技术工艺的创新还是管理创新，最终都能推进企业进步，推动产品升级，生产高附加值产品。

1.3 可持续发展理论

"可持续发展"一词,最早出现在1972年联合国第一次人类环境大会上公布的《增长的极限——罗马俱乐部关于人类困境的报告》中。该报告对经济增长和人类前途之间的关系做出了具体预测,提出了增长有极限的论点,主张实现人口、经济"零增长"的发展。报告警示人们摒弃工业革命以来形成的单纯以经济总量衡量人类发展的传统发展观,而主张致力于经济、社会、资源、环境与人口之间的协调发展。1987年,联合国环境与发展委员会在《我们共同的未来》这份报告中,首次正式使用了"可持续发展"这一概念。该报告对可持续发展的定义是可持续发展是指既能满足当代人的需要,又不对子孙后代满足其需要的能力构成危害的发展。

可持续发展理论强调公平性原则。公平性原则是可持续发展理念与以前的各种发展理念之间的重大区别。在传统的发展理念中,公平性原则始终未受到足够重视,传统发展观仅仅是为了生产而生产,单纯追求经济利益,而没有考虑到子孙后代的利益,于是才产生了为实现眼前效益而不惜牺牲宝贵的自然资源与环境的短视行为。可持续发展中公平性原则强调了代际公平,即当代人、未来人在实现发展上的权益是平等的,经济社会发展必须平等地满足当代人和未来子孙后代的需要。

可持续发展理论强调可持续性原则。可持续性是指生态系统在受到外界的某种干扰时,仍能够保持其生产率的能力。资源和环境是人类社会赖以存在的基础,因而保持资源与环境的可持续性是人类社会持续存在和发展的前提。为实现资源和环境的可持续,就必须要求人们在生产和生活中理性地对待资源和环境,既要节约资源,更要合理地利用资源。要改变传统的高消耗、高污染、高排放的生产方式,逐步向低消耗、低污染、低排放甚至零排放发展,努力实现对生态的适度消费,从而保证人类社会的可持续发展。

1.4 可持续发展理论的运用及启示

经过改革开放40年的持续发展,我国经济发展水平获得了大幅度提升,创造了令世人瞩目的"中国奇迹"。在经济快速发展的同时,中国也日益感受到了资源和环境压力。这使得中国不得不客观反思以往在经济发展方式方面存在的局限，进而去寻求科学的经济发展方式。在转变经济发展方式过程中，新兴绿色产业代表前进的方向，是转变经济发展方式的重要内容。

新兴绿色产业具有生态效益好的特点，是以绿色资源开发和生态环境保护为基础，以实现经济社会可持续发展，满足人们对绿色产品消费日益增长的需求为目标，从事绿色产品生产、经营及提供绿色服务活动，并能获取较高经济与社会效益的综合性产业，追求生态效益、经济效益、社会效益的最佳结合。

新兴绿色产业具有可持续性的特点，在合理使用上游产业链环节投入品的前提下，注重物质的循环再生利用，重视资源的合理利用和保护。

新兴绿色产业具有技术先进性的特点，注重合理开发资源、保护生态环境，技术具有一定的先进性。

由此可见，可持续发展理论为新兴绿色产业的研究提供了必要支持。正是基于可持续发展理论，新兴绿色产业具有重大的战略意义。

1.5 产业结构理论

1.5.1 结构的内涵

结构，意为组成整体的各部分的搭配和安排。各学科对结构的概念有不同的理解。物理学从物质的层次结构对结构进行定义，认为凡是由多要素构成的物体都是按照其特有的结构组成，结构是各部分与整体之间的关系，以及构成整体的各部分之间的关系。其他各学科都有其研究的结构范围，化学研究分子、原子结构，建筑学研究建筑物结构，生物学研究遗传基因结构。这些学科虽然研究不同的结构，但其结构又有共性，各学科均认为结构决定事物的本质，任何事物都存在某种结构，研究事物的本质就在于研究其内部结构。

1.5.2 产业结构的内涵

产业结构，在经济学上作为一个概念，最早于20世纪40年代开始使用，是指产业间的技术经济联系与联系方式，也称为国民经济的部门结构，是国民经济各产业部门之间及各产业部门内部的构成。狭义的产业结构理论是以产业分类为基础研究产业结构的演变规律;广义的产业结构理论除狭义的产业结构理论外还包括产业关联理论,即以产业部门之间关系结构为对象,以各产业部门之间一定的技术经济关联所发生的投入与产出量化关系为研究领域(苏东水,2015)。

1.5.3 产业结构演变理论

关于产业结构演进规律,经济学家们提出了某个阶段某国家或地区产业结构演进遵循的规律,其中,最著名的为以下三个理论。

(1)配第-克拉克定理。由经济学家配第在1672年提出,他认为,比起农业来,工业的收入多,而商业的收入又比工业多,即工业比农业、服务业比工业的附加价值高。1940年克拉克以配第的研究为基础,重新发现并提出产业结构演进的规律,他认为,随着全社会人均国民收入水平的提高,就业人口首先由第一产业向第二产业转移;当人均国民收入水平有了进一步提高时,就业人口便大量向第三产业转移。简而言之,就是随着人均实际收入的提高,劳动力在三次产业中的分布存在着依次此消彼长的演进规律,且即使在第三产业内部,劳动力仍将在不同行业之间循序转移,由生产消费行业向生产服务行业再向知识密集型行业转移。

(2)经济成长阶段论。美国经济学家罗斯托(1988)根据科学技术和生产力发展水平,将经济成长的过程分为六个阶段,包括:传统社会(农业社会)、起飞创造前提的阶段(主导产业为工业、交通、商业和服务业)、起飞阶段(工业技术革命时期)、成熟挺进阶段(新兴工业迅速发展)、高额大众消费阶段(主导部门为耐用消费品和服务业)和追求生活质量阶段(主导部门为教育、保险、医疗、旅游等提高生活质量的产业)。

(3)钱纳里工业化阶段理论。美国发展经济学家钱纳里(1995)将制造业的发展分为三个时期,并将制造业按不同时期划分为三种不同类型的产业。经济发展初期对应初期产业,主导产业包括食品、皮革、纺织等;经济发展中期对应中期产业,主导产业包括非金属矿产品、石油、化工、煤炭等;经济发展后期对应后期产业,主导产业包括服装和日用品、印刷出版、机械制造等。现代条件下依然用传统的重工业化方式推进工业化是不可能的,霍夫曼定理已经失去了指导工业化方向的意义。用轻重工业产值比例来反映生活资料生产总值与生产资料生产总值比例,因历史和现实经济布局问题会引起这一指标反映工业化程度的失真(陈元江等,2005)。

1.5.4 产业结构优化理论

产业结构优化的过程就是推动产业结构合理化和高度化发展的过程。产业结构优化是通过政府制定相关产业政策来调整和影响产业结构的供给结构和需求结构,从而实现资源优化配置与再配置,并推进产业结构的合理化和高度化发展(苏东水,2015)。

产业结构优化的机理是:首先调整影响产业结构的决定因素,接着使产业结构效应包括关联效应、扩散效应等发挥作用,从而实现产业结构的优化,使国民经济得到快速发展。

产业结构与经济发展互为因果,推动经济增长的动力集合既塑造了当前的产业结构,也将助推产业结构演变。产业结构转变和优化升级是后发国家加快经济发展的本质要求,是实现经济起飞和跨越式发展的必经之路。

同时,产业结构调整是指生产要素在经济各部门和不同产业之间的重新配置,以及经济各部门和不同产业产值的比重变化。产业结构优化是合理化和高度化的有机统一。产业结构合理化是产业之间协调能力加强和关联水平提高的过程,其主要衡量依据是产业之间发展是否协调、产业之间能否实现资源配置有效,具体指产业之间的比例均衡和关联协调程度。产业结构高度化是产业从劳动密集型、资本密集型、知识技术密集型顺次转换,由以生产初级产品为主向生产中间产品、最终产品占优转换的过程,即产业结构高度化是产业结构从较低水平向高级水平演进的过程,表现为生产率水平的持续增进和绿色化。产业结构合理化是产业结构高度化的基础,产业结构的高度化水平则体现了产业结构合理化向更高层次的转化程度。

1.6 产业结构理论的启示及应用

本书将罗斯托的经济理论与经济增长模式的演变过程相结合,通过构建消费主导型指标体系来反映经济增长模式。消费主导型指数处于40~60为投资主导型;指数处于60~80为内需主导型经济增长模式;消费主导型的指数应处于80~100。与投资主导型增长模式相适应的是经济发展的起飞的阶段;在走向成熟的经济发展阶段时,增长模式是内需主导型;在经济发展的最后两个阶段,增长模式应该是消费主导型。

产业结构调整是指生产要素在经济各部门和不同产业之间的重新配置,以及经济部门和不同产业产值的比重变化。依据产业结构理论,本书将产业结构优化升级指数分为产业结构合理化指数和产业结构高度化指数,测度产业结构合理值和高度值,辨识产业结构优化程度,寻求产业结构合理化和高度化并驾齐驱的冯·诺依曼路径,实现经济总量和结构优化协调发展。

在产业结构合理化的评价中,关注要素资源在产业间的配置、协调和利用效率,同时关注经济体中不同产业部门的重要程度。

在产业结构高度化的评价中,突出表现为产业比例关系的改变和劳动生产率的提高:一是产业结构从劳动密集型到资本密集型,再到知识技术密集型的顺次转换,或由低附加值产业向高附加值产业转变,或由初级产品产业占优势向制造中间产品、最终产品产业占优势的转换;二是传统产业生产技术的持续升级,创新或产品技术含量的提高。它是这样的一个过程,原有要素和资源从劳动生产率较低的产业部门向劳动生产率较高的产业部门转移,新增的要素和资源也被配置到劳动生产率较高的产业部门,导致劳动生产率较高的产业部门的份额不断上升,使得不同产业部门的劳动生产率共同提高。基于上述内涵,本书从产业结构内部变化的视角考察产业结构高度化程度,即采用高能耗产业占比、新兴产业占比来度量,基于此从高能耗产业占比是否下降、高附加值/低能耗产业占比是否上升判断产业结构升级的进程。其中,高能耗产业是指六大高能耗产业,即化学原料及化学制品制造业、非金属矿物制品业、黑色金属冶炼及压延加工业、有色金属冶炼及压延加工业、石油加工炼焦及核燃料加工业、电力热力的生产和供应业;新兴产业是指节能环保、新一代信息技术、生物、高端装备制造、新能源、新材料和新能源汽车七个产业。

1.7　技术创新理论

创新理论是在《熊彼特:经济发展理论》一书中系统提出的。熊彼特认为创新是一种新的生产函数的建立,即实现生产要素与生产条件的一种从未有过的新结合,并将其引入生产体系。创新主要包含五个方面的内容:①制造新产品,制造出消费者所不知晓的新产品;②采用新生产方法,采用该部门实际上不知道的生产方法;③开辟新市场,开辟特定的产业部门从未进入过的市场;④获得新供应商,从新的供应来源获得原材料与半成品;⑤形成新组织形式,打破原来垄断或创造新组织形式。

创新并不是某一种单纯的技术或新工艺,而是一种不断运转的机制。熊彼特在1912年提出技术创新理论之后,又分别出版了《经济周期》、《资本主义、社会主义和民主主义》两本专著,对创新理论进行补充完善,逐步形成以创新理论为基础的创新经济学理论体系。

目前,技术创新理论的研究已形成了一系列重要的理论成果。

(1)技术进步是劳动生产率提高的主要来源。

索洛(Solow)认为技术创新是经济增长的基本因素,应当看作是经济增长的内生变量;技术同其他商品一样都具有公共商品、创新收益、外部性和非独占性等特征,市场失败及政府的适当干预将促进技术创新的开展,为了测度技术进步对经济增长的贡献情况,还建立了著名的索洛模型。后来,在《在资本化过程中的创新:对熊彼特理论的述评》一文中,索洛提出新思想的来源及以后阶段的实现与发展是创新成立的两个条件,这种"两步论"的界定被认为是技术创新概念研究过程中的里程碑之一。1957年索洛在《技术进步与总量增长函数》一文中,对1909~1949年美国非农业部门的劳动生产率进行实证分析,发现技术进步是劳动生产率提高的主要来源。在深入研究技术进步与经济增长关系的同时,其他学者还展开了技术创新中政府干预作用方面的研究,提出当市场对技术创新的资源配置无法满足社会发展需求时,政府应当采取金融、税收及政府采购等调控手段,对技术创新活动进行间接干预,进而提高技术进步在经济增长中的促进作用。

(2)最有助于技术创新的是中等程度竞争的市场结构。

曼斯菲尔德、卡曼及施瓦茨等通过对技术创新与市场结构、企业规模等的关系及对新技术推广问题进行研究,提出了许多具有影响力的技术创新模型。

曼斯菲尔德分析了新技术在同部门内部推广的速度和影响其推广过程的各种因素,建立了新技术推广模式。他提出了四个假定:①完全竞争的市场,模仿者可以自由选择使用新技术;②专利权对模仿者的影响很小,任何企业都可以对新技术进行模仿;③在新技术推广期间,新技术本身不变化;④企业规模之间的差异不至于影响采用新技术。在上述假定前提下,曼斯菲尔德认为模仿比例、模仿相对盈利率及采用新技术要求的投资额是影响新技术推广速度的三个基本因素。另外，旧设备还可使用的年限、新技术所在部门销售量的增长情况、新技术首次被采用与后来被其他企业采用的时间间隔、新技术首次被采用的时间在经济周期中所处的阶段是影响其推广速度的四个补充因素。卡曼、施瓦茨等认为：竞争越激烈的市场创新动力就越强；规模越大的企业在技术创新中所开辟的市场就越大；垄断程度越高，市场控制能力就越强，技术创新就越持久。在完全竞争条件下的企业规模一般较小，难以筹集技术创新所需要的资金，开拓技术创新所需的广阔市场也有一定难度，因此难以产生较大的技术创新。而在完全垄断条件下，垄断企业虽有能力进行创新，但因为缺乏竞争对手的威胁，企业进行重大创新动力不足，所以也不利于引起重大技术创新。因此，最有助于技术创新的市场结构是介于完全竞争与垄断之间的"中等程度竞争的市场结构"。

(3) 好的制度选择有利于技术创新。

美国经济学家戴维斯和诺斯在1971年出版的《制度变革与美国经济增长》一书中，提出了制度创新理论。他们认为制度创新主要指的是经济组织形式或经营管理方式的革新，好的制度选择有利于技术创新，不好的制度设计不利于技术创新或阻碍创新效率的提升。同时，制度创新学派在肯定制度创新对技术创新的重要作用的同时，也并不否定技术创新反过来会影响改变制度安排的收益、成本，认为技术创新除了可以增加改变制度安排的潜在利润，也能够降低一些制度安排改变的操作成本，从而使建立复杂的经济组织或股份公司等制度创新变得有利可图。利用新古典经济学理论中的静态均衡理论，该学派在对创新环境进行制度分析后，认为设定一种对个人形成有效激励的制度是经济增长的关键。通过确立一种所有权，使活动的社会收益率与私人收益率基本相等，一个社会的所有权体系如果能明确规定并有效保护每个人的专有权，促使技术创新者的活动得到最大的私人收益，则会激励其技术创新，进而促进经济增长。戴维斯和诺斯把制度创新过程分为五个阶段：形成推动制度创新的第一集团（即对制度创新起主要作用的集团）、提出制度创新的主要方案、根据制度创新的原则评估和选择方案、形成推动制度创新的第二集团（起次要作用的集团）、两个集团共同努力完成制度创新。

(4) 技术创新是由国家创新系统推动的。

英国学者弗里曼、美国学者纳尔逊等重点对技术创新与国家经济发展绩效的关系进行分析。他们认为技术创新是由国家创新系统推动的,不只是企业家的功劳,也不是企业的孤立行为。认为国家创新系统是一个国家变革和发展的关键动力系统,是参与并影响创新资源配置及其利用效率的行为主体、关系网络及运行机制的综合体系,系统中的政府、企业、研究机构、中介机构等通过国家制度安排及相互作用,推动知识和技术的创新、引进、扩散及应用,最终使整个国家技术创新取得更好的绩效。

20世纪80年代,弗里曼通过对日本企业的考察发现,日本以技术创新为主导,以组织创新和制度创新为辅助,工人、管理者及政府等全社会参与创新过程,使国家的经济出现快速发展,仅在几十年的时间里就发展成为工业化大国。这个过程充分体现了国家在推动技术创新过程中发挥的重要作用,也说明一个国家想要实现经济的追赶与跨越,必须将技术创新与政府职能相结合,形成国家创新系统。由此,弗里曼在《技术和经济运行:来自日本的经验》一书中提出了国家创新系统理论。纳尔逊以美国为例,分析了国家支持技术创新的一般制度结构。他在1993年的《国家创新系统》一书中指出,现代国家创新系统既包括各种制度因素与技术行为因素,也包括致力于公共技术研究的大学和科研机构,还包括政府部门中的投资和规划等机构,在制度构成上非常复杂。纳尔逊指出科学技术的发展充满不确定性,国家创新系统中的制度安排应具有弹性,发展战略也应该具有灵活性和适应性,以适应技术变革的要求。弗里曼和纳尔逊的研究将创新主体的激励机制与外部宏观环境结合起来,强调国家创新体系在优化创新资源配置过程中发挥的重要作用,可以更好地指导政府制定计划和政策,引导并激励企业、科研机构、大学和中介机构相互合作,加快技术知识的生产、传播和应用。

1.8 技术创新理论的启示及应用

本书认为,运用技术创新理论,在传统高能耗产业升级与新兴绿色产业培育的技术进步路径研究中应注意九个把握。

(1)把握技术创新对经济增长的内生规律。

创新驱动的本质是科技创新由外生转为内生——立足于自主创新,依靠原始创新和引进技术的再创新,形成具有自主知识产权的关键技术和核心技术。科技创新作为经济增长的内生驱动力要以产业创新为导向提升区域竞争力。产业结构优化升级不是简单的下哪个产业、上哪个产业的问题,而是要有创新的产业来带动。

(2) 把握技术创新是可持续发展必要条件的规律。

工业化伴有严重的环境污染和生态平衡的破坏,再加上世界范围内的碳排放造成全球气候异常,这些明显危及人类的健康和安全。从提高可持续发展角度考虑,控制环境污染,减少碳排放,以及修复被破坏的生态,不是一般的控制和放慢工业化进程,而是要依靠技术创新发展绿色技术,开发低碳技术、能源清洁化技术,发展循环经济,发展环保科技产业。显然,创新的绿色技术得到广泛采用,就可以实现可持续发展。

(3) 把握技术创新的扩散规律。

技术创新是针对全社会而言的。因此,对自主创新的要求不只是新技术的发明,更为重要的是自主创新成果及时地在全社会推广和扩散。创新要素不同于物质要素,其使用具有规模报酬递增的特点,因而创新不排斥新知识新技术的广泛采用。只有当全社会都能采用自主创新成果时,科技创新才有真正应用价值,因此,京津冀地区的创新发展不仅仅是要求北京成为科技创新中心,而且要求其辐射的范围足够大,按照范围经济的思路布局京津冀地区的创新发展。

(4) 把握知识创新和技术创新的协同规律。

协同创新最基本的含义是知识创新和技术创新互动结合。知识创新和技术创新的协同,就是科学家和企业家的协同。科学家的知识创新瞄准前沿技术,企业家的技术创新瞄准市场需求。两者协同就可以既有能力抢占科技发展的制高点,又可以使研发的新技术有商业化和产业化价值。

(5) 把握技术创新与制度创新的互动规律。

创新制度的建设既要尊重市场规律,又要更好地发挥政府作用,既要有科技创新,又要有制度创新。在一般的情况下,市场对资源配置起决定性作用,但对科技创新需要介入政府投资,原因是创新成果具有外溢性和公共性的特征。政府必须提供自主创新的引导性和公益性投资。同时为创新成果的采用提供必要的鼓励和强制措施,包括政府优先采购自主创新的产品和服务等。

(6) 把握反映科技内部运行关系的规律。

科技投入有这样一个特点:在一定的时间之内,科技投入的绩效不是明显上升的，而是下降的，达到一定时间以后，科技投入的绩效才会迅速上升。不同行业、不同产品、不同创新领域的"非对称微笑曲线"是不一样的，它的效益时点也是不同的。这启示我们：科技能力的形成是厚积薄发的结果，要重视科技积累。任何技术的转化都是一个过程，任何企业想消化新的技术都需要经过一个过程。因此，就研发投入而言，其对经济产生的效果不会马上在投入初期显现出来，而是需要经过一定的时间才能发挥出其真正的作用，即研发投入对绩效具有滞后性。掌握了这一规律，就要避免急于求成，做到真正鼓励原始创新。

(7) 把握创新资源开放共享的规律。

创新资源如何协调、为我多用是一个重要议题。应注重促进科技资源的开放共享和高效利用，包括科技基础设施、科学研究基地、科学仪器设备、科技文献、科技数据等对社会开放。通过整合科技资源、提高资源配置效率，形成有利于长效运行、开放共享的模式。

(8) 把握知识产权对技术创新的激励规律。

建设激励创新的公共服务环境，其中除了政府对创新的支持政策外，最为重要的是提供知识产权保护环境。单纯的竞争机制只是解决创新外在压力，不能解决创新的内在动力，更不能解决连续创新的动力。而且，市场经济体制能够较好地解决效率问题，但不能完全解决创新问题，特别是不能在制度上解决创新的动力机制问题。由此提出在保障必要的竞争机制的基础上确认一定程度垄断的作用的问题。创新企业在一段时间内垄断和独占创新收益，可以使创新者的创新成本得到充分的补偿。以专利等知识产权保护制度的垄断不仅可以克服对创新成果免费搭车的行为，还可增强创新动力。

(9) 把握技术创新取决于人才聚集的规律。

创新发展的决定性因素在于拥有人才尤其是创新型人才的资源优势。凝聚创新型人才发展的基本做法主要有：第一，积极营造宽松环境，主要体现为对个人经济价值、知识价值、社会价值的推崇，其核心是强调对个人自由选择权利的保障，也成为吸引全球创新型人才的关键因素；第二，重视投资，加大高层次创新型人才培养力度、设立多种科技奖励项目；第三，采取提供周到的服务、周密的知识产权制度吸引人才创新创业。

1.9　价值链理论

产业链已经成为我国经济发展中的一个热点,不同的学者基于经济学、产业组织学、管理学等不同理论,对产业链进行了理论研究,从不同的角度阐述了实践中出现的产业链现象,关于产业链的定义并没有形成统一的观点,但是也在一些方面达成共识:①产业链产生于同一产业或相关产业的企业之间;②产业链涉及不同企业间的技术经济联系;③产业链是围绕最终产品生产的链条式结构;④产业链是一个价值增值过程(周路明,2003;郁义鸿,2005;周新生,2006;赵绪福,2006)。

综上所述,产业链是由处于同一产业或不同产业之间的企业,通过技术、经济或社会法律关系链接,能够提高生产效率,并具有价值增值功能的生产服务协作体系。产业链中的企业能根据自身的优势将资源集中于某一项或几项活动,扩大该项活动的规模,逐步接近成本最低的规模量,同时集中于某项业务活动能使企业较快积累相关业务经验,从而提高生产效率。企业在产业链上可以选择最能使自己获得最大价值的业务阶段,同时利用不同业务阶段上企业之间的相互依赖关系,形成对其他企业的一定程度的支配,从而加强产业链上企业间的联系。

从价值增值的角度来看,产业链是一条价值增值链,不同的生产资源要素在产业链的各环节的传递是实现价值增值的功能,主要表现为通过产业链中各环节之间的整体协作优势,实现生产效率提高和交易费用下降。从价值增值的角度,产业链呈 U 形分布,研发设计、销售、服务等附加价值高的知识密集型服务性环节位于两端,附加价值低的劳动密集型生产性环节位于底端。产业链差别越大,生产工序或环节所要求的要素投入比例差别越大,越有可能进行产业链的空间重构,以充分利用不同区域的资源,实现各环节以最低的生产成本进行生产。

1.10　价值链理论的启示及应用

新兴绿色产业的主要功能可概括为是调结构、促转型的重要途径,是优化产业布局的有效路径,是拉动经济增长、扩大就业的重要引擎(傅培瑜,

2010)。新兴绿色产业价值增值过程也体现在通过产业链各个环节之间的整体协作优势,实现生产效率的提高和交易费用的下降。一方面,污染资源化,可减少副产品的产生,从而提高资源效率;另一方面,智能制造,减少人力资本的投入,提高人力和资本效率,最终通过生产链的延长实现价值的增值,增值的表现即为经济效益、社会效益、生态效益的增加。

1.11 本章小结

本章通过对系统理论、可持续发展理论、产业结构理论、技术创新理论、价值链理论的研究,明确其具体含义,确定本书研究的理论基础。其中,从系统科学理论出发,传统高能耗产业产能过剩涉及众多要素,核心是宏观推动、中观扶持和微观进步方面的内容,从整体上可以看作是一个宏观-中观-微观的技术经济系统。可持续发展理论为新兴绿色产业的研究提供了必要性方面的支持。正是基于可持续发展理论,新兴绿色产业具有重大的战略意义。本书将罗斯托的经济理论与经济增长模式的演变过程相结合,通过构建消费主导型指数来反映经济发展模式;将产业结构优化升级指数分为产业结构合理化指数和产业结构高度化指数,科学测度产业结构合理值和高度值,辨识产业结构优化程度,有助于寻求产业结构合理化和高度化"并驾齐驱"的冯·诺依曼路径。

第 2 章 研究方法

提出本书应用的 DEA 分析法、演化博弈理论、情景分析法、系统动力学、系统分析法、案例分析法的基本思想、特点及应用范围。

2.1 DEA 分析法及其应用

2.1.1 DEA 分析法

1978 年美国运筹专家 Chaenes 和 Cooper 提出了数据包络分析方法 DEA，它结合了运筹学、管理学、数量经济学和数学的知识，当决策单元具有多输入、多输出时评价其相对效率。

DEA 的基本思想是，在多个决策单元选取效率最高的作为效率的前沿，测算非前沿的决策单元到所选前沿的距离，用距离的大小评价每个决策单元的相对效率值。CCR 是 DEA 的基本模型，该模型是以 Charnes、Cooper 和 Rhodes 的名字命名的。CCR 是规模报酬不变模型，与此相对应的是 BCC，即为规模报酬可变模型。其他常见的模型还包括 VRS、拉塞尔模型、基于松弛变量模型、交叉效率模型、最短距离模型等。

DEA 分析法是用来评价多输入和多输出的"部门(称为决策单元)"的相对有效性。DEA 方法可以看做是一种非参数的经济估计方法，实质是根据一组关于输入-输出的观察值来确定有效生产前沿面。

DEA 方法测算的效率有多个评价指标，譬如规模效率、技术效率、节能指数、减排指数、缩减指数等。规模效率是测量增加投入产出的变化，即增加投入所引起产出增加或减少的变化；技术效率是评价投入产出是否达到最佳的生产实践，投入是否得到充分的利用，即是否存在过多的投入或未达到最大的产出；缩减指数是缩减量和实际使用量的比值。

2.1.2 DEA 分析法的应用

传统的 DEA 模型在评价系统效率时，希望决策单元的投入越少越好，而产出是越多越好，这些产出称为期望产出。但是在生产环节，并不是只会产生期望产出，还会有非期望产出的出现。譬如，在开采煤矿的过程中，煤炭的产量能够产生经济价值，这是期望产出。与此同时，产生的噪声污染则是非期望产出。在既有期望产出又有非期望产出的情况下，期望产出越大越好，非期望产出越小越好。因此，需要采用方向性距离函数模型测算效率。Shephard 提出了方向性距离函数（direction distance function），这种方法是以实际生产点到所有单元形成的生产前沿的距离来衡量决策单元的效率。距离越小，表示当前产出与生产前沿越接近，效率越高；反之越低。当距离为 0 时，表示此时在生产前沿上，决策单元是有效的，相应的效率值为 1。

本书采用方向性距离函数模型测算效率评估产业绿色增长水平。使用资本存量（K）、劳动力（L）和能源（E）来产生期望产出-区域总产出（Y）。同时，假设生产过程产生四种非期望的环境污染物作为副产品，包括废水（W）、二氧化硫排放（S）、固体废物（D）和二氧化碳排放（C）。

2.2 情景分析法及其应用

2.2.1 情景分析法

情景分析法（scenario analysis）是在对经济、产业或技术的重大演变提出各种关键假设的基础上，通过对未来详细地、严密地推理和描述来构想未来各种可能的方案。情景分析法明确地聚焦于长期计划的假设，使管理者能发现未来变化的某些趋势以避免过高或过低估计未来的变化及其影响。作为一种评估与预测思想，情景分析法是其他学科的理论和方法的综合集成。

情景分析的过程不是传统意义上的预言或预测，而是对未来各种不可知现象的一种描述方法。情景分析法与传统预测方法的区别在于：传统预测方法往往假定未来的发展结果是唯一的，并根据近年的发展情况进行趋势外推，得出关于未来发展状况的预测；情景分析则是基于未来发展的不确定性，对未来的发展做出多种可选择的描述，这不同于预测技术的"过去—现在—未来"的趋势外推思想。

20 世纪五六十年代，美国兰德公司（RAND）的研究员 Kahn 率先使用"scenario"一词，并最先将"scenario"这一术语引进军事战略研究。1967 年，Kahn 出版了《2000 年——关于未来 33 年猜想的框架》（The Year 2000: A Framework for Speculation on the Next Thirty-Three Years），该书成为情景分析

历史的里程碑。

宗蓓华(1994)总结了情景分析法的三个特点：第一，承认未来的发展是多样化的，有多种可能发展的趋势，其预测结果也将是多维的；第二，承认人在未来发展中的能动作用，把分析未来发展中决策者的群体意图和愿望作为情景分析中的一个重要方面，并在情景分析过程中与决策者之间保持畅通的信息交流；第三，在情景分析中，特别注意对组织发展起重要作用的关键因素和协调一致性关系的分析。

情景分析法基本思路如图 2-1 所示。

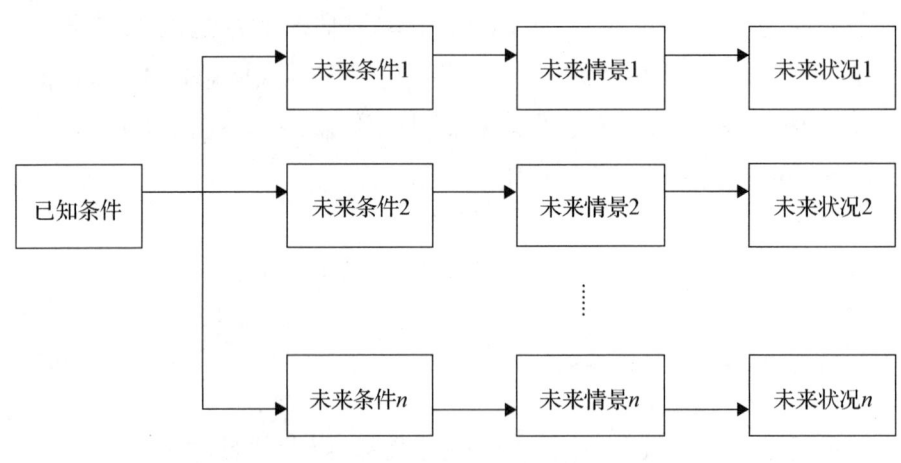

图 2-1　情景分析法基本思路

情景分析法分为描述型和定量型两种，前者主要侧重主观想象来描绘未来的可能情景，后者则主要借助概率论对未来的可能情景进行定量描绘。情景分析法的操作步骤为：①确认需要研究的关键决策；②决策需考察的时间框架；③列出涉及的关键影响因素；④研究决定关键影响因素的驱动力量；⑤对驱动力量的重要性和它们的不确定性打分；⑥构想驱动力量未来可能的情景；⑦详细阐述情景。

情景分析主要适用于战略管理、政策分析、风险评价、决策管理、可持续评价等领域。在国内关于情景分析法的应用，很多侧重于与环境、能源相关的研究，如张文平等(2012)运用情景分析法对中国有色金属产业碳排放问题进行了研究；张斌(2009)、刘小敏等(2011)分别对中国 2020 年碳排放强度进行了情景分析；朱凯等(2012)从天然气利用技术和政策两个维度对天然气气价和页岩气开发的发展趋势进行定性的矩阵式情景分析；孔红杰等(2012)针对金融危机后全球经济放缓给铁矿石产业前景带来的困境，在介绍情景分析法的基础上，利用情景分析法对国内外铁矿石产业现状及未来发展进行了探讨，对铁矿石产业未来可能出现的四种发展情景即成长缓慢型发展、技术滞涨型发展、竞争充分的发展、寡头垄断发展及对策进行了分析；田金平（2013）运用情景分析法研究了浙江沿海地区经济发展方式对环境产生的压力。

2.2.2 情景分析法的应用

采用情景分析的目的不是预测未来到底是哪种情景，也不是为未来的各种情景的出现概率赋值，而是通过多种情景将未来环境的发展变化演示出来，利用情景提供的关于未来的信息，深刻理解不确定性并为之做好准备，以便在未来从容应对。

本书运用情景分析法设置了三种情景分析产业结构变动对各种产能变动的影响。在此基础上，依据对未来京津冀地区产能化解的要求，找寻高效、去产能、可持续发展目标的产业结构。通过情景分析，适当降低高能耗产业结构比重，会改善现有产能过剩的情况。

2.3 演化博弈理论及其应用

2.3.1 演化博弈理论

演化博弈理论由 Smith 于 1973 年提出，其将演化博弈理论与达尔文的生物进化论结合，提出了演化博弈及演化稳定策略的概念。此后，演化博弈理论的理论及应用研究便迅速发展起来。到目前为止，演化博弈理论已被广泛地应用到社会学、统计物理、管理及经济等众多领域。

演化博弈理论的基本思想是：在具有一定规模的博弈群体中，博弈方进行着反复的博弈活动。演化博弈以有限理性和学习能力代替了传统演化博弈理论关于主体完全理性的假定，有限理性决定了博弈双方不可能在每一次博弈中都能找到最优的均衡点。演化博弈以一种动态的框架来分析系统均衡及达到均衡的过程，从而更准确地描述系统的发展变化。

在应用研究领域，我国学者运用演化博弈理论的基本原理在产业选择、激励机制设计和博弈主体战略与对策等方面进行了卓有成效的探索。许肖瑜等（2008）通过基于非对称主体的进化博弈方法，分析新兴产业的进入问题，探讨不同规模的企业在新兴产业进入问题上的对策；阮爱清等（2006）运用进化博弈模型分析了产业集群的种子、核和集群三种状态及不同阶段的收益状况，建立产业集群成长的演化模型；谢非等(2007)基于非理性和信息不对称性，应用进化演化博弈理论的方法从风险投资者和风险企业的角度，结合风险资本的时间价值，对风险投资退出方式进行研究；李细建等(2009)应用进化博弈理论分析地方政府行为特征，并对地方政府与上级管理部门的纵向关系及地方政府之间的横向关系进行模型分析，提出优化我国地方政府行为的思路和对策；朱庆华等(2011)在分析政府和企业在不同策略下各自的成本和收益基础上，运用进化博弈理论研究了政企双方的博弈关系，认为核心企业开展绿色供应链管理的成本和收益、政府对企业是否开展绿色供应链管理的奖惩力度都直接影响博弈结果；刘亦红(2013)的分析显示政府和企业发展新能源产业是纳什均衡策略组合，政府补贴、技术创新等都会影响新能源产业的发展；张卫国(2015)运用演化博弈模型分析了政府在新能源投资系统中的作用，前期扮演引导、扶植角色，后期向市场角色转换。

2.3.2 演化博弈理论的应用

演化博弈理论的核心概念是演化稳定策略和复制动态。在完全市场经济条件下，资源的优化配置可以通过市场机制"自动"实现。资源配置达到"瓦尔拉斯一般均衡"状态，或通过"帕累托改进"而趋近最优状态，此时，需满足的条件是完全信息、充分竞争、不存在规模经济及不存在外部经济性。然而，这些前提条件在现实中是很难满足的。对于一个区域经济系统来说，通过产业结构调整提高能效，即意味着高能耗产业退出区域系统，新兴绿色产业进入区域系统。但由于中央政府、地方政府、行业(或企业)的理性水平有差异、存在进入和退出壁垒及外部经济性等原因，高能耗产业选择不会通过市场机制的自动调节而实现。在产业选择过程中，政府的政策设计与选择将在很大程度上影响博弈态势。在不同的政策体系下，各方博弈主体的收益预期会有所不同，相应的博弈策略也不断调整。一方面，企业应根据政策特点采取相应的行动，决定是否进入或退出该区域经济系统；另一方面，政府根据政策执行的情况评估政策效力、判断区域经济未来发展趋势，并对现有政策做出相应的调整。因此，传统高能耗产业与新兴绿色产业存在演化博弈。

在社会经济系统中，演化博弈理论主要用于分析系统中不同参与方的利益诉求、行为方式、相互影响、策略选择及其涌现性，由于往复多次的博弈更接近于真实的社会经济系统，而这种博弈均衡往往通过合作博弈的方式更容易达成。本书运用演化博弈的基本原理，创新性地构建以再生水产业为例的新兴绿色产业链延长和价值增值策略。

2.4 系统动力学及其应用

2.4.1 系统动力学

系统动力学(system dynamics，SD)是由美国麻省理工学院 Forrester 教授在 20 世纪 50 年代早期创立的一门学科，并于 1958 年在 *Harvard Business Review* 上发表了奠基之作，七八十年代的发展成熟，到 90 年代至今的广泛应用与传播阶段，系统动力学在一系列社会经济系统问题的研究中取得了令人瞩目的成果。系统动力学的自身特性决定了系统动力学适合处理长期性和周期性的问题、对数据不足的问题进行研究、处理要求不高的复杂的社会经济问题及处理非线性和多重反馈的复杂时变系统，适合长期的、动态的、战略性的仿真分析与研究。系统动力学认为系统的内在结构决定系统的行为，其本质是在多重信息因果反馈中，寻找系统的较优结构，进而获得较优的系统行为。

作为一种研究动态性、多变性等问题的方法，系统动力学在预测、管理、优化与控制三个方面应用广泛。刘志斌等(2009)等利用系统动力学的方法对石油价格进行准确预测；王海燕等(2009)利用系统动力学和计量经济学的方法对粮食的供求状况进行预测，并为政策仿真提供了数量依据；于晓勇等(2011)为煤炭投资需求建立系统动力学预测模型；唐旭等(2010)利用系统动力学的基本原理构建中国石油产量系统动力学模型，确定剩余可采储量、采油速度等模型变量参数，对未来中国石油的产量进行预测；杨俊(2012)基于系统动力学建立三阶段短生命周期产品供应链模型，并利用模型比较了指数平滑法和 BASS 模型两种需求预测方法在供应链库存中产生的影响。

2.4.2 系统动力学的应用

新兴绿色产业培育由技术、市场和制度等多子系统构成，而这些子系统之间相互联系、相互影响、相互作用，关系极其复杂，而且表现出动态性。本书采用系统动力学方法，进行新兴绿色产业技术、市场和制度培育机制的研究。通过系统动力学的方法对产业链增值系统进行动态的、全方位的分析与建模，通过仿真探讨系统内部各影响因素对于系统增值效应促进或阻碍作用的影响程度。

首先，确定系统的边界，即系统的结构。其次，构建因果关系图，通过系统因素的分析，考虑已收集到的数据，从各种因素中抽象出具有代表性的变量，反映各种因素之间的关系，并建立系统变量，根据确定的影响因素，构建系统的主要反馈回路。因果关系图只能粗略地表达各要素之间的联系，为了方便后续的计算及定量的研究，将因果关系图改绘为系统动力学流图，运用 Vensim PLE 软件进行仿真，使用系统动力学的专用语言 DYNAMO 构造方程式，模型在运行前需要将相关因素量化表示，并动态仿真运行的参数。需要指出的是，模型中一些变量的取值及量化参数时有时包含主观因素，特别是分析多种要素交叉作用时。

仿真模拟的程序如下：①系统模型初值及参数的确定。仿真数据采用假设数据模拟，进行数次运行试验后，使仿真结果与实际波动和发展趋势保持一致，继而进行更长期的仿真。②系统动态结构模型检验。建立系统动力学模型后必须进行测试、模拟、观察结果、分析与描述系统，再讨论策略目标的政策设计，调整相关执行方式。为了验证所建立模型的有效性，分别进行了一致性检验、结构验证测试。③系统模型仿真模拟与价值增值要素分析。模型进行有效性验证后，可以利用模型研究系统在不同条件下的一切可能的行为，帮助决策者了解各种状态下的系统行为结果，进而做出更优的决策。

本书构建的系统动态模型，利润是模型的输出值，决策者可以研究和分析不同的变量水平(价值驱动因素的变化)对整个产业链增值效应的动态变化的影响。这里需要分析产业链的增值效应，主要考察产业核心价值的变化趋势，现实中更直观地可以用企业利润的增长来表示。

2.5 系统分析法及其应用

2.5.1 系统分析法

系统分析一词最早是第二次世界大战后美国兰德公司开发的研究大型工程项目等大规模复杂系统问题的一种方法论。系统分析是指运用建模及预测、优化、仿真、评价等技术对系统的各方面进行的定性与定量相结合的分析，为选择最优或最满意的系统方案提供决策依据的分析研究过程。

系统分析的六要素如下。

(1) 问题。在系统分析中,问题一方面代表研究的对象,需要恰当的定义;另一方面,问题表示现实系统与目标系统的偏差,这为系统改进方案的探寻提供了线索。

(2) 目的及目标。目的是对系统的总要求,目标是系统目的的具体化。目的具有整体性和唯一性,其任务是确定和分析系统的目的及其目标,分析和确定为达到系统目标所必备的系统功能和技术条件。目标分析可采用目标树等结构分析的方法,并需要注意对冲突目标的协调与处理。

(3) 方案。方案即达到目的及目标的途径。为了达到预定的系统目的,可以制定若干个备选方案,譬如,改造一条生产线,可以有重新设计、从国外引进和在原有设备的基础上改造三种方案。通过对备选方案的分析与比较,才能从中选择出最优系统方案。

(4) 模型。模型是由说明系统本质的主要因素及其相互关系所构成的。模型是研究与解决问题的基本框架,可以起到帮助认识系统、模拟系统和优化系统的作用,是对实际系统问题的描述、模仿或抽象。在系统分析中,常常通过建立相应的结构模型、数学模型、仿真模型等来规范分析各种备选方案。

(5) 评价。评价是评定不同方案对系统目的的达到程度。它是在考虑实现方案的综合投入与方案实现后的综合产出后,按照一定的评价标准,确定各种待选方案优先顺序的过程。进行系统评价时,不仅要考虑投资、收益这样的经济指标,而且必须综合评价系统的功能、费用、时间、可靠性、环境、社会各方面的因素。

(6) 决策者。决策者作为系统问题的利益主体和行为主体,在系统分析中自始至终具有重要作用,是一个不可忽略的重要因素。实践证明,决策者与系统分析人员的有机配合是保证系统分析工作完成的关键。

2.5.2 系统分析法的应用

采用系统分析方法,即从系统的观点出发,着重从整体与局部、整体与外部环境的相互联系、相互作用和相互制约的关系中综合地考察研究对象,寻求问题的解决方案。

发展指数是分析社会经济现象数量变化的一种重要统计方法,综合反映现象总体的变动方向和变动程度。发展指数的构建既需要考察微观企业自身能力，又需要兼顾中观产业结构，还需要考虑宏观经济发展因素对产业的影响，是个多要素多层次的复杂系统分析过程。本书从系统整体视角出发，原创性地提出传统高能耗产业升级指数（STG 指数）。首次测算京津冀地区各城市的传统高能耗产业升级指数。

2.6 案例分析法及其应用

2.6.1 案例分析法

案例研究是一种经验主义或实证主义的探究，它研究现实生活背景中的暂时现象，在这样一种研究情境中，现象本身与其背景之间的界限不明显，要大量运用事例证据和多种数据来源，对某种现象的具体表现进行丰富的、实证性研究。

本书研究京津冀地区产能化解模式，属于多案例研究（图 2-2），它是指通过多案例的研究方法，根据访谈、阅读资料、观察等所获得的实证数据创建新的理论。

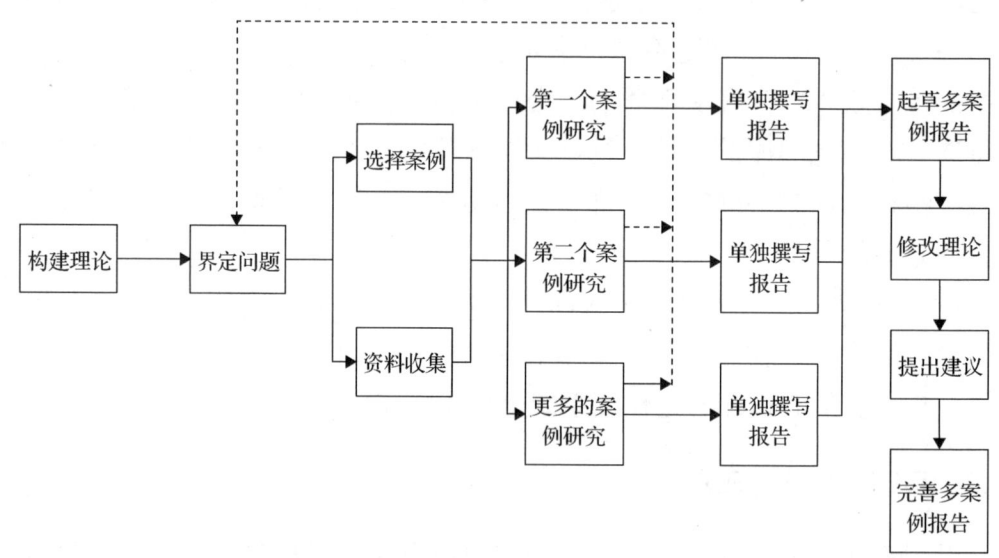

图 2-2 多案例研究流程

2.6.2 案例分析法的应用

对于京津冀地区而言，六大高能耗行业中，河北省电解铝、造船规模很小，化解过剩产能任务集中在钢铁、水泥和平板玻璃三个行业，天津市主要化解钢铁、水泥、平板玻璃和船舶四大行业的过剩产能。在分析产能过剩的原因的过程中，主要通过调研京津冀地区热电、钢铁等典型企业，从典型企业去产能的成效中，总结其产能过剩的原因。

调研的天津天保热电有限公司，热电行业是比较特殊的，该行业没有替代品，去产能难度也大。在我国倡导利用供给侧去产能的大环境下，热电行业更多的是利用需求侧去产能模式。赞皇金隅水泥有限公司秉承"管理减排、技术减排、投入减排"的理念，前后共投入 3 亿元进行环保工作。目前该公司在污泥、生活垃圾处理方面取得重要成就，在试运行期间每日可处理 300 吨生活垃圾和 200 吨污泥，远超过赞皇县每日 100 吨生活垃圾的产生量，走的是循环经济发展模式。调研的中国电建集团河北工程有限公司利用当下我国位居世界前列的电力技术和巨大的成本优势进行国际产能合作，既解决了当地的技术难题，又缓解了国内的产能过剩问题，走的是需求导向发展模式。调研的德龙钢铁公司积极投身绿色发展之路，逐步淘汰落后设备推进设备升级，拆除小型高炉，建设更大的高炉，从而获取更高产量，也在一定程度上减少了污染，创造性的建设风景区式工厂，绿化环保的投入虽然增加了成本，但也推动企业承担了更多社会责任，减轻了企业的政策压力，扩大了产量，获得更多利润，使企业进入良性循环中。基于调研，本书提出京津冀地区产能化解的五种模式——政府引导型模式、环境规制型模式、市场竞争型模式、需求导向型模式、创新驱动型模式。

2.7 本章小结

本章分析了本书应用的 DEA 分析法、演化博弈理论、情景分析法、系统动力学、系统分析法、案例分析法的基本思想、特点及应用范围。在应用中，本书采用 DEA 分析法，测算效率评估产业绿色增长水平；运用情景分析法，设置了三种情景，分析产业结构变动对各种产能变动的影响；采用系统动力学方法，进行新兴绿色产业技术、市场和制度培育机制的研究；采用系统分析法，建构传统高能耗产业升级指数；采用案例分析法，从典型企业的去产能的成效中，总结其产能过剩的原因，提出产能化解的模式。

第 3 章 传统高能耗产业与新兴绿色产业的定义与内涵

本章给出传统高能耗产业的定义,描述了传统高能耗产业升级的内涵,分析了传统高能耗产业升级要义,给出新兴绿色产业的定义及特点,分析了新兴绿色产业培育要义。

3.1 传统高能耗产业的定义与内涵

3.1.1 产业的定义

所谓产业,在广义上,指人类社会为满足其自身需要而进行的利用自然、改造自然的全部经济活动;在特指意义上,指人类经济活动中可以细分的、在人类认识自然、改造自然过程中具有同一属性的经济活动的集合。譬如,关于第一次产业、第二次产业、第三次产业的划分,通常指人类直接从自然获取一次性产品的产业、对一次性产品进行加工而获取二次性产品的产业、为前二者服务而不直接参与自然资源加工过程的产业。种植业、钢铁业等产业,则是因为其物质生产的对象及产品具有同一性;金融业、交通物流业则是在这个经济活动过程中提供服务对象的同一性而形成的;劳动密集型产业、资本密集型产业、知识密集型产业则是因其经济活动过程中要素投入的同一性而进行的分类。

3.1.2 传统产业的定义

所谓传统产业,主要是指工业化初级阶段和重工业阶段高速发展而后期因技术稳定(或技术发展缓慢)而保留下的一系列产业集群。结合我国的实际情况,传统产业主要包括统计分类中的第二产业中的原材料工业及加工工业中的轻加工工业,如食品加工工业、纺织服装工业、机械设备工业、交通运输设备制造业、烟草工业、冶金业、造纸业等。

传统产业具有三个特征。

(1) 特征之一：技术成熟性。传统产业的生产技术一般以稳定成熟的传统技术为主。

(2) 特征之二：发展稳定性。传统产业对国内生产总值、对经济增长的贡献率较高，发展稳定。对于拥有十几亿人口的我国来说，传统产业在国民经济中占据重要地位。

(3) 特征之三：概念动态性。传统产业是一个相对概念。这一时期是新兴产业，过一段时间也许就会变成传统产业。譬如，在工业化初级阶段的纺织工业是新兴产业，而进入工业化中期后纺织工业就被列入传统产业。再如，有些传统产业吸收了新兴技术后，产生出新的分支，属于新兴产业的范畴，如传统种植业吸收了生物技术后变成生物农业。

3.1.3 传统高能耗产业的定义

传统高能耗产业是以传统制造加工业为主的高能耗、高排放的产业。在相关文件中，六类制造业——石油加工、炼焦和核燃料加工业，化学原料和化学制品制造业，非金属矿物制品业，黑色金属冶炼和压延加工业，有色金属冶炼和压延加工业，电力、热力生产和供应业，统称传统高能耗产业。

3.2 传统高能耗产业升级的定义与内涵

3.2.1 传统高能耗产业升级的定义

传统高能耗产业升级是指传统制造加工业为主的高能耗、高排放的产业，由低层次向高层次转换的过程，由低附加值、低技术水平向高附加值、高技术水平演变的过程，最终达到产品升级和生产效率提高；产业生产要素从劳动密集型向资本密集型和技术密集型演变，劳动密集型产业比重降低，而资本和技术密集型产业比重逐渐升高的过程。

3.2.2 传统高能耗产业升级的内涵

本书认为，高能耗产业升级，其内涵有三。

(1) 内涵之一：传统高能耗产业升级，不应理解为在保持现有产能规模前提下的改进型升级，而是如何降低高能耗产业比重，淘汰落后产能，在此基础上推进的转型升级。从 20 世纪 60 年代开始,因资源、环境和技术条件的变化,英国高能耗产业面临衰退。英国把转型升级作为突破口,淘汰落后产能,实施技术改造,科研成果不断应用到冶炼与轧制、设计与管理方面,新技术的应用极大地提高了劳动生产率,中小企业大幅减少。到 1980 年,钢铁业就业人数从 26.8 万减少到 13 万,但技术效率位居欧洲国家钢铁业之首。

(2)内涵之二:高能耗产业升级中,可持续发展能力是关键。高能耗产业升级不仅需要产业结构优化,而且需要提高产业结构转换能力,提高产业素质。日本的产业结构始终处于世界的领先位置,一个重要原因是日本关注教育,注重高技能人才的培养,着力提高产业素质,不断培养劳动力的技术水平和应用技术的能力,促进了产业内部技术升级和设备的更新换代。

(3)内涵之三:高能耗产业升级指向绿色发展,指向低碳、节能、环保、清洁的绿色产业。能否实现绿色发展是检验高能耗产业升级的重要标准。

专栏 3-1

产业结构高级化的核心内容

从微观角度看,产业结构高级化,有五大核心内容。

(1)产值结构的高端化。产值结构逐渐形成了初级产品(劳动密集型)、中间产品(资本密集型)和最终产品(技术密集型)的转化梯度。企业持续研发高技术产品,不断优化产品的功能,提高产品的科技集成性。

(2)产业性质形成高附加值产业为主的结构。产业性质逐渐从以低附加值产业为主向以高附加值产业为主转化;产业等级从制造初级产品向制造中间产品甚至最终产品进化。在产业结构的转变过程中,逐渐实现产业优势地位的更迭,提升技术创新成果的产出效率。

(3)技术密集型产业占主导地位。产业结构高度的逐步提升主要以由劳动密集型产业占优势地位向知识密集型、技术密集型和资金密集型产业占主导地位的趋势逐渐演进。

(4)产业间的联系更加紧密。产业结构的广度和深度持续拓展,产业广度指一个产业中所涵盖的产业群和产业的数量,产业深度则指一个产业在发展过程中必须经历的发展阶段。产业结构高度化的本质是产业不断进行横向拓展、纵向延伸和产业耦联的过程。

(5) 企业技术体系趋于高标准化。随着技术的进步，生产的过程不再需要过多的劳动力，取而代之的是知识要素、技术要素和智力因素，并且劳动的手段逐渐趋于智能化，原始的生产工具被机械化、自动化甚至智能化取代。随着技术不断向高端化发展，产品的更新换代速度攀升，最终使企业技术体系趋于高标准化。

3.3 新兴绿色产业的定义与内涵

3.3.1 新兴产业的定义

新兴产业是随着新的科研成果和新兴技术的诞生而出现的新的经济部门或行业。新兴产业的研究始于 20 世纪七八十年代，兴起于 21 世纪，特别是在 2008 年国际金融危机以后迅速发展，目前新兴产业处于探索发展阶段。

学者对新兴产业的研究主要集中在绿色产业和技术密集型领域，如生物能源、低碳节能技术、风能、生物医药、保健食品、新一代信息技术、创意产业等，通常选取某个国家的某一领域为案例，以便解析复杂的新兴产业。欧盟、日本、美国等发达国家，在经济发展的不同阶段都推出了各项支持本国新兴产业发展的政策，为其产业发展创造了更多的空间。我国提出发展战略性新兴产业后，全国各省纷纷推出优先发展产业部门。近年来我国战略性新兴产业的发展涉及各行各业，新一代信息技术产业尤其发展迅猛，带动经济大幅度增长，国务院印发《关于强化实施创新驱动发展战略进一步推动大众创业万众创新深入发展的意见》，从顶层设计推动创新创业，持续为新兴产业发展壮大提供不竭动力。

国外学者对新兴产业概念界定的代表性观点包括：Porter(1980)将新兴产业定义为新建立的或是重新塑型的产业，其出现原因包括科技创新、相对成本结构的改变、新的顾客需求，或是因为经济与社会上的改变使得某项新产品或服务具备开创新事业的机会；Claude(2003)认为新兴产业要符合四个特征——与突破性创新相关联，创新需要发展的核心能力，对应于产业生命周期的前期，具有高不确定性；Blank(2008)认为新兴产业是充满未知性的产业，通常由一个新的产品或创意所形成，处于发展的早期阶段，存在大量的不确定性，如对产品的需求、潜在的增长潜力及市场条件都不确定,而且没有原有的轨迹可循。

国内学者对新兴产业概念界定的代表性观点可归纳如表 3-1 所示,大多数学者认为新兴产业是指正处于产业生命周期中成长阶段的产业,是随着新技术的应用而出现的新的产业部门。

表 3-1　国内新兴产业概念界定表

学者	概念界定
周叔莲等(1984)	新兴产业指的是随着新技术的应用如信息技术、生物技术、新材料技术、新能源技术、空间技术等而出现的新的产业部门
周新生(2000)	新兴产业处于自身产业生命周期的形成阶段,是新的科学技术应用、社会生产分工及产业结构转换的结果
史忠良等(2004)	新兴产业代表市场对产业结构提出的新要求及未来产业转化的新方向,并且具有一定规模和影响力
黄南(2008)	新兴产业分为广义新兴产业及狭义新兴产业,广义的新兴产业是指那些利用先进革命成果而建立起来的一系列对经济发展具有战略意义的产业,这些产业普遍采用先进的生产技术,是科技创新最为集中的生产领域;而狭义的新兴产业,则主要是指依靠第三次科技革命成果而发展起来的高新技术产业
郑江淮(2010)	新兴产业中的"新兴"有三个方面的含义:分别是时间的角度、技术的角度及市场成熟度上的新兴
郭铁成(2010)	新兴产业是一批具有全新经济形态的产业群,是以新能源为动力、新材料为原料、使用智能技术或生物技术的产业
仲伟峻等(2014)	新兴产业是新建立的产业或原有产业重新调整形成的新产业,新兴产业的产生可能是需求的拉动、新技术的出现及运用等

本书认同 Claude(2003)的定义,新兴产业是与突破性创新相关联,创新需要发展的核心能力,对应于产业生命周期的前期,具有高不确定性的产业。本书进一步认为,从战略上说,新兴产业是有着远大发展前景、正在茁壮成长、其地位和影响力趋于上升的产业,类似事物中的新事物。新兴产业是实现新旧产业的更新换代、实现经济持续繁荣的关键。

3.3.2　新兴产业的特点

本书认为,与成熟产业或衰退产业相比,新兴产业具有六大特点。

(1)特点之一:成长性。纵观世界各国和地区的经济发展历程,及时选择和培育新的经济增长点,进行新旧产业之间的更新换代是所有国家和地区经济发展中的必然选择。韩国政府在推动新旧产业更新换代的过程中,集中财力、物力、人力,扶持重要的新兴产业。为了加快处于弱势地位的新兴产业发展步伐，韩国专门设立了"特定研究开发事业费"，以扶植有希望的幼稚产业的技术开发，其根本原因在于新兴产业的成长性好，能带动国家的产业转型升级。

(2) 特点之二：创新性。新兴产业是产学研深度整合的产业。按照经济学家波特的创新理论，新兴产业的出现，不外乎技术创新、相对成本的变化、新消费需求的出现或其他经济及社会方面的变化，致使某个新产品或某项新服务得以实现市场化。无论是产品创新还是工艺创新、市场创新，都指向创新，创新是新兴产业发展的共同要求。

(3) 特点之三：时代性。对于新兴产业而言，技术是新的，产品是新的，需求是新的，它代表了产业发展的时代要求。日本在工业化初期，选择纺织、食品、钢铁、电力为重点产业；进入工业化中期以后，又及时地确定造船、石油化工、汽车、家电、机械等作为重点扶持产业；石油危机后，日本减少了对能耗高、污染大的产业支持，转而发展计算机、电子、新材料、新能源等新兴产业；进入21世纪以后，信息通信、现代物流、节能和新能源开发、环保、生物工程、宇宙航空、海洋开发等新兴产业成为国家重点扶持的领域。这就说明，新兴产业的选择具有时代性，符合产业发展的时代要求。

(4) 特点之四：战略性。新兴产业，关系到一国在世界格局中的地位，是关系到国家长远发展的根本性和全局性的问题，因此具有战略性。一国的新兴产业一般由国家制定和组织实施。美国投入到替代能源、电动汽车等的研发和推广费用达到700多亿美元，确保了美国在新兴产业领域的领先地位；日本由首相亲自领导和协调日本科技研发与新兴产业发展，大幅提高新能源研发和利用的预算，由原来的882亿日元增加到1156亿日元。

(5) 特点之五：先进性。新兴产业具有先进的技术，符合经济社会发展先进性的要求。由于新兴产业大多突破了现有的技术体系，发展中需要交叉融合多种科技要素，因此往往对产业体系产生较大的关联效应，客观上提高了经济发展的整体效率。譬如，新一代信息技术显著提高了生产效率，深刻地改变了社会经济的生产组织方式、服务模式乃至生活方式。

(6) 特点之六：带动性。新兴产业，可以对传统产业进行改造，对社会生活发生根本性变化，能够显著提高国民经济的整体效率，支撑经济持续增长。从最新的投入产出统计来看，战略性新兴产业的感应度系数和影响力系数基本都大于1，如通信设备、计算机及其他电子设备业的影响力系数达到1.4，体现了强大的带动能力。

3.3.3 战略性新兴产业的定义

在国内战略性新兴产业被提及的频率很高,很多学者对战略性新兴产业也提出了相应的看法,战略性新兴产业的关键词是"战略性"。战略性新兴产业是以重大技术突破和重大发展需求为基础,对经济社会全局和长远发展具有重大引领作用,是知识技术密集、物资资源消耗少、成长潜力大、综合效益好的产业。

有学者将主导产业与战略产业视为同一概念,指出战略产业是对经济发展起带头作用的先导性产业部门。战略性新兴产业的"战略性"所体现的经济学性质主要在以下两个方面:其一,产业所基于的主导技术的未来性和突破性;其二,产业所面向的现实和潜在的市场需求规模巨大。第一个特征决定了主导技术的投资具有长期性和不确定性,因而需要更加耐心地投资和更加多样化的高强度学习和探索;第二个特征决定了战略性新兴产业的发展绩效涉及一国发展的深层次经济利益。国内学者对战略性新兴产业概念的界定如表3-2所示。

表 3-2　战略性新兴产业概念界定表

学者	概念界定
万钢 (2010)	战略性新兴产业在国民经济中具有战略地位,首先其对经济社会发展和国家安全具有重大和长远影响;其次,这些产业是着眼未来的,它必须具有能够成为一个国家未来经济发展支柱产业的可能性
朱瑞博 (2010)	战略性新兴产业是一个国家或区域实现经济持续增长的先导产业,在国民经济发展中具有决定性的促进作用,在产业结构转换中具有导向作用
肖兴志 (2010)	战略性新兴产业应当首先是主导产业,而且是前沿的主导产业,是一个动态的概念。具有创新,依靠科技进步,获得新的生产函数;形成持续高速增长的增长率;具有较强的扩散效应,对其他产业乃至所有产业的成长起决定性作用
郑江淮 (2010)	战略性新兴产业应该在技术上具有普遍深入性,并且能够渗透到很多产业中,具有规模报酬递增的特征,而且产业关联性强
刘洪昌 (2011)	战略性新兴产业是指在国民经济中具有重要战略地位,关系到国家或地区的经济命脉和产业安全、科技含量高、产业关联度高、市场空间大、节能减排优先的潜在朝阳产业,是新兴科技和新兴产业的深度融合,既代表着科技创新的方向,也代表着产业发展的方向
龚慧群等 (2011)	对经济社会发展和国家安全具有重大和长远影响,有可能成为一个国家或地区未来经济发展的支柱,在国民经济和社会发展全局中具有主导性地位,并处于成长过程的产业
贺俊等 (2012)	"战略性"所体现的经济学性质主要体现在以下两个方面,一是产业所基于的主导技术的未来性和突破性;二是产业所面向的现实和潜在市场需求规模巨大
剧锦文 (2011)	战略性新兴产业是一个国家或地区因新兴科技与产业的深度融合而催生出的一批产业

3.3.4 绿色产业的定义

绿色产业源于20世纪70年代末的欧洲，是面对日益严峻的环境问题而兴起的。自1972年联合国在瑞典斯德哥尔摩首次召开人类环境会议以来，国际社会对环境与发展关系的问题越来越重视。在20世纪90年代初得到12个工业发达国家的认同，即把绿色计划作为各国社会经济可持续发展的重要战略。在我国，绿色产业的概念兴起于20世纪80年代，作为一个发展中国家，环境问题日益严峻，国家要可持续发展，则必须进行节能减排、保护环境、进行产业结构的转型。

国内学者对绿色产业概念的界定如表3-3所示。

表3-3 绿色产业概念界定表

刘小清 （1999）	绿色产业是节能环保产业，是国民经济结构中以防治环境污染、改善生态环境、保护自然资源为目的所进行的一系列活动的总称
林毓朋等 （2000）	绿色产业不单指节能环保产业，泛指企业在生产过程中，采用低能耗、无污染的技术导致产品在生产、使用及回收过程中不会对环境造成污染及破坏的企业
陈飞翔等 （2000）	绿色产业并不是指某个或几个具体产业，其划分的标准不是传统的产业分类方法，即不是根据产品的使用特征来区分绿色产业和非绿色产业，而是根据产业与环境的相互关系来进行划分的
曾建民 （2003）	所谓绿色产业是以绿色资源开发和生态环境保护为基础，以实现经济社会可持续发展，满足人们对绿色产品消费日益增长的需求为目标，从事绿色产品生产、经营及提供绿色服务活动，并能获取较高经济与社会效益的综合性产业群体
蔡凤兰 （2007）	绿色产业泛指各种环境友好型的产业，不会对生态环境造成破坏，有利于优化人类生存环境的新兴产业
何潇 （2008）	绿色产业指立足于可更新资源的可持续利用，或虽然消耗不可更新资源但已达到环境标准或满足清洁标准的产业
王傲雪 （2015）	所谓绿色产业，是指在满足社会有效需求的前提下以较少的资源（能源、土地、环境等）投入和较高的科技投入获得高产出并与环境形成良性循环的产业

之所以说绿色产业是一个具有中国特色的概念，是因为我国与其他国家的对"Green Industry"的理解不完全一致。例如在美国，美国许多州把资源再生利用类产业称为绿色产业。有学者将"Green Industry"与环境园艺产业划为同一概念，实际上为我国"绿色产业"中的狭义节能环保产业。

相关概念的节能环保产业，则经历了长期发展过程。在1989年4月召开的第三次全国环境保护会议上，节能环保产业的概念首次被政府部门采用。节能环保产业是指为节约能源资源、发展循环经济、保护生态环境提供物质基础和技术保障的产业,是战略性新兴产业之一。

由以上专家学者对绿色产业定义的研究总结可知,他们普遍认为绿色产业必须是"绿色"的,是对环境无害、节约资源、可持续发展的产业。绿色产业并不是仅仅指节能环保产业,绿色产业是一种节约资源、环境友好的产业。

国际绿色产业联合会(International Green Industry Union)于2007年发表声明,如果产业在生产过程中,基于环保考虑,借助科技,以绿色生产机制力求在资源使用上节约及污染减少的产业,我们即可称其为绿色产业。按照该定义,绿色产业是指积极采用清洁生产技术,采用无害或低害的新工艺、新技术,大力降低原材料和能源消耗,实现少投入、高产出、低污染,尽可能把对环境污染物的排放消除在生产过程之中的产业。

3.3.5 绿色产业的内涵

本书认为绿色产业应属于资源与自然环境经济学范畴,其内涵包含了资源节约、环境友好、可持续发展、技术先进、发展战略性等多个方面。

(1)内涵之一:绿色产业具有资源节约特征。在绿色产业发展过程中,以同样的资源消耗获取最大的收益,或者同样的收益下资源消耗水平降到最低。

(2)内涵之二:绿色产业具有环境友好特征。环境友好指的是绿色产业发展过程中,在发展经济的同时,减少对环境的污染,使得人类与自然能够协调发展。

(3)内涵之三:绿色产业具有可持续性特征。以经济的生态化、循环化、低碳化为主要内容,强调经济发展的可持续性,强调人与自然的和谐共生,注重物质的循环再生利用,重视资源的合理利用和保护。

(4)内涵之四:绿色产业具有技术先进性特征。绿色产业注重合理开发资源、保护生态环境,使用技术具有一定的先进性。

(5)内涵之五:绿色产业具有发展战略性特征。过去所提倡的绿色产业仅指涉及环境保护的相关产业,而随着气候变暖问题的严峻及经济形势复杂化,绿色产业的内涵已延拓至经济发展方式的高度。特别是对于新兴经济体来说,其工业化程度仍然较低,而市场经济并不成熟,在这种背景下,必须从战略上、制度上、思想上加快绿色产业的发展。

> **专栏 3-2**
>
> **绿色技术的分类**
>
> 绿色技术包括替代技术、减量化技术、再利用技术、资源化技术、系统优化技术和共生链接技术等,具体如下。
>
> (1)替代技术:对新能源、新材料、新产品及新工艺进行研发,并替代传统的能源、技术及产品,可以有效保证资源利用效率的提升。
>
> (2)减量化技术:通过尽可能降低物质和能源的消耗率,来确保既定的生产目的得以实现,同时又可以达到废物排放的最小化,也就是资源节约及污染减少的技术。
>
> (3)再利用技术:通过对原材料进行循环使用,延长原料或产品的使用周期,从事实现资源消耗降低的技术。
>
> (4)资源化技术:是指把生产及消费过程中形成的废弃物通过一定技术将其再次变成具有利用价值的资源或者产品。
>
> (5)系统优化技术:通常是基于系统工程的原理,通过资源、能源产业的代谢分析,实现区域的物质流、能量流、信息流、价值流等优化配置的软科学技术,用于指导绿色产业链的建设。
>
> (6)共生链接技术:是指一种建立产品组合或产业组合的链接技术,可以用于实现产业链的延伸及产业共生,对于绿色产业链的构建起到关键作用。

3.3.6 新兴绿色产业的定义与内涵

新兴绿色产业是指新兴产业中具有绿色特质的产业,是新兴和绿色的有机融合,指在满足社会有效需求的前提下,采用先进的生产技术,以较少的资源投入,获得高产出并与环境形成良性循环的产业。

从概念上把握,新——相对当前的经济发展阶段,这些产业的产品服务或组织形式是以前没有的;兴——刚刚崭露头角,未来可能会高速增长、规模扩大、对经济发展有主导作用;绿色——要求其产业以可持续发展为理念,以绿色资源开发和环境保护为基础,更多地采用节能环保技术、清洁生产技术等高新技术,能够促进环境效益、经济效益、社会效益的协调发展。

本书认为，新兴绿色产业应属于环境与自然资源经济学范畴，其内涵具有较强的正外部性、长期可持续性、技术先进性、高度不确定性等。

(1) 具有较强的正外部性。

由于新兴绿色产业是具有绿色特质的产业，因此，其生产过程也是环境污染减排或防治过程，从经济学理论和国内、国际的实践来看，具有较强的正外部性。

(2) 具有长期可持续性。

从生产的最终产品和服务的角度看，新兴绿色产业与传统高能耗产业没有本质的区别。然而，从生产过程中人与环境的关系角度分析，新兴绿色产业是与环境和谐相处的，是环境、经济和社会效益的统一。传统高能耗产业在生产过程中消耗资源较大，污染较大，在生产过程中不利于环境的保护；而新兴绿色产业的内涵就在于保护环境、合理利用资源，生产的重要目的是创造更为美好的生态环境生活，突出环境效益和社会效益，能够通过节约能源和保护生态环境，为人们提供健康生活的优质环境，提高人类的生活质量。

(3) 具有技术先进性。

技术进步是新兴绿色产业发展的源泉，科技创新是促进新兴绿色产业发展最重要的驱动力。

新兴绿色产业是一种以科技创新为支撑与引领的现代产业，主要依靠技术进步，是知识密集型产业，产品体系呈现高技术含量的特点，注重合理开发资源、保护生态环境，支撑技术具有一定的先进性——这些内涵都体现了创新性的特点。因此，新兴绿色产业发展的关键是技术创新。

当前，我国经济发展阶段的变化和国际竞争的压力，都要求经济发展必须从依靠外延式扩大再生产转向依靠技术创新为主导的内涵式扩大再生产。因此，新兴绿色产业成为引领区域经济社会可持续发展的重要力量。

(4) 具有高度不确定性。

从产业的特点来看，新兴绿色产业所依托的新兴技术仍处于研发、推广阶段，具有高度不确定性，尤其是关键技术掌握情况或获取面临的不确定性，以及技术方向选取的失误都会导致战略时序上的延误或失败，同时，支撑新兴绿色产业的技术往往是需要一个较完备的技术群，技术群的构成、群内技术的关系、成长的协调性都会带来不确定性，从而影响产业的未来成败。

从市场的角度看，由于新兴绿色产业处于产业的形成期，新产品从设计、生产、销售及外在环境都具有高度不确定性，如果市场导入时机选择失误或市场成长缓慢、竞争力没有及时形成或减退削弱，都可能面临失败。

从产业安全角度看，新兴绿色产业代表了未来科技和生活方式的发展方向，各国所确定的战略性产业内容具有高度的相似性，这使得产业本身就是一个全球高度竞争的未来产业，发展具有高度的外在不确定性，无论是技术、品牌、市场等，都可能在国际竞争中受控制，失去成长的机会。

从政策层面看，国家及各级地方政府都把发展新兴绿色产业放在重要的位置，并进行了一系列的规划部署，制定相关鼓励政策促进产业发展，由此也引致盲目发展、重复建设等一系列问题，这都会对产业的发展带来冲击，带来不确定性。

3.3.7 新兴绿色产业的典型行业

新能源及新能源汽车、节能环保产业都属于绿色经济范畴，是新兴绿色产业的典型产业。新一代信息技术产业是广义范围的新兴绿色产业。

1）新能源产业的定义与特点

新能源产业是指与新能源开发利用相关的产业，主要包括新能源发电、新能源设备及零件的制造业、新能源行业相关的辅助服务业(包括系统安装、燃料收集、研发和分销等)(韩城，2011)。

发展新能源产业的战略性体现在三个方面。

其一，实现能源供给的多样化。中国工业化进程的推进促使能源需求增加，能源供应更多依赖于国外进口，通过大力发展新能源产业以实现能源供给的多样化、缓解传统化石能源紧缺危机具有很好的现实意义。

其二，推动经济可持续发展。发达国家如美国、日本等都制定了详细的新能源产业发展计划，随着新能源产业的市场化推进，整个行业的技术水平将明显提高，进而可能引发新一轮的技术创新和产业结构调整，进一步推动经济增长。发展新能源产业不仅可以缓解我国目前面临的能源危机及生态环境威胁，而且可以推动中国经济可持续发展。

其三，培育产能新动能。随着新能源产业标志的新一轮技术革命的加快推进，创新在经济发展中的地位日益凸显。唯有创新才能推动我国经济转型升级与产业变革，从旧制造模式转到新制造上，在新的技术应用、制造模式、商务服务上实现新的发展。

新能源产业的特点有三个方面。

特点之一：属于资本密集型产业。新能源产业投入较大，对资金需求大，项目建设前期投入大。

特点之二：对技术的要求高，属于技术含量很高的综合性高科技产业。

特点之三：产业链长。新能源产业涉及面比较广，产业链长，包括开发利用太阳能、地热能、风能和核能等非传统能源相关的应用产品、提供技术研发服务及其装备制造的产业。

2）新能源汽车产业的定义与特点

新能源汽车产业，是指采用非常规的车用燃料作为动力来源，或使用常规的车用燃料、采用新型车载动力装置，综合车辆动力控制和驱动方面的先进技术，形成的技术原理先进，具有新技术、新结构的新兴产业。

新能源汽车产业的特点有六个方面。

特点之一：可持续性。环保、低碳、绿色是全人类共同努力奋斗的目标，客观上要求全球汽车业发生根本性的变化，新能源汽车带来的新的汽车文明将成为生态文明的重要组成部分。发展新能源汽车，目的就是应对日益突显的能源短缺和环境污染问题。随着汽车数量的不断增加，汽车对石油的消耗量和比重越来越大。如果不改变汽车的能源消费结构，石油能源危机将愈演愈烈，而且石油资源本身为不可再生资源，也面临即将枯竭的问题；与此同时，传统能源汽车对环境造成的污染也越来越严重。发展新能源汽车成为世界各国汽车工业发展的新方向，是解决能源与环境问题的重要途径。

特点之二：发展的战略性。坚定的国家意志和稳定的政府支持是新兴绿色产业发展的有力保障。新能源汽车产业属于新兴绿色产业，对于带动经济社会发展、提升国家竞争实力具有重大意义。主要国家都将新兴绿色产业的发展明确为国家战略，从实际经济结构转型、塑造未来竞争优势的高度进行超前布局与支持，充分体现了国家意志，发展新能源汽车产业是我国从汽车大国迈向汽车强国的必由之路。在国家对环境和形势做出一系列正确判断的基础上，确定若干产业为重点扶持和发展的产业。新能源汽车产业将被逐渐培育为国家或区域经济中起主导作用的产业之一。中国第一汽车集团公司设立了新能源办公室和新能源研发院。上海汽车集团股份有限公司是国内较早布局新能源汽车的企业之一，最早在2001年就开始研究燃料电池，多年来在新能源产品的研发上耗资数百亿元。2017年，我国新能源汽车产销接近80万辆，预计至2020年将超过500万辆。这意味着，新能源汽车的迅猛发展将对动力电池的研发、生产、回收等相关行业产生较强的拉动作用。

特点之三：技术的先进性。新能源汽车属于新兴绿色产业，所谓新兴，其中最重要的特征是采用了新兴技术。从一定意义上来讲，新能源汽车是传统汽车的升级换代，在很多方面都有创新，不是简单的替代过去，而是技术的创新和跨越。发展新能源汽车产业需要具有庞大的、高精尖的科技系统作为支撑。

新能源汽车技术的先进性体现在四个创新和跨越上。

(1) 新能源汽车需要全新的电控单元的创新和跨越，用以控制发动机与电动机或其他动力系统的输出功率比例，设计与新能源汽车系统相适应的控制策略，以实现最佳的燃油经济性，最低的污染物排放量，最好的驱动性能和最低的系统成本。

(2) 新能源汽车需要电池技术的创新和跨越，在电池技术方面，包含安全性、能量密度、功率密度、使用寿命、充电时间等很多需要攻关的技术指标。

(3) 新能源汽车需要关键技术的创新和跨越，由于新能源汽车能量或燃料加注方式发生了颠覆性变化，需要攻关诸多满足新型能源储运、站场布局、降低加注时间等关键技术。

(4) 新能源汽车需要诸多外围技术的创新和跨越，如材料提纯、新型材料开发、输配电技术等的持续创新。

特点之四：资金的密集性。与传统汽车相比，新能源汽车的研发尚处在试验探索阶段，要实现产业化，需要后期开展一系列的技术攻关、基础设施建设及示范推广工作，这些都需要大量的资金作为保证。由于与传统汽车原理上的巨大差异，整车制造一般也需要建立全新的平台，新能源汽车项目仅前期投入往往就需要几十个亿的资金规模，而且不像传统汽车，新能源汽车的商业模式和运维体系全部需要重新建立，如充电设施建设，维护站场建设都需要大量的资金投入。此外，由于新能源汽车产业市场正处于培育阶段，盈利能力较低，需要通过对新能源汽车市场的补贴来进行推广普及，这也需要投入巨额的资金。

特点之五：高度的不确定性。由于新能源汽车产业发展处于萌芽和起步阶段，在技术、市场、产业安全、政策等发面具有高度的不确定性。表现在：其一，技术的不确定性。由于产业处于科学技术发展前沿，在技术原理的构思到技术开发的组织实施过程中,有些相关技术可能尚未发展成熟,技术开发存在难以预料的不确定性;其二,市场的不确定性。产品市场可变因素多,在市场接受能力、市场接受时间、新产品的市场容量、产品的竞争能力、市场配套体系上都存在不确定性因素,这必然会给新能源汽车产业带来较大的市场风险;其三,国际竞争的不确定性。由于面临国际竞争和各类如技术、贸易壁垒或由于自身成长缓慢引致产业竞争力不强或产业控制力弱,都会面临重大的产业安全问题;其四,政策的不确定性。因政府法律法规政策、管理体制、规划的变动、税率变化、利率变化或行业专项整治、双边或多边贸易摩擦,都会给新能源产业带来不确定性。

特点之六:高度的竞争性。包括新能源汽车产业在内,新兴绿色产业虽然与其他国家或地区所确立的未来将要重点发展的产业提法不同,但在经济全球化背景下,基于人类共同利益和未来发展趋势的判断,各国在这些产业的选择上具有高度的相似性,这种相似性一方面为合作提供了基础,另一方面更意味着高度的竞争,各国都会尽全力发挥自身的资源、技术优势或后发优势,并利用国际规则发展自己的新能源汽车产业,争取在未来的竞争中占据主动,这就意味着新能源汽车必然是一个高竞争性的产业。

3) 节能环保产业的定义与特点

节能环保产业涵盖范围较广,涉及经济、公众环境意识等多个方面。狭义上,根据 1992 年经济合作与发展组织(OECD)的界定,节能环保产业主要涉及终端控制、末端治理,具体包括在环境污染控制和减排、环境污染治理及废弃物综合利用等方面提供产品和服务的行业。狭义的节能环保产业定义被当前大多数欧洲国家所认可。广义的节能环保产业不仅包括对末端结果的补救,而且注意前期的预防。具体来说,广义的节能环保产业不仅包括环境污染防治、环境危害测量、环境危害制止等相关方面的产品和服务领域,而且包括资源节约、减污降废的"清洁生产"和涉及产品从原材料提取到产品生命末期的废物处置,甚至是循环利用之后出现新的生命周期的一系列过程所组成的整个环节。因此,广义的节能环保产业不仅包括了狭义的内容,它还几乎涉及了所有行业。目前,日本、印度、加拿大等国家采用广义的节能环保产业定义。但总体来说,国际上认为狭义的节能环保产业定义是节能环保产业的核心。

在我国,当前对于节能环保产业的领域划分尚未形成统一认识,比较权威的统计口径也处于不断变化调整之中。在国内节能环保产业逐渐得以发展的大背景下，受国外节能环保产业发展思想的影响，一批学者将视线转移到了节能环保产业上并产生了大量研究成果。王仲成等（2005）认为节能环保产业内涵是动态变化着的，所处发展时期不同其内涵也不同。在节能环保产业的形成期，末端的污染治理就是产业的全部内容，成长期则包含末端污染治理和清洁生产技术，成熟期以清洁生产技术为主，并包含产品生命周期管理等。黄民生（2014）通过对我国节能环保产业的研究，认为节能环保产业的内涵应涉及从预防到治理、从源头到产品的整个领域，并预测我国节能环保产业将会发展为以自然资源开发与保护、环保产品生产和经营、环境服务提供和资源综合利用为主的四种类型。

2012年我国出台《"十二五"节能环保产业发展规划》，根据文件，我们可以得出节能环保产业的范围得到了较大的修正。其中，洁净产品类别被删去，侧重于资源优化配置属性的资源回收利用类也被划分出去，成为像节能产业一样，与节能环保产业相并列的类别。因此，节能环保产业主要包括环保技术与装备、环保产品、环保服务，各类别中又有进一步的划分。显然，这样的分类更为科学合理，紧紧抓住了环境保护以污染控制与治理为核心的内涵，也更为简洁明确。2016年我国出台《"十三五"节能环保产业发展规划》，根据文件，我们可以得出节能环保产业重点技术提升领域分为三大部分：节能技术装备，强调对能源资源的节约；环保技术装备，强调加强产业发展中的环境保护手段；资源循环利用技术装备，强调对能源资源的循环利用，促进能源效益的最大化。其中，环保技术装备包含大气污染防治、水污染防治、土壤污染防治、城镇生活垃圾和危险废物处理处置、噪声和振动控制、环境大数据六大领域。规划中没有给出环保产业的具体分类，而是对环保技术与装备这一大类进行了更为细致的规定。

作为新兴绿色产业，节能环保产业不仅具有一般产业所具有的共同特性，而且有其自身的独特之处。

节能环保产业的特点有四个方面。

特点之一：环境效益、经济效益和社会效益的统一。环境、经济和社会效益的综合性是指节能环保产业能够将人类社会与生态自然系统充分联系起来，在促进产业健康发展、经济高质量增长的同时，能够兼顾环境效益和社会效益。另外，节能环保产业在其发展的不同阶段有一些特殊的因素值得注意。一般来说，节能环保产业的发展分为初始阶段、发展阶段和成熟阶段。在初始阶段，节能环保产业发展的重点在于控制末端污染物，涉及领域较为狭窄。由于自身力量薄弱，此时产业的发展需要政府的大力扶持，节能环保产品和服务的市场需求主要来源于政府和企业的支持；在发展阶段，节能环保产业具备了一定的实力与技术，产业发展的重点由控制末端污染物转移到生产中的管理技术，并涉及前期的预防技术；在成熟阶段，譬如美国，已经拥有较为完善的环保体系，从源头的设计到中期的管理再到后期的治理与咨询服务，节能环保产业基本涵盖了经济社会发展的众多方面，实现了环境、经济和社会效益的统一。

特点之二："逆生产"性。"逆生产"的本质是对能源资源的再循环利用，努力达到生产废弃物对环境影响最小化。节能环保产业是随着环境污染和生态破坏的日益加剧出现的，因而说它具有"逆生产"性。"逆生产"是利用相关技术处理生产和消费过程中产生的废弃物及有害物质，尽量减少对社会、经济等带来的损害，提升其利用价值，将这些废弃物还给自然界，让这些物质重复循环利用。概括起来，节能环保产业运行的方向是通过提供相应的技术和设备，处理生产和消费过程产生的废弃物品和危险物品，降低环境污染，缓解生态破坏状况。

特点之三：公共品属性强。节能环保产业对应的产出对象是环境资源，而环境资源属于典型的公共品，任何人都可以无偿使用。根据公共品的外部性特征，个体增加对环境改善的投入后将会对环境产生正向影响，会让其他人享受环境变好所带来的实惠，但他们并不用支付相应的成本，也就是所谓的"搭便车"；对等的，当某一个体对环境资源造成破坏后，他所造成的负向影响也会让其他人与他一同承担后果。公共品的外部性特征将促使私人的边际效益和边际成本与社会的边际效益和边际成本发生较大的偏离，这样就造成了这样一种尴尬的局面：一方面私人和企业由于很难从改善环境、节约资源中获利，从而缺乏支付和提供的主动性和积极性，造成公共产品供给不足；另一方面，理性"经济人"可能会为了追求个人利益最大化而对环境资源过度使用，这样两方面的原因共同导致了"公地悲剧"的发生。因此，环境资源的外部性会引发"市场失灵"，节能环保产业较强的公共品特性会令其难以自发地产生和发展。

特点之四：产业关联性较强。由于环境问题的广泛性和节能环保技术应用的普遍性,决定了节能环保产业是一种产业关联效应大而且渗透性强的新兴绿色产业。它不仅广泛渗透到社会经济的各个产业部门,而且贯穿于社会生产的全过程,成为将产品生产、环境保护和能源节约高度统一的发展典型。节能环保产业同第一产业的结合点在于农业设施和农产品的绿色化、能源生产中的生态恢复和生态保护、资源环境的高效利用等。节能环保产业同第二产业的结合点在于资源的循环利用与节约利用、污染的防治、清洁生产及节能环保产品的开发等领域。节能环保产业同第三产业的结合点在于环境污染的检测与分析、环境保护工程的设计与优化、环保设施运营管理及绿色营销等领域。

4)新一代信息技术产业的定义与特点

新一代信息技术产业包括大数据技术、云计算技术、物联网技术、区块链技术、人工智能技术等,其中大数据为数字资源,云计算为数字平台,物联网为数字传输,区块链为数字信任,人工智能为数字智能,这些新技术相互融合,加快推进新一代信息技术产业化,推动新一代信息技术与实体经济融合发展,让新一代信息技术产业成为经济增长新动力。

新一代信息技术产业的特点有四个方面。

特点之一:网络效应与连接效应显著。新一代信息技术的网络效应可以为更多的产业创造融合机遇,具有开放的架构、大规模存储的数据、统一的标准,为不同产业之间提供共享资源,提升产业的匹配程度,提高产业融合的发生概率和成功率;另一方面,新一代信息技术的连接效应可以有效打破产业固化边界,缩短产业融合路径,信息技术的强渗透性和强关联性极大地促进了不同产业发生融合。

特点之二:渗透效应强。新一代信息技术的不断创新、扩散、发展与融合,带动了一系列关联产业的发展,信息化的关联效应得到增强。信息技术的强渗透性和亲和力使得信息化过程具有极强的渗透效应,导致基于传统工业生产大规模产业分工的产业边界逐渐模糊或消融,产业之间发生更多的融合和渗透。信息化的迅速发展为产业融合提供了新引擎和新业态,加速了产业融合的进程。

特点之三:产业辐射范围大。新一代信息产业正逐渐崛起壮大,产业辐射范围和辐射领域不断扩大,产业结构的高知识性和高技术性日益显现,产业组织技术效率逐渐提高。

特点之四：劳动生产率高。新一代信息技术的创新效应得以极大地释放，技术扩散效应覆盖经济社会的不同领域，产业生产效率得以显著提升。譬如，在企业中运用 PDM、PLM、SCM、ERP 等信息系统，使企业在产品数据管理、产品生命周期管理、产业链管理、企业资源管理等方面得到优化和提高，从而提高企业管理效率和经济效益。

新一代信息技术从五个方面促进制造业智能化发展。

第一，新一代信息技术提高生产过程控制的自动化、智能化水平，推动制造业智能化发展。

第二，新一代信息技术提高装备数控化水平。伴随信息化与工业化的深度融合，制造业生产装备更新换代不断提速，生产装备更新换代加快。

第三，新一代信息技术提升系统集成化水平，构建制造类企业信息化集成系统是新一轮工业革命的切入点，新一代信息技术通过纵向集成和横向集成两种方式提高信息化系统的集成化水平。

第四，新一代信息技术创新制造业生产服务方式，增强个性化服务能力，有效促进消费者信息真实、即时、准确的反馈，并能迅速应对消费需求的变化，增强企业满足消费者多样化的服务要求。

第五，新一代信息技术提高产品研发设计的协同化程度，推动数字化研发设计工具不断在制造业领域普及，并依托互联网开展合作研发、联合设计，提高产品研发设计的协同化程度。

3.4 本章小结

本章给出产业、传统产业的定义，提出高能耗产业升级的内涵包括：传统高能耗产业升级，不应理解为在保持现有产能规模前提下的改进型升级，而是如何降低高耗能产业比重，淘汰落后产能，在此基础上推进的转型升级；高能耗产业升级中，可持续发展能力是关键；高能耗产业升级指向绿色发展，指向低碳、节能、环保、清洁的绿色产业。给出新兴产业、绿色产业的定义与特点，提出新兴产业具有六大特点：成长性、创新性、时代性、战略性、先进性、带动性。指出绿色产业的内涵包含了资源节约、环境友好、可持续发展、创新驱动、发展方式转变等多个方面，其内涵包括：绿色产业资源节约特征、环境友好特征、可持续性特征、技术先进性特征、发展战略性特征。

给出新兴绿色产业是指新兴产业中具有绿色特质的产业，是新兴和绿色的有机融合，指在满足社会有效需求的前提下，采用先进的生产技术，以较少的资源投入，获得高产出并与环境形成良性循环的产业。从概念上把握，新——相对当前的经济发展阶段，这些产业的产品服务或组织形式是以前没有的；兴——刚刚崭露头角，未来可能会高速增长、规模扩大、对经济发展有主导作用；绿色——要求其产业以可持续发展为理念，以绿色资源开发和环境保护为基础，更多地采用节能环保技术、清洁生产技术等高新技术，能够促进环境效益、经济效益、社会效益的协调发展。

新兴绿色产业内涵包含了具有较强的正外部性、具有长期可持续性、具有技术先进性、具有高度不确定性四个方面。分析了新兴绿色产业的典型行业——新能源、新能源汽车、节能环保产业及新一代信息技术的特点与发展要义。

第 4 章 传统高能耗产业与新兴绿色产业的战略关系纵论

在传统高能耗产业与新兴绿色产业的关系问题上,美国、英国、日本等发达国家经历了由资源密集型产业向资金密集型再向资本技术密集型产业的过渡,传统产业已经发展成熟,知识技术密集型的新兴绿色产业也迅速发展并日益壮大,新兴绿色产业与传统高能耗产业承接良好。与发达国家不同的是,我国的传统高能耗产业仍以劳动和资金密集型产业为主,而且发展不充分、不成熟,知识技术密集型的新兴绿色产业比例较低。这样,在传统高能耗产业与新兴绿色产业的发展过程中,存在一些认识上的误区。一是认为发展新兴产业就是抛弃传统高能耗产业,重新建立新产业;二是在选择新兴绿色产业不以传统高能耗产业为基础,不符合本地条件的新兴绿色产业。由此可见,在传统高能耗产业与新兴绿色产业的关系上,必须厘清一些认识,正确处理好高能耗产业升级与新兴绿色产业培育的关系。

习近平指出,传统产业是经济的基础,现在仍有很大的发展潜力和空间,需要继续促进其发展。他强调,许多传统产业是不可替代的,而且高新技术产业的快速发展仍要靠传统产业集聚的财力和物力来支撑①。习近平任福建省省长时就指出,要正确处理发展高新技术产业与传统产业的关系,不能将传统产业视如敝屣抛在一边,去专门发展高新技术产业,这既不正确,也不现实。而是要在大力发展高新技术产业的同时,抓紧用高新技术和先进适用技术改造传统产业,使传统产业的技术水平、经济效益和产业素质得到新的提高①。

4.1 传统高能耗产业与新兴绿色产业的战略互动关系

传统高能耗产业和新兴绿色产业之间存在互动关系。传统高能耗产业为新兴绿色产业的培育提供了产业基础,新兴绿色产业的快速增长需要传统高能耗产业诸如资金、人才、技术等生产要素的支撑。

---

① 习近平: 摸索接续产业发展路子. (2016-05-25) [2017-12-20]. http://www.chinanews.com/gn/2016/05-25/7882081.shtml.

从资金要素来说，我国传统高能耗产业已经成为国民经济的支柱产业，是国家财政收入和资金积累的主要来源，新兴绿色产业深度融合了多个学科和技术领域，其产品的研发设计、试制、生产化和市场化均需要雄厚的资金投入作为发展的强大后盾。

从人才要素来说，传统高能耗产业在发展壮大过程中孕育了大量的优秀专业技术人才与管理人才，既可以为传统高能耗产业升级发挥重要作用，又为新兴绿色产业发展提供宝贵人力资源。

从技术要素来说，传统高能耗产业的很多技术积累是新兴绿色产业发展的基础。很难想象，一个传统产业发展十分落后的国家，能够仅仅通过发展新兴产业获取产业竞争优势。传统高能耗产业在发展过程中积累了大量的技术蓝图、技术配方、工艺手段及管理经验，这些显性知识和隐性知识在新兴绿色产业培育中发挥重要作用。

新兴绿色产业又会反过来带动传统高能耗产业升级。新兴绿色产业具有很强的辐射作用，通过技术扩散带动传统高能耗产业优化升级，最终形成主导产业和支柱产业的业态。譬如，节能环保产业的清洁、节能及循环利用技术可以改造传统高能耗产业的生产方式，实现清洁生产、循环生产；再如，新一代信息技术涵盖宽带、信息网络、物联网、云计算、集成电路、新型显示及软件等领域，是传统高能耗产业升级中应用最为宽泛的新兴技术；还如，新能源产业中的新一代核能、太阳能、风电及生物质能可以提高能源综合利用效率，改变能源消费结构。新兴绿色产业为传统高能耗产业注入了新的活力，有力带动了传统高能耗产业优化升级。

重要的还在于，为了国家的未来，必须大力培育新兴绿色产业，世界工厂的模式难以为继。从长期看，大国崛起必须依托一批新兴绿色产业的成长壮大，这是国家经济发展方式转变的战略突破口。以京津冀地区为例，新兴绿色产业是京津冀地区发展的潜力所在。目前，大数据、云计算、新能源等新兴绿色产业已经成为重要抓手。新兴绿色产业是引导未来经济社会发展的重要力量，是抢占新一轮经济和科技发展制高点的战略产业。培育和发展以技术突破、发展需求为基础的新兴绿色产业，对于推进产业结构升级和经济发展方式转变及促进经济社会可持续发展具有战略意义。同样，传统高能耗产业是区域发展的重要基础。以河北省为例，河北是传统高能耗产业大省，原材料工业多，规模以上工业中传统高能耗工业占88.2%，传统高能耗产业中钢铁、石化、装备制造、建材等又占 79.1%。如果不能有效地改造提升传统高能耗产业，那么落后的生产方式和技术工艺就会困扰京津冀协同发展；如果不能有效地改造升级传统高能耗产业，不能改变产品附加值低、技术水平低、粗制品多的局面，传统高能耗产业的生存就会越来越困难。只有推动传统高能耗产业优化升级，由消耗传统生产要素向更多依靠科技进步、劳动者素质提高和管理创新转变，由外延粗放式向内涵集约型转变，才能不断增强核心竞争力和可持续发展能力。这要求推动传统高能耗产业通过注入新兴技术，创新产品，创新管理，创新商业模式，激发新的活力，提高成长性。

4.2 传统高能耗产业与新兴绿色产业的战略互补关系

传统高能耗产业与新兴绿色产业存在战略互补关系。新兴绿色产业的发展必须由传统高能耗产业为其提供能源和原材料，其生产水平的提高也要以传统高能耗产业工艺的提高为前提。如果仅仅发展新兴绿色产业，我国无法形成完整的工业体系。在充满竞争的国际环境中，中国的产业发展必须保证一定的安全性，而完整的工业体系是最重要的产业保障！

再从市场的互补看，传统高能耗产业与新兴绿色产业发展的定位不同。传统高能耗产业具有技术成熟性和发展稳定性。传统高能耗产业的生产技术一般以稳定成熟的传统技术为主，其对国内生产总值、对经济增长的贡献率较高，发展稳定，市场成熟度高；而新兴绿色产业具有高度不确定性，技术创新的不确定性较大，政策对产业的影响大，有的企业依赖于政府补贴。由此引致盲目发展等问题，譬如，2018 年 5 月消减太阳能发电项目的补贴，对太阳能企业影响较大。因此，从区域整体视角看，传统高能耗产业与新兴绿色产业都是区域产业发展的重要力量，任何一方都不可或缺。

传统高能耗产业与新兴绿色产业的战略互补关系的微观应用案例是能源互联网。它将煤、电、油、气相互协调配合，实现能源的有效利用，实现多种能源的协调与互补。以现有配电网为基础，利用先进的电力电子技术及信息技术，并且包含大量分布式可再生能源设备及分布式储能设备，实现传统能源与新能源的多能互补。

4.3 传统高能耗产业与新兴绿色产业的战略融合关系

传统高能耗产业与新兴绿色产业存在战略融合关系。融入新兴技术的传统高能耗产业获得新一轮发展。譬如，工业机器人、高端数控机床、柔性制造系统等现代装备制造业，就是传统产业融入了新兴技术，不仅提高了传统高能耗产业的生产效率，而且通过升级装备水平，实现了智能制造，绿色制造。再如，工业设计社区，正是由于传统高能耗产业与信息技术的深度融合，传统高能耗产业一跃成为高端服务业。还如，新材料的发展就是在原有的原材料生产企业的基础上，通过研发投入和改造升级，达到新材料产业的发展。此外，新能源汽车的发展离不开传统产业，它不是凭空产生的。

本书认为，传统高能耗产业与新兴绿色产业的战略融合关系，具备三个深层内涵。

内涵之一：体现融合的有机性与整体性。传统高能耗产业与新兴绿色产业融合应形成有机整体。《现代汉语词典》中"融合"的定义是：几种不同事物合成一体，强调两个或更多独立事物通过化合作用形成新事物的过程。新工业革命时代，传统高能耗产业与新兴绿色产业之间的关系发生了本质上的改变，传统高能耗产业与新兴绿色产业融合并不是简单将两者相加，而是让传统高能耗产业与新兴绿色产业深度融合，创造新的产业生态，彼此交融，成为有机整体。

内涵之二：体现融合的多层次和全方位。传统高能耗产业与新兴绿色产业融合，不仅关注战略融合，而且应关注战术融合及战略和战术融合之间关系。传统高能耗产业与新兴绿色产业融合，不是与某个环节融合，而是打通传统高能耗产业与新兴绿色产业链的所有环节，将产业链与创新链紧密地结合，不仅仅体现在战略层面，更体现在运营层面——客户与营销，这样的融合是深度融合。

内涵之三：体现融合的动态性。传统高能耗企业与新兴绿色产业应充分汲取各自蕴藏的战略价值，面对动态、多变的环境和消费者个性化的需求，既具备传统企业发展的稳定性和收益的稳健性，又具备新兴绿色产业的战略柔性——灵活多变，能随时、随处把握客户的变化，既稳扎稳打，又紧随技术进步脚步，产生适应新工业革命的合力效应。

本书认为，传统高能耗产业与新兴绿色产业的战略融合方式有三类。

（1）渗透融合。新兴绿色产业的新兴技术不断向传统高能耗产业渗透，不仅提高了传统高能耗产业的生产效率，而且通过与传统高能耗产业融合形成新的产业形态。譬如，新一代信息技术向传统商业的渗透融合，产生了电子商务等融合产业；新能源技术向汽车行业的渗透融合，产生了新能源汽车产业。

（2）重组融合。几种关联紧密的产业之间或同一产业不同部门之间，通过延伸产业链将原本各自独立的产品或服务重组成一体的产业融合。譬如，智能机器人产业就是计算机、机器制造、自动化技术、通信技术各产业部门之间重组融合而成的新业态；再如，现代物流业就是零售业、运输业、仓储业产业部门之间通过业务延伸重组融合而形成的新产业形态。重组融合综合了新技术、新管理、新商业模式等多方面的成果，有力地促进了传统产业升级。

（3）交叉融合。通过不同产业的功能互补和延伸而实现的产业融合。电信业、广播电视、互联网"三网融合"就是交叉融合的典型。随着技术的有力推进，三大网络的业务和功能趋同，手机、电视、电脑均可以通话、上网、观影。产业交叉融合最后往往会导致产业边界模糊或者消失，但这些产业只是部分交叉，原来的产业还将继续存在。

4.4 传统高能耗产业与新兴绿色产业的战略协同关系

传统高能耗产业与新兴绿色产业培育存在战略协同关系。应站在区域协同发展的层面把握传统高能耗产业升级与新兴绿色产业培育。

本书认为，对于京津冀地区产业升级而言，应补齐区域协同发展的六个短板。

（1）补齐共享发展短板。

"一亩三分地"割裂发展方式，一定程度是实现协同的主要障碍。那么，破解这一困境必然要求三地打破各自封闭的"自循环"，逐渐走向真正的协同发展。破除区域之间行政区划藩篱导致的人为割裂，提高资源配置的效率和公平性，不断提升区域全要素生产率（total factor productivity，TFP），推进区域之间的深度对接协同，最终实现共享发展。

（2）补齐资源辐射带动短板。

以区域共同利益为起点，清除各种显性和隐性的市场壁垒，实现区域之间的基础设施互联互通，加快人力资本和金融资本流动，建设协同创新共同体，有效扩大区域生态容量，促进要素跨区域有序自由配置。

(3) 补齐管理创新短板。

京津冀地区在技术创新上具有一定优势与基础，但管理创新不足。应积极探索适合现代企业发展模式的管理机构和运作团队。从制度创新上，积极探索规范化的现代公司治理机构。从管理创新上，积极激发大众创新、万众创业的活力，通过相关的产业政策、科技政策、金融政策及土地政策等保障传统产业向新兴绿色产业转移的力度，不断加强区域之间战略协同。

(4) 补齐产业发展协同短板。

从当前京津冀地区产业支持上看，三地的产业发展政策在企业支持力度和方向上存在较大差异，标准统一的产业发展支持政策尚未出台，企业的跨地区投资意愿与行为受到一定影响。譬如，京津两地多次被赋予体制先行先试的权限，当地的企业由此可以享受到一些创新支持、税收优惠减免的政策。这些优惠政策的出台对京津企业到河北省投资的意愿可能产生影响。因此，京津冀地区需要制定一套标准统一的产业发展支持政策。

(5) 补齐科技与产业协调联动的短板。

京津科技创新优势明显，都建有超级计算机，但从京津冀视角看，缺少协同，硬件优势并没有转化为产业优势。由此可见，区域科技与产业协调联动对于京津冀地区传统高能耗产业升级与新兴绿色产业培育极其重要。

(6) 补齐绿色发展短板。

京津冀地区的资源开发利用水平还不高，应积极探索环境保护与经济发展之间的新模式，大力发展绿色、低碳、循环经济，围绕区域资源发展相关产业，努力实现资源在区域的循环利用和协同发展，不断提升区域资源的综合利用及可持续利用的效率。用绿色发展理念指导传统高能耗产业升级，形成有利于建设资源节约型、环境友好型社会的产业结构、生产方式、生活方式和空间格局。

4.5 传统高能耗产业与新兴绿色产业的战略嵌入关系

传统高能耗产业与新兴绿色产业存在战略嵌入关系。我国传统高能耗产业大部分锁定在价值链低端，产业结构多为"橄榄型"，即核心技术弱、知名品牌少、加工组装多；而发达国家的产业结构多为"哑铃形"，即核心技术领先，品牌价值高，集中于研发与管理。随着"刘易斯拐点"的到来，许多从事加工制造的传统高能耗产业减少甚至倒闭。因此，传统高能耗产业必须向价值链高端升级，战略嵌入新兴绿色产业价值链。这样，传统高能耗产业将其价值链从以制造为中心，转变为以服务为中心，向新兴绿色产业渗透、融合。在这一过程中，一方面，传统高能耗产业价值链向上、下游服务环节延伸；另一方面，传统高能耗产业把知识、人力资本、技术等高级生产要素引入企业，加上新一代信息技术及模块化组织方式的共同推动，使传统高能耗产业生产效率和管理水平大为提高，形成较强的研发能力、品牌建设能力和市场营销能力，战略嵌入新兴绿色产业，从而在价值链高端环节形成竞争优势。譬如，传统汽车企业通过深化技术创新，促进汽车产业跃迁，向技术水平更高、低碳环保汽车转变。

新兴绿色企业延伸价值链，深化技术创新，发掘价值增长点，将新兴产业价值链中所积累的知识和技术运用到高能耗产业价值链中，实现对高能耗产业升级的战略嵌入。2014年4月，百度推出全球首个开放大数据引擎，包括开放云、数据工厂、百度大脑在内的大数据开放给传统企业，百度推出聚焦传统服务业的百度"直达号"产品，实现了网络搜索需求和传统高能耗产业的对接。百度智慧商业平台在数据合作领域加快了传统高能耗行业的智能化转型升级，通过统一的服务接口提供给传统高能耗企业，并建立官方网站（shangye.baidu.com）供查询和寻求合作支持，有效的帮助传统企业更好地利用信息技术，改善已有的服务流程和质量，共同挖掘传统高能耗产业中沉淀的数据价值。

4.6　传统高能耗产业与新兴绿色产业的战略演进关系

传统高能耗产业与新兴绿色产业存在战略演进关系。依据产业生命周期理论，将传统高能耗产业与新兴绿色产业二者融合的演化路径分为三个阶段：传统高能耗产业与新兴绿色产业的相互适应阶段；传统高能耗产业与新兴绿色产业良性互动、相互融合的协调发展阶段；新兴绿色产业逐步替代传统高能耗产业的分化替代阶段，如图4-1所示。

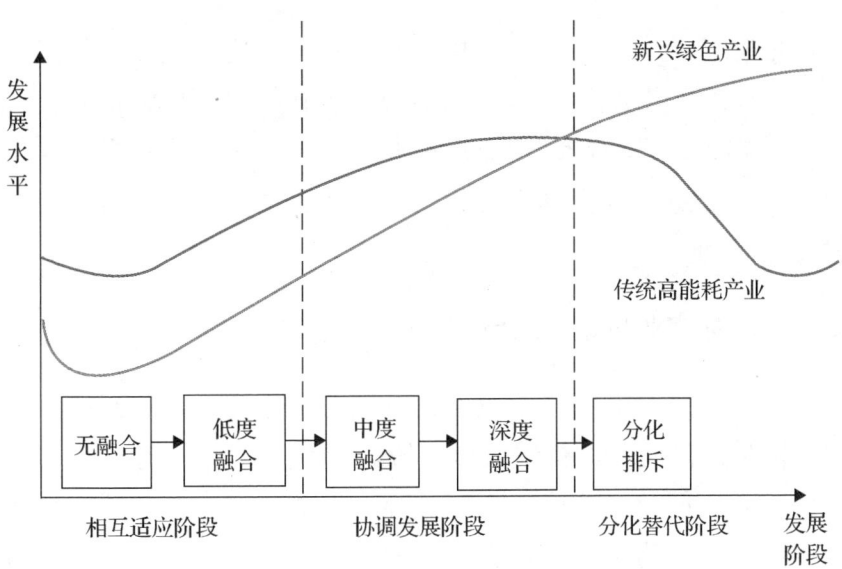

图 4-1 传统高能耗产业与新兴绿色产业的战略演进关系

4.6.1 传统高能耗产业与新兴绿色产业的相互适应阶段

在此阶段，传统高能耗产业长期处于低水平发展状态，技术陈旧、能耗较高和环境污染等发展瓶颈突出，处于产业发展成长期的后期或成熟期。同时，对新技术、新产品的需求旺盛导致在部分区域、行业出现零星的新兴绿色产业。

一方面，新兴绿色产业的培育发展需要传统高能耗产业的产业基础和累积的资本，即在传统高能耗产业现有的技术、资本、产品、市场的条件上进行培育和发展。

另一方面，传统高能耗产业也要充分利用新兴绿色产业的新产品、新技术、新工艺发展和提升自己，不断进行产业结构优化和产品更新换代。由于新兴绿色产业数量较少、产品单一、市场受限，难以形成独立的生产体系，其与传统高能耗产业之间在技术、市场、产品、制度等方面的融合尚不明显，二者处于无融合或低度融合状态。

4.6.2 传统高能耗产业与新兴绿色产业的协调发展阶段

在此阶段，传统高能耗产业转型升级效果显现，新兴绿色产业快速成长，二者之间的生产边界开始兼容，相互作用逐渐增强。

一方面，传统高能耗产业的改造提升加快了新兴绿色产业的技术、产品和人才向传统高能耗产业扩散的速度；另一方面，新兴绿色产业的快速增长需要传统高能耗产业生产要素的支撑，其中包括制度、文化、技术、体制、环境、资本、人才等各方面的支撑。政府职能开始介入新兴绿色产业的发展，通过出台促进政策，推动传统高能耗产业与新兴绿色产业的深度融合和技术链接，将极大地促进二者在物质、信息、技术、能量、资本等方面的资源配置，形成良性互动。

4.6.3 传统高能耗产业与新兴绿色产业的分化替代阶段

在此阶段，传统高能耗产业改造提升任务基本完成，新兴绿色产业培育发展成熟，区域经济进入可持续发展阶段。

一方面，新兴绿色产业成长为区域经济发展的主导产业或支柱产业，形成了以新兴绿色产业为主的新增长极，并通过技术扩散、产业扩散带动传统高能耗产业发展；另一方面，传统高能耗产业部分实现了产业淘汰或转变为夕阳产业，部分完成高新技术改造，转变为新一轮的新兴绿色产业。

传统高能耗产业与新兴绿色产业之间的产业更替现象进一步明显，二者之间的排斥效应则大于促进效应，互斥发展，并分化和替代。此时，政府必须要正确处理新兴绿色产业形成的新传统产业和旧传统产业之间的功能承接关系，并制定相应的产业政策，积极引导产业的投资方向逐渐由旧传统产业中的衰退部分或夕阳产业向新传统产业转移，即逐渐将旧传统产业链中的高端环节独立出来。

4.7 本章小结

本章提出在传统高能耗产业与新兴绿色产业的关系上必须厘清一些认识，正确处理好传统高能耗产业升级与新兴绿色产业培育的六大战略关系。传统高能耗产业和新兴绿色产业之间存在互动关系、战略互补关系、战略融合关系、战略协同关系、战略嵌入关系、战略演进关系。并提出传统高能耗产业与新兴绿色产业的战略融合关系，具备三个深层内涵：体现融合的有机性与整体性；体现融合的多层次和全方位；体现融合的动态性。京津冀地区产业升级，应补齐区域协同发展的"六个短板"：共享发展短板、资源辐射带动短板、管理创新短板、产业发展协同短板、科技与产业协调联动的短板、绿色发展短板。

第 5 章 京津冀地区传统高能耗产业产能利用率研究

近年来受国际金融危机的影响，国内消费需求增长放缓，京津冀地区部分产业供需矛盾较为突出，特别是传统高能耗行业，产能过剩的问题较为严重。因此，了解产能过剩的内涵、测度方法和形成机理，从而合理有效地化解传统高能耗产业产能过剩问题是京津冀地区工作的重点。本章基于产能过剩的基本理论，对京津冀传统高能耗产业产能过剩的现状、特点进行研究，基于 C-D 生产函数，从行业层面构建产能过剩定量评价的方法，为传统高能耗产业产能过剩及其化解提供决策依据。

5.1 产能过剩的内涵界定

国外学者对产能过剩这一经济现象研究开始的比较早，并且不同学者对产能过剩的定义也有所不同。经济学家 Chamherlin 在《垄断竞争理论》一书中首次从微观经济学的角度对产能过剩进行了系统地界定，他将产能过剩的内涵认定为由于不完全竞争的实际市场结构，即垄断竞争、寡头垄断等，引发经济组织真实的产出水平低于完全产出，从而诞生了产能过剩这一经济现象；Copeland(1934)将完全竞争条件所对应的产出水平定义为完全产能，而产能过剩则是在不完全竞争条件下出现的偏离完全产能的经济组织无效率状态；Kamien 等(1972)对 Chamherlin 的定义进行了修正，指出产能过剩就是处于不完全竞争行业的实际产出小于完全竞争行业企业平均成本最小时的完全产出的经济现象；Kirkley 等(2002)从要素投入角度出发，指出完全产出即是企业固定投入存量和无约束的可变生产要素投入被充分利用时企业所达到的产出水平，当企业的实际产出低于完全产出时就会发生产能过剩。

国内关于产能过剩问题的研究起步相对较晚，基于国外学者的研究，国内学者也从企业、行业和整个经济系统(王文甫等，2014)给出了产能过剩的定义。对于某个企业而言,国内学者一般认为产能过剩是企业或行业的实际产出超出市场需求并达到一定程度,造成产能闲置的现象(钟春平等,2014)。王岳平(2006)认为,只有当供过于求的产能数量超过维持市场良性竞争所必要的限度、供过于求的正面影响超过负面影响时,超出限度的生产能力才有可能是过剩的生产能力。曹建海等(2010)认为产能过剩是指企业提供的生产能力和服务能力超过了均衡价格下的市场需求。对于某行业而言,产能过剩是指在一定时期内,某行业的实际产出在一定程度上低于该行业的生产能力。周劲(2007)认为,一定时期内,当某行业的实际产出数量(或产值)在一定程度上低于该行业的生产能力时,通过行业的相关经济指标所反映出来的这种程度超过了行业的正常水平范围时,表明该行业在此时期内出现了产能过剩问题。林毅夫等(2010)认为良好的社会共识可能引发市场中的要素大量涌入某一行业,产生投资的"潮涌"现象,而发展中国家经济的投资来源相对分散,企业缺乏对其他投资信息的了解,最终导致了产能过剩。胡荣涛(2016)指出某些行业或企业,在不变的技术水平和现有的生产能力下提供的产品供给量,超出了市场对其产品正常的需求量,从而形成闲置的生产能力的现象就是产能过剩。对于整个社会经济而言,产能过剩主要是指由于受到社会总需求的限制,经济活动没有达到正常限度的产出水平,从而使资源未得到充分利用,生产能力(或称产能产出)在一定程度上出现了闲置。周劲(2007)认为,当产能富余超过一定限度,并导致其对经济社会发展产生的负面效应大于正面效应时,即出现了产能过剩。韩国高等(2011)提出,受限于社会总需求的限制,经济活动没有达到限度的产出水平,从而使生产能力存在资源闲置,社会潜在产能未被充分利用的现象即为产能过剩,并利用成本函数法对中国制造业28个行业的产能利用率进行了测度。

结合相关学者对产能过剩的定义和理解,本书将产能过剩界定为:某一行业或企业的生产能力大于市场需求的现象(表5-1)。主要特征:①由企业内在的经济行为或外界市场变化等因素引起的投资过剩;②企业的生产能力明显超过了市场对企业供给产品的需求;③周期性过剩与非周期性过剩并存;④技术创新不足导致低端产品的市场供给能力相对过剩。

表 5-1　国内外学者对产能过剩的定义

产能过剩的定义	文献出处
垄断竞争导致平均成本线高于边际成本线,从而使得企业产品供给能力大于均衡价格下的市场需求,表现出持续性产能过剩状态	张伯伦(1933年发表)
产能过剩是处于垄断竞争或不完全竞争行业的企业,其生产效率低于最小平均成本的状态	Kamien等(1972)
产能过剩主要由资本和可变投入要素的过度投资造成,而资本存量是决定产能水平的关键变量	Kirkley等(2002)
经济周期性波动过程中出现的,市场上产品实际生产能力大大超过有效需求的状态,且超过部分大于维持正常生产和市场竞争所需的闲置产能界限,表现出劳动力就业不充分、资本市场配置错位、资源未被充分利用和社会福利损失等	李江涛(2006),王岳平(2006)
在产业发展过程中,供给结构和需求结构不相匹配,部分落后产能无法满足市场需求而形成富余产能,先进产能却因为产业技术创新乏力而供给相对不足	周劲等(2011),翟东升(2013)
市场经济体制不健全及政府的过度干预,导致企业具有不完全成本,使得投资决策出现偏差,供给能力远远超过实际需求而产生产能过剩	王立国等(2010),王立国等(2013)

专栏 5-1

国家化解产能过剩的相关政策文件

2006年以来,国家出台了一系列关于产能过剩化解、供给侧结构性改革和遏制过剩产能的相关文件,对推动传统企业转型升级和产能化解起到了重要的推动作用,主要包括以下相关文件。

(1)2006年,《国务院关于加快推进产能过剩行业结构调整的通知》指出部分行业出现明显过剩和潜在过剩。

(2)2009年,《关于抑制部分行业产能过剩和重复建设引导产业健康发展若干意见的通知》,该文件指出抑制重复建设、治理低效产能。

(3)2010年,《国务院关于进一步加强淘汰落后产能工作的通知》,该文件以电力、煤炭、钢铁、水泥、有色金属、焦炭、造纸、制革、印染等行业为重点,对具体产能淘汰任务进行了详细的界定。

(4)2013年,国家发展和改革委员会、工业和信息化部《关于坚决遏制产能严重过剩行业盲目扩张的通知》,该文件涉及钢铁、水泥、电解铝、平板玻璃、船舶等行业。

(5)2013年,《国务院关于化解产能严重过剩矛盾的指导意见》,该文件指出我国部分产业供过于求矛盾日益凸显，传统制造业产能普遍过剩，特别是钢铁、水泥、电解铝等高消耗、高排放行业尤为突出。

(6)2015年，中央财经领导小组第十一次会议提出要推进供给侧结构性改革。

(7)2016年，中央经济工作会议把"去产能"列为五大结构性改革任务之首。

(8)2016年，《国务院关于钢铁行业化解过剩产能实现脱困发展的意见》和《国务院关于煤炭行业化解过剩产能实现脱困发展的意见》。

(9)2017年，十九大报告提出坚持去产能、去库存、去杠杆、降成本、补短板，优化存量资源配置，扩大优质增量供给，实现供需动态平衡。

从以上可见，国家层面已经将产能过剩化解作为未来经济结构调整的重要目标之一，这不仅关系到未来深化经济改革的成效和经济发展方式的转变，而且关系到我国"一带一路"倡议的实施效果。产能过剩问题与产业结构转型、国有企业改革、环境保护等问题相互交织，并成为影响中国未来经济结构转型升级的关键问题之一。

5.2 产能过剩研究现状

近年来受国际金融危机的长期影响，国际出口市场持续萎靡，国内消费需求增长缓慢，京津冀地区部分产业供需矛盾较为突出，特别是高能耗行业，产能过剩的问题较为严重。因此了解产能过剩的内涵、测度方法和形成机理，从而合理有效地化解传统高能耗产业产能过剩问题是京津冀地区今后工作的重点。

5.2.1 产能过剩的国内外研究进展

产能过剩在经济学上可以将其归为一种周期性的经济波动现象。纵观欧美等国家的经济发展历史，可以发现产能过剩大多是伴随经济危机而出现的一种偶然的短期现象，此时市场的逐利性会迫使一些"劣性企业"主动退出，从而使各种资源要素被重新合理分配，在一定程度上实现产业结构升级。对于产能过剩的原因，有周期性经济波动的原因，也有非正常的经济行为方面的原因。国外一些学者研究了企业垄断引起的产能过剩（Svensson et al., 1989; Barham et al., 1993; Nishimori et al., 2004）。在中国，受到我国经济体制及国情的影响，产能过剩问题发生的频率相对较高，且周期相对偏长，原因也更为复杂。

近年来国内学者结合中国的国情，深入研究了中国高能耗产业产能过剩的原因及过剩产能化解的机制。芦千文等（2014）从产能过剩的原因及化解机制方面针对钢铁行业的产能过剩进行了研究，他认为钢铁行业的规模经济、政府片面的追求 GDP、大量的低技术的小锅炉和企业缺乏对市场变化采取措施的敏锐应对能力都导致了钢铁业的产能过剩，在化解机制方面他强调要从企业、市场和政府三个层面来解决。张先锋等（2017）权衡分析了化解过剩产能中出口与对外直接投资的利弊，他指出提升对外出口水平仍是削减企业过剩产能的主要突破口，但我国企业对外投资化解产能的方法尚不成熟。耿强等（2011）将产能利用率作为厂商最优选择的内生变量加入实际商业周期（RBC）模型，在动态随机一般均衡框架下展开研究，结果发现地方政府的政策性补贴扭曲了要素市场价格，压低了投资成本，是影响中国产能过剩和经济波动的主要因素。鞠蕾等（2016）通过利用中国制造业 28 个行业 1992～2013 年的面板数据构建固定效应模型，探讨了要素市场扭曲对产能过剩的影响机制，研究认为治理产能过剩的关键在于优化资源配置，缓解要素市场扭曲，使市场在资源配置中起决定性作用。在政府干预方面，陈文玲（2014）认为中国产能的形成、产业的形成、产业体系的形成是世界制造业转移的结果，同时有过度行政干预造成的产能，也有在应对亚洲金融危机和国际金融危机中投资积累的产能，她建议化解过剩产能的总体思路要创新，在化解过剩产能时要注意保持我国制造业的全球竞争力。李静等（2011）借鉴 Pindyck 的企业投资决策模型分析中国产能过剩形成的微观机制，研究发现市场不确定性导致投资过度，政府干预不仅没有改善市场失灵状况，反而进一步强化了产能过剩。黄健柏等（2015）以 1998～2007 年中国工业企业数据库和 49 个主要城市地价监测数据为基础，通过建立回归计量模型进行实证研究，结果表明，地方政府通过低价出让工业用地向企业提供实质性补贴，显著地推动了企业过度投资。陈斌开等（2017）指出国有企业的经营状况对国民经济有较大影响，供给侧改革应以国有企业为主要抓手，逐步化解产能过剩。其他一些学者也在投资、经济增长方式、供给侧改革等方面探讨了产能过剩的原因及化解机制，比如陶忠元(2011)认为外来资本的输入及与此相伴随的产业转移对产能扩张有着明显的驱动作用，尤其当国内存在盲目无序引资和低水平重复建设的情况时，国内外因素的叠加更容易导致产能过剩的形成。闻潜(2006)较早地认为中国多年来主要依靠粗放型增长方式提高经济增长率，经济增长方式转变迟缓，难以适应经济高增长的需求是导致中国产能过剩的深层次原因之一。袁江等(2009)构建了一个总需求分析框架，并以1978~2007年的数据为基础进行经验分析，研究发现，强制性技术变迁(技术引进)导致中国产业部门间不平衡增长及收入差距拉大，造成投资在个别优势行业过度集中，而总需求增长受限，从而易引起结构性产能过剩。白让让(2016)指出，供给侧改革并不意味着增强政府的干预力度，而是通过合理的财政、税收、产业和社会保障政策，将企业塑造成配置资源的主体，并厘清政府与企业的边界。

以上研究探索了产能过剩的原因及化解思路，为京津冀地区传统高能耗产业产能过剩的化解提供了借鉴。

5.2.2 产能过剩的研究评述

钢铁、水泥、煤炭和玻璃等高能耗产业作为我国国民经济发展的基础性产业，在近几十年中为促进经济增长做出了重要贡献，因此该类产业是我国新时代实现经济可持续发展的重点建设领域。但是传统高能耗产业的发展存在能源消耗量大、环境污染严重等问题，并且已经进入"产业成熟期"或"产业衰退期"，面临产能过剩的困境，严重阻碍了我国经济的可持续发展，因此化解传统高能耗产业的过剩产能十分必要。

目前我国对于产能过剩的研究大多集中于整个国家和整个工业体系的宏观层面，关于省级层面的产能过剩问题的研究相对较少。京津冀地区是中国三大经济"增长极"之一。截至目前，传统高能耗产业在该地区的工业产业结构中仍占有较大的比重，产能过剩是京津冀地区经济发展面临的突出问题之一，并成为制约京津冀地区转型发展的重要因素。开展京津冀地区产能利用率及其影响因素研究，对于揭示传统高能耗产业产能过剩的形成机制，并进一步采取合理的产业结构优化和过剩产能化解对策具有重要的实践意义。因此，本书以京津冀地区为研究对象，对该地区的传统高能耗产业的产能利用率进行了计算，然后以计算得到的数据为依据，分析其影响因素，建立产能过剩的形成机制,并在此基础上提出治理京津冀地区产能过剩问题的政策建议。

5.3 京津冀地区传统高能耗产业产能利用率分析

2011 年第四季度至 2015 年,在低需求、过剩产能的双重压力下,中国钢铁行业进入史无前例的"寒冬",产能过剩行业亏损严重。目前产能过剩已经严重阻碍京津冀地区的经济发展,因此利用生产函数法对京津冀地区传统高能耗产业的产能利用率进行计算,可以确定产能利用的状况,并为过剩原因的探索提供依据。

5.3.1 产能利用率的计算方法

1) 产能利用率

产能利用率,也叫设备利用率,是指工业总产出和生产设备之比。是判断某一行业是否存在过剩产能及过剩程度的重要指标。通过对产能利用率相关数据的考察,我们可以在较短时间内了解该行业的产能利用情况。欧美等发达国家自 20 世纪 30 年代起就开始运用产能利用率相关数据对工业行业的产能进行分析,判断其是否得到充分有效的利用。然而,我国由于经济统计工作开始较晚,中小型企业数量比较多,且大部分是民营企业,因此统计工作难度比较大,所以我国对产能利用率的统计工作相对落后。

按照不同的测度方法,基于不同的测度标准,产能利用率的测度结果也有所差异。例如沈利生(1999)利用"过峰趋势技术"测算了我国的产能利用率,并对 GDP 增长率进行估算;沈坤荣等(2012)对中国 35 个工业行业 1998~2008 年的产能利用率进行了测算,发现 42.8%的行业存在不同程度的产能过剩问题,而且产能过剩问题呈现了范围逐渐扩大、强度逐渐提高的特点;韩国高等(2011)借鉴成本函数法利用广义矩阵估计方法测算了中国 28 个行业 1999~2008 年的产能利用率,发现黑色金属、有色金属、石化炼焦、化学原料、非金属矿物制品、化学纤维和造纸制品 7 大行业产能利用率长期徘徊在 79%以下,产能严重过剩;Garofalo 等(1997)提出了估算制造业产能利用率的模型,并对美国中西部、南大西洋和太平洋地区的人口普查区的产能利用率指数进行了测度;当前受到广泛好评的美国联邦储备系统的《G17 美国工业总产值和产能利用率报告》，报告了工业及其 85 个细分工业行业的月度产能利用率数据。

关于产能过剩的界定标准，西方国家大多结合历史均值设定：欧盟标准为 82%，即产能利用率小于 82%就判定为产能过剩；美国标准为 79%～82%的临界区间(沈利生，1999)。国内学者对产能利用率的临界值也进行了不同标准的判断。例如，韩国高等(2011)采用欧美等国家产能利用率的标准，即正常值在 79%～83%。钱爱民和付东(2017)以公司所处行业总资产周转率和固定资产周转率的 75%分位数作为临界点。本书采用韩国高关于产能利用率的界定标准，即产能利用率的正常值应处于 79%～83%，超过 90%则认定为产能不足，低于 79%的则认为其存在产能过剩现象。

2) 产能利用率测度方法

产能过剩的一个直接度量标准就是产能利用率，它是判断是否出现产能过剩的主要依据。按照不同的测度方法，基于不同的测度标准，所产生的测度结果也有所差异。

关于产能利用率的测度方法有峰值法、生产函数法、成本函数法、协整分析方法、数据包络分析法、随即前沿分析法、向量自回归法等(庞皓和杨作廪，2002)。由于生产函数法不仅包含了科技技术的进步对企业产出的影响，而且反映了各要素对产出的贡献；同时这种方法相对于其他方法在数据的获取上具有一定优势；消除了各生产环节中因企业的不同所导致的产能差异，使最终的数据具有可比性。因此本书将利用生产函数法测算京津冀传统高能耗产业的产能利用率。

生产函数法的具体步骤是如下。

(1)首先基于 C-D 生产函数公式确定资本和劳动力与产出的边界生产函数为

$$Y = f(K, L, A)e^{-u} = AK^{\alpha}L^{\beta}e^{-u} \tag{5-1}$$

式中，Y 代表产出水平指标；K 代表资本投入指标；L 代表劳动力投入指标；A 代表技术水平指标；α 代表资本投入的产出弹性系数；β 代表劳动力投入的产出弹性系数，且满足 $\alpha>0$，$\beta>0$；u 表示随机干扰项。

(2)在假定规模报酬不变($\alpha+\beta=1$)的前提下，对式(5-1)两边分别取对数后得

$$\ln Y = \ln A + \alpha \ln K + \beta \ln L - u \tag{5-2}$$

因此，边界生产函数的实质形式是

$$\ln Y^* = \alpha \ln K + \beta \ln L + \ln A \tag{5-3}$$

式中，Y^* 代表理论上的最大产出水平。

(3) 设定随机变量 γ 和 δ，在满足 $E(u)=\gamma$ 和 $\ln A=\delta$ 前提条件下，则可以将式(5-2)进行转换得到

$$\ln Y = \alpha \ln K + \beta \ln L + (\delta - \gamma) - (u - \gamma) \tag{5-4}$$

由于 $E(u-\gamma)=0$，故可以利用最小二乘法(OLS)进行回归估计，得到平均生产函数的计算等式：

$$\ln \overline{Y} = \overline{\alpha} \ln K + \overline{\beta} \ln L + (\delta - \overline{\gamma}) \tag{5-5}$$

式中，$\overline{Y}$ 代表 Y 的估计值；$\overline{\gamma}$ 代表 γ 的估计值；$\overline{\alpha}$ 代表 α 的估计值；$\overline{\beta}$ 代表 β 的估计值。

(4) 计算样本区间内产出的实际值与其对应的通过平均生产函数公式所求得的估计值间的差值，并将差值的最大值添加至平均生产函数的常数项，即可得到边界生产函数的计算公式：

$$\max(\ln Y - \ln \overline{Y}) = \max\{\ln Y - [\overline{\alpha}\ln K + \overline{\beta}\ln L + (\delta - \overline{\gamma})]\} \tag{5-6}$$

等式(5-6)即为 $\overline{\gamma}$ 的值，代入式(5-5)即可得到 $\hat{\delta}$ 的值，因此可以得到边界生产函数的具体形式为

$$\hat{Y} = e^{\hat{\delta}} K^{\overline{\alpha}} L^{\overline{\beta}} \tag{5-7}$$

式中，$\hat{Y}$ 代表理论上的最大产出；$\hat{\delta}$ 代表 δ 的计算值。

(5) 根据边界生产函数，计算出理论上的最大产出，与实际产出进行比较，得到产能利用率为

$$CU = \frac{Y}{\hat{Y}} \tag{5-8}$$

从生产函数法计算步骤中，可以看出利用这种方法计算的数据会出现100%的产能利用率，因此本书中计算的产能利用率数据并不是该行业真实的产能利用率(本书中计算出的100%的产能利用率数据是指该行业13年实际生产活动中所达到的最大值)。这样的处理方法可以消除产能利用率因地区差异所产生的最大值的高低差异悬殊。

3) 产能利用率的影响因素分析

导致京津冀地区出现产能过剩危机的因素有很多，这里我们通过构建面板数据模型来定量分析资本与劳动力和产出的关系，进而探寻致使该地区出现产能过剩现象的影响因素。

(1) 单位根检验。

首先为了消除数据之间的异方差需要对原始数据进行取对数处理。在面板数据回归时为有效规避内生性问题，需要对面板的变量进行平稳性检验(毛中根和孙豪，2015)。因而在进行协整检验之前需要对预处理后的数据进行面板单位根检验，保证数据的有效性，避免出现伪回归现象。单位根检验的具体方法有 LLC、IPS、Breintung、ADF-Fisher 和 PP-Fisher。这里采用 LLC、ADF-Fisher 和 PP-Fisher 三种检验方法进行检验(表 5-2～表 5-7)。

表 5-2 石油加工、炼焦及核燃料加工业数据单位根检验结果

变量	LLC	ADF-Fisher	PP-Fisher
$\ln Y$	0.8036	0.9414	0.9652
$d\ln Y$	0.0001	0.0008	0.0009
$\ln K$	0.9989	1.0000	1.0000
$d\ln K$	0.0000	0.0006	0.0006
$\ln L$	0.5545	0.8112	0.8598
$d\ln L$	0.0000	0.0000	0.0000

表 5-3 非金属矿物制品业数据单位根检验结果

变量	LLC	ADF-Fisher	PP-Fisher
$\ln Y$	0.9444	0.9934	1.0000
$d\ln Y$	0.0007	0.0022	0.0004
$\ln K$	0.9585	0.9948	0.9996
$d\ln K$	0.0235	0.0178	0.0157
$\ln L$	0.0167	0.0865	0.0781
$d\ln L$	0.0000	0.0000	0.0000

表 5-4　黑色金属冶炼及压延加工业数据单位根检验结果

变量	LLC	ADF-Fisher	PP-Fisher
ln$Y$	0.8863	0.5148	0.7540
dln$Y$	0.0028	0.0171	0.0222
ln$K$	0.9950	0.7796	0.8181
dln$K$	0.0021	0.0020	0.0027
ln$L$	0.9516	0.6686	0.5473
dln$L$	0.0000	0.0002	0.0001

表 5-5　有色金属冶炼及压延加工业数据单位根检验结果

变量	LLC	ADF-Fisher	PP-Fisher
ln$Y$	0.9427	0.9949	0.9998
dln$Y$	0.0004	0.0007	0.0004
ln$K$	1.0000	1.0000	1.0000
dln$K$	0.0000	0.0000	0.0000
ln$L$	0.6518	0.9079	0.9228
dln$L$	0.0000	0.0000	0.0000

表 5-6　电力、热力的生产和供应业数据单位根检验结果

变量	LLC	ADF-Fisher	PP-Fisher
ln$Y$	0.4212	0.5567	1.0000
dln$Y$	0.0017	0.0247	0.0205
ln$K$	0.9959	0.9522	1.0000
dln$K$	0.0185	0.1031	0.0382
ln$L$	0.6098	0.9358	0.9443
dln$L$	0.0000	0.0001	0.0001

表 5-7　化学原料及化学制品制造业数据单位根检验结果

变量	LLC	ADF-Fisher	PP-Fisher
ln$Y$	0.0002	0.0678	0.0001
ln$K$	0.0084	0.5942	0.0362
ln$L$	0.1290	0.0423	0.0096

注：ln$Y$ 代表对主营业务收入进行取对数处理后数值；ln$K$ 代表对年度固定资产原价进行取对数处理后的数值；ln$L$ 代表对年度平均劳动力人数取对数处理后的数值；dln$Y$ 代表对 ln$Y$ 进行一阶差分后的数值；dln$K$ 代表对 ln$K$ 进行一阶差分处理后的数值；dln$L$ 代表对 ln$L$ 进行一阶差分后的数值。

化学原料和化学制品制造业的单位根检验结果在原序列 5%的显著性水平下拒绝原假设，说明该数据是零阶单整的(表 5-7)。除此之外的五大传统高能耗产业的预处理数据的原序列单位根检验结果在 5%的显著性水平全都没有拒绝原假设，说明原序列是一个单位根过程；一阶差分处理后的结果在 5%的显著性水平上全都拒绝了原假设，说明各项数据是一阶单整的(表 5-2~表 5-6)。

(2) 协整检验。

为检验产出水平 Y、资本投入指标 K 和劳动力投入指标 L 之间是否具有长期均衡关系，采用 Kao 检验的方法对数据进行协整检验，它的原假设是数据之间无协整关系。结果表明在 5%的显著水平下全都拒绝了原假设，即数据之间存在长期均衡关系(表 5-8)。

表 5-8　传统高能耗产业面板协整检验结果

变量	t 统计值	Prob
石油加工、炼焦及核燃料加工业	−1.7841	0.0372
化学原料及化学制品制造业	−5.0418	0.0000
非金属矿物制品业	−2.1824	0.0145
黑色金属冶炼及压延加工业	−3.7930	0.0001
有色金属冶炼及压延加工业	−5.4388	0.0000
电力、热力的生产和供应业	−3.7930	0.0001

(3) 模型回归。

在经过单位根检验与协整检验后，即可进行 F 检验和 Hausman 检验，对六个传统高能耗产业分别建立合适的模型，进行回归估计，即可得到产出水平指标和资本投入指标与劳动力投入指标之间的定量关系。

4) 数据来源

本书中产能利用率的数据来源于 2005~2017 年《中国工业统计年鉴》，主要包括：六大传统高能耗产业的主营业务收入、固定资产原价和平均用工人数等数据。产能利用率的计算模型以京津冀地区 2004~2016 年的面板数据为基础，其中，产出指标 Y 是主营业务收入，因为主营业务收入能够体现传统高能耗产业的实际经营状况、综合全面地反映产业的发展情况。由于我国统计年鉴并没有提供资本存量的具体数据，且其计算误差较大，所以选取固定资产原价作为资本投入 K。固定资产原价反映了关于某项固定资产所投入的全部货币总额,即企业在购置、自行建造、安装、改建、扩建、技术改造某项固定资产时所发生的全部支出总额,是维持企业生产经营活动的物质基础。劳动力投入 L 采用的指标是平均用工人数,因为它在一定程度上反映了某时期内该产业平均实际拥有的、参与本企业生产经济活动的劳动力资源的利用情况。

5.3.2 产能利用率分析

1) 京津冀地区传统高能耗产业产能利用率分析

根据产能利用率计算公式与搜集到的数据计算得到京津冀地区六大传统高能耗产业的产能利用率(表 5-9)。

表 5-9 六大传统高能耗产业的产能利用率汇总表 （单位：%）

年份	石油加工、炼焦及核燃料加工业	化学原料及化学制品制造业	非金属矿物制品业	黑色金属冶炼及压延加工业	有色金属冶炼及压延加工业	电力、热力的生产和供应业
2004	58.36	65.63	45.16	38.79	19.85	76.56
2005	52.44	71.16	48.80	41.05	27.12	80.52
2006	53.58	75.39	51.92	47.45	33.81	84.58
2007	63.13	84.76	60.64	55.12	37.05	84.83
2008	69.90	78.86	69.20	60.79	36.78	78.05
2009	58.41	68.94	67.03	56.07	26.04	77.48
2010	75.51	78.63	77.82	66.79	40.59	78.56
2011	82.21	90.43	81.06	60.23	46.70	78.68
2012	85.59	78.13	73.07	56.39	44.59	79.69
2013	83.42	76.52	69.29	55.08	45.57	77.18
2014	75.13	77.42	68.73	67.40	47.23	79.88
2015	57.03	71.21	65.22	59.20	37.47	75.08
2016	53.99	75.34	67.11	55.35	35.66	69.83

2004~2008 年京津冀地区的产能利用率呈上升趋势,这是由于我国在 21 世纪初逐步走出亚洲金融危机的影响,经济发展不断加速,在 2003 年进入新一轮的经济增长期,该时期传统高能耗产业产能利用率在投资与出口的推动下不断上升。良好的经济发展态势,带动了大部分行业需求的上升。以水泥行业为例,城市化和房地产业的快速发展对水泥需求量急剧上升,2003 年全国

水泥行业固定资产投资同比增长88.42%,水泥产量开始大幅度增加。

美国次贷危机所引发的全球金融危机对我国经济产生强烈冲击,传统高能耗产业的主要投资与出口都有所下降,2009年的产能利用率下降了6.60%。针对金融危机的影响,政府出台一系列政策,扩大内需,拉动经济增长。在2010与2011年产能利用率有所回升,增加至73.22%,达到近几年的最大值。但由于近年来传统高能耗产业各种资源要素的持续注入,其产能超过我国国内经济发展的实际需求,对外出口也受到影响,因而在2012~2016年的产能利用率整体上表现出逐渐下降的趋向(图5-1)。

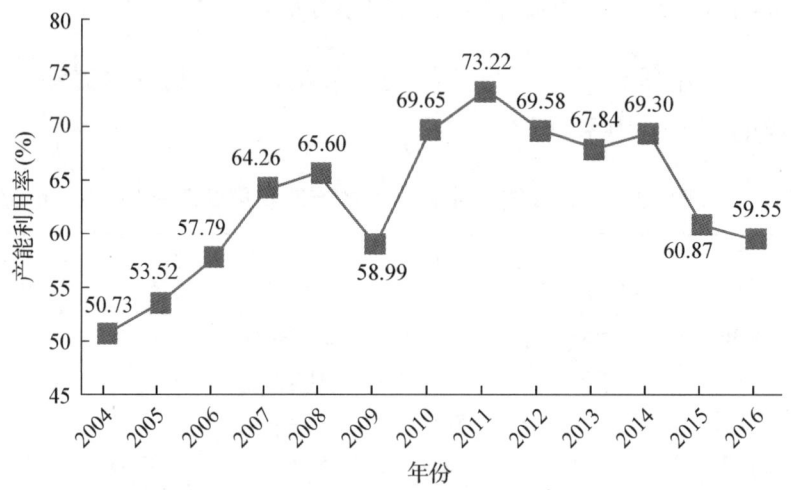

图5-1 京津冀地区传统高能耗产业2004~2016年产能利用率趋势图

2004~2008年京津冀地区传统高能耗产业产能利用率处于持续上升的阶段,但整体都小于79.00%,面临产能过剩的困境。2008~2011年产能利用率表现出波动上升的趋势,2009年突降至58.99%,减少了6.61%。产能利用率在2011~2016年间是波动下降的。

总的来说,2004~2016年京津冀地区传统高能耗产业的产能利用率均值是63.15%,远低于产能正常值的界定范围,说明2004~2016年京津冀地区传统高能耗产业存在着较严重的产能过剩问题。

2)不同省域产能利用率对比分析

不同省域由于地理区位、社会环境和国家政策的不同,其经济发展阶段各不相同,各自的产能利用率也存在着差异。依据《京津冀协同发展规划纲要》对京津冀三地的不同定位，北京市、天津市和河北省的经济发展、产业结构和产业布局有不同的要求，产能利用率也因此受到不同程度影响。

(1) 北京市高能耗产业产能利用率分析。

2004~2007年北京市传统高能耗产业产能利用率持续上升，年均增幅为6.75%。传统高能耗产业的产能利用率从49.22%增加至59.87%，但仍处于产能过剩的状态(图5-2)。

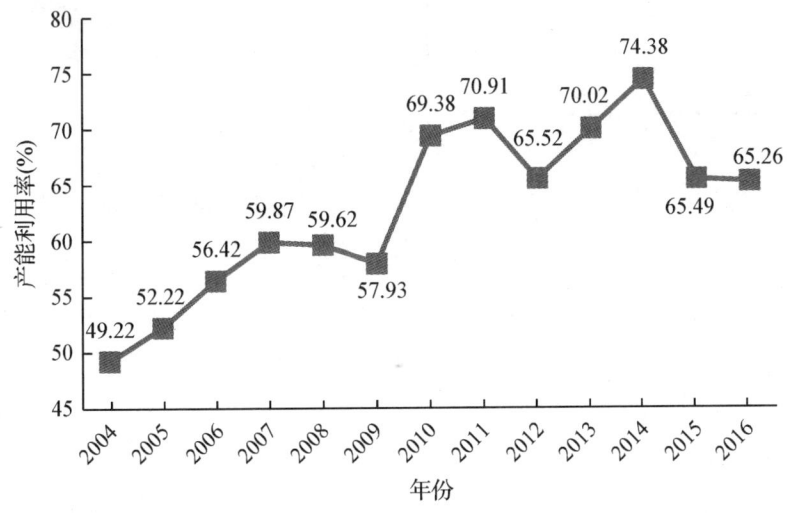

图5-2 北京市2004~2016年传统高能耗产业产能利用率趋势图

受金融危机影响，2008年北京市传统高能耗产业产能利用率开始下降。随后政府出台一系列经济刺激政策，拉动经济增长。2011~2016年产能利用率处于波动下降阶段，产能利用率均值为68.60%，低于79.00%的产能过剩界定值，处于产能过剩状态。

从整体上看，北京市传统高能耗产业的产能利用率从2004年的49.22%上升至2016年的65.26%。2014年产能利用率最高，为74.38%，最小值则出现在2004年，为49.22%。产能利用率13年来年均增长2.38%，2010年增幅最大为19.77%，2015年降幅最大，为11.95%，两者分别是年均增长的8.31倍和5.02倍。在2008年、2009年、2012年、2014~2016年产能利用率出现下降，其余年份则上升。

因此，2004~2016年的13年间北京市传统高能耗产业的产能利用率虽有波动，但整体均小于79.00%，处于产能过剩状态。

(2)天津市高能耗产业产能利用率分析。

2007 年以来,天津市出台了一系列关于过剩产能化解和产业结构优化的相关政策,对推动传统产业转型升级和产能化解起到了重要的推动作用,主要文件如表 5-10 所示。

表 5-10 天津市去产能相关政策文件

文件	政策
2007 年,"一二三四五六"的奋斗目标和工作思路	紧紧围绕转变经济发展方式和完善社会主义市场经济体制,在继续实施"三步走"战略举措的基础上,更好发挥滨海新区在改革开放和自主创新中的重要作用
2010 年,《关于贯彻落实国家抑制部分行业产能过剩和重复建设引导产业健康发展若干意见的实施方案》	有效抑制钢铁、水泥等行业产能过剩和重复建设,加快天津市结构调整和产业升级,切实转变经济发展方式,提高经济发展的质量和效益,促进产业健康、可持续发展
《天津市 2011 年政府工作报告》	全力打好结构调整优化升级攻坚战,坚持抓大项目好项目建设,着力增强自主创新能力,全面提高三次产业水平
2014 年,《天津市人民政府办公厅关于印发天津市贯彻落实国家化解产能严重过剩矛盾指导意见实施方案的通知》	化解产能过剩矛盾是当前和今后一个时期产业结构调整的工作重点
2016 年,《天津市"十三五"规划纲要》	深入实施万企转型升级行动,加快推进钢铁、水泥等重点行业淘汰落后产能和化解过剩产能
2018 年,《天津市工业和信息化委等部门贯彻落实工信部等十六个部门关于利用综合标准依法依规推动落后产能退出指导意见的实施意见》	依法依规关停退出落后产能,做好我市淘汰落后产能工作

2004~2008 年,天津市传统高能耗产业产能利用率变化趋势是逐渐上升的,从 50.67%上升至 72.07%,年均增长率 9.21%,但并未达到产能利用率的正常值范围(图 5-3)。受国际金融危机冲击,外贸出口降幅较大。全市外贸进出口总额 639.44 亿美元,比 2008 年下降 20.60%。其中,出口 299.85 亿美元,下降 29.00%;进口 339.59 亿美元,下降 11.40%。受此影响,2009 年产能利用率出现明显下降,减少了 9.27%。

在相关政策作用下,2010 年全市 GDP 完成 9108.83 亿元,比上年增长 17.40%。全市规模以上独立核算工业企业主营业务收入完成 17130.98 亿元,增加了 38.20%。以化学原料及化学制品制造业为例,2010 年规模以上工业企业主营业务收入达到 37.56 亿元。2010 年与 2011 年产能利用率也随之回升,在 2011 年时达到最大值 84.49%。

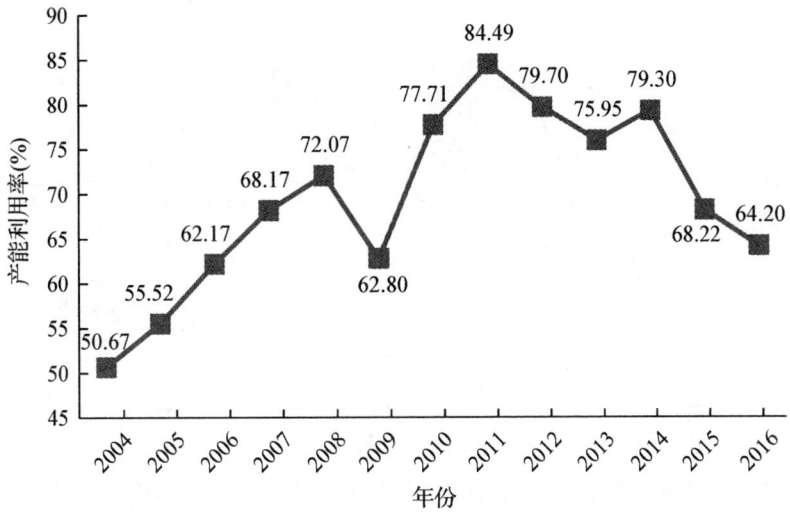

图 5-3 天津市 2004~2016 年传统高能耗产业产能利用率趋势图

2011 年开始，前期资本大量涌入的产能爆发，结构性产能过剩严重，产能利用率呈现波动下降趋势，2011~2016 年由 84.49%下降至 64.20%。

2004~2008 年，天津市传统高能耗产业产能利用率变化趋势是逐渐上升的；2008~2011 年，天津市的产能利用率波动上升；2011~2016 年，产能利用率总体呈现下降趋势，但有一定的起伏，年均减少为 5.34%。总体而言，2004~2016 年间年均增长 1.99%；2010 年的增幅最大，是 23.74%，2015 年的减幅最大，是 13.97%，分别是年均增长的 11.93 倍和 7.02 倍。

2010 年滨海新区总体规划获批，该区紧紧依托北京、天津两大直辖市，拥有中国最大的人工港、最具潜力的消费市场。滨海新区的成立为天津市的经济发展增添动力，起到了龙头带动作用。受此影响，产能利用率出项大幅上升趋势，2011 年、2012 年和 2014 年的产能利用率分别为 84.49%、79.70%和 79.30%，处于正常值范围内。

总体来说，虽然 2011 年、2012 年和 2014 年的产能利用率处于正常值范围内，但是其余年份产能利用率均低于 79.00%，且 2004~2016 年间的年均值为 69.31%，处于产能严重过剩的状态。

(3) 河北省高能耗产业产能利用率分析。

河北省传统高能耗产业产能利用率在 2004~2008 年不断上升，年均增加 5.63%，2008 年时达到最大值 65.10%。2007 年时产能利用率增幅最大（18.19%），是年均增加的 3.23 倍(图 5-4)。

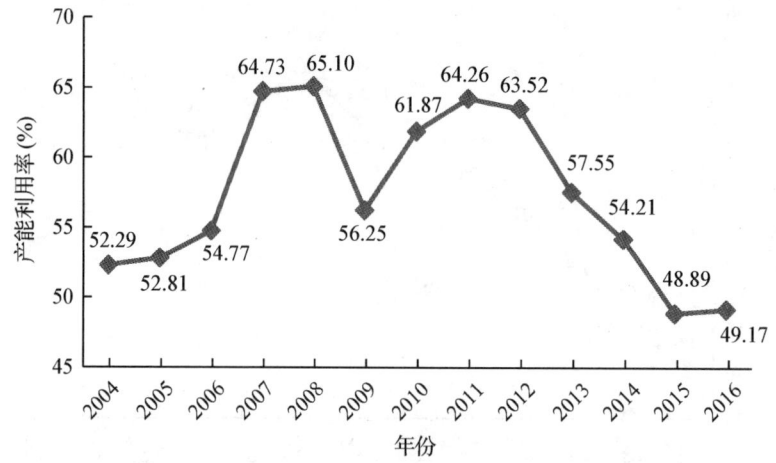

图 5-4 河北省 2004~2016 年传统高能耗产业产能利用率趋势图

需求量上升使市场对传统高能耗产业盲目自信，大量的资本不断注入，产能过剩危机加剧。以钢铁产业为例，全国钢铁产能将突破 5 亿吨，而河北省 2007 年 1~10 月份的粗钢、钢材、生铁产量达 9302.85 万吨、8858.88 万吨和 8717.20 万吨，全年产量超过 1 亿吨。2008 年金融危机爆发，全球经济一片萎靡，出口受阻。受此影响，2009 年河北省传统高能耗产业的产能利用率出现最大降幅，从 65.10%下降至 56.25%，降幅为 13.59%。在 2010 年和 2011 年产能利用率有所回升，增加至 64.26%。2012~2016 年，产能利用率开始呈现下降的趋势。

河北省的产能利用率在 2004~2008 年表现出持续上升的趋势，2008 年产能利用率达到最大值 65.10%；2008~2011 年，产能利用率是波动上升的，2009 年时出现最大幅度的下降；2011~2016 年产能利用率整体上是不断下降的。产能利用率在 13 年间年均减少 0.51%。从整体看，河北省的产能利用率在 13 年间全都小于 79.00%的界定值，处于产能过剩的状态。

(4) 京津冀产能利用率对比分析。

京津冀三地传统高能耗产业的产能利用率的变化趋势有一定相似性又各有特点(图 5-5)。整体上，三个地区都可以划分为三个阶段，即持续上升阶段、波动上升阶段和波动下降阶段。2004~2008 年，天津市和河北省传统高能耗产业的产能利用率处于持续上升的阶段，由 2004 年的 50.67%和 52.29%上升至 2008 年的 72.07%和 65.10%，天津市的上升幅度(40.23%)要高于河北省(24.50%)；北京市的持续增长阶段是在 2004~2007 年，产能利用率由 49.22%增长至 59.87%，增幅为 21.64%。天津市与河北省在 2008~2011 年处于波动上升阶段；北京市的波动上升阶段是在 2007～2011 年，由 59.87%上升至 70.91%，增幅为 18.44%。在 2011～2016 年三地区的传统高能耗产业的产能利用率变化趋势各有特点，北京市的传统高能耗产业产能利用率在 2011 年、2013 年和 2014 年上升，其余年份不断下降；天津市在 2011 年和 2014 年上升，其余年份下降；河北省在 2011 年和 2016 年上升，其余年份下降。

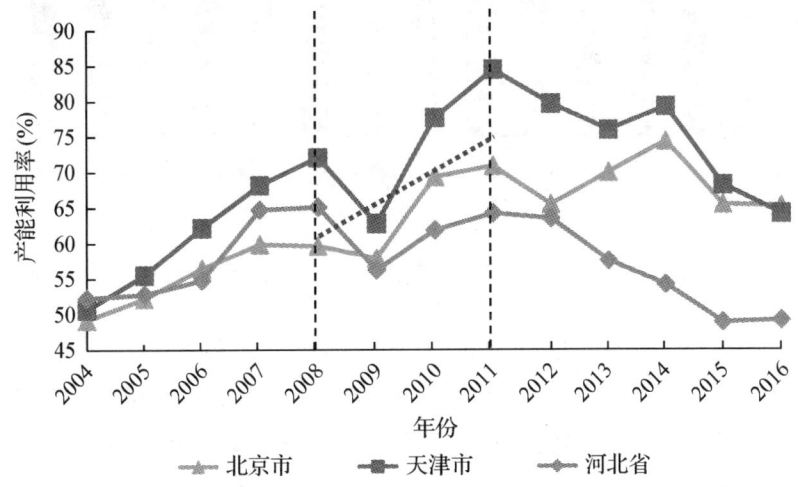

图 5-5　京津冀地区传统高能耗产业产能利用率趋势图

总体而言，2004～2016 年京津冀传统高能耗产业的产能利用率从小到大依次是天津市(69.31%)、北京市(62.79%)和河北省(57.34%)，都处于产能过剩的状态。

3) 不同传统高能耗产业产能利用率分析

不同产业由于各自产业性质差异、技术水平差异及经济发展对其的不同要求，各产业的产能利用率大小各不相同。

(1) 石油加工、炼焦及核燃料加工业产能利用率分析。

京津冀地区石油加工、炼焦及核燃料加工业的产能利用率变化趋势总体上先增后减，2004～2008 年产能利用率总体上是上升的，从 58.36%上升至 69.90%(图 5-6)。

2008～2012 年，石油加工、炼焦及核燃料加工业的产能利用率变化趋势是波动上升的，2012 年时达到最大值 85.59%；在 2009 年出现下降，降幅为 16.44%。在 2012～2016 年产能利用率不断减小，从 85.59%减少至 53.99%，其中 2015 年降幅最大(24.09%)。

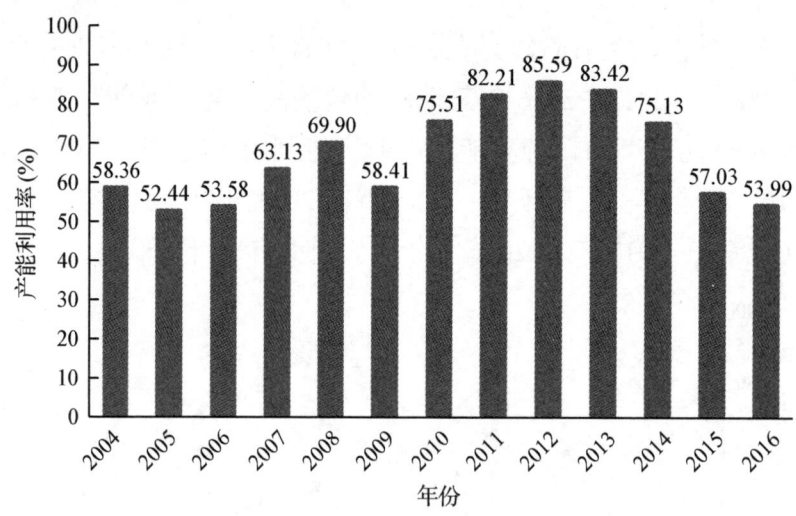

图 5-6　2004～2016 年京津冀地区石油加工、炼焦及核燃料加工业产能利用率

2004～2016 年京津冀地区石油加工、炼焦及核燃料加工业的产能利用率最大的是 2012 年(85.89%)，最小是 2005 年(52.44%)，两者相差 33.45%。截至 2016 年，产能利用率年均减少 0.65%，其中增幅最大的是 2010 年(29.28%)，降幅最大的是 2015 年(24.09%)，分别是年均增加的 45.05 倍和 37.06 倍。总体来说，2004～2016 年的产能利用率均值是 66.80%，低于产能过剩的界定值 79.00%，处于产能过剩的状态。

(2) 化学原料及化学制品制造业产能利用率分析。

2004～2007 年京津冀地区化学原料及化学制品制造业产能利用率从 65.63% 上升至 84.76%，增加了 19.13%。2008 年和 2009 年产能利用率分别降幅分别是 6.96% 和 12.58%；2010 年出现回升，上升至历年的最大值 90.43%，超过了 90.00% 的界定范围，属于产能不足的状况。2012～2016 年产能利用率整体出现波动下降的趋势，2015 年降至 5 年最低值 71.21%，年均减少 0.90%（图 5-7）。

2011 年产能利用率最高，为 90.43%，2004 年最小(65.63%)。产能利用率增幅最大的是 2011 年(15.01%)，减幅最大的是 2012 年(13.60%)，分别是年均增加的 12.94 倍和 11.72 倍。从整体上看，京津冀地区化学原料及化学制品制造业产能利用率均值为 76.34%，处于产能过剩状态。

(3) 非金属矿物制品业产能利用率分析。

京津冀地区非金属矿物制品业的产能利用率在 2004～2008 年产能利用率从 45.16% 增加至 69.20%，增幅为 53.23%（图 5-8）。2008～2011 年，产能利用

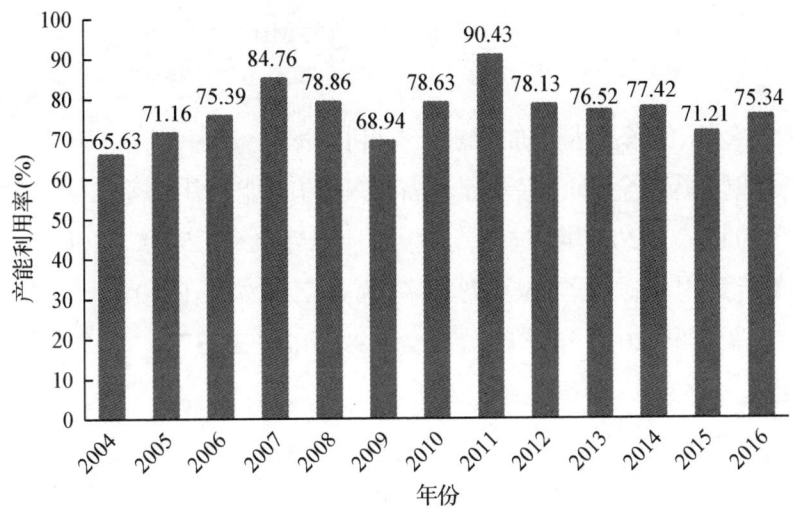

图 5-7 2004～2016 年京津冀地区化学原料及化学制品制造业产能利用率

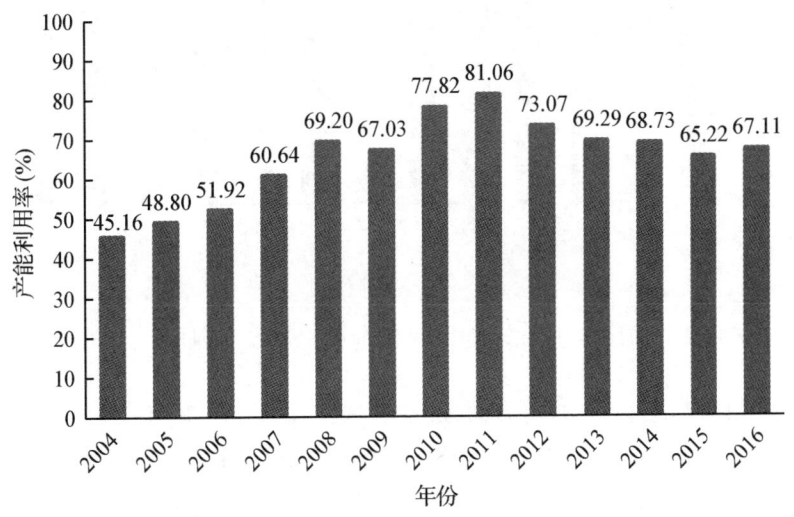

图 5-8 2004～2016 年京津冀非金属矿物制品业产能利用率

率表现出波动上升趋势，2009 年时下降至 67.03%。2010 年和 2011 年的产能利用率增幅分别为 16.10%和 4.16%，2011 年上升至 81.06%，达到最大值。2012～2016 年产能利用率显现出下降的趋向，但有一定的起伏，年均减少 2.10%。

产能利用率年均增加 3.36%，增幅最大的是 2007 年(16.80%)，降幅最大的是 2012 年(9.86%)。2011 年的产能利用率是 81.06%，处于产能利用率的正常值范围内，其余年份均为产能过剩。总体上，2004～2016 年 13 年间的产能利用率均值是 65.00%，未达到 79.00%～83.00%的界定范围，处于产能过剩状态。

(4)黑色金属冶炼及压延加工业产能利用率分析。

京津冀地区黑色金属冶炼及压延加工业的产能利用率在 2004～2008 年出现持续上升的趋势，2008 年时达到最大值 60.79%（图 5-9）。2009 年时受金融危机影响产能利用率跌落至 56.07%，减幅为 7.76%。在 2010～2016 年，产能利用率在 2010 年和 2014 年增幅分别为 19.12%和 22.37%，其余年份则显露出减少的趋势。

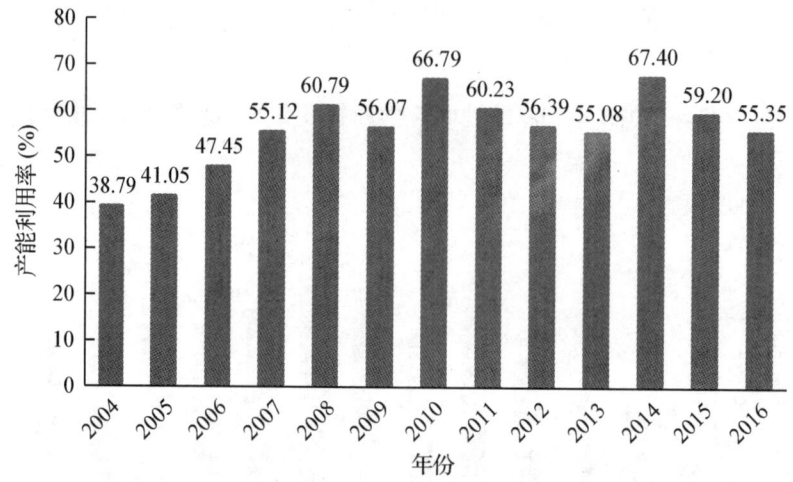

图 5-9　2004～2016 年京津冀地区黑色金属冶炼及压延加工业产能利用率

京津冀地区黑色金属冶炼及压延加工业的产能利用率增幅最大是 2014 年（22.37%），2015 年降幅最大（12.17%），年均增加 3.01%。产能利用率在 2004～2016 年的均值是 55.36%，远未达到 79.00%～83.00%的界定范围，属于产能过剩状态。

(5)有色金属冶炼及压延加工业产能利用率分析。

京津冀地区有色金属冶炼及压延加工业的产能利用率从 2004 年的 19.85%增加至 2007 年的 37.05%（图 5-10）。在 2007～2011 年，产能利用率呈现出起伏上升的趋势，2008 年和 2009 年时产能利用率减幅分别为 0.73%和 29.20%，最小值为 26.04%。在 2011～2016 年，产能利用率在 2012 年、2015 年和 2016 年减幅分别为 4.52%、20.66%和 4.83%，其余年份则显现出上升的趋向。

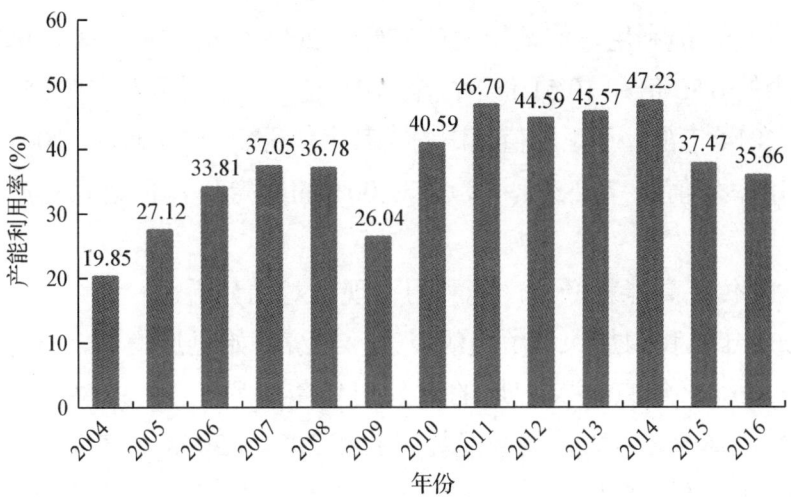

图 5-10 2004～2016 年京津冀地区有色金属冶炼及压延加工业产能利用率

产能利用率的均值 36.57%和最大值 47.23%都远远小于 79.00%的界定值，存在严重的产能过剩现象。2004～2016 年产能利用率年均增加 5.00%，其中增加幅度最大的是 2010 年(55.88%)，2009 年减幅最大(29.20%)，分别是年均增加的 11.18 倍和 5.84 倍。2004～2016 年的产能利用率的均值是 36.80%，产能严重过剩。

(6)电力、热力的生产和供应业产能利用率分析。

京津冀地区电力、热力的生产和供应业产能利用率变化趋势呈现出下降的趋向，波动幅度除个别年份外基本维持在 3.8%以内(图 5-11)。

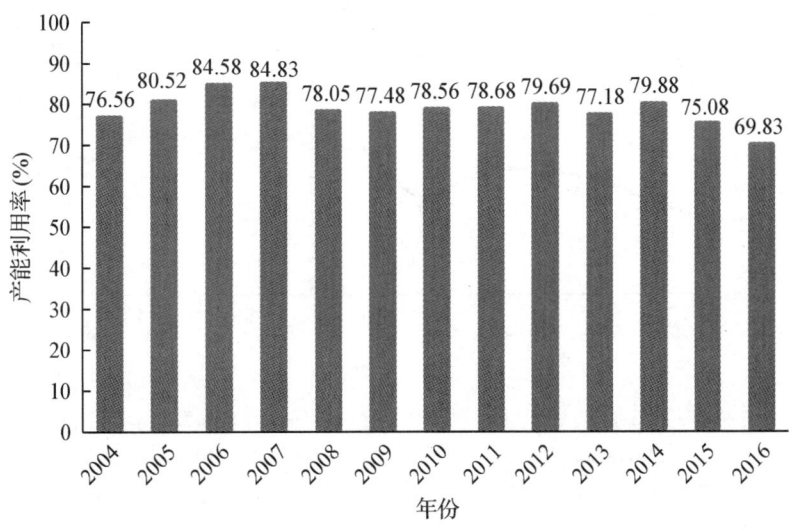

图 5-11 2004～2016 年京津冀地区电力、热力的生产和供应业产能利用率

2005年的产能利用率增幅最大(5.17%),2008年的减幅最大(7.99%),分别是年均减少的6.80倍和10.51倍。截至2016年,产能利用率在2005~2007年、2012年和2014年都处于正常值范围内,其余年份小于79.00%。2004~2016年的产能利用率均值是78.53%,接近79.00%的界定值,但还存在产能过剩的危机。

(7)六大传统高能耗产业产能利用率现状对比分析。

自2001年,我国加入世贸组织以来,经济开始迅速增长,对外出口经济不断增长,2003年京津冀三地的对外出口量分别上升33.88%、23.36%和29.02%。受此影响,六大传统高能耗产业在2004~2008年产能利用率整体均有不同程度上升(图5-12)。其中有色金属冶炼及压延加工业的产能利用率增幅85.29%,居于首位;电力、热力的生产和供应业增长最少,增幅为1.95%;总体来说经济状况良好。在2008年受到国际金融危机的影响,我国工业生产经营状况出现困难,过去依靠出口和投资的经济发展模式遭到史无前例的冲击;而另一方面,国际市场持续萎靡,2007年12月全国进出口总值同比下降11.10%,其中出口下降2.80%、进口下降21.30%,我国工业大多数行业均出现产能利用率下降的情况。六大传统高能耗产业的产能利用率在2008年后全部出现不同程度下降,有色金属冶炼及压延加工业下降最多,下降了29.20%;电力、热力的生产和供应业受到影响最小,降幅为0.73%(图5-12)。

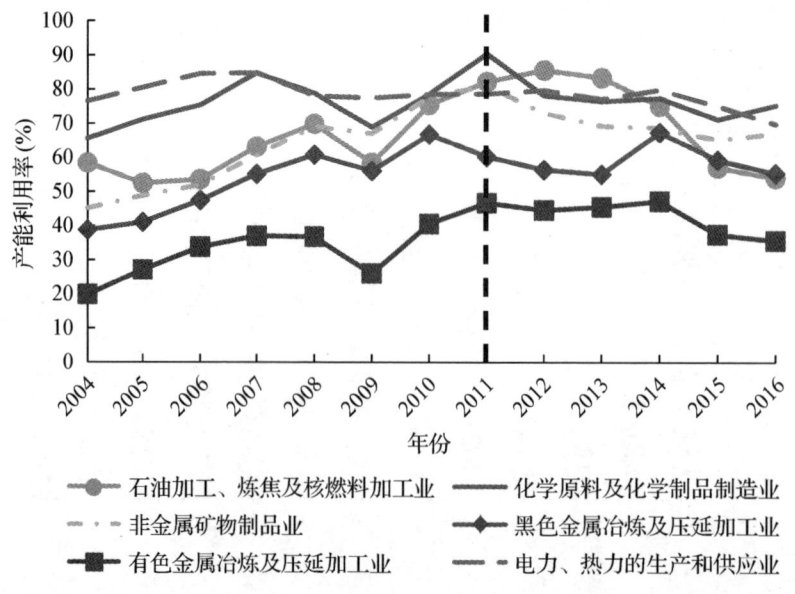

图5-12 2004~2016年京津冀地区六大传统高能耗产业产能利用率

与此同时，我国政府为进一步扩大内需、促进经济平稳较快增长出台了4万亿投资计划，它在一定程度上缓解了经济危机，遏制住了经济增速下滑的趋势。2009年上半年国内生产总值增速达到7.1%，投资增速持续加快，消费稳定较快增长，国内需求对经济增长的拉动作用不断增强。以北京市为例，规模以上工业增加值按可比价格计算，比上年增长9.1%，增幅比上年提高7.1个百分点。在经济复苏时期，六大传统高能耗产业的产能利用率都有一定程度的回升。

但是，这个一揽子计划也导致大量资本涌入各个行业，虽然在一定程度上推动了经济的发展，随之而来的产能过剩问题也越发严重，在2011~2016年产能过剩呈现出不断加剧的趋势。

投资的增加导致盲目扩张、重复建设的现象层出不穷，结构性产能过剩问题突出。以钢铁产业为例，2013年的总产能为10.5亿吨，产量7亿多吨，但因为我国生产的大部分钢铁是粗钢和一般钢材，大量五星级建筑钢材、军事原材料和大飞机制造所需钢板，以及高端钢和特钢都需要进口，面临十分严峻的结构性产能过剩问题。一方面我们大量出口粗钢，另一方面大量进口特种钢、异型钢或高端钢，这种过剩是结构性产能过剩，低价、低质钢材过剩，高端钢材不足。以河北省为例，其产量占全国钢铁产量的四分之一，但是国家首批45家符合《钢铁行业规范条件》名单中，无河北省钢铁企业。

六大传统高能耗产业的产能利用率变化也可以根据上升和下降的趋势划分为不同的阶段(图5-12)。关于传统高能耗产业的时空演变，化学原料及化学制品制造业、黑色金属冶炼及压延加工业、有色金属冶炼及压延加工业和电力、热力的生产和供应业的产能利用率离散程度相对较小，而石油加工、炼焦及核燃料加工业和非金属矿物制品业的离散程度(标准差)偏大。离散程度最大的是石油加工、炼焦及核燃料加工业(11.82%)，电力、热力的生产和供应业的离散程度最小(3.70%)。说明电力、热力的生产和供应业的产能利用率变化相对较小，基本维持在78%左右。在2004~2007年该产业处于持续增长的阶段，波动下降阶段在2007~2016年。石油加工、炼焦及核燃料加工业离散程度最大(图5-13)，可以划分为2004~2008年和2008~2012年两个波动上升阶段及2012~2016年的连续减少阶段。除此之外的四大产业的产能利用率的离散程度不大，故而可划分为持续增长、波动上升和波动下降三个阶段。

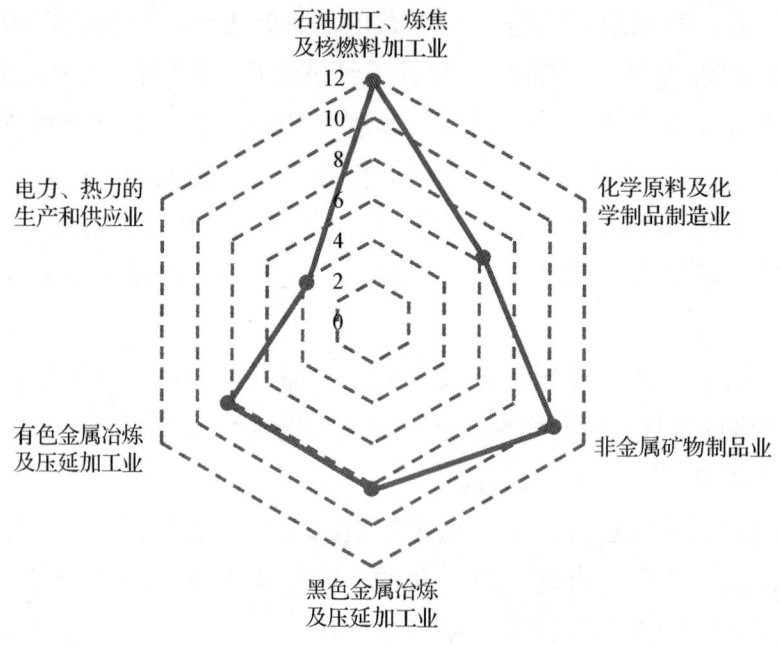

图 5-13 传统高能耗产业离散度雷达图

5.4 本章小结

本章采用生产函数法测算京津冀地区传统高能耗产业的产能利用率。结果显示：2004～2016 年，京津冀地区传统高能耗产业的产能利用率均值是 63.14%，远远低于 79.00%～83.00% 的产能正常值的界定范围，说明 2004～2016 年京津冀地区传统高能耗产业存在着较严重的产能过剩问题。2004～2016 年，北京市传统高能耗产业的产能利用率虽有波动，但整体均小于 79.00%，处于产能过剩状态。虽然天津 2011 年、2012 年和 2014 年的产能利用率处于正常值范围内，但是其余年份产能利用率均低于 79.00%，且年均值为 69.31%，处于产能严重过剩的状态。河北省的产能利用率在 13 年间全部小于 79.00% 的界定值，处于产能过剩的状态。整体上，京津冀三地都可以划分为三个阶段，即持续上升阶段、波动上升阶段和波动下降阶段。关于六大传统高能耗产业的时空演变，化学原料及化学制品制造业、黑色金属冶炼及压延加工业、有色金属冶炼及压延加工业和电力、热力的生产和供应业的产能利用率离散程度相对较小，石油加工、炼焦及核燃料加工业和非金属矿物制品业的离散程度(标准差)偏大。离散程度最大的是石油加工、炼焦及核燃料加工业,电力、热力的生产和供应业的离散程度最小。除此之外的四大产业的产能利用率的离散程度不大,可划分为持续增长、波动上升和波动下降三个阶段。

第6章　京津冀地区典型传统高能耗产业产能过剩原因分析

"十三五"规划指出我国部分行业产能过剩严重,《国务院关于化解产能严重过剩矛盾的指导意见》提到钢铁、水泥、电解铝、平板玻璃、船舶是产能严重过剩行业。通过对京津冀各省域及传统高能耗产业的产能利用率的计算和分析,得出北京市、天津市和河北省的传统高能耗产业都处于产能过剩状态,因此有必要探寻京津冀地区典型传统高能耗产业产能过剩的原因。

6.1　典型企业产能过剩分析

对于京津冀地区而言,河北省电解铝、造船规模很小,化解过剩产能任务集中在钢铁、水泥和平板玻璃三个行业。天津市主要化解钢铁、水泥、平板玻璃和船舶四大行业的产能过剩。在分析产能过剩的原因中,主要通过调研京津冀地区热电、钢铁等典型企业,从典型企业去产能的成效中,总结其产能过剩的原因。

在典型企业产能过剩的分析中主要是采用实地调研的方法,从京津冀地区典型企业中了解产能过剩的情况及去产能的效果,从企业去产能的方法及效果入手,探寻产能过剩的原因。

6.1.1　案例1：天津天保热电有限公司

热电行业是比较特殊的,该行业没有替代品,去产能难度也大。在我国倡导利用供给侧去产能的大环境下,热电行业更多的是利用需求侧去产能,近几年,天津天保热电有限公司也是在利用需求侧去产能,从过去的几年来看,就蒸汽而言,近几年工业用量以9%的速度递减,居民用量在递增。热电联产与电厂的能耗比较方面,虽然热电联产单位能耗与电厂相比要大,但是热电联产能源利用率在85%以上,而电厂的能源利用率一般低于50%,因此热电联产受到国家的大力提倡,目前天津市已不准再有燃煤锅炉。该公司主营业务是供热、蒸汽,也有发电,在供能方面,热能占总供能的90%,供热时企业蒸汽与用户之间有压差，公司利用这部分压差发电，由于发电量有限，所发电量只供本公司使用。

在去产能过程中，公司十分注重工艺流程及设备的创新，在环保及节能减排方面，公司主动承担相应社会责任，在排放与低碳生产方面表现突出。国家能源提倡的总思路首先是新能源，其次是热电联产。在能耗方面，天津天保热电公司目前能源消耗主要是煤炭，也有部分燃气和地热能。理论来说，燃气的污染排放小于煤炭，但是实际情况是，燃气的硬件设施目前还不完善，有很大的不稳定性，这样一来其实是燃气的污染排放量更大。而对于燃煤来说，公司生产的硬件设施和各种排污治理技术都很成熟，各种排放物都能控制在国家标准以内，相对清洁；目前公司各方面的节能减排都符合标准，甚至低于国家标准，而且在节能减排方面获得多项国家专利。

6.1.2 案例2：赞皇金隅水泥有限公司

赞皇金隅水泥有限公司为金隅集团的子公司。金隅集团是中国第三、世界第五大水泥企业和全国最大的综合型建材企业之一。水泥作为一种基础性行业，在国家发展中具有不可替代的作用，但由于低门槛导致大量小型脏乱差企业泛滥不绝，产能过剩问题十分严重。河北省是水泥工业大省，水泥的产量、产能已处于过剩阶段，水泥工业发展超出环境承载力。目前，河北省共有水泥企业300余家，新型干法水泥生产线80条，水泥年产量超过1亿吨。在当下坚持人与自然和谐共生、树立和践行"绿水青山就是金山银山"理念的基本国策下，高能耗、高污染、高排放的实际情况也进一步阻碍了水泥行业的发展，也加剧了产能的过剩问题。在当下，水泥行业的产能处于完全过剩的状态，该企业的产能利用率在50%左右，理想状态时也仅仅达到60%。

在2015年由于金隅集团和冀东水泥集团的竞争行为，导致赞皇金隅水泥有限公司亏损了4900万元；2016年金隅集团和冀东水泥集团合并重组，进一步改革，消除了过去混乱无序的市场竞争，一些小型脏乱差企业被取缔，赞皇金隅水泥有限公司迅速扭转亏损，在2017年取得1.7亿元的盈利，2018年上半年取得1亿元以上的收益。关于去产能问题，赞皇金隅水泥有限公司在国家规定下从自身出发，淘汰落后生产线设备，追求绿色生产转型，走绿色发展之路。同时借助区域性协会平台的协商沟通作用，进行错峰停产（一般每年12月到次年4月），以缓解产能过剩，减少空气污染。曾有人提出淘汰2500吨以下的生产线,但由于企业建设时各个企业的规模不一,因而无视实际情况的"一刀切"的方法是行不通的,更多的应从市场的角度出发,利用市场的手段,从企业自身出发,淘汰落后的生产线和企业。另一方面,公司秉承"管理减排、技术减排、投入减排"的理念,前后共投入 3 亿元进行环保工作。目前该公司在污泥、生活垃圾处理方面取得重要成就,在试运行期间每日可处理 300 吨生活垃圾和 200 吨污泥,远超赞皇县每日 100 吨生活垃圾的产生量。由于距离市区较远,故作为石家庄市区的垃圾应急处理点(石家庄市区每日可产生 2700 吨的生活垃圾,超出了自身的处理能力)。公司共有 2 条余热发电系统,每年可发电 1 亿千瓦时,其中 1/3 可满足公司自身的需求,其余部分可满足周边居民用电需求(由于农村用电系统缺乏统一接入口,故在实际供应中存在一定困难)。另一方面,公司在 2012 年以来一直注重氮氧化物的超低排放的研究,目前已达到 130 毫克/立方米以下,远超国家 400 毫克/立方米和河北省 260 毫克/立方米的标准。

6.1.3 案例 3:中国电建集团河北工程有限公司

中国电建集团河北工程有限公司是中国电力建设集团有限公司的全资子公司。电力建设不仅与民生建设息息相关,同时也关系着国家命脉,特殊的行业情况也对其发展有更高的要求。随着社会的发展,我国的电力建设已经基本完成,电力需求也已基本满足,但电力公司的发展速度却越来越快,已经超出实际需求,产能过剩问题十分严峻。作为电力行业支柱产业之一的火电,高能耗、高污染的情况十分严重。

针对当下中国电力建设的实际情况,中国电建集团河北工程有限公司积极推行绿色发展之路,先后投入大量科研资金,获得锅炉炉顶保温及柔性密封施工技术、电力暗挖隧道穿特殊地基施工技术和 PDMS 三维设计在火电厂管道碰撞检查的应用等多项省部级科技成果。绿色发展之路也给企业带来了国家和地方的大力支持,相关垃圾补贴、发电补贴政策随之而来,推动企业良性发展;但绿色之路的高压环保政策也给企业带来了巨大的成本压力,倒逼企业产业结构转型升级。另一方面,公司积极投身"一带一路"的建设中,利用当下我国位居世界前列的电力技术和巨大的成本优势,进行国际产能合作,既解决了当地的技术难题,又缓解了国内的产能过剩问题。非洲和中亚地区是我国电力技术出口的主要集中地之一,非洲地区在光能发电、煤炭发电有巨大优势，但其本身的技术却十分落后，无力进行开发建设。近年来公司积极开拓海外市场，先后承建了白俄罗斯别列佐夫电站、白俄罗斯年产40万吨纸浆厂、安哥拉Soyo-Kapary 400千伏输变电建设项目、巴基斯坦Tenaga风电场、安哥拉SOYO联合循环电站、白俄罗斯戈梅利燃机改造、加蓬利伯维尔城市电网改造等工程。

6.1.4 案例4：德龙钢铁公司

德龙钢铁公司是一家集烧结、炼铁、炼钢、轧钢为一体的大型钢铁联合民营企业。民营企业由于其自身性质，在市场中具有较高的自由度，逐利性极强，盈利也相对较高，这导致其在技术更新、产品研发和产量方面更多依靠市场决定。在追逐利益的过程中，有的企业会忽略实际情况，产生"涌潮现象"，引发产能过剩。同时就钢铁产业而言，规模经济、区域性强、建设期长，这些固有的产业特征，形成了产能扩张的内生动力，大型化和规模化是其必然的发展方向。正是这些特性造成其产能正常化解受阻、产能退出的阻力过大。

德龙钢铁公司坚持"绿水青山就是金山银山"的发展方针，践行"尽社会责任，创绿色财富"的理念，积极化解落后产能，不断加大环境治理力度，加快环保设施升级改造，做到企业生产与生态环境的和谐发展。在环保政策之下，企业积极投身绿色发展之路，逐步淘汰落后设备推进设备升级，例如拆除小型高炉建设更大的高炉，从而获取更高产量，也在一定程度上减少了污染。创造性的建设风景区式工厂，绿化环保的投入虽然增加了成本，但也推动企业承担了更多社会责任，减轻了企业的政策压力，扩大了产量，获得更多利润，使企业进入良性循环中，成为河北省首家钢铁企业造成的AAA级旅游景区。

6.2 京津冀地区传统高能耗产业产能过剩的影响因素

6.2.1 资本和劳动力因素

根据"市场失灵假说"及林毅夫在2007年和2011年的研究，即发展中国家在信息不完全对称的条件下很容易"英雄所见略同"，从而导致大量资金向某一行业集中涌入,产生"涌潮效应",比如受前几年中高端产品市场(工程机械、家电制造、汽车行业)需求扩张迅速的影响,出现一味强调发展中高端板材和加速技术升级改造的政策导向。大量钢铁企业投向中高端板材,结果形成中高端板材产能严重过剩,中低端线材产能相对不足。在大量资本投入的过程中也伴随着劳动力的投入,为比较两者对产能过剩的贡献程度,本书选取这两个因素对传统高能耗产业产能的影响进行定量分析。

采用2004~2016年京津冀地区传统高能耗产业的年度固定资产原价、年度平均用工人数和主营业务收入数据,基于生产函数分析资本与劳动力和产出的定量关系,再通过单位根检验与协整检验后就可以估计面板数据模型。在估计面板数据模型时,由于数据含有个体、时间和空间三个维度的信息,错误的模型估计,将会使模拟结果与实际情况相差甚远。因此在构建模型前,需要进行F检验和Hausman检验。通过检验,对六个行业分别建立合适的模型,估计结果如表6-1所示。

表6-1 传统高能耗产业面板模型估计结果

产业	$\ln K$	$\ln L$
石油加工、炼焦及核燃料加工业	0.4497***	0.3542***
化学原料及化学制品制造业	0.7796***	0.6795***
非金属矿物制品业	0.7261**	0.0335**
黑色金属冶炼及压延加工业	0.4527***	0.6141***
有色金属冶炼及压延加工业	0.7335**	0.5730**
电力、热力的生产和供应业	0.9895***	0.1186**

***代表1%水平下显著;**代表5%水平下显著。

六大传统高能耗产业的模型系数均满足5%水平下显著拒绝原假设(表6-1),故可得到以下结论:长期以来,资本的高投入推动了我国经济的持续增长,资本的投入将带来主营业务收入的增长。这与林毅夫等(2007,2010)研究的关于资本的"涌潮效应"相符合。

改革开放以来,投资主导型的经济增长模式给各行各业带来了大量投资,从而促进了各产业的迅猛发展。六大产业中电力、热力的生产和供应业的年度固定资产原价对主营业务收入的影响最大,达到0.9895,即固定资产原价每增加1%的投入就有0.9895%的主营业务收入的增加,其他产业从大到小依次是0.7796、0.7335、0.7261、0.4527和0.4497。

劳动力与主营业务收入存在正相关的关系，符合经济学的假设。但这里年度平均用工人数对主营业务收入的影响要小于年度固定资产原价对主营业务收入的影响，说明我国的经济发展从劳动密集型转向了资本密集型。传统高能耗产业中受年度平均用工人数影响最大的是化学原料及化学制品制造业的 0.6795，即每增加 1%的劳动力投入，就会产生 0.6795 的主营业务收入，其他产业从大到小分别是 0.6141、0.5730、0.3542、0.1186 和 0.0335。

结果表明，相对于劳动力的投入，资本对传统高能耗产业来说能带来更大的利润，从而也带来了产能。企业在追求利润的同时忽略了市场规律，再加上信息滞后等因素导致资本投入过高，产能过大，这也是导致传统高能耗产业产能过剩的原因。

6.2.2 供需平衡

导致传统高能耗产业产能过剩问题出现的最直接原因是产能的增长超出了消费需求。我国经济快速发展，但是我国居民储蓄率长期徘徊在较高水平。由于 2008 年国际金融危机冲击的长期影响，国内需求出现一定程度的下降。根据京津冀各地区 2017 年统计数据，京津冀地区 2016 年工业品出厂价格指数(PPI)分别为 98.1、97.9 和 99.94，北京与天津已经连续 5 年 PPI 负增长，河北省也有两年负增长，国家层面已连续 4 年 PPI 负增长。另一方面，国际贸易增速大幅度下降对京津冀地区出口产生了较大冲击。2012 年中国超越美国首次成为世界第一贸易大国，京津冀地区作为我国的重要港口区之一，出口对该地区的经济一直起着不可替代的作用,在 2008 年受全球经济危机影响，中国的出口受到很大影响。金融危机后，许多国家都采用主要向基础设施领域投资的凯恩斯主义刺激政策，这些领域的贸易倾向都相对较低。受此影响，中国近年来的外贸增速已跌破两位数的增长，落在了 GDP 的增速之下。外贸减少导致供需不平衡，在一定程度上导致了产能过剩。

从国际制造业发展背景来看，改革开放以后中国是全球第四轮产业转移的承接地，产业转移带来了产能，欧美地区受金融危机的影响，大量资本向外转移，中国作为近年来经济增长最快的国家之一，成为资本注入的主要集中地。因此，相对需求市场的持续萎靡状态，京津冀地区的供给侧表现出良好势头。2011 年，中国制造业产值占全球 19.8%，美国占全球 19.4%，中国制造业首次超过美国成为全球第一。由于我国的经济增长迅速，对钢材、水泥和石油等的需求不断上升，导致全社会对这些传统高能耗产业的良好前景过度热情，忽视了其产能过剩的实际情况，在缺乏有效信息的情况下，企业产生"羊群效应"。由利益驱动所引发的京津冀地区的投资"潮涌现象"导致该地区传统高能耗产业的产能不断扩张，超过市场的消费需求，由此引发产能过剩。

6.2.3 行政干预

体制扭曲是目前引发京津冀地区传统高能耗产业产能过剩的一个重要因素。首先，我国以 GDP 为标准的不合理政府考核体系导致地方政府为实现 GDP 快速增长、在政绩考核中取得优胜，而制定过度的财政、税收优惠政策来招商引资，拉动经济增长。传统高能耗产业在工业中所占比重极大，因此京津冀地区政府对其专门制定了许多优惠政策，以促进这些产业的发展。

另一方面，中国式的财政体制也会引发产能过剩。中国式的财政分权加剧了各地方政府之间的竞争，有的地方政府为了片面的追求 GDP 和税收收入的不断增加，在财政和税收方面实施优惠政策以招商引资，重点扶持大企业和大项目，由此引发了生产要素价格扭曲，导致了部分行业的过度资源配置。土地产权模糊、金融体系软约束和环境保护体制缺陷令有的地方政府制定一系列有利于传统高能耗产业发展的特殊产业政策，降低工业土地出让价格、增加企业财政和税收补助和放宽生态环境要求等使企业获得了更多的要素投入，这种地区中政府的不当干预导致企业生产产能超过消费的最大需求，引发产能过剩问题。

6.2.4 经济增长方式不合理

经济增长方式不合理是京津冀地区传统高能耗产业产能过剩的又一重要原因。在国外市场经济体制成熟，产能过剩成为提高企业效率的推动力。在中国受到宏观调控的影响，结构性失衡问题严重。受历史因素影响，我国的传统高能耗产业大多由国有企业把持，有的国有企业在实际经营生产中还留有较重的计划经济痕迹，这种经济制度对京津冀地区政府的宏观调控能力要求过高，限制了市场的资源配置功能，造成市场产能的过度增加，超过消费的最大需求，从而出现产能过剩的现象。

京津冀地区经济增长模式的改变将会对产能利用率产生影响，目前该地区属于内需主导型经济增长模式,且主导经济增长的内需以投资为主。在这种模式下的京津冀地区传统高能耗产业的经济增长对于原材料和能源需求量巨大,同时市场机制不健全,信息共享缺乏,导致投资者只看到传统高能耗产业的巨大利润,而未看到传统高能耗产业存在的产能过剩问题,从而引起大量资本向钢铁、有色金属、水泥、煤炭等传统高能耗领域不断进入,导致产能过剩的问题不断加重。

6.2.5 企业不合理的经济行为

企业不合理的经济行为引发京津冀地区传统高能耗产业产能的不合理扩张从而导致产能过剩问题出现。随着京津冀地区工业化进程的不断加快,全社会对传统高能耗产业形成前景良好的社会共识,导致京津冀地区的企业出现盲目规划、投资的集体性非理性行为,引发传统高能耗产业产能的不断扩张,从而导致了整个的产业的产能过剩。

企业的技术水平低也是导致产能过剩产生的原因之一。一方面技术水平低下降低了企业的入行门槛,引发重复建设,导致京津冀地区传统高能耗产业产品同质化严重。另一方面,传统高能耗产业大多属于资源与资本密集型产业,技术水平要求相对较低,成为投资者投资的重点行业,资本的大量投入超过行业的正常需求,引发产能过剩。

6.3 本章小结

本章基于生产函数,分析了京津冀地区六大高能耗产业资本与劳动力和产出的定量关系。结果表明,相对于劳动力的投入,资本对传统高能耗产业来说能带来更大的利润,从而也带来了产能。六大传统高能耗产业中,电力、热力的生产和供应业的年度固定资产原价对主营业务收入的影响最大,达到0.9895,即固定资产原价每增添1%的投入就有0.9895%的主营业务收入的增加;其他产业从大到小依次是化学原料及化学制品制造业,石油加工、炼焦及核燃料加工业,有色金属冶炼及压延加工业,非金属矿物制品业,黑色金属冶炼及压延加工业。传统高能耗产业中受年度平均用工人数影响最大的是化学原料及化学制品制造业的0.6795,即每增加1%的劳动力投入,就会产生0.6795%的主营业务收入;其他产业从大到小分别是黑色金属冶炼及压延加工业，有色金属冶炼及压延加工业，石油加工、炼焦及核燃料加工业，电力、热力的生产和供应业，非金属矿物制品业。结合典型企业的案例分析可以发现：京津冀地区产能过剩的原因主要是资本的投入高、供需不平衡、行政干预、经济增长方式不合理及企业不合理的经济行为等。

第7章 京津冀地区传统高能耗产业过剩产能化解机制研究

消费主导型指数反映了一个地区的消费主导程度，是判断该地区经济发展阶段的重要指标。本章阐述消费主导化解产能过剩的机理，构建京津冀地区消费主导比重指数，分析不同行业、不同消费主导比重与产能增长之间的关系，提出基于消费主导的京津冀过剩产能化解的新思路。

7.1 经济发展所处阶段与产能过剩的关系

7.1.1 消费主导型指数的构建

改革开放以来，中国经济增长模式不断转变，目前京津冀地区的经济增长模式正在从投资主导型转向消费主导型。消费主导是经济发展后期阶段的经济增长模式，该时期内经济增长稳定、受外部影响较小、产业结构合理、消费环境完善、消费方式个性化和多样化等。基于相关研究和对消费主导的理解，本书构建了消费主导型指标体系，该体系包含经济发展阶段、经济增长的稳定性、劳动者报酬占地区生产总值的比重、社会消费品零售总额、资本形成率、城市人均医疗保健支出和每十万人医疗保险基金支出等30个指标，定量测度京津冀地区的消费主导型指数(表7-1)。

表 7-1 消费主导型指标体系

指标	单位	权重	指标计算
经济发展阶段(+)	元/人	0.03	人均GDP
经济规模(+)	亿元	0.03	地区生产总值
经济增长稳定性(−)	%	0.03	相邻两年经济增长率之差的绝对值
劳动者报酬占地区生产总值的比重(+)	%	0.03	劳动者报酬/地区生产总值×100%
投资效率(−)	%	0.06	当年投资增量/地区生产总值增加量
技术市场成交额(+)	万元	0.06	—
资本形成率(−)	%	0.03	—

续表

指标	单位	权重	指标计算
居民消费率(+)	%	0.03	—
最终消费率(+)	%	0.05	—
对外贸易依赖度(−)	%	0.04	(进口总额+出口总额)/地区生产总值×100%
城市化水平(+)	%	0.03	城市居民人口/居民总人口×100%
社会消费品零售总额(+)	亿元	0.03	—
居民消费水平(+)	元	0.03	—
居民人均可支配收入(+)	元	0.03	—
恩格尔系数(−)	%	0.03	(城镇居民食品消费支出×城镇人口数+农村居民食品消费支出×农村人口数)/居民消费总额×100%
文化消费比重(+)	%	0.03	(城镇居民文教娱乐消费支出×城镇人口数+农村居民文教娱乐消费支出×农村人口数)/居民消费总额×100%
服务消费比重(+)	%	0.03	(城镇居民服务消费支出×城镇人口数+农村居民服务消费支出×农村人口数)/居民消费总额×100%
铁路密度(+)	千米/万平方千米	0.03	铁路营业里程/陆地面积
公路密度(+)	千米/万平方千米	0.03	高速等级公路里程/陆地面积
互联网上网人数比重(+)	%	0.03	互联网上网人数/总人口×100%
每十万人卫生机构数(+)	个	0.06	卫生机构数/居民总人口×100000
每十万人医疗机构床位数(+)	张	0.04	卫生机构床位数/居民总人口×100000
城市人均医疗保健支出(+)	元	0.03	—
每十万人基本养老金支出(+)	万元	0.03	基本养老保险基金支出/居民总人口×100000
每十万人参与失业保险人数(+)	万人	0.03	参与失业保险人数/居民总人口×100000
每十万人医疗保险基金支出(+)	万元	0.05	医疗保险基金支出/居民总人口×100000
每十万人社区服务机构数(+)	个	0.03	社区服务机构数/居民总人口×100000
每十万人口在校高中学生数(+)	人	0.03	—
每十万人教育经费支出(+)	万元	0.03	教育经费支出/居民总人口×100000
高中师生比(+)	%	0.03	—

注：表中指标层中的(+)、(−)分别表示正指标和负指标，正指标是指与消费主导型经济增长呈正相关的指标，负指标是指与消费主导型经济呈负相关的指标；指标计算中—表示数据可直接在年鉴中获取。

本书采用改进的功效系数法(孙豪等，2017)，对原始数据进行处理。首先，确定各指标的满意值与不允许值，即上下阈值；其次，确定各指标是正指标还是负指标；最后对各指标数据进行指数化处理，将指标数据的大小量化至 40~100 的范围内(曾昭法等，2018)。

正负指标的处理方法如下：

$$X_{ijt} = 40 + 60 \times \frac{x_{ijt} - x_{i\min}}{x_{i\max} - x_{i\min}} \tag{7-1}$$

$$X_{ijt} = 40 + 60 \times \frac{x_{i\max} - x_{ijt}}{x_{i\max} - x_{i\min}} \tag{7-2}$$

式中，i 代表各项指标；j 代表各地区；t 代表年份；x_{ijt} 代表无量纲化处理前的 j 地区的 i 指标的第 t 年的真实值；$x_{i\max}$ 为 i 指标客观数值的上阈值；$X_{i\min}$ 为 i 指标客观数值的下阈值；X_{ijt} 为无量纲化处理后 j 地区的 i 指标第 t 年的数值。

指标的权重对消费主导型指数的计算有重要影响。确定指标权重的方法有很多，其中熵权法可以依据变量的重要程度进行赋权估计，所以参考价值较高。因此，本书中各项指标权重的确定采用熵权法的处理手段(表 7-1)。

最后利用熵权法计算出指标权重进行加权计算得到京津冀地区的消费主导型指数，具体的计算公式如下：

$$C_{jt} = \sum_{i=1}^{i=30} X_{ijt} \times W_i \tag{7-3}$$

式中，C_{jt} 为 j 地区第 t 年的消费主导型指数；W_i 为通过熵权法计算出的指标 i 的权重。

需要说明的是，计算京津冀地区 2004~2016 年的消费主导型指数的数据主要来源于 2005~2017 年的《中国统计年鉴》；部分无法直接获取的数据通过间接计算得出；部分年份数据缺失，由相邻年份数据推算(表 7-1)。

7.1.2 京津冀地区消费主导型指数分析

根据北京、天津和河北三地 30 项指标的数据，按照上文中改进的功效系数法处理得到 2004~2016 年的消费主导型指数(表 7-2)。

表 7-2　消费主导型指数表

年份	北京	天津	河北
2004	65.79	60.53	54.85
2005	66.05	59.81	55.84
2006	68.51	60.86	56.58
2007	68.81	60.6	56.97
2008	70.67	60.85	57.27
2009	71.93	62.04	61.06
2010	73.09	62.37	62.26
2011	76.56	63.75	62.71
2012	79.79	64.95	61.49
2013	82.26	66.59	65.19
2014	77.58	66.5	64.83
2015	84.93	65.58	65.76
2016	86.78	71.39	69.8
均值	74.83	63.53	61.12
区间宽度	20.99	11.58	14.95

1) 经济增长模式与经济发展阶段的关系

根据相关文献中经济增长模式的动态演变规律，本书通过构建消费主导型指标体系来定量测算京津冀地区的消费主导型指数，根据消费主导型指数的结果，指数越高，消费主导的特征越明显；反之，指数越低，投资主导的特征越明显。在此，结合已有研究，认定指数处于 40~60 为投资主导型；指数处于 60~80 为内需主导型经济增长模式；消费主导型的指数应处于 80~100。

在罗斯托关于经济增长理论的研究中，将经济的发展阶段划分为六个，即传统社会阶段、为起飞准备阶段、起飞阶段、走向成熟阶段、高额群众消费阶段和追求生活质量阶段。本书将罗斯托的经济理论与经济增长模式的演变过程相结合，指出与投资主导型增长模式相适应的是经济发展的起飞阶段；在走向成熟阶段，增长模式是内需主导型；在经济发展的最后两阶段，增长模式应该是消费主导型。

2) 京津冀三地区经济增长模式的分析

北京市在 2003～2012 年的消费主导型指数处于 65.79～79.79，处于从投资主导型向消费主导型转变的过程，即内需主导型经济增长模式，北京从 2013 年开始正式进入消费主导型经济增长模式（图 7-1）。

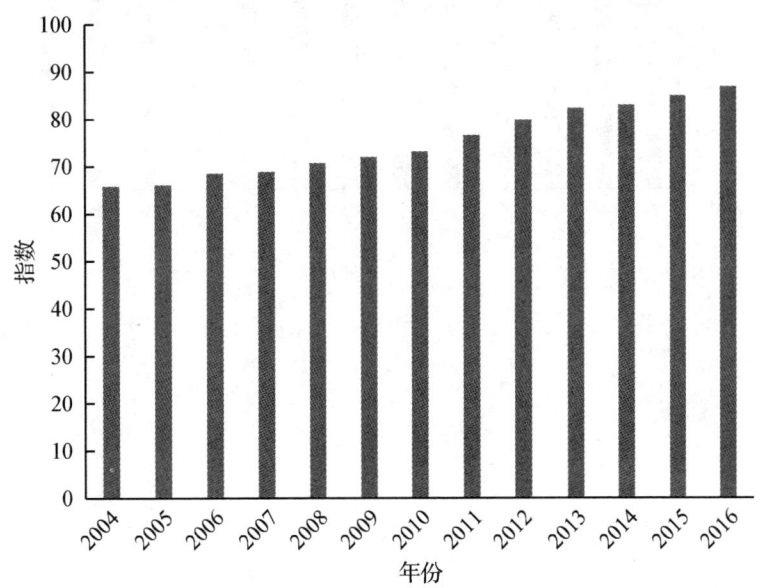

图 7-1　2004～2016 年北京市消费主导型指数

北京市的消费主导型指数在 2016 年时达到最大值 86.78，2004 年时消费主导型指数为最小值 65.79。消费主导型指数的年均增长 2.33%，增幅最大的是 2011 年（4.53%），最小的是 2005 年（0.39%），分别是年均增长的 1.94 倍和 0.1 倍。

天津市在 2004～2016 年的消费主导型指数基本处于 60.53～71.39，其经济发展属于走向成熟阶段，经济增长模式是内需主导型（图 7-2）。

天津市的消费主导型指数由 2004 年的 60.53 上升至 2016 年的 71.39，增加了 10.86，是内需主导型的经济增长模式。消费主导型指数的年均增长率为 1.38%，其中增幅最大的是 2016 年（8.14%），增幅最小的是 2015 年（-1.40%），分别是年均增长的 5.88 倍和 1.01 倍。

河北省在 2004～2009 年消费主导型指数从 54.85 增长至 61.06，从投资主导型经济增长模式步入内需主导型，随后的 2009～2016 年其经济增长模式一直处于内需主导型（图 7-3）。

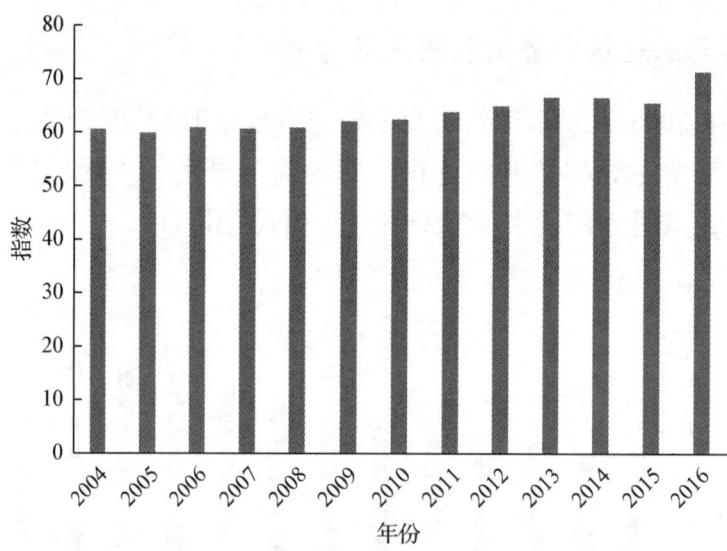

图 7-2 2004~2016 年天津市消费主导型指数

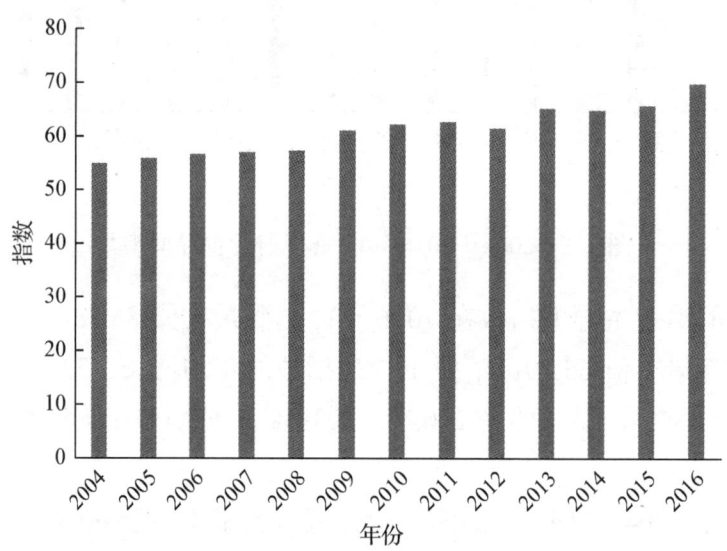

图 7-3 2004~2016 年河北省消费主导型指数

河北省的消费主导型指数在 2004~2016 年整体处于上升状态。消费主导型指数最大的是 2016 年(69.80)，最小的是 2004 年(54.85)。消费主导型指数的年均增长率为 2.03%，其中增幅最大的是 2009 年(6.22%)，增幅最小的是 2012 年(-1.98%)，分别是年均增长的 3.06 倍和 0.98 倍。

7.1.3 京津冀三地经济增长模式对比分析

从 20 世纪 90 年代亚洲金融危机后，中国经济开始进入新一轮的增长周期，京津冀三地的经济也得到迅猛发展。2004~2016 年京津冀地区的消费主导型指数变化趋势是不断上升的，从 2004 年的 60.39 上升至 2016 年的 75.99，处于 60~80 的范围内，是内需主导型的经济增长模式。

截至 2016 年，三地中消费主导型指数增加最多的是北京市(20.99)，最小的是天津市(10.86)，两者相差了 10.13。消费主导型指数的年均增速由大到小依次是北京市(2.33%)、河北省(2.03%)和天津市(1.38%)(图 7-4)。北京市是全国的科技创新中心，创新驱动首都经济结构不断优化，经济发展要优于其余两省市，天津市与河北省经济发展相对缓慢。

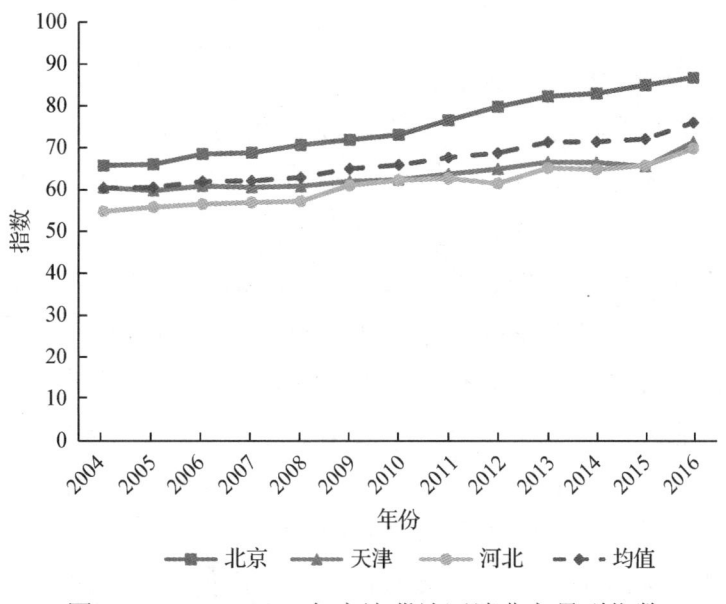

图 7-4　2004~2016 年京津冀地区消费主导型指数

7.1.4 经济发展阶段对产能利用率影响分析

京津冀地区的消费主导型指数与产能利用率的变化趋势基本一致，即在 2004~2016 年整体是处于上升趋势(图 7-5)。

投资主导型是通过要素投入的不断增加来推动经济扩张的经济增长模式。高投资率是投资主导型经济增长模式的重要特征之一，但由于市场的不完全竞争导致企业过多的要素投入，从而出现产能过剩的状况。

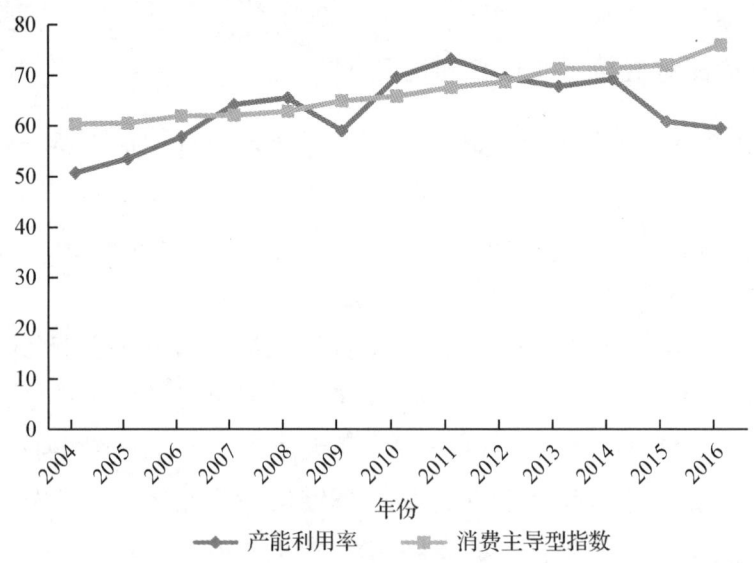

图 7-5 2004~2016 年京津冀消费主导型指数与产能利用率

消费主导型是通过增加消费需求以拉动经济扩张的经济增长模式。该阶段大多处于高额消费和追求生活质量阶段，消费是经济的主要需求动力。消费需求决定最终需求的模式，可以有效避免供需矛盾问题，化解产能过剩的困境。

改革开放以来，京津冀地区经济的发展始终维持在较高水平的投资率，投资成为驱动该地区经济增长的主要拉动力，消费与出口对经济的贡献相对较小。京津冀地区的消费主导型指数从 2004 年的 60.39 上升至 2016 年的 75.99；传统高能耗产业的产能利用率也由 2004 年的 50.73%增加至 2016 年的 59.55%。作为接受各种资本投入的主要集中地之一的京津冀地区，40 多年来以投资为主导的经济增长模式给其带来了经济的空前繁荣昌盛，但与此同时一些负面影响也伴随而来，例如产能过剩、内需消费拉动力不足、投资和出口所占比重大和经济的可持续发展难以维持。产能利用率受资本影响较大，过去投资主导的经济增长模式让资本的力量不断放大，导致产能利用率持续走低。在过去几年产能利用率虽然不断波动，但整体是呈现上升的趋势，这与京津冀地区由投资主导向消费主导的经济增长模式转型过渡基本吻合。

随着中国经济与全球经济的不断对接融合，国内经济受到全球经济变化的影响越来越大，经济增长模式转变速度逐步加快。京津冀地区正逐渐从投资主导型的经济增长模式向消费主导型转变，拉动经济增长的动力也从要素和投资驱动转变为创新和消费驱动。过度依靠要素投入的粗放型经济增长越来越难以适应经济的可持续增长，向集约型经济增长模式的转型已成为必然。

7.2 京津冀地区产能过剩化解机制

在过去几年,投资主导型的经济增长模式下驱动经济增长的主要动力是投资,但资本的盲目涌入,引发了较严重的产能过剩问题。对京津冀地区产能利用率进行分析,结果表明该地区处于产能过剩状态。通过对京津冀地区典型企业进行实地调研,发现企业在化解过剩产能的过程中存在许多问题。结合相关计算、其他学者的研究、实地调研及近年来政府层面对化解过剩产能所采取的一系列措施,本书总结京津冀地区过剩产能化解的机制。总体来说,京津冀地区过剩产能化解的总体思路为:宏观推动、中观市场的扶持和微观企业的进步。

7.2.1 宏观推动

宏观政策是京津冀地区传统高能耗产业过剩产能化解的主要推动力。我国的经济体制决定了国家政策的宏观调控能一定程度地决定我国经济发展的方向和速度,京津冀地区传统高能耗产业产能过剩化解的是传统高能耗产业的发展矛盾,离不开国家政策的推动,只有得到国家政策源动力的推动,京津冀地区过剩产能的化解才能在中观和微观层面得到更好的实施。国家"十三五"规划报告中指出,要综合运用市场机制、经济手段、法治办法和必要的行政手段,加大政策引导力度。国家政策在推动过剩产能化解的同时,更重要的是从国情出发来确定化解过剩产能的方向和力度,能确保在化解过剩产能的同时不伤及国家经济发展命脉。国家政策的推动力之一是政府相关政策性的下达与引导,制定化解产能过剩的步骤与任务。与普通产业升级不同的是,京津冀传统高能耗产业与能源消耗和排放紧密相连,其过剩产能化解与环境息息相关,因此,宏观政策中的环境规制因素极其重要。

7.2.2 中观市场的扶持

中观层面的市场扶持机制能够优化产业结构。宏观政策的引导,进一步落实到了中观层面对市场结构的调整。对于中观层面而言,其独特性是市场这只隐形的"大手"。通过市场信息的快速流动,达到市场资源的高效配置,倒逼"地条钢"等小锅炉企业退出市场,实现市场出清,减少传统高能耗产业比重，优化产业升级。一方面，宏观政策分配各地区去产能任务、相关节能减排的环境规制都使得传统高能耗产业市场中高污染、低效率的小锅炉生产退出市场。中观层面的市场扶持机制就在于针对退出市场的小锅炉企业的扶持，"十三五"规划报告中也指出设立工业企业结构调整专项奖补资金，通过兼并重组、债务重组、破产清算、盘活资产，加快钢铁、煤炭等行业过剩产能退出，分类有序、积极稳妥处置退出企业，妥善做好人员安置等工作。另一方面，市场退出不能伤及国家经济发展的命脉，对于骨干企业的扶持和培育是保证经济发展的关键，中观层面的市场扶持机制在于鼓励大型骨干企业的创新升级，并且充分运用市场扶持，挖掘国内外需求潜力，利用需求拉动产能化解。最终，对于大型骨干企业和小锅炉生产的高污染企业差别化的市场扶持机制能有效地化解过剩产能。

7.2.3 微观企业的进步

微观层面企业自身的进步是过剩产能化解的直接推动力。对于产能过剩的传统高能耗产业来说，创新是推动企业进步、化解过剩产能的第一动力，国家政策对区域和行业的扶持促进了企业的创新。企业创新有两方面的含义：技术创新和管理创新。对于技术创新来说，主要是自主研发与外部引进，促进生产工艺、生产设备的改进，也最终促进产品的升级和创新。技术创新又与该产业的共性创新密不可分，在整个国情与生产条件设备等的限制下，多数企业很难在技术创新方面有突飞猛进的发展；对于管理创新来说，它是企业创新的灵魂，科学化的管理、信息化的建设能实时精准的对资源配置、产品供应链、客户需求、企业订单信息和运营管理等方面做出响应，使企业有充分的时间应对各种情景的变化。技术创新其实也依赖于管理创新，因此管理创新是企业过剩产能化解的最大动力。无论是技术工艺的创新还是管理创新，最终都能推进企业进步，推动产品升级，生产高附加值产品。

该化解模式总体来说是国家宏观政策推动过剩产能化解的方向和进程，并出台相应的法律法规对产能过剩的行业加以限制（图7-6）。对于中观层面的行业来说，它则是国家宏观政策的落实点，而在这些落实点中最重要的是中观扶持工作，包含两个方面的含义，一是对于不符合要求的小锅炉要实现市场出清，在这个环节要加大资金投入，使得在市场退出过程中的兼并重组、人员安置等方面得到保障，扶持该类企业积极稳妥的退出市场，去产能；二是对于整个行业创新的扶持，可以是政策方面的，也可以是资金方面的。创新是过剩产能化解的第一推动力，对产业创新的扶持是新时期过剩产能化解的新思路，也是过剩产能化解治本的方法。微观企业是中观扶持的具体实施对象，在国家宏观政策的推动和中观行业的扶持下，企业自身的进步也极其重要，首先企业生产活动要满足国家各项指标，在此基础上，响应行业创新的扶持，在工艺技术、管理、产品升级方面加大科研力度，同时引进国外先进制备，达到企业自身进步。

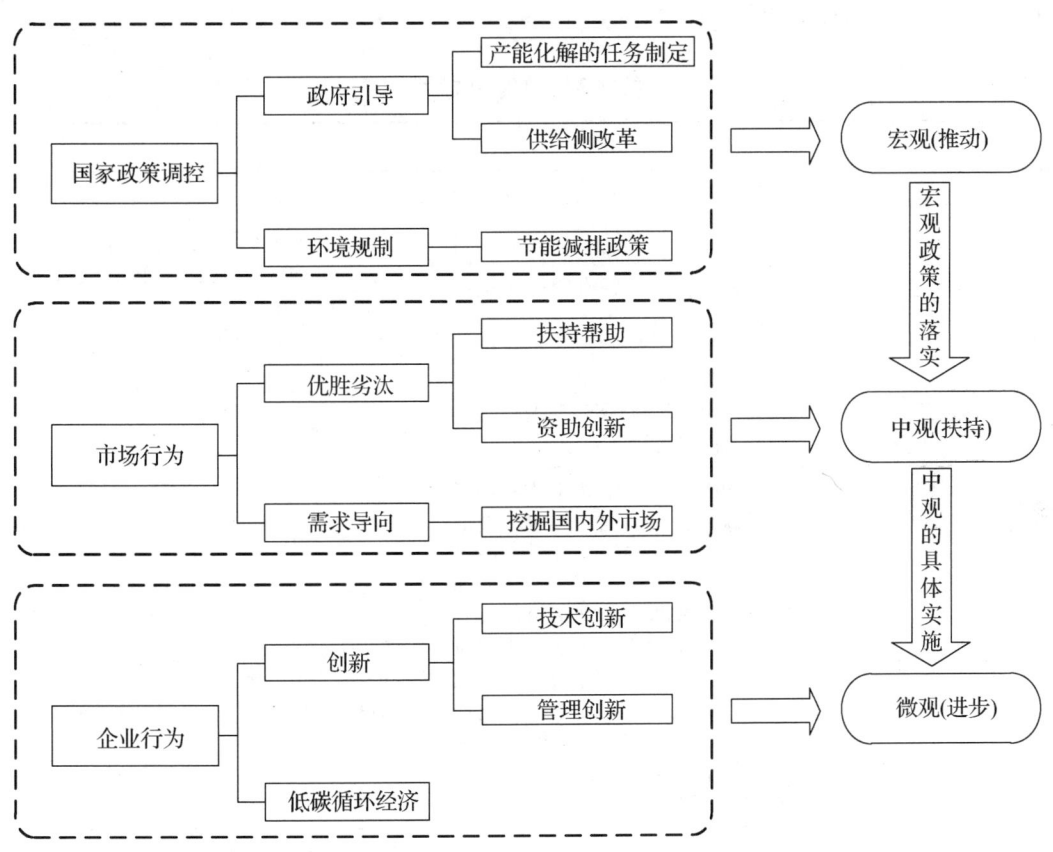

图 7-6　京津冀地区传统高能耗产业过剩产能化解机制

7.3　京津冀地区产能过剩化解模式与方法

京津冀地区过剩产能化解机制提出了总体的思路与方法。结合化解机制的总体思路，本书总结出京津冀地区过剩产能化解的五种模式，针对每种模式，结合微观层面的企业案例来具体分析。

7.3.1 政府引导型

政府宏观政策引导是过剩产能化解的源动力。国家一系列政策能指明产能化解的方向并推动化解进程，主要是扶持和推动中观层面产业产能过剩的化解。要积极稳妥化解过剩产能，综合运用市场机制、经济手段、法治办法和必要的行政手段，加大政策引导力度，实现市场出清。以往政府对我国经济的宏观调控侧重于需求侧，但针对目前的过剩产能，政府引导从实际出发，更多地针对产业的供给侧改革。具体案例见表7-3。

表7-3 政府引导型

模式	方法	原因	案例	结果
政府引导型	结构性去产能	结构性失衡	崇利制钢有限公司在面临产能过剩的危机时，积极进行产能结构优化，解决过剩问题；河北武安鑫山钢铁有限公司根据国家政策和市场需求进行产业结构调整；邯郸市紫山特钢集团建发高强度标准件材料有限公司通过实施标准，调整产品结构，淘汰落后产品	崇利制钢有限公司按照标准对生产工序各关键控制点进行优化改进，拆除1座505立方米高炉和1座35吨转炉；河北武安鑫山钢铁有限公司根据生产状况和需求，依据标准淘汰420立方米高炉1座；邯郸市紫山特钢集团有限公司炼钢由60万吨减少到30万吨，炼铁由60万吨减少到52万吨
	政策性引导	政府软约束、GDP考核体系	从2013年开始，河北省实施了压减钢铁、水泥、煤炭、玻璃产能的"6643"工程，其中最为关键一项就是要用5年时间分别压减钢、铁产能6000万吨；2016年，按照河北省委省政府要求，河北省质监局制定了《钢铁企业通用质量要求》《钢铁企业通用技术要求》两项省地方标准，倒逼钢铁行业提质增效、去产能	截至2017年年底，河北省钢铁冶炼厂点由148个减至87个，企业由123家减至67家，共压减退出炼钢产能7192万吨、炼铁产能6508万吨；至2016年年底，两项地方标准共淘汰钢铁产能382万吨
	政府对市场的管理	市场失灵、"涌潮现象"	河北省对平板玻璃新增产能控制实施了严格的控制手段，对于平板玻璃企业新增产能的申请，无论是单纯扩大产能，还是以技改名义扩产改造，都严格不予审批。中国耀华集团在线LOW-E节能玻璃生产线项目进行产能减量置换	河北正大玻璃有限公司通过逃避监管的方式排放污染物，未采取集中收集处理措施严格控制粉尘排放，执法人员责令企业立即改正违法行为，对其多项环境违法行为立案处罚38万元，并将案件线索及时移送公安机关做进一步处理。天津市在2017年大力推进"三去一降一补"改革，积极稳妥处置"僵尸企业"。耀华玻璃机械制造公司与哈萨克斯坦贝特瑞(IFK)公司合资建设年产350万重量箱浮法玻璃生产线及年产80万平方米玻璃深加工项目

(1) 结构性去产能。

供给侧改革新一阶段的任务就是要深化结构性去产能，这是中观产业层面产业扶持的重要方向——要培育优质产能，充分利用产能置换、指标交易等市场化手段，加快形成一批工艺先进、生产效率高、资源利用效率高、安全保障能力强、环境保护水平高、单位产品能耗低的优质产能，把产能过剩产业的结构调整过来。

(2) 政策性引导。

首先，政策性引导是供给侧改革的重要部分，各级政府出台政策性引导，有效地控制产能过剩产业产能总量的下降。同时要根据地方特点，制定相应的甚至严于国家标准的地方标准，用政策倒逼传统高能耗行业提质增效、去产能。此外，各地可制定严格有效的去产能方案和规划，前瞻性的去产能。政府牵头从质量和技术角度对现有产能进行评估，从而制定具有引领性的产业发展规划。

(3) 政府对市场的管理。

在市场准入方面，对新增产能要实施严格的控制手段，对于产能过剩行业新增产能的申请，无论是单纯扩大产能，还是以技改名义扩产改造，原则上严格不予审批；在经济方面，应对严重产能过剩行业进行淘汰，限制类生产设备(生产线、工艺)用电实行差别电价政策，依靠价格手段推动落后产能的淘汰。建立专项资金资助扶持创新型产业，同时扶持某些低附加值企业退出市场，做好人员安置工作；在市场控制方面，一是严防"地条钢"死灰复燃，二是严禁违法违规新增产能。鼓励支持钢铁、水泥、平板玻璃企业采用新工艺新技术，进行深加工，提高资源附加值，推进产品升级换代，提高产品档次。

7.3.2 环境规制型

传统高能耗产业与传统产业相比能源消耗强度高，因此，国家政策中环境规制在过剩产能化解中举足轻重。在对各地区和行业进行产能化解的任务分配和政策引导时，各级政府也应完善环境保护制度，加强环保的硬约束作用，适当提高环境规制强度，用生产成本的提高倒逼企业加强技术创新和转型升级，积极开拓创造新的市场需求，尽快让企业摆脱产能过剩的困境，促进全行业产能利用率的提升。环境规制型案例见表7-4。

过去由于环境产权的模糊与环境保护制度体系的缺陷，有的地方政府放宽环保标准，容忍本地区企业严重污染环境来换取投资，特别是对高污染、

表 7-4 环境规制型

模式	方法	原因	案例	结果
环境规制型	完善环保法规、加强执法力度	环保软约束、环保制度缺陷	河北省于 2018 年 8 月 23 日发布《河北省打赢蓝天保卫战三年行动方案》，践行生态优先、绿色发展理念，强化督察监管执法，完善应急响应机制，精准治理，依法治理。德龙钢铁公司坚持"绿水青山就是金山银山"的发展理念，践行"尽社会责任，创绿色财富"的理念，积极化解落后产能，不断加大环境治理力度，加快环保设施升级改造，做到企业生产与生态环境的和谐发展	德龙钢铁公司在 2017 年投资 5000 多万对 132 平方米烧结机机头进行脱硫、脱硝、除尘、消白、去除二噁英、去除重金属一体化改造，实现清洁生产。2018 年投资 1.2 多亿元实施烧结机机头、高炉渣水、转炉一次除尘、连铸机二冷市、发电脱硫塔等 5 项消白烟工程。2018 年投资 5.5 多亿元新建一条 230 烧结机，同时配套国际最先进脱硫、脱硝、脱重金属、脱除二噁英、除尘工艺，投产后将实现超低排放。公司成为河北省首家以生产中钢铁企业打造而成的国家 AAA 级旅游景区，首批绿色生态工厂。2018 年底将实现全国首家"无烟工厂"
	科技创新、低碳生产	技术落后、创新能力弱	天津钢管集团股份有限公司不断强化监控机制，对国控重点污染源，全部实施在线监测，实时掌握环保设施运行和污染物的排放状况，应用监测数据指导环境保护设施正常有效运行	近年以来，天津钢管集团股份有限公司投资 4.3 亿元完成了高炉和烧结系统、炼钢系统、燃煤锅炉等除尘改造，污水处理设施提标提质改造、污水深度处理回用改造等环保减排项目，建设了炼钢电炉烟气余热回收、电炉炉壁冷却水余热综合利用、烧结环冷余热综合利用、冲渣水余热综合利用等工程项目。2013 年被列入国家工信部第一批符合《钢铁行业规范条件(2012 年修订)》的企业名单

高能耗和高排放的工业严重缺乏环保监督和污染管制，进而大大降低了其生产成本，使得企业投资过度与重复建设。政府应完善企业进入机制、环境保护标准、能源消耗标准、质量安全体系，加强自身市场监督功能，适当提高传统高能耗产业的相关环境规制标准，完善环境规制对传统高能耗产业产能投资的抑制作用，推进环境规制对传统高能耗产业的门槛作用，阻止小型脏乱差企业盲目进入，为规范传统高能耗产业的进入和退出提供新的手段。

环境规制强度的提升应当具有前瞻性，节能减排政策的制定标准既要控制在企业可承受的范围内，又要可预见的兼顾未来发展的需要。建立环境硬约束化解产能过剩的长效机制，运用排污权交易、产能置换和环境补贴等多种激励型环境规制工具，达到环境规制的"补偿创新效应"。

7.3.3 市场竞争型

在国家政策的去产能引导和环境规制的推动下，通过中观层面市场信息的快速流动,达到市场资源的高效配置,由市场机制导向,引导企业自主选择,通过市场对资源自由配置的方式对市场的要素价格进行有效调整,以促进经济的快速增长。

我国早期的经济体制承接的是苏联时期斯大林计划经济模式,它成功改变了我国经济落后的局面。但随着我国经济的不断发展,它也遇到了一些现实问题,因此我国自1978年起实行社会主义市场经济,开始经济体制的转型。目前我国的经济发展在一定程度上受政府主导影响,市场经济活力不够,资源配置能力亟须提升,由此引起产能过剩问题。而处于经济转型期的京津冀地区的经济发展正是受到宏观调控过多,资源配置失衡,从而引发了产能过剩问题。在政府主导的情况下,化解过剩产能是国有企业改革是重中之重,对于竞争性领域的国有企业,其改革的重点应该是按照市场竞争要求,瘦身健体、提质增效,压缩管理层级,加快去除过剩产能、淘汰落后产能及加快对分散产能的整合、重组,化解僵尸企业的经营困难,淘汰缺乏市场竞争力、自生能力和亏损严重的企业,市场竞争型方法与案例见表7-5。对垄断性行业领域的国有企业,其供给侧结构性改革的重点应该是加快开放可竞争性市场,引入更加具有活力的非国有的市场主体,帮助推动改变现有的这些领域的国有企业存在的低效率、弱竞争力等方面的体制机制上的弊端。

表7-5 市场竞争型

模式	方法	原因	案例	结果
市场竞争型	加强国企改革、重组兼并	国企改革不完全	唐山冀东水泥股份有限公司成为国家重点支持的水泥工业结构调整大型企业之一。赞皇金隅水泥有限公司是金隅股份公司的全资子公司。2015年金隅和冀东恶性竞争,引发市场秩序混乱,土地、资本等市场要素资源未能有效配置,金隅水泥企业不但却未能有所收益,反而亏损了4900万元	2016年金隅水泥和冀东水泥进行了合并重组,市场的混乱无序得以改善,同时一些小型"脏乱差"企业被取缔,公司迅速扭转亏损,在2017年取得1.7亿元的盈利,2018年上半年也取得1亿元以上的收益
	政府合理引导、发挥市场功能	政府过度干预、要素市场扭曲	在当下渐进式市场化改革进程中,中国电建集团河北工程有限公司同其他国有企业一样,面临预算软约束、要素市场扭曲、投融资体制缺陷和片面追求产量的粗放式经营引发产能过剩的一系列问题	中国电建集团河北工程有限公司通过兼并重组、减量提质改变以往结构臃肿的状态,去除"地方利益最大化"的驱动,增加投资风险责任约束,防止投资过度问题产生。承建了福建东山乌礁湾风电工程、辽宁红沿河核电厂4台百万机组常规岛和BOP安装工程、石家庄东南220kV变电站、安哥拉SOYO联合循环电站、白俄罗斯戈梅利燃机改造、加蓬利伯维尔城市电网改造等工程

7.3.4 需求导向型

对于中观层面的市场而言，提升对外出口水平是削减企业过剩产能的主要突破口。因此，充分挖掘国内外市场的需求潜力及需求导向十分必要，尤其是要充分挖掘国外市场的消费潜力(表 7-6)。对于京津冀地区来说，制造业产能过剩问题形成原因复杂，解决措施多样，"走出去"是化解产能过剩的重要途径。"一带一路"的实施，使得区域经济协作趋势加强，更为化解相关产业产能过剩问题提供了重要的机遇。有研究表明我国向"一路"沿线国家的出口额明显要高于向"一带"国家出口额，"一路"沿线国家及"一带"沿线发展中国家应是未来一段时期我国过剩钢铁主要的潜在出口市场。

表 7-6 需求导向型

模式	方法	原因	案例	结果
需求导向型	扩大内需	内需不足、消费下降	津西钢铁在做精做强 H 型钢、钢板桩两大拳头产品的基础上，以绿色钢构建筑为切入点，建立了津西钢结构研发中心，开发新产品，开拓新市场，发展新经济增长点	津西钢铁解决了钢结构建筑防火、防漏、防腐、隔音、抗震等技术难题，向消费者提供绿色钢构建筑产品，为河北推广钢结构应用发挥重要作用
	开拓国外市场	出口受阻	河钢集团有限公司完成对塞尔维亚斯梅代雷沃钢厂的资产收购，该钢厂成为河钢塞尔维亚有限公司，开拓了国际新市场，引领国际产能合作新潮流	2017 年，河钢塞尔维亚有限公司全年产钢 148 万吨，创历史最好水平；2018 年 1 月至 5 月，公司累计销售钢材 67.1 万吨

对于国内市场来说，从京津冀地区经济发展所处阶段可以看出，目前属于内需主导型。京津冀协同发展、雄安新区建设、筹办冬奥会三大战略为河北钢铁工业提供了难得的历史性机遇，极大地拉动了内需。此外，企业发展过程中应重视市场规律，受前几年中高端产品市场(工程机械、家电制造、汽车行业)需求扩张的影响，出现强调发展中高端板材、加速技术升级改造的政策导向。大量钢企一窝蜂地投向中高端板材，结果形成中高端板材产能严重过剩，中低端线材产能相对不足，因此企业要及时预测市场需求导向，从需求方面化解过剩产能。

7.3.5 创新驱动型

创新驱动型的方法、原因、案例见表 7-7。

表 7-7 创新驱动型

方法	原因	案例	结果
产业转型升级及产能置换	科技落后、低附加值	冀中能源集团有限责任公司强力推进企业强基固本、瘦身健体、改革创新、转型升级，致力实现更高质量、更有效率、更可持续的发展。河北新金钢铁有限公司2017年实施了1250热轧带卷板生产线拓宽改造项目；河钢集团石钢公司按照标准要求，实施烧结、炼铁、连铸、轧制到探伤全流程的工艺改造及工装改进；迁安市九江线材有限责任公司通过实施两项标准，通过了质量、环境、职业健康安全、能源管理体系认证	2020年，冀中能源集团有限责任公司总资产和年营业收入将均达到3000亿元以上，并初步形成煤炭和新能源、医药健康、现代服务、装备制造、化工和现代金融六大业务集群。河北新金钢铁有限公司2017年实施了1250热轧带卷板生产线拓宽改造项目，产业链条得到延伸，产品附加值得到提高；河钢集团石钢公司按照标准要求，实施烧结、炼铁、连铸、轧制到探伤全流程的工艺改造及工装改进，高端产品比例达41%；迁安市九江线材有限责任公司生铁合格率达99.92%，连铸坯合格率达99.87%，钢材合格率达99.86%
低碳循环经济	粗放式生产	河北鑫海化工集团有限公司坚持共享发展，紧跟市场需求，把"装置先进化、生产清洁化、产品高端化"摆在集团发展的首位。青县冀丰钢铁有限公司及青县宏昊钢铁有限公司对照标准，2017年采取煤制气改天然气、淘汰煤气发生炉和大量旧设备等措施，提高了产品质量；河北省首钢迁安钢铁有限公司进行钢种成分优化、牌号归并、工艺路线调整、降低质量切损等系列攻关	2014年投资20亿元购置了加氢裂化装置和连续重整装置，产品含硫量较此前降低了几十倍，有效避免了"低配置、再改造"的重复建设的老路。青县冀丰钢铁有限公司的综合质量目标合格率达98%，产品出厂合格率达100%。河北省首钢迁安钢铁有限公司在2017年降低成本4485万元；炼钢BH钢过剩碳命中率由50%提升到99.57%；生铁合格率100%，连铸坯合格率99.87%，钢材合格率99.79%，钢材产品等级品率119%。同时，企业聚焦质量瓶颈，坚持管理和技术优化同步推进，实现了质量零缺陷

(1) 产业转型升级及产能置换。在转型升级及产能置换的过程中应充分发挥企业主体作用，推进"普改优"，通过技术工艺的创新淘汰劣质产品，生产高附加值产品。此外，企业在政府政策的引导下，要积极严格配合国家及地方标准，加大创新资本投入，加强技术创新、工艺流程创新，培养创新型人才，让创新成为企业的发展源动力。

(2) 让管理创新成为企业核心。科学化的管理、信息化的建设能实时准确的对资源配置、产品供应链、客户需求、企业订单信息和运营管理等方面做出响应，使企业有充分的时间应对各种情景的变化。技术的创新其实也依赖于管理的创新，因此管理创新是企业过剩产能化解的最大动力。因此企业除了要积极响应中观扶持下的创新资助，自身也要加大创新投入，使企业从生产原材料的采购到生产过程，再到销售与售后一体的智能化方向发展，这些是管理创新的基础条件。

(3)大力发展低碳循环经济。对于传统高能耗产业来说,发展低碳循环经济十分必要,低碳循环经济能降低对环境的破坏,其实也是微观企业响应宏观环境规制政策的表现。政策对于钢企来说要通过提升二次能源综合利用水平,加大对钢渣、水渣、尘泥等固体废物的综合利用和固体废物综合利用的新产品开发力度;与上下游企业加强合作,拓展应用途径;统筹规划固体废物利用与钢铁主业,形成合理的业务布局,挖掘其经济价值;通过运用物联钢技术对固体废物进行精细化管理。此外,钢铁企业应将实施低碳绿色发展作为长期固守的企业战略,制订碳减排行动规划和年度计划,创造碳减排空间;加大低碳新技术引入应用力度,积极学习吸收碳减排政策规则和经验。加大绿色产品制造力度。钢企要建立产学研用一体化体系,提升能效水平、加工性能和经济效益,达到汽车、装备制造等行业用钢的轻量化要求,生产节能型、环保型、资源节能型产品。

7.4 本章小结

京津冀地区目前仍属于以投资为主的内需主导型经济增长模式,这从根本上决定了产能利用率的高低。对区域消费主导型指数的研究发现,2004～2016年京津冀地区的消费主导型指数表现出不断上升的趋势。消费主导型指数从2004年的60.39上升至2016年的75.99,处于60～80的范围内,是内需主导型的经济增长模式。三地中消费主导型指数均值最大的是北京市(74.83),其次是天津市(65.53),最小的是河北省(61.12)。这表明,改革开放以来,京津冀地区经济的发展始终维持在较高水平的投资率,投资成为驱动该地区经济增长的主要动力,消费与出口对经济的贡献相对较小。京津冀地区传统高能耗产业的产能利用率由2004年的50.73%增加至2016年的59.55%,13年来京津冀地区的产能利用率全部都低于79%,处于产能过剩的状态,与京津冀地区内需主导型的经济增长模式基本吻合。

对京津冀地区产能利用率分析,结果表明该地区处于产能过剩状态。通过对京津冀地区典型企业进行实地调研,发现企业在化解过剩产能的过程中存在一些问题。结合相关计算、其他学者的研究、实地调研及近年来政府层面对化解过剩产能所采取的一系列措施,本书总结京津冀地区过剩产能化解的机制。总体来说，京津冀地区过剩产能化解的总体思路为：宏观推动、中观市场的扶持和微观企业的进步。结合化解机制的总体思路，总结出京津冀地区过剩产能化解的五种模式——政府引导型模式、环境规制型模式、市场竞争型模式、需求导向型模式、创新驱动型模式。针对每种模式，结合微观层面的企业案例进行了具体分析。

第8章　京津冀地区传统高能耗产业升级指数研究

京津冀地区传统高能耗产业升级状况如何？本书根据建设现代化经济体系的新要求，通过深度剖析传统高能耗产业升级的内涵，形成传统高能耗产业升级的结构-能力-效率框架，从产业结构优化、产业结构转换能力、产业绿色增长三个层次构建传统高能耗产业升级指数。

8.1　传统高能耗产业升级指数的分析框架

8.1.1　传统高能耗产业升级的定义与内涵

传统高能耗产业升级是指以传统制造加工业为主的高能耗、高排放的产业由低层次向高层次转换的过程，由低附加值、低技术水平向高附加值、高技术水平演变的过程，最终达到产品升级和生产效率提高，产业生产要素从劳动密集型向资本密集型和技术密集型演变，劳动密集型产业比重降低，而资本和技术密集型产业比重逐渐升高的过程。

传统高能耗产业升级的内涵有三个方面。

(1)传统高能耗产业升级不应理解为在保持现有产能规模前提下的改进型升级，而是降低传统高能耗产业比重、淘汰落后产能，在此基础上推进的转型升级。

(2)传统高能耗产业升级中，可持续发展能力是关键。传统高能耗产业升级不仅需要产业结构优化，而且需要提高产业结构转换能力，提高产业素质。

(3)传统高能耗产业升级指向绿色发展，指向低碳、节能、环保、清洁的绿色产业。能否实现绿色发展是检验传统高能耗产业升级的重要标准。

因此，本书提出传统高能耗产业升级的结构-能力-效率分析框架，从产业结构优化、产业结构转换能力、产业绿色增长三个层次构建传统高能耗产业升级指数。

8.1.2　传统高能耗产业升级的三个维度

(1)产业结构优化指数。

根据产业结构优化内涵的界定及其表现，从合理化、高级化维度构建产业结构优化评价指标体系。

产业结构的合理化指产业结构与区域经济发展相适应，包括产业供给能力与产业需求的调整，产业与产业之间的协调能力的加强和关联水平的提高，进而在产业供求的要素变动与供求结构之间实现动态平衡。

产业结构的高级化指产业结构从低度水准向高度水准的发展过程，通常具体反映在三次产业产值比例变化和主导产业的变迁上。

(2)产业结构转换能力指数。

产业结构的优化升级是一个动态的过程，其实质是资源在产业之间的合理配置、促进效率的提升及反映较强的产业转换能力。化解过剩产能、形成产业发展新动力，提高企业产业结构转换能力是关键。本书从供给因素、结构因素和可持续化能力(管理水平)构建产业结构转换能力指数，评价中国各区域产业结构转换的基础和潜力。

(3)产业绿色增长指数。

产业绿色增长，既提升了资源利用效率，又实现了工业绿色增长，是产业结构升级的目标。本书通过计算产业绿色增长指数，明确化解供给侧的过剩产能、消除需求侧的供需错配是实现产业绿色增长的必由之路。

8.1.3 传统高能耗产业升级指数的原则与总体框架

为了全面、客观和科学地对传统高能耗产业升级水平进行综合分析，在筛选和设定具体指标时遵循以下原则。

(1)科学性与实用性原则。传统高能耗产业升级指标体系应当科学、准确地体现传统高能耗产业升级水平的实质与内涵，同时依据数据可获得的难易程度选取相应的指标。

(2)综合性与层次性原则。传统高能耗产业升级水平评价需要考虑多方面因素，要求所建立的指标体系能够较为全面地反映产业升级各个系统的现状，同时，每个系统中包括多个子系统，因此不同层次上选取的指标亦不相同。

(3)针对性与可比性原则。影响传统高能耗产业升级的指标众多，建立的指标体系应能够基本反映产业升级水平的主要方面和特点，使指标具有针对性，同时，筛选出的指标要有可比性，在反映传统高能耗产业升级主要特征的同时具有普遍性和代表性。

(4)动态性与稳定性原则。由于传统高能耗产业升级水平是非静止的,因而产业升级指标体系的选取也应具备动态性用以反映产业升级水平的动态变化。指标的内容在一定时期内应保持相对稳定,以分析和研究传统高能耗产业的发展趋势。

遵行上述指标选择原则,本书构建如下指标体系(表8-1)。

表8-1 传统高能耗产业升级指数框架

层次	维度	指标
产业结构优化指数	要素配置	产业结构偏离度
	结构升级	六大高能耗产业销售产值占比
		新兴产业销售产值占比
		高级化指数
产业结构转换能力指数	供给因素(能力基础)	人力资本
		全员劳动生产率
		人均财政科技支出
		每10万人专利授数量
		人均居民储蓄年末余额
		GDP增长率
		工业资金利税率
	结构因素	传统行业固定资产投资占比
		新兴行业固定资产投资占比
		进出口总额占GDP比重
		FDI占GDP比重
	可持续化能力(管理水平)	环境治理投资额占GDP比重
		万元GDP能耗
		一般工业固体废弃物综合利用率
产业绿色增长指数	投入指标	劳动投入
		资本存量
		能源消费
	合意产出	GDP
	非合意产出	工业废水排放量
		SO_2排放量
		固体废弃物排放量
		CO_2排放量

注:表中的指标体系会在随后的章节中作具体说明。

8.2 京津冀地区传统高能耗产业结构优化指数

8.2.1 传统高能耗产业结构优化指标体系

产业结构与经济发展互为因果,推动经济增长的动力集合既塑造了当前的产业结构,也将助推产业结构演变。产业结构转变和优化升级是后发国家加快经济发展的本质要求,是实现经济起飞和跨越式发展的必经之路。

产业结构调整是指生产要素在经济各部门和不同产业之间的重新配置,以及经济各部门和不同产业产值的比重变化。周振华(1990)系统论述产业结构理论,将产业结构优化定义为产业结构合理化和产业结构高度化两个方面,并被学者广泛应用。

产业结构优化是合理化和高度化的有机统一。产业结构合理化是产业之间协调能力加强和关联水平提高的过程,其主要衡量依据是产业之间发展是否协调、产业之间能否实现资源配置有效,具体指产业之间的比例均衡和关联协调程度。产业结构高度化是产业从劳动密集型、资本密集型、知识技术密集型顺次转换,由以生产初级产品为主向生产中间产品、最终产品占优转换的过程,即产业结构高度化是产业结构从较低水平向高级水平演进的过程,表现为生产率水平的持续增进和绿色化。产业结构合理化是产业结构高度化的基础,产业结构的高度化水平则体现了产业结构合理化向更高层次的转化程度。

韩永辉等(2017)认为产业结构调整是指生产要素在经济各部门和不同产业之间的重新配置,以及经济部门和不同产业产值的比重变化。本书中,产业结构优化升级指数分为产业结构合理化指数和产业结构高度化指数。科学测度产业结构合理值和高度值,辨识产业结构优化程度,有助于寻求产业结构合理化和高度化并驾齐驱的冯·诺依曼路径,实现经济总量和结构优化协调发展。

1) 产业结构合理化

产业结构合理化的评价以资源配置为主流,认为应关注要素资源在产业间的配置、协调和利用效率。学术界一般采用产业结构偏离度(SR1),即以要素投入结构和产出结构的耦合程度度量产业结构合理化水平,即

$$SR1 = \sum_{i=1}^{n}\left|\frac{Y_i/L_i}{Y/L}-1\right| = \sum_{i=1}^{n}\left|\frac{Y_i/Y}{L_i/L}-1\right| \qquad (8\text{-}1)$$

式中，Y代表产出；L代表劳动投入；i代表第i产业部门；n代表产业总数。当产业结构趋向合理时，不同产业部门的劳动生产率Y_i/L_i应趋同。由此，SR1值越小，代表产业结构越合理；反之，SR1值越大，产业结构越不合理。

式(8-1)忽略了经济体中不同产业部门的重要程度，本书采用改进的SR1指数(采用泰尔指数法测算，记为SR2)代表产业结构合理化水平，即

$$SR2 = \sum_{i=1}^{n}\left(\frac{Y_i}{Y}\right)\left|\frac{Y_i/L_i}{Y/L}-1\right| \qquad (8\text{-}2)$$

与SR1相比，SR2既保留了产业结构偏离度的优点，又通过产值加权体现了各产业的重要程度。为表述方便，本书定义产业结构合理化指标为SR=1/SR2；SR值越小，说明结构越偏离均衡状态，产业结构越不合理；SR值越大，产业结构越合理。

根据所列指标的特性，加上数据的可获得性，本书的产业结构合理化指标选取了全国30个省市2005~2016年三大产业的工业增加值作为产出Y_i，三大产业的就业人数作为劳动投入L_i，基于式(8-2)计算得出各省市的SR值。

2) 产业结构高度化

产业结构高度化的理论内涵突出表现为产业比例关系的改变和劳动生产率的提高。一是产业结构从劳动密集型到资本密集型，再到知识技术密集型的顺次转换，或由低附加值产业向高附加值产业转变，或由初级产品产业占优势向制造中间产品、最终产品产业占优势的转换；二是传统产业生产技术的持续升级创新或产品技术含量的提高。它是这样的一个过程，原有要素和资源从劳动生产率较低的产业部门向劳动生产率较高的产业部门转移，新增的要素和资源也被配置到劳动生产率较高的产业部门，导致劳动生产率较高的产业部门的份额不断上升，使得不同产业部门的劳动生产率共同提高(刘伟等，2008)。

基于上述内涵，本书采用三个指标测度产业结构的高度化。首先，从产业结构内部变化的视角考察产业结构高度化程度，即采用传统高能耗产业占

比、新兴产业占比①来度量，基于此从传统高能耗产业占比是否下降、高附加值/低能耗产业占比是否上升判断产业结构升级的进程。其中，传统高能耗产业是指六大传统高能耗产业，即化学原料及化学制品制造业、非金属矿物制品业、黑色金属冶炼及压延加工业、有色金属冶炼及压延加工业、石油加工炼焦及核燃料加工业、电力热力的生产和供应业；新兴产业是指节能环保、新一代信息技术、生物、高端装备制造、新能源、新材料和新能源汽车七个产业。

本书基于产业结构高度化内涵中包含的比例关系和劳动生产率，借鉴韩永辉等（2017）的方法，构造了产业结构高度化指数，定义为

$$\begin{aligned} \mathrm{SH} &= \sum_{i=1}^{n}(Y_{it}/Y_t)\mathrm{LP}_{it}^N \\ \mathrm{LP}_{it}^N &= \frac{\mathrm{LP}_{it}-\mathrm{LP}_{ib}}{\mathrm{LP}_{if}-\mathrm{LP}_{ib}} \end{aligned} \quad (8\text{-}3)$$

式中，Y_{it} 代表 i 产业在 t 时的总产出；LP_{it}^N 代表标准化后 i 产业在 t 时的劳动生产率；LP_{it} 代表 i 产业在 t 时的劳动生产率；LP_{ib} 代表 i 产业在工业化开始时的劳动生产率；LP_{if} 代表 i 产业在工业化完成时的劳动生产率，LP_{ib} 和 LP_{if} 的选择标准参考刘伟等的研究；n 为产业部门总数。劳动生产率高的产业产值占总产出的比重越高，说明产业结构高度化水平越高，SH 的值越大。

综上所述，产业结构优化指数体系如表 8-2 所示。

表 8-2　传统高能耗产业结构优化指数体系

	要素配置	产业结构合理化	合理化指数（结构偏离度）
产业结构优化指数	结构升级	产业结构高度化	六大传统高能耗产业销售产值占比
			新兴产业销售产值占比
			高级化指数

8.2.2　传统高能耗产业结构优化指数的构建方法

采用熵权综合指数法来构造产业结构优化指数，该方法包括熵权法和综合指数法两部分。熵权法的基本原理是根据各指标数据集合所提供的某种信息量的大小，客观地为指标体系中各个指标赋权的方法。它能够有效克服指

---

① 由于缺乏分地区、分行业的工业增加值数据，本书采用相应行业的销售产值占工业总销售产值的比例来度量。

标权重赋权中的主观性问题。综合指数法是将指标体系中不同性质与计量单位的指标统一转化为同度量的个体指数的数据处理方法,它能够通过降维处理将指标统一转化为一个无量纲的综合指数。综合指数法中采用熵权法对各指标的权重赋权,将使得测算结果更加客观合理。其理论建模如下。

(1) 建立决策矩阵。

假设参与评价对象集合为 $M=(M_1,M_2,\cdots,M_m)$,指标集合为 $D=(D_1,D_2,\cdots,D_n)$ 评价对象 M_i 中指标 D_j 的样本值为 x_{ij},其中 $i=1,2,\cdots,m$;$j=1,2,\cdots,n$。则初始决策矩阵可以表示为

$$I = \begin{bmatrix} x_{11} & x_{12} & \cdots & x_{1n} \\ x_{21} & x_{22} & \cdots & x_{2n} \\ \vdots & \vdots & & \vdots \\ x_{m1} & x_{m2} & \cdots & x_{mn} \end{bmatrix} \tag{8-4}$$

(2) 决策矩阵标准化。

由于初始决策矩阵中各评价指标对总体指标体系影响的指向存在差异,因此,需要对初始决策矩阵中的数据进行标准化处理。一般而言,将与总体指标体系指向相同的指标(越大越好)定义为效益型指标,并遵照式(8-5)将其进行标准化处理;将与总体指标体系指向相反的指标(越小越好)定义为成本型指标,并遵照式(8-6)将其进行标准化处理:

$$x'_{ij} = \frac{x_{ij} - \min(x_j)}{\max(x_j) - \min(x_j)} \tag{8-5}$$

$$x'_{ij} = \frac{\max(x_j) - x_{ij}}{\max(x_j) - \min(x_j)} \tag{8-6}$$

指标标准化处理后,就可将式(8-4)转化为标准化矩阵,记为

$$\boldsymbol{x}' = (x'_{ij})_{m \times n} \tag{8-7}$$

(3) 计算特征比重和信息熵值。

第 j 个指标下的第 i 个评价对象的特征比重通过式(8-8)计算得到:

$$p_{ij} = \frac{x'_{ij}}{\sum_{i=1}^{m} x'_{ij}}, (0 \leqslant p_{ij} \leqslant 1) \tag{8-8}$$

同时，进一步通过斯梯林公式得到第 j 个指标的信息熵值，即

$$e_j = \frac{1}{\ln(m)} \sum_{i=1}^{m} p_{ij} \ln(p_{ij}) \left[\text{当} p_{ij} = 0 \text{或者} 1 \text{时定义} p_{ij} \ln(p_{ij}) = 0 \right] \tag{8-9}$$

一般而言，信息熵值越小，意味着 x'_{ij} 值之间的差异越大，能够提供给被评价对象的信息也就越多。

(4) 定义差异系数与确定熵权。

得到熵值后，将差异系数定义为 $d_j = 1 - e_j$。因此，d_j 越大，其在指标体系中的重要性也就越高，熵权也就越大。用 w 表示熵权，则第 j 项指标的权重可以通过式 (8-10) 得到：

$$w_j = \frac{d_j}{\sum_{k=1}^{n} d_k}, (j = 1, 2, \cdots, n) \tag{8-10}$$

(5) 计算综合指数。

利用指标权重 w_i 和各指标的标准化数据 x'_{ij}，得到各对象指标的标准化数据加权值 g_{ij}，即

$$g_{ij} = w_j \times x'_{ij}, (1 \leqslant i \leqslant m, 1 \leqslant j \leqslant n) \tag{8-11}$$

再将各层级、各对象所对应的相应指标 g_{ij} 通过式 (8-11) 逐层加总，即可得到评价指标体系的综合指数 G_{ij}：

$$G_{ij} = \sum_{j=n}^{n} g_{ij} \tag{8-12}$$

8.2.3 传统高能耗产业结构优化指数的测算结果及分析

基于上述分析，本书利用《中国统计年鉴》的数据测算了中国各省域产业结构优化指数各指标的具体结果。为测算产业结构优化指数，采用 8.2.2 节方法计算上述各指标在产业结构优化指数中的权重，如图 8-1 所示。

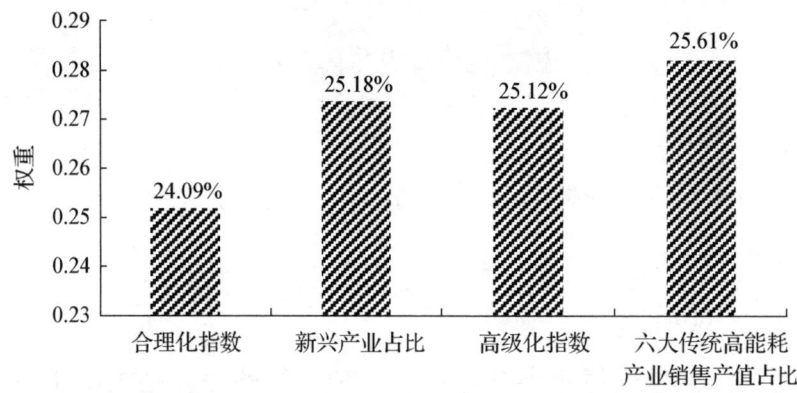

图 8-1 产业结构优化指数各组成指标权重

从图 8-1 中可知,在产业结构优化指数中,产业结构高度化三个指标在产业结构优化指数中所占权重分别为 25.18%、25.12%、25.61%,产业结构合理化指标占比 24.09%。可见,在产业结构优化升级中,产业结构高度化显得更为重要,因此为了促进产业结构优化升级,更要加快促进产业结构实现从较低水平向高级水平演进,同时也要保证产业结构趋于合理,使得产业之间协调,资源配置有效,产业之间比例均衡且关联协调,从而使产业结构优化发展。

表 8-3 给出了各地区构成产业结构优化指数子指标的描述性统计结果。其中合理化指数的均值为 2.957,六大传统高能耗产业销售产值占比均值为 0.411,新兴产业销售产值占比均值为 0.236,高级化指数均值为 0.935。

表 8-3 各地区构成产业结构优化指数子指标的描述性统计

指标名称	样本量	平均值	方差	最小值	最大值
合理化指数 SR	360	2.957	4.286	0.409	30.048
六大传统高能耗产业销售产值占比	360	0.411	0.132	0.202	0.803
新兴产业销售产值占比	360	0.236	0.145	0.024	0.600
高级化指数 SH	360	0.935	0.652	0.142	3.725

表 8-4 数据来源于《中国统计年鉴》,测算得到的 30 个省市的产业结构优化指数。

表 8-4 中国传统高能耗产业结构优化指数测算结果（2005～2016 年）

地区	2005年	2006年	2007年	2008年	2009年	2010年	2011年	2012年	2013年	2014年	2015年	2016年
北京	0.634	0.678	0.696	0.683	0.709	0.701	0.739	0.724	0.755	0.784	0.822	0.827
天津	0.513	0.523	0.505	0.489	0.502	0.501	0.501	0.535	0.566	0.571	0.590	0.593
河北	0.158	0.174	0.179	0.181	0.207	0.229	0.235	0.241	0.261	0.283	0.310	0.310
山西	0.138	0.147	0.144	0.168	0.195	0.212	0.226	0.247	0.250	0.262	0.286	0.300
内蒙古	0.210	0.213	0.226	0.240	0.269	0.289	0.292	0.296	0.283	0.290	0.318	0.329
辽宁	0.259	0.286	0.321	0.338	0.366	0.377	0.382	0.377	0.388	0.401	0.424	0.442
吉林	0.403	0.401	0.431	0.417	0.458	0.478	0.467	0.478	0.480	0.488	0.487	0.511
黑龙江	0.321	0.300	0.302	0.322	0.318	0.317	0.310	0.318	0.328	0.344	0.371	0.349
上海	0.608	0.623	0.699	0.777	0.826	0.898	0.913	0.847	0.819	0.916	0.856	0.872
江苏	0.417	0.428	0.443	0.466	0.492	0.517	0.533	0.542	0.557	0.583	0.612	0.624
浙江	0.419	0.437	0.451	0.453	0.464	0.480	0.475	0.480	0.483	0.497	0.528	0.521
安徽	0.294	0.298	0.308	0.294	0.326	0.338	0.350	0.361	0.365	0.384	0.414	0.409
福建	0.401	0.405	0.406	0.412	0.412	0.419	0.412	0.409	0.419	0.410	0.421	0.420
江西	0.217	0.191	0.190	0.202	0.232	0.225	0.231	0.257	0.272	0.291	0.315	0.306
山东	0.330	0.338	0.347	0.353	0.373	0.381	0.377	0.381	0.390	0.408	0.427	0.425
河南	0.233	0.234	0.227	0.247	0.266	0.274	0.286	0.296	0.316	0.338	0.357	0.357
湖北	0.302	0.319	0.326	0.327	0.339	0.355	0.353	0.357	0.381	0.401	0.423	0.417
湖南	0.315	0.229	0.236	0.266	0.304	0.317	0.329	0.343	0.355	0.374	0.398	0.399
广东	0.526	0.542	0.546	0.549	0.557	0.561	0.567	0.579	0.586	0.603	0.632	0.621
广西	0.242	0.242	0.239	0.248	0.287	0.291	0.283	0.289	0.305	0.321	0.344	0.341
海南	0.400	0.286	0.198	0.162	0.164	0.193	0.185	0.200	0.229	0.168	0.177	0.139
重庆	0.448	0.459	0.470	0.467	0.497	0.498	0.510	0.538	0.559	0.596	0.617	0.613
四川	0.284	0.293	0.305	0.325	0.335	0.336	0.345	0.363	0.384	0.407	0.415	0.423
贵州	0.130	0.122	0.127	0.146	0.166	0.178	0.193	0.201	0.213	0.233	0.276	0.266
云南	0.140	0.121	0.122	0.125	0.146	0.135	0.134	0.148	0.157	0.163	0.192	0.175
陕西	0.320	0.298	0.312	0.316	0.336	0.332	0.320	0.352	0.368	0.382	0.394	0.390
甘肃	0.033	0.030	0.030	0.048	0.070	0.086	0.077	0.105	0.123	0.129	0.144	0.153
青海	0.121	0.105	0.103	0.104	0.094	0.095	0.082	0.092	0.105	0.107	0.121	0.101
宁夏	0.120	0.100	0.101	0.121	0.135	0.141	0.133	0.121	0.122	0.145	0.160	0.151
新疆	0.188	0.201	0.206	0.202	0.188	0.188	0.175	0.174	0.179	0.183	0.207	0.183

考虑到各地区的经济发展不同，不同区域的各指标也存在差异。因此，本书根据地理位置将我国划分为七大区域：东北（黑龙江、吉林、辽宁）、华东（上海、江苏、浙江、安徽、福建、江西、山东）、华北（北京、天津、山西、

河北、内蒙古)、华中(河南、湖北、湖南)、华南(广东、广西、海南省)、西南(四川、贵州、云南、重庆)、西北(陕西、甘肃、青海、宁夏、新疆),并对比分析七大区域在产业结构合理化、传统高能耗产业销售产值占比、高级化指数、产业结构优化指数上的差异(图8-2~图8-7)。

图 8-2 描述的是七大区域的传统高能耗产业结构合理化指标绝对值在2005~2016年的走势。从图中可以看出,2008~2012年,华东地区的结构合理化指标居于七大区域之首,其余年份,华北地区为七大区域结构合理化指标的首位,华东、华北地区的结构合理化指标在样本研究范围内一直在交替中波动上升,说明华东和华北的结构合理化程度较高。而东北、华南、华中、西南、西北五大地理区域的合理化指数一直处于一个较低的水平,虽然整体上有所上升,但上升幅度较小,产业结构合理化程度较低。

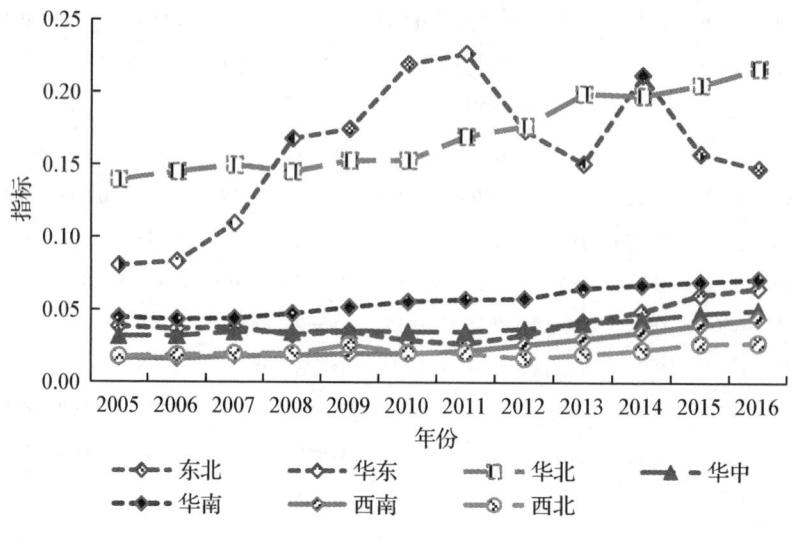

图 8-2 结构合理化指标区域绝对值的比较

> **专栏 8-1**
>
> **上海市传统高能耗产业结构优化措施**
>
> 上海市坚持锁定区块、锁定项目、锁定时间、锁定责任主体,将产业结构调整从最初以被动调整传统高能耗项目促进节能减排,扩大到主动调整"三高一低"企业服务于经济转型发展,再逐步转向以战略性调整推进重点区域整体脱胎换骨。
>
> (1)调整举措与时俱进。顶层设计,严格标准。上海率先按照负面

清单管理思路，制定了《上海产业结构调整负面清单及能效指南(2014版)》，出台了近80个高于国家标准的地方能耗标准，严控重点行业项目准入，以强制性、约束性标准，配合市场化手段，倒逼资源消耗型企业调整转型。制定出台《上海市促进产业结构调整差别电价实施管理办法》，明确操作流程，对于限制类、淘汰类范围内的装备、产品、工艺实施差别化电价。2014~2017年完成95家企业实施差别电价。聚焦重点区域调整淘汰与转型发展，编制《上海产业结构调整重点区域专项"1350行动计划"》，确定了全市"十三五"重点区域专项调整路线图及年度实施计划。

(2) 聚焦重点，突出体量。上海重点聚焦钢铁、石化、建材、有色金属、轻工、纺织、医药及铸造、锻造、电镀、热处理四大工艺共8个重点行业，逐步加大调整淘汰和改造高能耗、高耗水企业，先后关停了上海九天钢铁有限公司、华谊集团上海氯碱化工股份有限公司F1及F2两套烧碱装置、上海电气集团重型机器厂铸件分厂等年能耗超过5000吨标准煤的84家企业，约占上海市年能耗超5000吨标准煤企业数的15.9%。2011~2015年，八个重点行业调整项目数量占全部调整项目数量的70%以上。

(3) 重点区域科技创新要素集聚。上海推动张江高科技园区、嘉定区南翔高科技园区、奉贤区南桥新城等12个成片区域专项转型调整，腾出土地超过1万亩，引入中国商飞设计研发中心主体项目为代表的战略性新兴产业。推进17个专项，侧重产业能级提升、转型发展、减量复垦，加速腾出发展空间。

(4) 调整成效多维显优，产业布局结构不断优化。焦炭、铁合金、平板玻璃、皮革鞣制全行业退出，铅蓄电池、砖瓦完成行业整合，外环线内传统纺织印染、危险化学品生产企业完成调整，钢铁行业除宝山钢铁股份有限公司外完成行业整合。在上海，水泥行业已无炉窑生产熟料。

图8-3描述的是七大区域的传统高能耗产业结构合理化指标相对值在2005~2016年的走势。从图中可以看出，七大区域的结构合理化指标均存在一定幅度的累积增长。其中，华东地区的结构合理化指标波动趋势最大，西南地区的结构合理化指标自2012年起呈现直线式上升趋势；东北地区的结构

合理化指标在 2012 年之前呈现下降趋势，2012 年之后则有所上升。

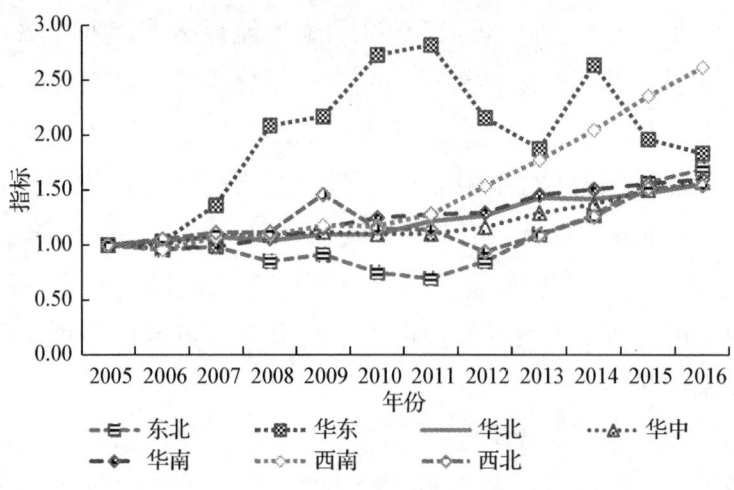

图 8-3　结构合理化指标相对值的比较

根据前文分析，六大传统高能耗产业销售产值占比为成本型指标。如果传统高能耗产业销售产值占比越大则表明行业占比越大，其所代表的产业结构高度化程度越低。图 8-4 描述的是七大区域六大传统高能耗产业 2005～2016 年销售产值占比绝对值的走势。从图中可以看出，在 2005～2016 年，西北地区的六大传统高能耗产业销售产值占比最高，华东地区占比最低，其他地区一直也在波动中有所下降，产业结构高度化是产业结构从较低水平向高级水平演进的过程，表现为生产率水平的持续增进和绿色化。从上述比较中可以发现西北地区的产业结构演化水平最低，华东地区的产业结构演化水平最高。

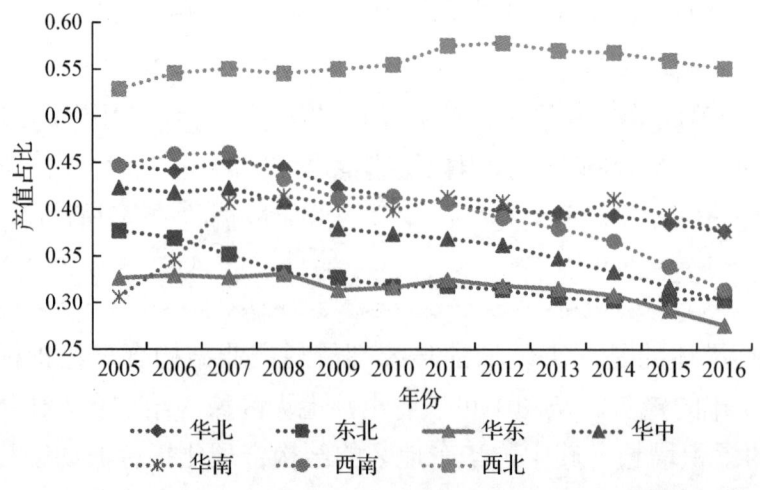

图 8-4　六大传统高能耗产业销售产值占比绝对值的比较

图 8-5 描述的是七大区域的传统高能耗产业结构高级化指标绝对值在 2005~2016 年的走势,从图中可以看出,在 2005~2016 年,七大区域的高级化指标均呈现增长态势,其中华北地区的高级化指标最高,华中地区的高级化指标最低,说明华北地区劳动生产率高的产业产值占总产出的比重较高,产业结构高度化程度较高,华中地区劳动生产率高的产业产值占总产出的比重较低,产业结构高度化程度较低。

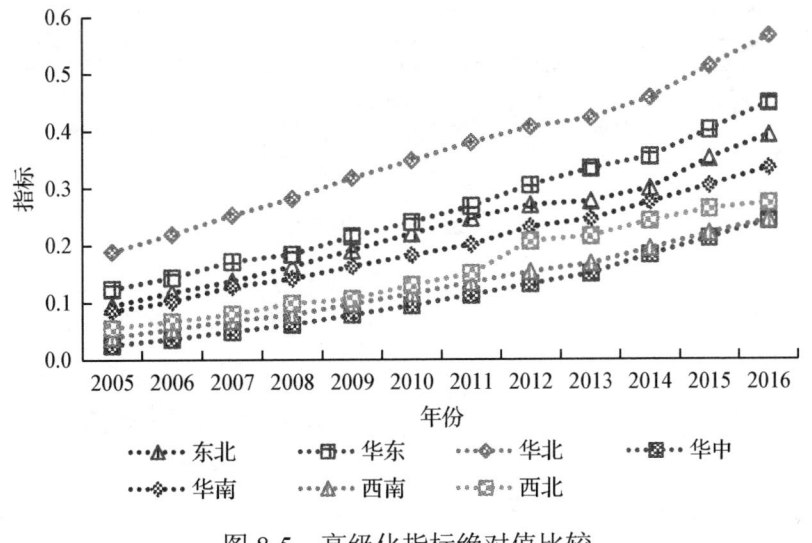

图 8-5 高级化指标绝对值比较

图 8-6 描述的是七大区域的传统高能耗产业结构高级化指标相对值在 2005~2016 年的走势,从图中可以看出,七大区域的高级化指标均呈现一定程度的增长,其中华中地区高级化指标增长地较快,华北地区高级化指标增长地较慢,结合高级化指标绝对值可以看出,华北地区的高级化初始程度较好,劳动生产率高的产业产值占总产出的比重初始值较高,华中地区高级化程度初始值不高,但其在后期做出较大改变,劳动生产率高的产业产值占总产出的比重年年攀升,有所改进。

图 8-7 描述的是七大区域产业结构优化指标绝对值在 2005~2016 年的走势,从图中可以看出,在 2005~2016 年,西北地区的产业结构优化指标最低,华东地区的产业结构优化指标最高,依次是华东地区、华北地区、东北地区、华中地区、西南地区、华南地区、西北地区。说明在样本期间内,华东地区产业结构优化最好,这与其地区经济发展较好、产业集聚有较大关联。西北地区的产业结构优化有较大上升空间。

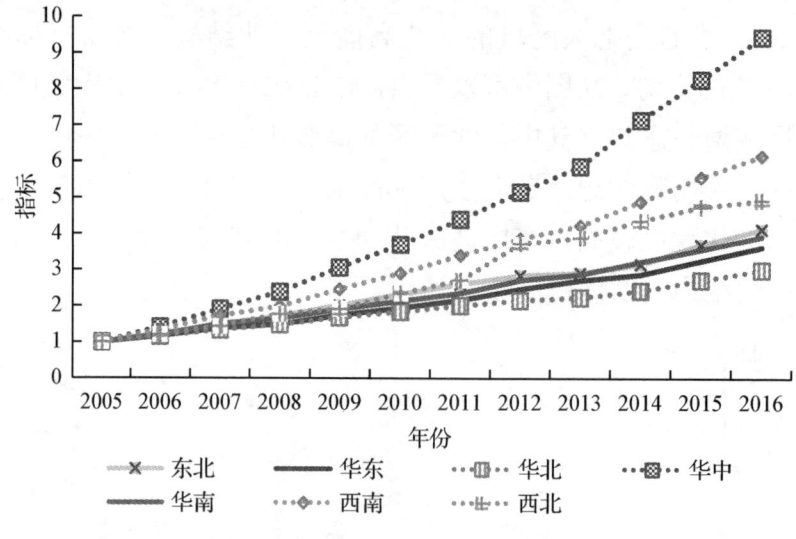

图 8-6　高级化指标相对值比较

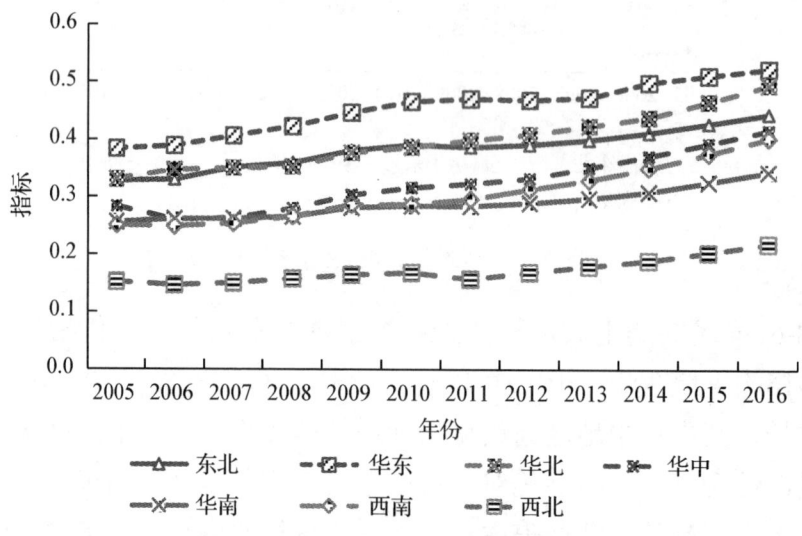

图 8-7　产业结构优化指标绝对值比较

图 8-8 描述的是七大区域产业结构优化指标相对值在 2005~2016 年的走势，从图中可以看出，在 2005~2012 年，西北地区的产业结构优化变化幅度最大，华南地区的产业结构优化变化幅度最小，其他区域在这 12 年的变化幅度排名依次是华北地区、西南地区、华中地区、华东地区、东北地区。六大区域皆呈现波动式增长，则该六大区域的产业结构优化能力在 12 年间均有所上升。

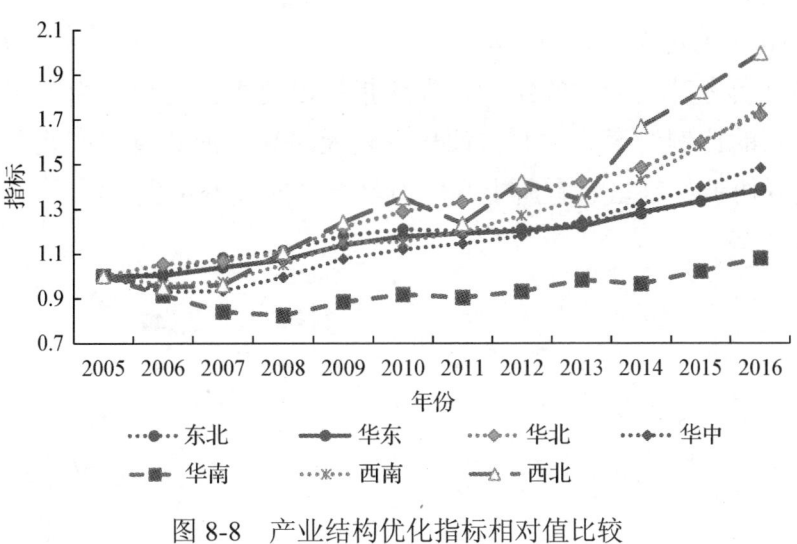

图 8-8 产业结构优化指标相对值比较

8.2.4 京津冀地区传统高能耗产业结构优化指数

针对上述七大区域的产业结构优化能力的比较，可以发现华北地区的产业结构优化能力居于前列，且 12 年来其产业结构优化能力上升速度也甚是优异，均居于七大区域产业结构优化能力比较中的第二位。因此，现以华北地区的京津冀地区为研究对象，针对京津冀地区的产业结构优化能力，研究影响其产业结构优化能力的主要因素，现做出如下比较。

表 8-5 为北京、天津、河北三地的产业结构优化指数描述性统计值。表 8-5 显示，北京的产业结构优化指数的平均值高于天津和河北。参考图 8-1、表 8-3 可知，在产业结构优化指标构建体系中，六大传统高能耗产业销售产值占比权重最大，合理化指标均值最大，因此，为分析京津冀在产业结构优化上的差异，找出影响其差异的原因，绘制京津冀地区在传统高能耗产业结构合理化指标、六大传统高能耗产业销售产值占比的图表（图 8-9～图 8-11）。

表 8-5 京津冀传统高能耗产业结构优化指标描述性统计（2005～2016 年）

地区	样本量	平均值	方差	最小值	最大值
北京	12	0.710	0.061	0.597	0.822
天津	12	0.526	0.033	0.489	0.590
河北	12	0.227	0.048	0.158	0.310

图 8-9 描述的是京津冀地区传统高能耗产业结构合理化指标绝对值在

2005~2016年的走势。如图所示,在2005~2016年,北京、河北的结构合理化指标均有所上升,天津的结构合理化指标没有太大变化。由上图可知,北京产业之间的比例均衡和关联协调程度较天津高,河北省的产业之间的比例均衡和关联协调程度虽然有所上升,但是上升的幅度不大。

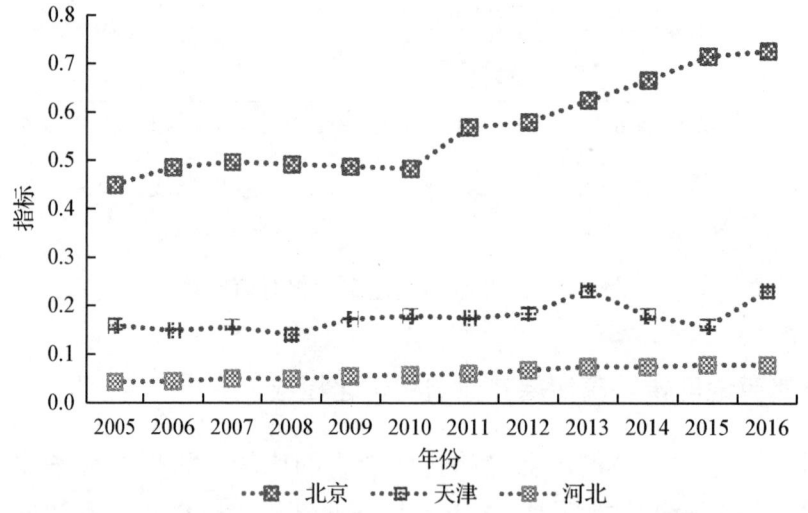

图 8-9　京津冀地区传统高能耗产业结构合理化指标的绝对值比较

图 8-10 描述的是京津冀地区传统高能耗产业结构合理化指标相对值在 2005~2016 年的走势。如图所示,可以看出北京、河北的结构合理化指标是逐年增长的,天津的结构合理化指标表现出一定的波动趋势,自 2013 年后显

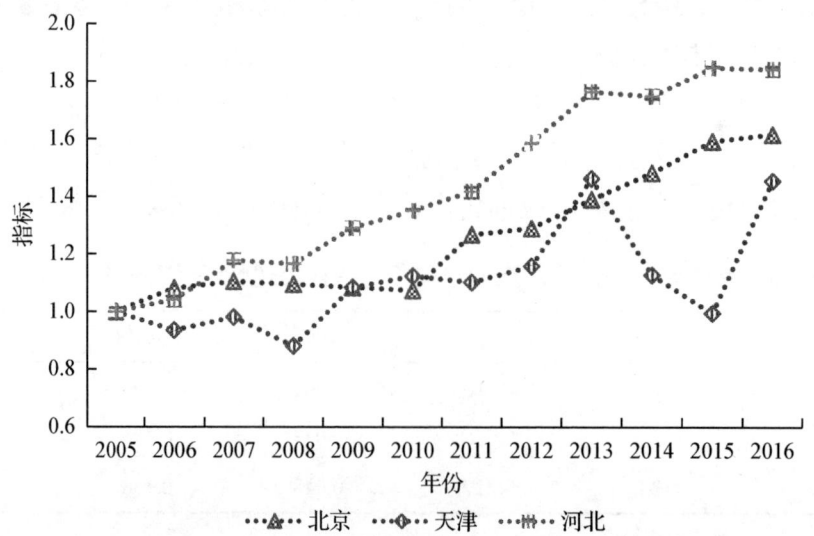

图 8-10　京津冀地区传统高能耗产业结构合理化指标的相对值比较

示下降态势,在 2015 年有所回转。河北省结构合理化指标增长的趋势较快,但结合绝对值指标可以看出,河北省结构合理化程度的基数较小,所以其结构合理化指标总体并不高,仍需要增加河北省的产业之间的比例均衡和关联协调程度。

图 8-11 描述的是京津冀六大传统高能耗产业销售值占比指标的绝对值在 2005~2016 年的走势。在 2005~2016 年,北京和天津的六大传统高能耗产业销售产值占比总体变化不大,河北的传统高能耗产业销售产值占比指标在 12 年来,呈现逐年下降态势。

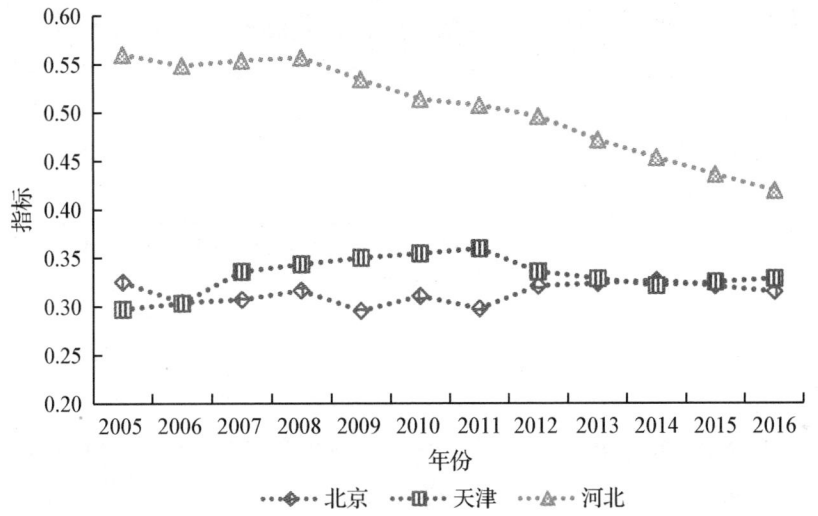

图 8-11 京津冀六大传统高能耗产业销售产值占比指标的绝对值比较

综上所述,可以看出北京的传统高能耗产业结构合理化指标越来越大,说明产业之间的比例均衡和关联协调程度越来越好,六大传统高能耗产业销售产值占比有所下降,说明传统高能耗产业占比降低,但生产率水平的持续增进和绿色化能力仍有提升空间;天津的传统高能耗产业结构合理化指标没有太大改变,六大传统高能耗产业销售产值占比有所下降;虽然河北省产业之间的比例均衡和关联协调程度有逐年上升的态势,但因其基数不大,所以整体说来没有太大改变。

结合上述情况,可以发现,在京津冀地区,河北省的产业结构优化发展能力较差,其合理化指标为其产业结构优化贡献不大,主要因其产业之间的比例均衡和关联协调程度基础较差,而其产业结构演化能力逐年削弱,现将河北省地级市六大传统高能耗产业销售产值占比情况作图如下,探究其原因。

图 8-12 描述的是河北地级市六大传统高能耗产业销售产值占比指标的绝对值在 2005～2016 年的走势。如图所示,可以看出保定市的六大传统高能耗产业销售产值占比绝对值最小,邯郸市与唐山市的六大传统高能耗产业销售产值占比绝对值排名居于前列。结合指标性质可知,邯郸市与唐山市的传统高能耗产业占比较大,产业结构演化能力及生产率水平的持续增进和绿色化亟须提升。

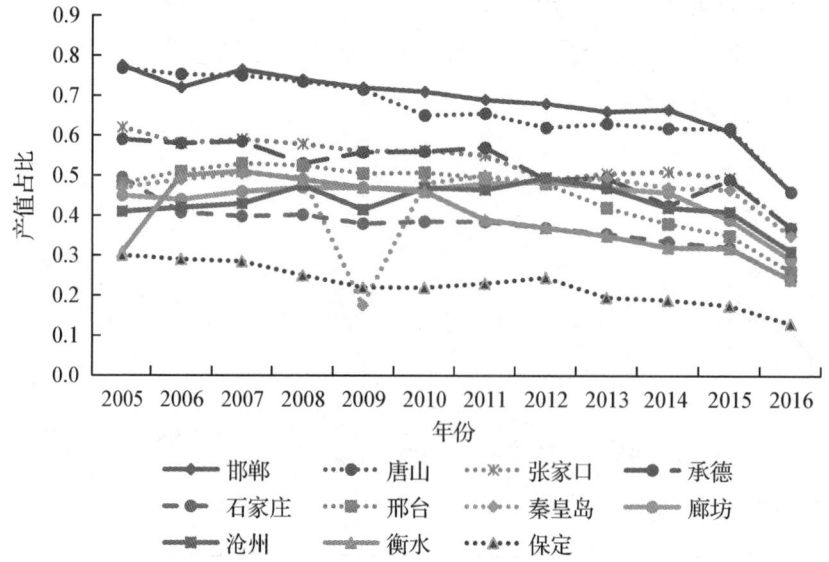

图 8-12 河北地级市六大传统高能耗产业销售产值占比指标的绝对值比较

专栏 8-2

"中国电谷"保定

保定市传统高能耗产业占比下降,与此同时,新能源产业成为保定产业发展的新引擎。经过 20 年的持续建设,保定已成为"中国电谷"。这一模式被称为创新驱动跨越发展的"保定模式"。保定新能源产业发展的一个鲜明的特点是当地政府的引导和推动作用:从制定发展战略到产业集群规划,再到产学研合作的协调与管理,甚至涉及集群国家创新项目的组织与实施。在国家、河北省、保定市和保定高新区政府的引导和推动下,保定新能源产业呈现出由集群创新向创新集群迈进的势头。

保定新能源及输变电产业集群从 2002 年开始,纳入保定市政府的工作计划,随后河北省也将新能源设备产业列为省重点发展产业,同时该集群创新试点也得到了科技部科技型中小企业技术创新基金重点资助。保定市政府还促成省科技厅、保定市科技局和高新区三级科技计划联动,整合政府财政科技计划配合国家创新基金投入产业集群创新项目。

政府在新能源产业发展中的协调服务功能体现在四个方面:①产业集群发展的顶层设计,编制产业集群规划,实现产业集群发展战略化;②政府部门间组织协调,形成当地政府"科技部门领唱、其他部门合唱"的多部门联合行动,共同推进产业集群创新试点工作;③引导金融保险等社会公共服务和中介机构参与到产业集群创新试点工作中,为企业技术创新提供金融、保险和中介等服务;④支持对产业集群创新试点工作的宣传和推介等社会活动,营造创新社会环境。

产业集群战略联盟则体现在产业集群和集群内企业两个层面的战略联盟上。在整个产业集群层面,河北省科技厅、保定市政府等多部门联合行动,针对产业集群发展目标、方向和重点进行了系统的总体设计,提出了具有完善产业链、较高技术含量、较高企业利润和国产化程度的保定市新能源及输变电产业集群发展战略,组织编制了《保定新能源及输变电产业集群规划》。在该规划指导下,河北省科技厅组织相关企业、大学、研究机构编写了《河北省光伏产业技术路线图》和《河北省风电装备产业技术路线图》,为产业集群未来发展指明了方向。产业集群规划即产业集群的发展战略,一方面为创新项目提供需求,为中小企业融入产业链提供机会和空间;另一方面,还可以避免产业链上企业的无序竞争、过度竞争和不正当竞争。产业集群规划为该产业集群与相关产业和行业缔结战略联盟提供了指导性框架,为企业遴选创新项目指明了方向。2006年保定市提出建设"保定·中国电谷"的战略决策。2007年,保定市政府分别与国电电力发展股份有限公司、国家开发银行河北分行及清华大学、华北电力大学等签署了共建"中国电谷"战略合作协议,签订战略投资协议近500亿元,为中国电谷在产业投资、开发保障、人才培养等方面提供了重要支撑。该业集群创新试点工作也是按照《保定新能源及输变电产业集群规划》立项和实施的。战略联盟不仅限于政府引导的产业集群层面,集群内企业大多也与相关专业领域的大学和科研院所建立了产学研战略联盟以寻求持续合作。

技术创新理论的发展历史告诉我们,创新活动的成功,不仅仅需要技术创新,更需要组织创新与技术创新的相互促进。同时,国内外研究

> 成果和实践表明：产业集群的发展依赖于地域性创新网络。"保定模式"的产业集群产学研协同创新成功的重要特征就是具备了组织基础——地域性合作创新网络的形成和不断发展，这种地域性合作创新网络具体体现为多种形式的集群产学研组织和联盟，促进了知识的跨组织流动与共享。北京和天津是我国重要的科技、人才资源高地，保定距离北京和天津都在150千米内，这种地域上的特点便利了企业与国家电网有限公司、中国科学院及清华大学等的合作。产业集群内企业之间、科研机构之间通过创新项目的实施，建立了更紧密的正式的和非正式的长期合作关系，形成当地合作创新网络，加强了相互的沟通、学习、交流与合作，有效促进了创新项目的成功实施。

8.3 京津冀地区产业结构转换能力指数研究

8.3.1 产业结构转换能力评价指标体系

产业结构转换是指适应市场经济的变化和保持国民经济持续、稳定、协调发展的要求，一个国家或地区产业结构的比例由不协调走向协调的合理化过程及由低层次向高层次演进的高级化过程，其实质是实现资源在产业间的优化配置和高效利用，促进社会经济协调、稳定、高效发展。产业结构转换能力是指一个国家或地区产业结构不断趋向合理化和高度化，推动国民经济运行质量和经济效益不断提升的能力。从根本上讲，产业结构转换是一个动态的过程，这个过程即为工业结构的优化升级过程(罗吉，2004)。产业结构转换能力是指国家或地区的产业结构为适应市场变化和经济增长需求而向合理化、高级化方向演进的能力(王玉燕等，2013)。

学者们对于如何评价产业结构转换能力已有一定的研究成果。卢中原(1996)建立了一个由供给推力和需求拉力构成的评价模型，得出了产业结构转换能力综合指数；于淑艳等(2004)研究了辽宁省的产业结构转换能力，发现产业结构转换能力与经济发展水平、技术因素、需求因素、资金供给能力等有紧密联系；罗吉(2004)对西部各地区产业结构转换能力、速度和方向进行了分析评价；陈佳贵等(2006)从经济发展水平、产业结构、就业结构、空间结构等多方面构建了工业化进程综合评价体系，对中国各地区工业化进程进行了评价和特征分析；褚晓等(2012)从供给因素、需求因素和吸引外资程度三个方面构建了产业结构转换能力评价指标体系，对西部五省进行了比较研究；王玉燕等(2013)从供给因素、需求因素、可持续化因素、结构因素四个方面构建指标体系对中部地区产业结构转换能力进行了评价分析；陶晓燕(2013)从经济、资源、环境和社会四个方面构建了指标体系并分析评价了中国资源型城市的产业结构转换能力；周明等(2015)采用因子分析方法对中国五大中心城市的产业结构转换能力速度和方向进行了对比，得出五大中心城市的产业结构转换能力存在显著差异，影响五大中心城市产业结构转换能力的主要因素为技术创新能力、需求供给能力及对外贸易水平。

从已有的研究成果来看，学者们从供给、需求、技术、结构等多方面来衡量，具有一定的学术指导意义，但从评价维度和指标选取方面来看有待进一步完善，因此本书从工业化进程的视角出发，结合影响工业部门生产要素和生产条件的因素，分析构建产业结构转换能力指数。地区产业结构转换能力的构成因素分为供给因素、需求因素、结构因素与可持续化因素王玉燕等(2013)，由于本书侧重点是研究供给侧结构性改革问题，因此需求因素本章不予考虑。

1) 产业结构转换能力——供给因素

供给因素作为产业结构转换能力的基础，实指生产投入要素的供给，包括自然资源供给、人力资源供给、资本供给和技术供给。其中，自然资源、人力资源投入是最原始的动力，但随着经济全球化和区域经济一体化的发展，自然资源对产业结构转换能力的影响逐渐减弱，人力资源供给的作用愈发明显。人力资源主要从劳动者素质、知识和技能等方面影响产业结构转换，资本则在其过程中起着导向性的作用。技术供给可以通过促进人力、资本等生产要素在不同部门间转移和配置提高劳动生产效率，进一步通过产业联系、产业扩张等一系列的产业关联效应实现产业结构转换。中国未来的发展离不开技术创新，以技术创新推动产业结构优化升级是基本主题。此外，资金供给主要取决于生产规模、生产效率等地区积累能力，因此，地区积累能力是推动产业结构转换的物质基础。

综上所述，本书考虑影响产业结构转换能力的供给因素包括人力资源、资本、技术供给及积累能力。更具体地，采用中央财经大学中国人力资本与劳动经济研究中心李海峥教授团队测算得到的中国分省人力资本存量作为人力资源的测度指标，指标基于国际上广泛使用的人力资本测算方法——Jorgenson-Fraumeni 的终生收入法(J-F 法)[①]，并结合中国的实际情况对 J-F 法进行改进，它是用人力资本产生的收入流现值来度量人力资本，是一套既适用于国家层面又适用于省级层面的综合性人力资本衡量体系，并得到了广泛应用。此外，还采用人均居民储蓄年末余额作为资本供给的衡量指标。

考虑到技术供给与劳动生产率密切相关，本书采用全员劳动生产率作为技术供给的衡量指标。此外，采取人均财政科技支出作为"潜在"技术供给因素和每 10 万人专利授权数量作为"现实"技术供给因素。最后，采用 GDP 增长率及工业资金利税率两个指标衡量积累能力，其中，工业资金利税率=（利润总额+应交增值税）/资产总额，资产总额为流动资产和固定资产之和。

2）产业结构转换能力——结构因素

产业结构本身也是影响产业结构转换的重要因素。处于不同发展阶段的地区，三次产业构成及主要制造业构成不尽相同，因而其结构转换的速度和形式也各不相同。一般说来，发达地区产业结构层次较高、技术要素密集、基础设施完善、生产协作配套能力条件好。当市场需求发生变化时，生产企业可以根据市场需求的变化适时地调整产品的数量结构、品种结构，增强产业的供给弹性。反之，产业层次较低的地区，产业结构变化的能力也较弱。

对于结构因素维度的衡量，于淑艳等（2004）、罗吉（2004）等提出用第二产业增加值占 GDP 的比重代表地区产业结构层次，反映一个地区适应市场需求变化而调整产业结构的能力；王玉燕等（2013）提出用工业增加值占 GDP 比重和三资工业企业产值比重来衡量结构因素；周明等（2015）提出结构因素细分为产业结构、对外贸易、就业结构三个维度，分别用第二产业产值比重、对外贸易依存度、第二产业就业人口比重衡量。本书借鉴前人的研究成果，把结构因素细分为投资结构、贸易结构、外商投资三个维度进行衡量。

(1)投资结构。

根据王玉燕等（2013），地区产业结构的转换是以前一阶段产业结构的水

[①] J-F 法主要通过生存率、升学率和就业率来估计未来收入。

平为基础的，因此工业结构本身也是影响工业结构转换的重要因素，由于本书在前一章构建产业结构优化指数时，采用高级化指数度量产业结构升级，其中已考虑了工业结构对产业结构优化升级的影响，故本部分不再重复讨论。但由此启发，我们转而考虑影响结构转换能力的结构因素的另外两个方向，一是对原有产业的改造和优化升级，二是向新兴产业转换的能力，本章采用传统高能耗产业的更新改造投资额及其占比和新兴产业投资额及其占比分别考量这两个结构因素的影响。其中，传统产业包含农林牧渔业、采矿业、制造业、电力燃气及水的生产和供应业、建筑业；新兴行业包含信息传输计算机服务和软件业、科学研究技术服务和地质勘查业、文化体育和娱乐业、水利环境和公共设施管理业[①]。

(2) 贸易结构。

随着生产国际化的不断发展，国家间、区域间的经济贸易关系越来越紧密，相互依赖性也越来越强，对外贸易在经济增长中扮演的角色愈发重要。对外贸易有利于各国发挥比较优势，获得比较利益。出口贸易可推动相关产业的发展，进口贸易可弥补相关产业的不足。同时，资本、技术、人才等生产要素在国际的流动，无论对出口国还是进口国的产业结构都会产业影响，对发展中国家而言，进口与出口结构上的不同，使对外贸易对经济发展又具有资源转移和促进产业结构升级的功能，即通过初级产品和一般加工产品的出口和投资品的进口，实现国内资源在不同产业之间的间接转移，促进国内产业结构升级和工业化进程，进而推动对外贸易的发展，从而推动经济的增长。一方面，对外贸易有利于发挥比较优势，带动优势产业的发展和弥补劣势产业的不足；另一方面，劳动、资金、技术等生产要素的国际流动，资源配置效率得到大幅提升，有效促进产业结构转换。本书采用进出口总额占 GDP 比重测度地区贸易情况。

(3) 外商投资。

外商投资也是影响产业结构变动的一个重要因素。国际投资包括本国资本的流出（即本国企业在外国的投资）及外国资本的流入（即外国企业在本国的投资）。对外投资会导致本国产业的对外转移，外商投资则促使国外产业的

---

① 根据国民经济行业分类，未纳入传统能耗行业、新兴产业的有交通运输、仓储和邮政业，批发和零售业，住宿和餐营业，金融业，房地产业，租赁和商务服务业，居民服务和其他服务业，教育、卫生、社会保障和社会福利，公共管理和社会组织、国际组织。

对内转移。这两方面都会引起国内产业结构的变化。一般而言,劳动、资金、技术等生产要素的国际流动,将给国家或地区经济增长带来活力。吸引外商直接投资(FDI)是地区产业更大程度参与国际竞争与分工,进而提升其竞争力的主要方式,FDI 占 GDP 的比重在一定程度上代表了产业部门的开放程度,从而直接影响地区要素的流向与资源的分配,也就决定了产业结构转换能力的大小。因此,本书采用外商直接投资占 GDP 比重测度地区产业受外资技术进步的影响程度。

3) 产业结构转换能力——可持续化因素

考虑资源环境因素后,我国工业的增长属于资源驱动型。随着粗放式工业增长模式的推进,我国工业的发展越来越接近资源和环境的约束边界,资源的消费和环境的破坏问题日益凸显,重化工业带来的环境破坏是制约工业结构转型的主要障碍,工业竞争力的提升必须依靠节约资源与技术,而不是依靠耗费资源来支持。环保水平的高低成为衡量地区工业现代化水平的重要标志,尤其是对于资源较丰富的中部地区来说,加强资源节约和环境保护是实现工业可持续发展的必然道路。地区工业对资源依赖越小,环境保护力度越大,工业结构转型水平就越高。因此,推动工业可持续发展是工业结构转型升级的必要内容,也是构成工业结构转换的重要因素。

伴随我国工业的发展,资源和环境问题日益凸显,重化工业带来的环境破坏是制约工业结构转型的主要障碍,推动工业可持续发展是工业结构转型升级的必要内容,也是构成工业结构转换的重要因素。本书除了采用环境治理投资额占比、一般工业固体废弃物综合利用率两个常用指标外,还考虑到单位 GDP 能源消耗量持续稳定下降是结构转换是否成功的重要体现。因此,本书亦将单位 GDP 能耗作为政府管理水平的体现,尤其是可持续发展管理能力的体现。当然,高能耗产业增加值在 GDP 或工业增加值中的比重是否下降、高附加值或低能耗产业的比重是否上升也是重要考量指标,但由于在构建产业结构优化指数时,已经考虑这两者的影响,故在此不再讨论。

8.3.2 中国产业结构转换能力的测算结果及其分析

与本章第 2 节类似,采用熵权综合指数法来构造产业结构转换能力指数。本书从《中国统计年鉴》、国家统计局收集了供给、结构和可持续转化能力

2005～2016年的数据，用来评估中国30个省市自治区的产业结构转换能力。西藏自治区数据不可得，并未在研究样本当中，港澳台地区也未考虑在研究范围内。

(1) 供给因素。包括人力资本存量(L，十亿人)、全员劳动生产率(A，元/人)、人均财政科技支出(P，元/人)、每10万人专利授权数量(E，件/10万人)、人均居民储蓄年末余额(C，元/人)、GDP增长率(G)、工业资金利税率(I)。

(2) 结构因素。包括传统行业固定资产投资占比(T)、新兴行业固定资产投资占比(N)、FDI/GDP(F)、进出口总额/GDP(B)。

(3) 可持续化能力：环境治理投资额占GDP比重(S)、万元GDP能耗(吨标准煤/万吨，H)、一般工业固体废弃物综合利用率(O)。

表8-6是各变量的描述性统计结果。

采用熵权综合指数法，本书测算得到各指标占产业结构转换能力指标的占比，如表8-7所示。

表 8-6 变量的描述性统计

变量	指标名称	均值	标准差	最小值	最大值
L	人力资本存量	0.22	0.18	0	1
A	全员劳动生产率	0.26	0.20	0	1
P	人均财政科技支出	0.11	0.17	0	1
E	每10万人专利授权数量	0.11	0.17	0	1
C	人均居民储蓄年末余额	0.20	0.17	0	1
G	GDP增长率	0.52	0.11	0	1
I	工业资金利税率	0.39	0.15	0	1
T	传统行业固定资产投资占比	0.35	0.22	0	1
N	新兴行业固定资产投资占比	0.15	0.15	0	1
B	进出口总额/GDP	0.17	0.23	0	1
F	FDI/GDP	0.11	0.10	0	1
S	环境治理投资额占GDP比重	0.16	0.14	0	1
H	万元GDP能耗	0.74	0.19	0	1
O	一般工业固体废弃物综合利用率	0.58	0.24	0	1

表 8-7 产业结构转换能力指数主要指标权重　　　　　　（单位：%）

指标		权重
供给因素	人均资本存量	0.0716
	全员劳动生产率	0.0718
	人均财政科技支出	0.0692
	每10万人专利授数量	0.0686
	人均居民储蓄年末余额	0.0715
	GDP 增长率	0.0731
	工业资金利税率	0.0730
结构因素	传统行业固定资产投资占比	0.0724
	新兴行业固定资产投资占比	0.0716
	进出口总额/GDP（均为当年价计算）	0.0691
	FDI/GDP	0.0716
可持续化能力	环境治理投资额占 GDP 比重	0.0717
	一般工业固体废弃物综合利用率	0.0729
	万元 GDP 能耗（2005年不变价计算）	0.0718

表 8-7 描述了产业结构转换能力指数主要指标权重，各细分指标所占权重相差不大，其中 GDP 增长率(%)、工业资金利税率(%)、一般工业固体废弃物综合利用率(%)分别占 0.0731、0.0730 和 0.0729，权重相对较大；进出口总额/GDP 为 0.0691，权重相对较小。最后，表 8-8 列出了各省市自治区的产业结构转换能力。

表 8-8 产业结构转换能力指数测算结果（2005～2016年）

地区	2005年	2006年	2007年	2008年	2009年	2010年	2011年	2012年	2013年	2014年	2015年	2016年
北京	0.380	0.411	0.423	0.415	0.419	0.451	0.453	0.482	0.505	0.527	0.537	0.546
天津	0.396	0.395	0.394	0.396	0.398	0.422	0.429	0.443	0.452	0.455	0.476	0.474
河北	0.204	0.207	0.212	0.204	0.215	0.223	0.21	0.198	0.208	0.21	0.218	0.268
山西	0.189	0.217	0.257	0.237	0.213	0.238	0.22	0.232	0.242	0.211	0.19	0.209
内蒙古	0.218	0.232	0.259	0.238	0.236	0.243	0.259	0.219	0.227	0.229	0.212	0.31
辽宁	0.227	0.256	0.255	0.248	0.265	0.292	0.282	0.281	0.291	0.264	0.199	0.25
吉林	0.225	0.256	0.278	0.265	0.27	0.275	0.258	0.266	0.266	0.253	0.24	0.25
黑龙江	0.249	0.259	0.257	0.261	0.221	0.236	0.226	0.217	0.223	0.213	0.201	0.249
上海	0.417	0.424	0.452	0.434	0.461	0.488	0.485	0.502	0.506	0.507	0.525	0.58

续表

地区	2005年	2006年	2007年	2008年	2009年	2010年	2011年	2012年	2013年	2014年	2015年	2016年
江苏	0.311	0.32	0.337	0.326	0.327	0.351	0.365	0.383	0.388	0.384	0.4	0.418
浙江	0.29	0.301	0.308	0.289	0.299	0.335	0.338	0.359	0.383	0.389	0.417	0.409
安徽	0.198	0.205	0.227	0.226	0.23	0.244	0.242	0.256	0.273	0.264	0.273	0.313
福建	0.304	0.307	0.304	0.292	0.297	0.311	0.276	0.298	0.306	0.305	0.307	0.359
江西	0.186	0.195	0.192	0.175	0.176	0.197	0.205	0.205	0.219	0.234	0.242	0.265
山东	0.277	0.277	0.283	0.28	0.281	0.296	0.3	0.305	0.312	0.314	0.309	0.344
河南	0.203	0.222	0.236	0.224	0.218	0.238	0.246	0.238	0.243	0.25	0.252	0.302
湖北	0.213	0.221	0.234	0.223	0.234	0.251	0.235	0.227	0.235	0.246	0.238	0.287
湖南	0.212	0.223	0.237	0.239	0.235	0.253	0.238	0.23	0.234	0.228	0.236	0.307
广东	0.338	0.359	0.375	0.353	0.358	0.393	0.376	0.376	0.395	0.394	0.42	0.447
广西	0.197	0.184	0.212	0.185	0.201	0.217	0.201	0.199	0.206	0.203	0.21	0.286
海南	0.211	0.253	0.296	0.28	0.272	0.308	0.24	0.232	0.257	0.242	0.249	0.33
重庆	0.209	0.217	0.251	0.254	0.26	0.291	0.276	0.267	0.28	0.285	0.295	0.339
四川	0.201	0.208	0.206	0.211	0.22	0.239	0.244	0.237	0.228	0.23	0.234	0.262
贵州	0.17	0.183	0.181	0.173	0.18	0.197	0.231	0.252	0.251	0.256	0.258	0.309
云南	0.157	0.182	0.183	0.177	0.186	0.201	0.205	0.21	0.21	0.197	0.199	0.283
陕西	0.191	0.192	0.21	0.212	0.217	0.249	0.242	0.241	0.262	0.253	0.254	0.312
甘肃	0.15	0.162	0.18	0.144	0.139	0.16	0.164	0.174	0.17	0.161	0.147	0.213
青海	0.163	0.177	0.181	0.171	0.167	0.178	0.198	0.191	0.182	0.197	0.178	0.222
宁夏	0.217	0.246	0.237	0.239	0.211	0.211	0.217	0.224	0.254	0.277	0.219	0.239
新疆	0.203	0.205	0.203	0.209	0.181	0.186	0.203	0.2	0.213	0.222	0.201	0.236

相比2005年，所有地区的产业结构转换能力指数有较为显著的增长。按照上一节的分析思路，本书仍然将全国细分成东北、华东、华北、华中、华南、西南和西北七大区域进行比较。图8-13为各地区产业结构转换能力指数时间趋势图。从区域来看，华北、华东和华南地区的产业结构转换能力指数处于全国较高水平，华中、西北及西南地区的产业结构转换能力指数则处于全国较低水平，东北地区的产业结构转换能力指数位于中等水平。图8-14描述了各地区产业结构转换指数的累计增长水平，全国各地区产业结构转换能力指数走势总体上较为平稳。其中，西南地区产业结构转换能力指数在2010年之后上升明显，东北地区产业结构转换能力指数在2013年下降明显。考虑到

供给因素、结构因素、可持续化能力三个方面对产业结构转换能力的影响，从劳动力数量的角度而言，人口数量起决定性作用，中东部地区和南部如华东、华中、华南较西部地区和东北地区有较为明显的优势。东南部地区有众多沿海港口，为进出口贸易提供了便利。与此同时，作为经济发展较好的地区，有资本和能力加大环境治理投资额，所以便不难得出以上结论。

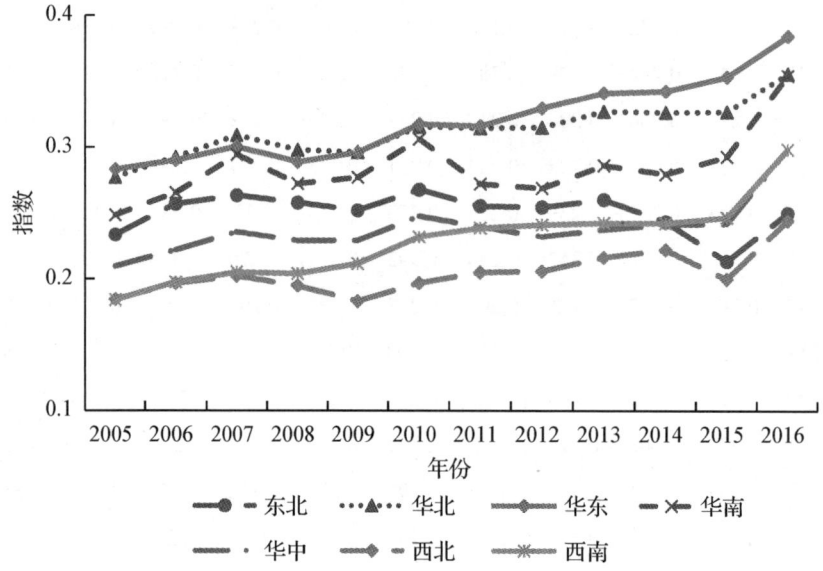

图 8-13　各地区产业结构转换能力指数时间趋势图（2005~2016 年）

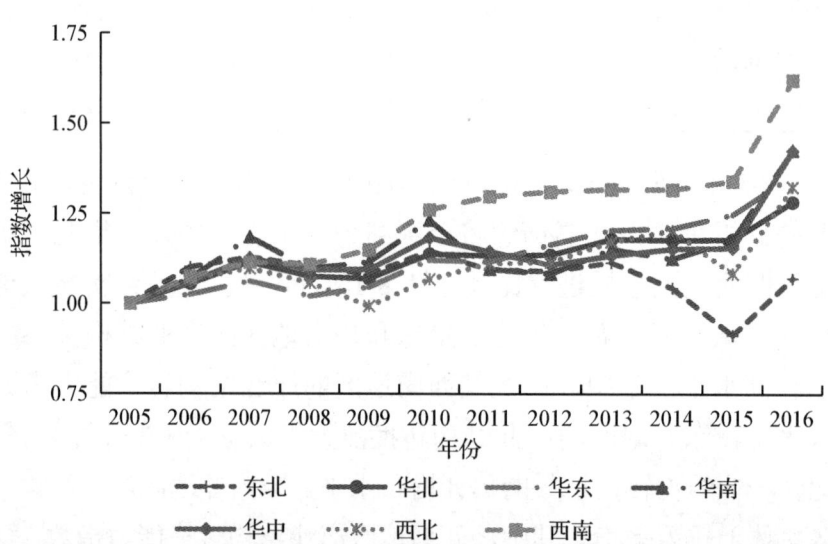

图 8-14　各地区产业结构转换能力指数累计增长水平（2005~2016 年）

8.3.3 京津冀地区产业结构转换能力分析

图 8-15 描述了京津冀地区产业结构转换指数的时间趋势。由图可知，2005～2016 年，北京和天津作为直辖市，地区经济发展情况较好，产业结构转换指数显著高于河北地区，且呈上升趋势。特别是 2008 年全球金融危机后，国家加快京津冀地区产业结构转型，持续推行节能减排政策，产业结构转换指数有了明显上升。其中，北京的产业结构转换指数高于天津。北京作为首都，产业结构更加合理、多样化，产业结构转换能力强于天津。对天津而言，其供给因素中的全员劳动生产率、人均财政科技支出、每 10 万人专利授数量、人均居民储蓄年末余额，结构因素中的进出口总额/GDP 及可持续化能力因素中的环境治理投资额占 GDP 比重等均低于北京。对河北省而言，除了人均资本存量和万元 GDP 能耗，其他指标均低于京津。

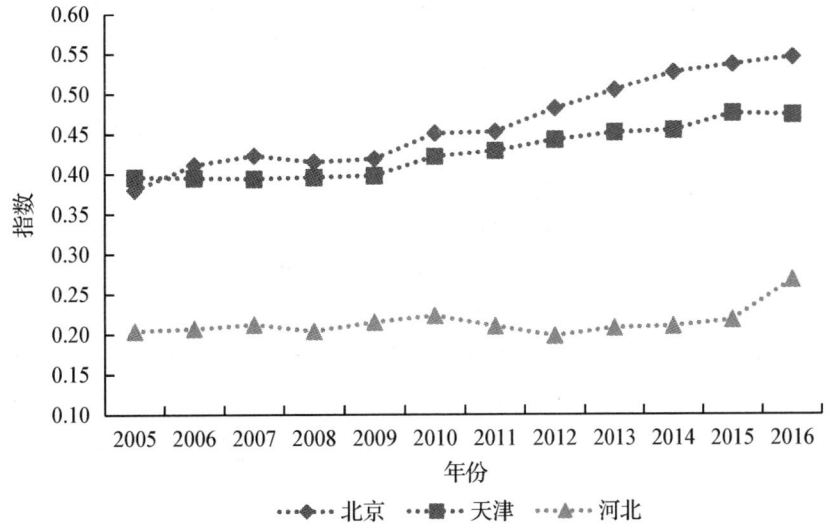

图 8-15 京津冀地区产业结构转换指数时间趋势图(2005～2016 年)

图 8-16 描述了京津冀地区产业结构转换指数累计增长水平。研究显示，2005～2016 年，北京和天津的产业结构转换指数呈上升趋势，且北京的增速略高于天津，河北的产业结构转换指数基本维持在稳定水平，说明北京和天津的产业结构转换指数一直在增长，经济发展较好，产业结构之间要素配置的利用效率较高。2012 年前，天津和河北的增长情况较为接近，2012 年后，天津的增速高于河北，体现了地区经济发展和政策导向性差异带来的产业结

构转换能力差别。河北地区的产业结构转换能力仍有上升空间，也呈现了上升趋势，特别是新兴产业固定资产投资占比、一般工业固体废物利用率、人均年末储蓄余额和人均财政科技支出等指标有大幅提升。

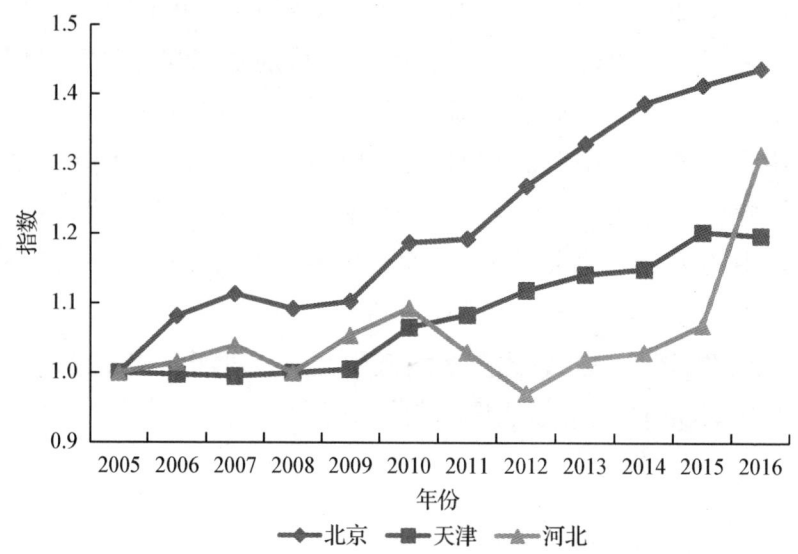

图 8-16　京津冀地区产业结构转换指数累计增长水平（2005～2016 年）

8.3.4　产业结构转换能力指数的结论与讨论

产业结构调整的关键是产业结构的优化升级，对产业结构转换的认识是产业结构调整的重中之重。产业结构转换能力决定了产业结构演变的速度和质量。可以说，产业结构转换能力的强弱，不仅关系到产业结构合理化和高度化的实现，而且关系到区域经济的增长和整体协调发展。

通过对中国 30 个省市自治区产业结构转换能力的测算，得到如下结论。

第一，从整体来看，中国产业结构转换能力整体偏低，但近年来波动较为稳定。其中，华北、华东和华南地区的产业结构转换能力指数较高，西北和西南地区的产业升级水平最低。

第二，京津冀地区的产业升级水平较高，对北京、天津和河北地区而言，北京和天津作为直辖市，地区经济发展情况较河北要好，产业结构转换能力更强，从数据上看，产业结构转换指数高于河北，增速也更快，特别是北京作为首都展现出较强的产业结构转换能力，与北京经济发展较好、科技水平高、知识型人力资本丰裕、高技术产业集聚有较大关系。

第三，结合研究结果，我们提出如下促进产业结构转换能力建设建议。

首先，我国产业转换能力整体偏低，从全国角度看，提高产业结构转换能力，应从权重占比较大的供给因素入手，适当保持 GDP 增长率，同时适当提高工业资金利税率，以期提高产业结构转换能力。特别是针对西北和西南地区产业结构转换能力较低的情况，应给予西部地区一定的政策扶持，选取经济发展状况较好的大城市作为试点单位，如乌鲁木齐、兰州、昆明、南宁等。

其次，由结构因素可以看出，应主动调整产业结构，将一些长线产品和产业转移出去，加快高新技术和服务业的发展。特别是由于地区区位条件限制，多数高新技术企业可能不会优先选择到西部地区发展，高层次人才流动速度也较慢，给产业结构转换的互动、产业高级化和高度化带来了一定难度。国家应在政策上提供便利，鼓励相关企业到上述地区发展，吸引高层次人才，依托促进高新技术向传统产业的渗透，带动西部地区产业结构转换能力的发展。

再次，由可持续化能力权重可以看出，转变粗放型工业发展方式，构建资源节约型、环境友好型结构至关重要。我国工业发展主要依托资源消耗，粗放式的生产方式导致高能耗、高污染，对此需加大资源节约、生态建设和环境保护的力度，加强环境污染治理。具体来说，京津冀地区的情况有一定改善，研究表明虽然河北的产业升级水平较低，但相对而言，河北的产业升级水平的累计增长幅度与北京和天津并未有显著差异，说明京津冀地区的产业升级水平在同步提升。近年来，首都经济圈的产业结构优化调整，已经大大改善了华北地区的环境状况，同时促进了地区经济的又好又快发展。

最后，应加大对西部地区信息产业发展的投入。信息产业本身所具有的节约物质资源和人力资源的低能耗特性，能够有效提高产业结构的转换能力。

8.4 京津冀地区产业绿色增长指数研究

8.4.1 产业绿色增长综述

传统高能耗产业在国民经济发展中占据重要地位，同时也带来了大量的能源消耗和污染排放。2014 年传统高能耗产业产值占全国工业产值的 32.9%，但综合能源消费量达全国工业总量的73%，废气、SO_2、烟（粉）尘、废水和固体废弃物排放量分别达全国工业总量的90.3%、87.2%、87.5%、31.5%和50.2%。京津冀地区是传统高能耗产业的集聚地，也是大气污染最严重的城市带区域，2015年年均PM2.5浓度最高的10座城市有7座位于河北省，天津市和北京市也分别列为24位和26位。产业绿色增长既提升了资源利用效率，又实现了工业绿色增长，是产业结构升级的目标，也是能源节约、环境优化、技术创新发展的体现。新形势下，面对资源约束及创新不足等问题，传统高能耗产业亟待走绿色创新的可持续发展之路。在当前资源相对有限时，传统高能耗产业在节能减排背景下实现可持续发展的关键在于提高产业绿色增长率。

产业绿色增长率即全要素生产率。索罗指出全要素生产率是总产量与全部要素投入量之比。全要素生产率增长率是指除了劳动和资本这两种要素之外，其他所有生产要素所带来的产出增长率，其他要素具体包括技术进步、专业化、组织创新、规模经济和生产创新等，因此，全要素生产率增长率通常被视为评价科技进步的指标，全要素生产率增长率也被称为全要素生产率指数。在绿色发展理念下，对于传统高能耗产业而言，全要素生产率指数也可以称作产业绿色增长率指数。

全要素生产率指数的计算方法可以分为两大类：第一类，参数方法，主要包括随机前沿生产函数法（SFA）、索洛余值法等；第二类，非参数方法，主要包括指数法、数据包络分析法（DEA）等。蔡海霞（2014）基于DEA模型的Malmquist生产率指数方法计算全要素生产率指数，将能源、知识资本、物质资本、劳动力作为投入，以GDP为合意产出要素，测算了能源约束下我国的全要素生产率指数；王群伟等（2008）以能源、资本和劳动力为投入要素，以GDP为合意产出要素，对中国全要素能源效率的变化进行了研究；马海良等（2011）以能源、资本存量为投入要素，以GDP为合意产出要素，采用超效率DEA模型和Malmquist指数法计算了三大经济区域1995～2008年的能源效率和全要素生产率。许多学者在研究中考虑了不同的投入要素，但产出要素均只考虑了合意产出，忽视了生产活动中污染物的存在。

随着中国环境污染问题的日益突出，国内一些学者将环境污染作为非合意产出引入生产效率评价模型。樊华等（2012）将CO_2、SO_2、废气、废水、固体废弃物五种污染物原始数值的倒数作为非合意产出模型计算值,测算了这五种污染物与 GDP 的不同组合下中国各省份 1995~2008 年的全要素能源效率;袁晓玲等(2009)采用改进的熵值法将工业废水排放量、工业烟尘排放量、工业废气排放量、工业 CO_2 排放量、工业固体废弃物产生量五个指标综合成一个污染排放指数,并将污染排放指数的倒数作为非合意产出纳入规模报酬不变的超效率 DEA 模型,对中国的全要素能源效率进行了研究。

综上所述,研究某一国家或地区的能源效率、产业绿色增长指数时,通常以能源、知识资本、物质资本、劳动力、资本存量等为投入要素,以 GDP 为合意产出要素,以 CO_2、SO_2、废气、废水、固体废弃物、工业烟尘排放量为非合意产出,结合相关方法测算全要素生产率,并做进一步分析研究。

8.4.2 产业绿色增长模型和方法

众所周知,生产过程中既有期望产出(也称好产出)也有非期望产出(也称坏产出)。一般来说,生产过程力求增加期望产出,同时减少非期望产出。也就是说,只考虑好产出,而忽略坏产出来评估产业绿色增长水平是不对的。Färe 等(2007)提出了产出和零相关的弱可处理性的环境技术,这个框架对于探讨和分析环境绩效非常有用。

假设 $x=(x_1,x_2,\cdots,x_N)\in R_N^+$,$y=(y_1,y_2,\cdots,y_M)\in R_M^+$ 及 $b=(b_1,b_2,\cdots,b_J)\in R_J^+$ 分别为投入向量、期望产出向量和非期望产出向量。生产过程可以被描述为使用投入 x 来产生期望的产出 y,同时也产生非期望的环境污染物 b。

Chung 等(1997)提出了方向距离函数(DDF):

$$D_o(x,y,b;g) = \sup\{\beta:(y,b)+g\times\beta\in T\} \quad (8\text{-}13)$$

式中,$g=(g_y-g_b)\in R_M^+\times R_J^+$ 代表方向向量,它表示期望产出增加,且非期望产出减少。由于 DDF 反映了绿色发展的本质,因此被广泛应用于评估环境绩效。

然而,式(8-13)具有很强的假设,即期望产出的增加和非期望产出的减少的比率相同。在这个意义上,这是一个激进的效率措施,当有非零松弛时,它可能会高估环境绩效。式(8-13)的另一个不足是它不能评估给定投入变量的效率(Chang et al., 2010)。为克服这些局限,Zhou 等(2012)提出了非径向距离函数(NDDF)，NDDF 放宽了对投入和产出(期望和非期望)等比例调整的假设，具有比 DDF 更高的辨别力。

$$ND(x, y, b; g) = \sup\{w^T\beta : (x, y, b) + g \times \text{diag}(\beta) \in T\} \quad (8\text{-}14)$$

式中，$\beta = (\beta_x, \beta_y, \beta_b)^T \geq 0$ 代表衡量实际投入/产出与最优状态距离的缩放因子向量；$w = (w_x, w_y, w_b)^T$ 代表投入/产出的权重；$g = (g_x, g_y, g_b)$ 代表一个方向向量；$\text{diag}(\beta)$ 代表一个以 β 为对角元素的对角矩阵；T 代表生产过程或生产技术的可行性集。NDDF 的优点之一是可以根据研究目标以不同的方式设置 $w = (w_x, w_y, w_b)^T$ 和 $g = (g_x, g_y, g_b)$。

大多数研究使用观察数据的分段凸组合(DEA-type)来描述生产技术和相关距离函数。DEA 作为非参数方法，使用线性规划构建最佳实践前沿。本书运用 DEA 计算 NDDF 来评估产业绿色增长水平。具体来说，每个地区被视为一个 DMU，它使用资本存量(K)、劳动力(L)和能源(E)来产生期望产出-区域总产出(Y)。同时，假设生产过程产生四种非期望的环境污染物作为副产品，包括废水(W)、SO_2 排放(S)、固体废物(D)和 CO_2 排放(C)。为了准确测量产业绿色增长水平，在 NDDF 模型中假设非能源投入是固定的，因为资本存量(K)和劳动力(L)不直接产生污染物排放(Zhang et al., 2015)。换句话说，权重向量和方向向量可以设置为 $w^T = \left(0, 0, \dfrac{1}{3}, \dfrac{1}{3}, \dfrac{1}{12}, \dfrac{1}{12}, \dfrac{1}{12}, \dfrac{1}{12}\right)$ 和 $g = (0, 0, -E, Y, -W, -S, -D, -C)$。权重的设置意味着减少能源投入，增加合意产出和减少污染物同样重要，权重均为 1/3。对于污染物减排，中国政府推出了一系列控制主要污染物的规定和措施，但不同污染物的精确权重难以确定，因此本书用 $\dfrac{1}{12}\left(=\dfrac{1}{3}\times\dfrac{1}{4}\right)$ 设置了四种污染物的权重。这种设置也意味着减少废水(W)、SO_2(S)、固体废物(D)和二氧化碳排放(C)是同样重要的(值得注意的是，权重向量的不同选择可能导致不同的绩效评分)。虽然这并不是一个最佳的选择，但它作为一个常见的设定已被广泛应用于之前的研究。此外，由于资本和劳动力的影响被消除，它强调能源投入的有效消费。基于上述分析，可以通过求解以下线性规划来计算特定 DMU(中国一个省)的 NDDF 值。

$$\begin{aligned}
&ND(K,L,E,Y,W,S,D,C;g) = \max\left\{\frac{1}{3}\beta_E + \frac{1}{3}\beta_Y + \frac{1}{12}\beta_W + \frac{1}{12}\beta_S + \frac{1}{12}\beta_D + \frac{1}{12}\beta_C\right\} \\
&\sum_{t=1}^{T}\sum_{i=1}^{N}\lambda_{it}K_{it} \leq K \\
&\sum_{t=1}^{T}\sum_{i=1}^{N}\lambda_{it}L_{it} \leq L \\
&\sum_{t=1}^{T}\sum_{i=1}^{N}\lambda_{it}E_{it} \leq E - \beta_E g_E \\
&\sum_{t=1}^{T}\sum_{i=1}^{N}\lambda_{it}Y_{it} \geq Y + \beta_Y g_Y \\
&\sum_{t=1}^{T}\sum_{i=1}^{N}\lambda_{it}W_{it} = W - \beta_W g_W \\
&\sum_{t=1}^{T}\sum_{i=1}^{N}\lambda_{it}S_{it} = S - \beta_S g_S \\
&\sum_{t=1}^{T}\sum_{i=1}^{N}\lambda_{it}D_{it} = D - \beta_D g_D \\
&\sum_{t=1}^{T}\sum_{i=1}^{N}\lambda_{it}C_{it} = C - \beta_C g_C \\
&\lambda_{it} \geq 0, (i=1,2,\cdots,N; t=1,2,\cdots,T) \\
&\beta_j \geq 0, (j=E,Y,W,S,D,C)
\end{aligned}$$

(8-15)

值得注意的是，本书采用全样本来构建最佳实践前沿的全局 DEA 方法。这意味着在整个研究时期内，单一的全局前沿将被用作所有 DMU 的基准技术。因此，可以比较不同时期的效率估计值。

假设 $\boldsymbol{\beta}^* = (0, 0, \beta_E^*, \beta_Y^*, \beta_W^*, \beta_S^*, \beta_D^*, \beta_C^*)^T \geq 0$ 是方程(8-15)的最优解，这意味着在最佳实践场景下，能源投入、期望产出和不良环境污染物的产出分别为 $E_{it} - \beta_{E,it}^* \times E_{it}$，$Y_{it} + \beta_{Y,it}^* \times Y_{it}$ 和 $U_{it} - \beta_{U,it}^* \times U_{it}$ $(U = W, S, D, C)$。显然，$\boldsymbol{\beta}^* = 0$ 意味着 DMU 在最佳实践的边界。参考Zhou 等(2012)和Li等(2016)，第 i 个地区第 t 年的 GDPI 可以定义如下：

$$\text{GDPI}_{it} = \frac{1}{2}\left[\frac{\left(E_{it}-\beta_{E,it}^{*}E_{it}\right)/\left(Y_{it}+\beta_{Y,it}^{*}Y_{it}\right)}{E_{it}/Y_{it}}\right]$$

$$+\frac{1}{2}\left[\frac{1}{4}\sum_{J=W,S,D,C}\frac{\left(J_{it}-\beta_{J,it}^{*}J_{it}\right)/\left(Y_{it}+\beta_{Y,it}^{*}Y_{it}\right)}{J_{it}/Y_{it}}\right] \quad (8\text{-}16)$$

$$=\frac{1}{2}(\text{EDPI}+\text{PDPI})$$

式中，EDPI 代表能源绩效指数；PDPI 代表环境绩效指数，PDPI 由废水绩效指数、SO_2 绩效指数、固体废弃物绩效指数和 CO_2 绩效指数构成。GDPI 的取值在[0,1]，GDPI 越高，绿色增长绩效水平就越好。

8.4.3 产业绿色增长数据

本书收集了上一节所述的有关投入、期望产出和非期望环境污染物的数据，用来评估 2005～2016 年中国 30 个省市自治区的绿色增长绩效。西藏自治区数据不可得并未在研究样本当中，港澳台地区也未考虑在研究范围内。

(1) 投入。包括资本存量(K, 亿元)、劳动力(L, 万人)和能源消耗(E, 万吨)。资本存量采用永续盘存法估算得到(2000 年不变价)、劳动力采用就业人数，数据来源于国家统计局相关网站，能源消耗采用标准煤，数据来源于《中国能源统计年鉴》。

(2) 期望产出。按地区生产总值(Y, 亿元)表示(2000 年不变价)，数据来自《中国统计年鉴》。

(3) 非期望环境污染物。包括废水(W, 万吨)、二氧化硫(S, 万吨)、固体废物(D, 万吨)和二氧化碳(C, 万吨)。W、S 和 D 的数据来源于《中国统计年鉴》和《中国环境统计年鉴》。二氧化碳来自化石燃料的使用，可以通过使用 IPCC 引入的基于燃料的碳计算模型来估计。本章采用八种燃料类型(包括煤炭、焦炭、原油、汽油、煤油、柴油、燃料油、天然气)来估算二氧化碳排放量，其消耗量来自《中国能源统计年鉴》。表 8-9 给出了各变量的描述性统计值。

表 8-9 变量的描述性统计(2005～2016 年)

变量	指标	均值	标准差	中位数	最小值	最大值
L	劳动力	2589.93	1719.24	2073.27	291.04	6726.00
K	资本存量	36896.75	30175.04	28785.51	2498.31	171822.50

续表

变量	指标	均值	标准差	中位数	最小值	最大值
E	能源消费	12759.63	8053.99	10444.50	822.20	38899.00
Y	地区生产总值	11459.64	10110.37	8747.30	465.52	57667.24
W	废水	74044.07	63430.32	48222.00	5782.00	296318.00
S	二氧化硫	61.41	38.76	52.61	0.70	171.50
D	固体废物	8432.71	7808.46	6205.00	127.00	45576.00
C	二氧化碳	35914.16	25673.90	27310.87	1230.84	143924.40

8.4.4 中国产业绿色增长指数测算结果

表 8-10 为中国产业 GDPI 计算结果。测算结果显示，2005~2016 年，全国 GDPI 均值为 0.368，360 个测算值中只有 55 个测算值大于 0.5，34 个测算值大于 0.8，说明绿色增长绩效水平偏低。图 8-17 统计了 2005~2016 年各年度 GDPI 大于 0.5 和大于 0.8 的被评价单元个数。从图中可以看出，2013 年以来，GDPI 大于 0.5 和大于 0.8 的被评价单元个数各年度比重显著大于前 8 年（2005~2012 年）各年度比重，这意味着绿色增长绩效水平在近年来取得了较大发展。此外，GDPI 出现 1 的地区有北京、天津、上海、广东和四川，基本都是东部省市，其中广东省绿色增长绩效表现最好，除 2014 年外，GDPI 均为 1。需要注意的是，四川省的 GDPI 在 2009~2016 年均为 1，表明近年来四川具有较高的绿色增长绩效水平。

表 8-10 中国产业 GDPI 计算结果（2005~2016 年）

地区	2005年	2006年	2007年	2008年	2009年	2010年	2011年	2012年	2013年	2014年	2015年	2016年
北京	0.411	0.459	0.541	0.720	0.821	1.000	1.000	0.917	0.923	0.931	1.000	1.000
天津	0.293	0.316	0.342	0.377	0.398	0.387	0.395	0.395	0.440	0.522	0.637	1.000
河北	0.168	0.177	0.186	0.201	0.216	0.225	0.230	0.247	0.277	0.301	0.224	0.237
山西	0.203	0.199	0.216	0.175	0.143	0.145	0.162	0.163	0.175	0.182	0.201	0.215
内蒙古	0.156	0.160	0.179	0.188	0.208	0.202	0.192	0.195	0.209	0.205	0.193	0.216
辽宁	0.262	0.254	0.254	0.263	0.288	0.292	0.308	0.290	0.325	0.317	0.321	0.317
吉林	0.234	0.246	0.263	0.285	0.309	0.227	0.234	0.255	0.299	0.321	0.358	0.417
黑龙江	0.368	0.383	0.404	0.410	0.415	0.404	0.388	0.369	0.414	0.419	0.423	0.475
上海	0.383	0.413	0.482	0.497	0.535	0.586	0.650	0.815	1.000	0.816	0.909	1.000
江苏	0.348	0.358	0.382	0.408	0.428	0.436	0.440	0.460	0.490	0.519	0.550	0.580
浙江	0.384	0.389	0.407	0.431	0.447	0.461	0.475	0.502	0.527	0.554	0.574	0.623

续表

地区	2005年	2006年	2007年	2008年	2009年	2010年	2011年	2012年	2013年	2014年	2015年	2016年
安徽	0.280	0.283	0.296	0.311	0.328	0.335	0.346	0.361	0.374	0.386	0.397	0.430
福建	0.430	0.419	0.414	0.420	0.419	0.433	0.444	0.462	0.497	0.499	0.521	0.550
江西	0.288	0.296	0.309	0.333	0.312	0.321	0.326	0.344	0.354	0.367	0.373	0.383
山东	0.261	0.271	0.283	0.301	0.293	0.296	0.302	0.310	0.357	0.365	0.367	0.381
河南	0.235	0.235	0.246	0.263	0.280	0.293	0.305	0.239	0.278	0.292	0.314	0.347
湖北	0.230	0.236	0.250	0.272	0.292	0.304	0.313	0.272	0.316	0.319	0.335	0.371
湖南	0.289	0.298	0.309	0.329	0.328	0.320	0.320	0.340	0.394	0.418	0.438	0.494
广东	1.000	1.000	1.000	1.000	1.000	1.000	1.000	1.000	1.000	0.982	1.000	1.000
广西	0.260	0.268	0.274	0.289	0.305	0.309	0.327	0.255	0.285	0.300	0.322	0.352
海南	0.346	0.339	0.351	0.342	0.350	0.378	0.334	0.349	0.380	0.382	0.398	0.425
重庆	0.245	0.256	0.273	0.282	0.301	0.234	0.247	0.273	0.346	0.362	0.392	0.443
四川	0.594	0.622	0.714	0.697	1.000	1.000	1.000	1.000	1.000	1.000	1.000	1.000
贵州	0.169	0.231	0.154	0.172	0.174	0.185	0.177	0.183	0.214	0.215	0.241	0.186
云南	0.202	0.206	0.217	0.233	0.248	0.264	0.256	0.275	0.224	0.238	0.262	0.279
陕西	0.208	0.215	0.223	0.240	0.256	0.269	0.288	0.308	0.239	0.247	0.257	0.279
甘肃	0.169	0.176	0.188	0.199	0.216	0.229	0.222	0.239	0.256	0.274	0.198	0.230
青海	0.173	0.170	0.176	0.142	0.148	0.158	0.150	0.154	0.162	0.173	0.140	0.129
宁夏	0.137	0.138	0.129	0.126	0.124	0.110	0.099	0.101	0.106	0.111	0.110	0.124
新疆	0.185	0.186	0.190	0.194	0.193	0.195	0.183	0.177	0.170	0.177	0.193	0.141

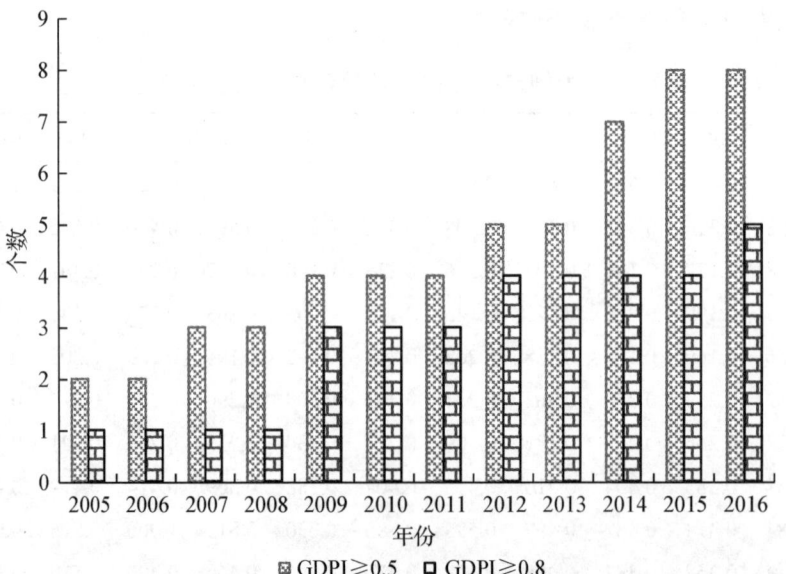

图 8-17 GDPI 门槛统计（2005～2016 年）

与 2005 年相比，2016 年有 26 个地区的 GDPI 有较为显著的增长。山西省 GDPI 基本没有增长，青海、宁夏、新疆四个地区的 GDPI 相比 2005 年增长为负。山西省的 GDPI 在样本期限内基本持平，山西省是产煤大省，煤炭消费也是其经济产出的主要投入，对于山西省而言，既要保持经济增长又要提高绿色增长绩效水平较为困难。其余三个地区位于中国西部，绿色增长绩效水平较低，需加快经济增长方式的转型，努力减少对传统高能耗产业的过度依赖，提升绿色增长绩效水平。

按照前面章节的分析思路，本书继续比较七大地区的 GDPI。图 8-18 为七大地区 GDPI 的时间趋势图，图 8-19 为七大地区 GDPI 累计增长水平，以便于观测 GDPI 的增长幅度。

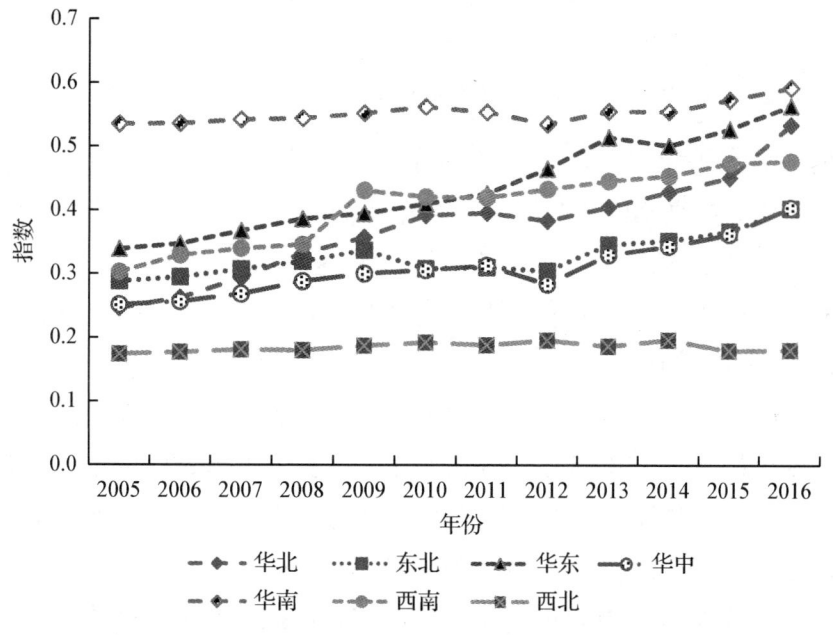

图 8-18　七大地区 GDPI 的时间趋势图(2005～2016 年)

从区域来看，华南、华东、西南及华北地区的 GDPI 显著高于东北、华中及西北地区。华南地区整体的绿色增长绩效水平最高，这主要是因为广东省的绿色增长绩效水平高使得华南地区整体的绿色增长绩效水平被拉高。同时，样本区间内，华南地区在 2005 年的 GDPI 显著高于其他地区，说明华南地区在样本初始年份的绿色增长绩效水平较高。但华南地区的绿色增长绩效水平并未显著增长(图 8-19)，这说明除广东外，其余华南地区省份的绿色增长绩效水平并未提高。西北地区的 GDPI 显著低于其他地区，均值小于 0.2，说明

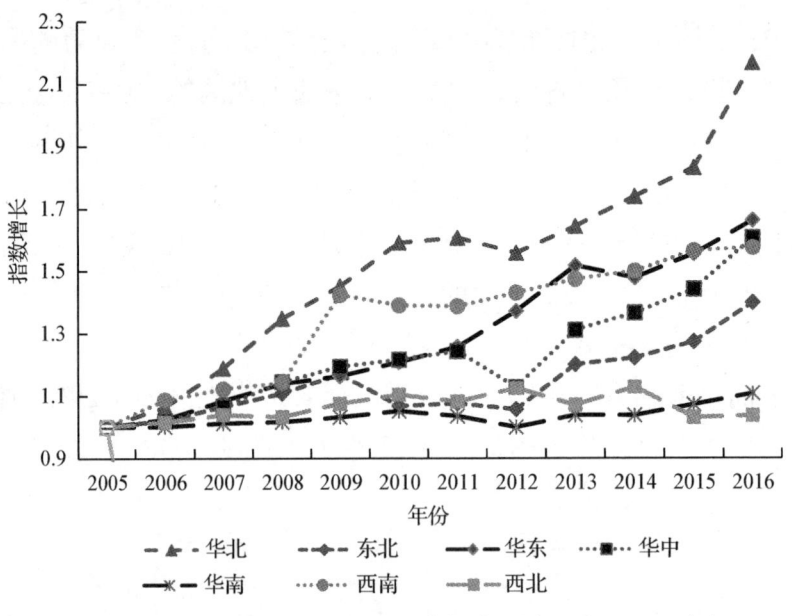

图 8-19　七大地区 GDPI 累计增长水平(2005~2016 年)

绿色增长绩效水平相对偏低，同时，GDPI 并未呈现增长趋势(图 8-20)。从边际的角度来看，提高 GDPI 既能够提高全国整体的绿色增长绩效水平，同时所付出的边际成本也相对较少。此外，从图 8-19 中还可以看出，2009~2011 年的 GDPI 基本持平，可能的原因是金融危机期间，政府采取的大规模经济刺激计划阻碍了 GDPI 的增长。

图 8-20 为七大地区的 GDPI 平均值。图中显示，样本范围内，华南地区的平均 GDPI 最高，为 0.553，西北地区的平均 GDPI 只有 0.185，为最低的地区。七大地区中，华南、华东、西南与华北地区的平均 GDPI 较高，东北、华中及西北地区的 GDPI 较低，这与图 8-18 的时间趋势结果相互印证。

由式(8-16)关于 GDPI 的定义可知，GDPI 由能源绩效指数和环境绩效指数构成，因此我们可以分析 GDPI 构成部分对 GDPI 的影响。图 8-21 统计了七大地区 GDPI 的构成。由图可知，华南地区的能源绩效指数和环境绩效指数位于七大区域的最高水平，这使得华南地区的 GDPI 位于七大地区的最高水平。华东地区的能源绩效指数显著高于西南地区，而环境绩效指数仅略小于西南地区，这使得其 GDPI 高于西南地区，位于第二位。西北地区的能源绩效指数和环境绩效指数均位于七大地区的最低水平，从而导致其 GDPI 为七大地区的最低水平。此外，各地区的环境绩效指数均低于其能源绩效指数，因此，在提高能源绩效指数的同时，努力提高环境绩效指数对提高 GDPI 至关重要。

第 8 章 京津冀地区传统高能耗产业升级指数研究 | 171

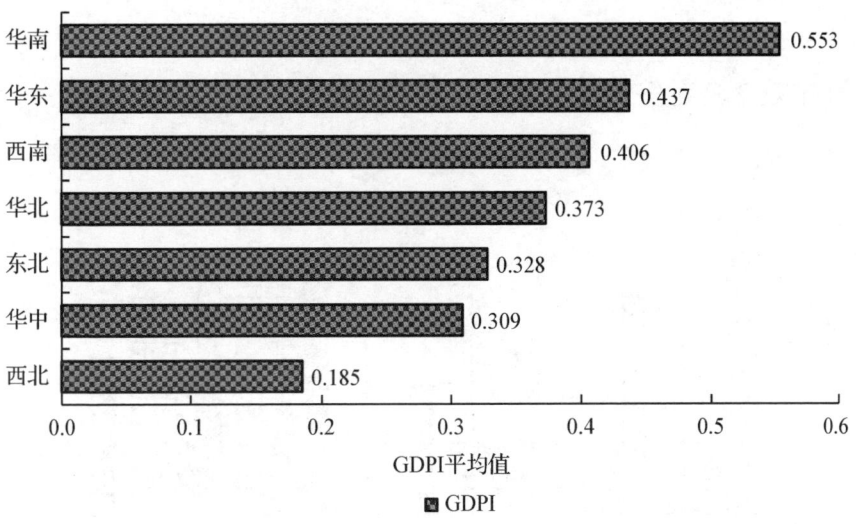

图 8-20 七大地区 GDPI 平均值

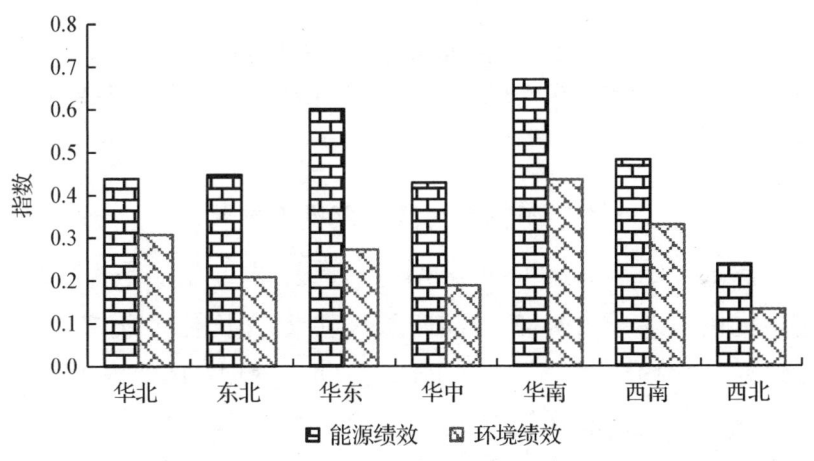

图 8-21 七大地区 GDPI 构成

图 8-22 进一步给出了环境绩效指数中各部分绩效指数的构成。从图中可以看出，废水绩效指数和二氧化碳绩效指数是环境绩效指数的主要构成部分。华南地区的二氧化碳绩效指数、二氧化硫绩效指数和固体废物绩效指数均高于其他地区，从而使得其环境绩效指数位于各地区最高水平。华东地区和西南地区的污染绩效指数对环境绩效指数的贡献程度接近，但废水绩效指数低于西南地区，从而使总体的环境绩效指数低于西南地区。西北地区除废水绩效指数外，其余绩效指数较大幅度地低于其他地区，从而导致西北地区的环境绩效指数是最低的。此外，除华南地区外，其他地区的二氧化硫绩效指数和固体废弃物绩效指数较大幅度的高于其废水和二氧化碳绩效指数，因此，

在保持或稳步提高废水和二氧化碳的减排效率的同时，提高二氧化硫和固体废物的减排效率将对整体环境绩效指数的提高具有重要的贡献。

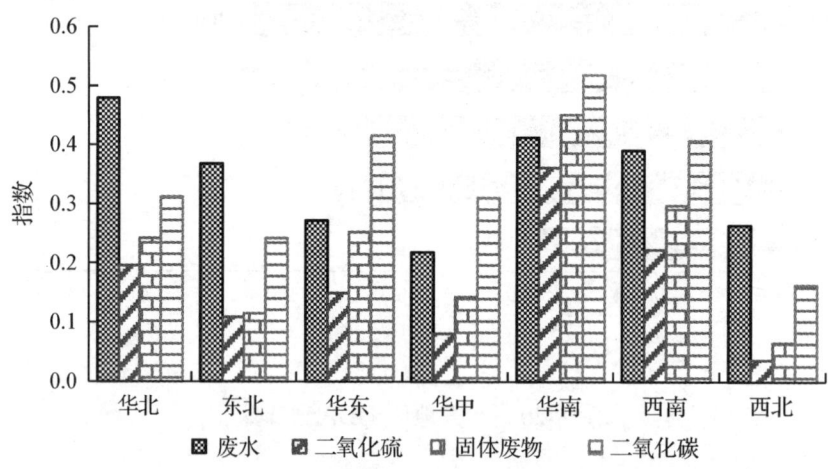

图 8-22　七大地区环境绩效指数构成

> **专栏 8-3**
>
> ### 深圳推动产业转型升级的做法
>
> 　　一是深圳以结构优化推动产业转型升级，主要做法是提高现代服务业比重，优化三次产业结构；提升产业链层级，优化行业结构；扶持优势，淘汰落后，优化组织结构；加强人口动态管理，优化人力资源结构；加强节能减排，优化能耗结构等。
>
> 　　二是通过扶持优势、淘汰落后、优化组织结构推动产业转型升级。2000 年后，深圳强化产业集群发展，形成通信设备及终端、半导体照明、平板显示、生物医药和器械、新能源、网络内容、数字装备、计算机及外设等一批超千亿元的产业集群。
>
> 　　三是鼓励行业并购和重组，支持优势企业做大做强。目前深圳已经形成多个跨国企业集团，在跨国经营方面处于全国前列，深圳企业通过在国外设立产业园区，特别是通过在东南亚、非洲扩大产能，大大提升了跨国发展能力。同时，深圳大力推动加工贸易企业转型升级，加快加工贸易企业的本土化融合，培育外贸转型示范基地，推进来料加工企业法人化转型。加快低端企业退出，综合运用法律、经济、技术和必要的行政手段清理和淘汰低端企业。

四是通过发展高端重大项目带动产业升级。在积极引进高端项目方面，完善高端重大项目引进决策机制，缩短项目落地周期。加强招商引资工作针对性，重点引进互联网、生物、新能源、新材料、文化创意和新一代信息技术产业等战略性新兴产业及重点产业链、价值链高端环节和缺失环节的项目。同时，大力引进大企业集团，超常规支持特殊重大项目。对华为、中兴、比亚迪、华大基因、长安汽车等单位特殊重大项目给予超常规支持，力争在新一代通信、新能源、生命科学、高端汽车等领域实现重大产业突破，带动行业内企业的转型升级。具体来说有如下做法。

第一，发挥高新技术产业园区的产业聚集、示范和带动作用。通过深圳高新园区优化升级，积极推动珠三角产业布局一体化进程，在创新中转型、在转型中跃升，促进园区产业、社会、文化全面创新，在深圳创新型国家建设及转型升级工作中发挥引领示范作用。大力构建创新平台体系，完善创新金融服务体系，打造科技合作体系。促进知识、技术等生产要素在各园区双向流动。以多层次、全方位的创新平台体系，孵化培育高科技中小微型企业。出台专项政策引导大企业与中小企业之间的科技资源实现互动互利。通过各种渠道，聚集了一批高水平研发机构，引进了一批国际化创新型领军人才，形成了一批跨国创新型企业，辐射全市科技园区，引领全国科技创新，建成国际化高技术产业基地。到2015年，深圳高新区已经培育出通信设备、互联网和软件三个超千亿的产业集群。同时，吸引科技资源不断向高新区聚集，目前国家级重点实验室有3家，国家工程技术研究中心有4家，国家工程实验室有7家，国家认定企业技术中心有10多家。2015年，高新技术产品产值将占深圳工业总产值的30%；研发产业占全市的65%；企业主导或参与国际、国家及行业标准制定360项，占全市的45%。

第二，打造以自主创新为特征的新兴高技术产业基地。在发展壮大以电子信息产业为主导的高新技术产业的同时，积极培育和发展下一代互联网（NGI）、下一代网（NGN）、生物医药、新材料、新能源、海洋经济等新兴高新技术产业集群，大力打造以自主创新为特征的国家综合性高技术产业基地。2015年高新技术产业增加值占工业增加值比重达到75%以上。

第三,打造以自主技术为主体的先进制造业基地。充分利用深圳电子信息技术比较发达优势,拓展先进制造业的前沿领域,大力发展以自主品牌和自主技术为主的装备制造、汽车、航天航空和精细化工产业,加快从加工装配为主向自主研发制造为主转变。到 2015 年先进制造业增加值占工业增加值比重已经达到 15%以上。

第四,打造以服务创新为核心的区域金融中心。大力推进金融改革创新综合试验区建设,鼓励金融机构进行机制创新、产品创新和服务创新,促进资本市场、货币市场、保险市场的对接,努力构建多层次的资本市场体系和多样化、比较完善的金融综合服务体系,建设区域金融中心。

第五,打造高端化为方向的现代服务业基地。以高端服务业为重点,大力发展现代金融、现代物流、现代商贸、科技服务、商务会展、服务外包、文化创意、信息服务、专门专业、总部经济等现代服务业,加快形成与国际化城市相配套的生产、消费、公共服务三位一体的城市服务功能体系,全面打造具有国际影响力的服务业基地。到 2015 年,现代服务业增加值占第三产业的比重达到 60%以上。

第六,打造具有国际影响力的优势传统产业深圳品牌。积极推进高新技术产业与传统产业的融合渗透,加强传统产业配套建设和产业技术研发,培育一批龙头企业和龙头产品,打造具有国际影响力的"深圳品牌"。以品牌化、集约化为方向,以技术创新、管理创新、整合资源为手段,从产业实际出发,切实有效地推进传统产业走集约型、节约型、生态型、环保型发展模式,提高企业自主研发、设计水平,努力把优势传统产业改造成为先进制造业,提高传统优势产业竞争力。积极引导传统行业向加工与设计相结合转变,提高设计、工艺水平,提高产品的科技含量、附加值的市场竞争力,促进传统工业的优化升级。改造提升机械、服装、钟表、家具、印刷包装、黄金珠宝六大传统优势工业,培育一批具有技术先导示范作用的企业群和产业聚集基地。积极培育和发展自主品牌,着力培育一批著名品牌和龙头企业,形成在全国、全球具有竞争力的区域品牌。

(资料来源:陈少兵,深圳产业结构演化与发展研究,有修改。)

8.4.5 京津冀地区产业绿色增长绩效指数

本节进一步对京津冀地区的 GDPI 进行分析。图 8-23 为京津冀地区 GDPI 时间趋势图，图 8-24 为京津冀地区的 GDPI 累计增长水平。整体来看，京津冀地区的 GDPI 在样本研究范围内呈现显著增长趋势，表现为从 2005 年的 0.291，增长到 2016 年 0.746，年均增长 9%，累计增长 156.3%，说明京津冀地区的绿色增长绩效水平取得了较大进展[①]。北京在 2011 年以前的 GDPI 呈现显著增长趋势，天津和河北的 GDPI 则增长较为缓慢，说明在此期间，北京的绿色增长绩效水平大幅提高，而天津和河北的绿色增长绩效水平未取得显著进展。2011 年以后，北京的 GDPI 在 2011~2014 年出现小幅回落，到 2015 年又回升到 2011 年水平。天津的 GDPI 自 2011 年以来大幅增长，说明天津近年来绿色增长绩效水平取得了重要进展。河北的 GDPI 在 2014 年达到最大值，2015 年出现相对较大幅度回落，然后小幅增长。总体来说，河北的绿色增长绩效水平并未出现显著改善，需努力提升能源利用效率和减排效率。

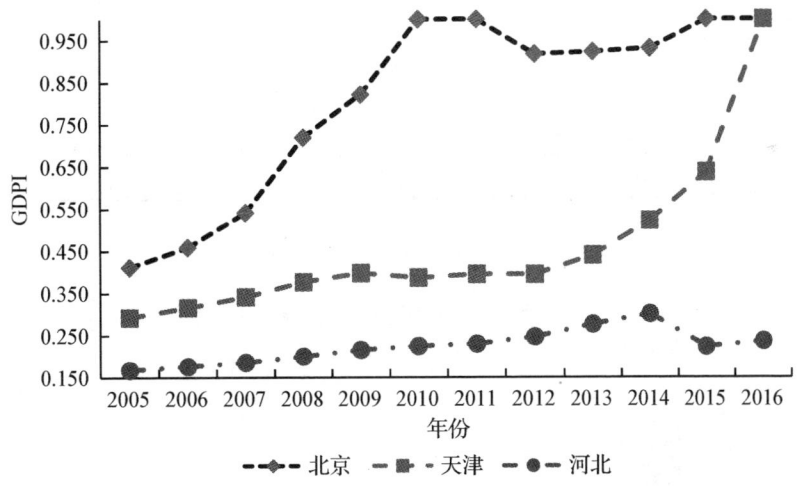

图 8-23　京津冀地区 GDPI 时间趋势图（2005~2016 年）

图 8-25 和图 8-26 进一步对 GDPI 和环境绩效指数各组成部分进行了统计。图 8-25 显示，北京的能源绩效指数和环境绩效指数对其绿色增长绩效指数的影响程度接近，因此，要进一步提高北京的绿色增长绩效水平需要同时提高能源利用效率和污染物减排效率。天津和河北的环境绩效指数显著低于能源绩效指数，这说明能源绩效指数的贡献高于环境绩效指数。因此，对天津而

---
① 对北京、天津和河北的 GDPI 进行了求均值处理，得到京津冀地区的 GDPI。

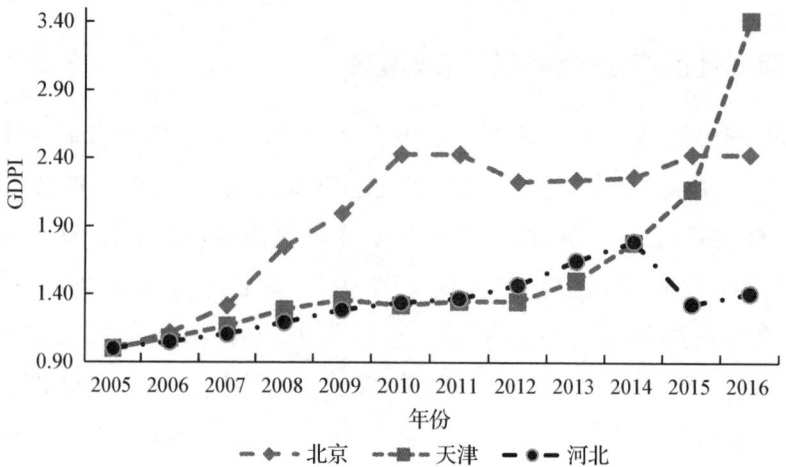

图 8-24　京津冀地区 GDPI 累计增长水平(2005～2016 年)

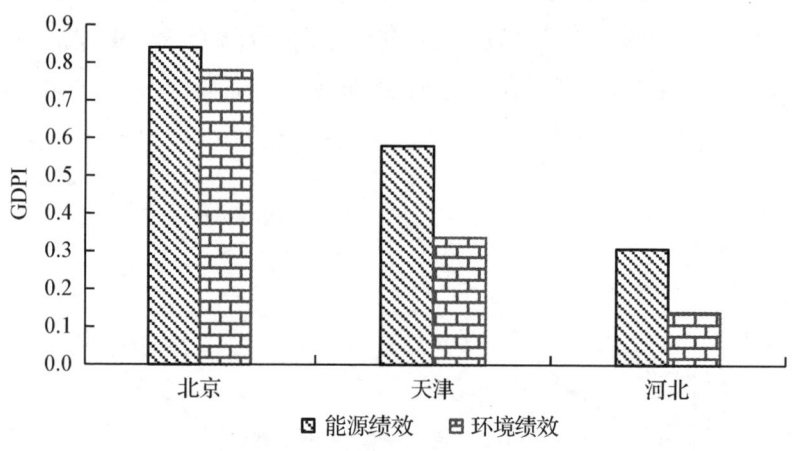

图 8-25　京津冀地区 GDPI 构成

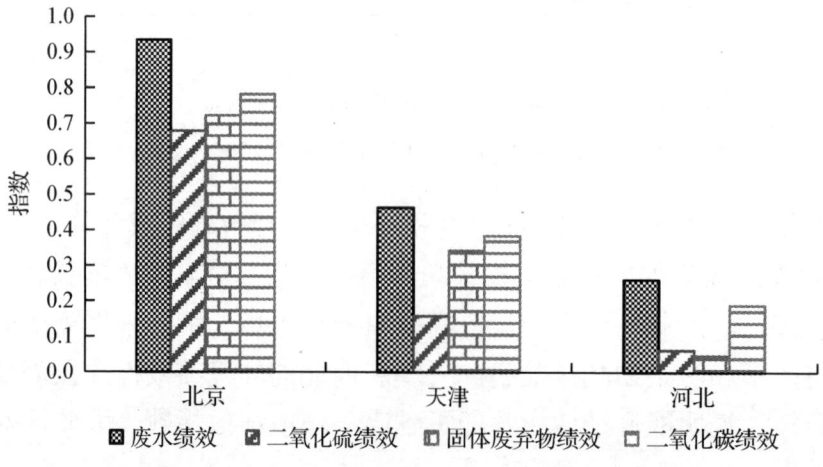

图 8-26　京津冀地区环境增长绩效指数构成

言，在保持较高能源利用效率的同时，进一步提高污染物减排效率，特别是二氧化硫减排效率的提高，更有利于其绿色增长绩效水平的提高。对河北而言，首先需要大幅提高能源利用效率和污染物减排效率，才能提高其绿色增长绩效水平，其次，提高污染物减排效率时需重点提高二氧化硫和固体废弃物的减排效率（图 8-26），从通过提升环境绩效水平进而推动绿色增长绩效水平的提高。

> **专栏 8-4**
>
> **北京以先进的标准引领低碳绿色发展**
>
> 自 2012 年开始，北京市实施百项节能低碳标准建设，首次发布了 27 项能耗限额类标准，不仅规定了现有企业单位产品能耗限额的限定值，而且明确了新建企业单位产品能耗限额的准入值，提出了企业单位产品能耗限额的先进值。在产业发展上，高技术制造业和生产性服务业已成为推动北京产业结构调整的重要力量，北京的发展已从资源主导的增长向节能减排、内涵式发展转变，尤其是在低碳服务创新管理上，北京水平较高。在全国率先试点将能源费用托管型项目纳入财政奖励范围，节能服务备案企业 448 家，位居全国第一，实施合同能源管理项目节能量约 24 万吨，累计形成的年节能能力约为年风能利用量的 3 倍，节能效果显著。2013 年北京获全国唯一服务业清洁生产试点城市。2015 年北京的万元 GDP 能耗全国最低。北京的节能减排绩效高反映了低碳城市发展的普遍规律：城市节能减排绩效，是一个渐进式、螺旋式上升过程，不仅需要把现有产业体系中的低端产品、低端企业淘汰一些，更需要内生的动力——产业创新驱动、管理创新驱动与技术创新驱动。

8.4.6 产业绿色增长的结论与讨论

本书基于非参数的 DEA 方法，测算了中国 30 个地区的 GDPI。研究结果如下。

从整体来看，GDPI 均值为 0.368，整体绿色增长绩效水平偏低，但绿色增长绩效水平在不断提高，特别是近年来取得了较大进展。

从区域来看，华南、华东和西南地区的绿色增长绩效水平相对较高，其中，华北地区的绿色增长绩效水平在样本研究范围内累计增长最多，在所有地区中表现最好。东北、华中及西南地区的绿色增长绩效水平相对较低，需要进一步提高能源利用效率和污染物的减排效率,以促进绿色增长绩效的增长。

从结构来看,能源绩效指数对绿色增长绩效指数的影响大于环境绩效指数的影响,因此,从边际贡献的角度来看,进一步提高污染物的减排效率,特别是二氧化硫和固体废弃物的减排效率,更有利于绿色增长绩效指数的提高。

此外,还对京津冀地区的绿色增长绩效进行了测算。测算结果如下。

从整体来看,京津冀地区的绿色增长绩效水平年均增长 9%,累计增长 156.3%,说明京津冀地区的绿色增长绩效水平取得了较大进展。

从结构来看,北京的能源绩效指数和环境绩效指数对 GDPI 的影响相当。天津的能源绩效指数对绿色增长绩效指数的影响大于环境绩效指数,因此,进一步提高环境绩效水平更有利于绿色增长绩效水平的提高。河北的绿色增长绩效水平偏低,需大幅提高能源利用效率和污染物减排效率以提高绿色增长绩效水平。

8.5 京津冀地区传统高能耗产业升级指数研究

8.5.1 全国传统高能耗产业升级指数测算

传统高能耗产业升级指数(UPI)由产业结构优化指数、产业结构转换能力指数及产业绿色增长指数组成。本书仍然采用熵值法对三个指数进行合成以得到 UPI。由于三个指数在合成最终指数之前均做标准化处理,因此 UPI 为 [0,1],值越大,升级指数越高,升级水平越高。测算结果如表 8-11 所示。

研究显示,2005~2016 年,UPI 均值为 0.341,330 个测算值中只有 62 个测算值大于 0.5,14 个测算值大于 0.8,且均为北京和上海的 UPI 取值,说明中国整体传统高能耗产业升级水平偏低,而发达地区的传统高能耗产业升级水平较高。近四年来,UPI 大于 0.5 和大于 0.8 的被评价单元个数各年比重显著优于前面 7 年(2005~2012)各年度比重,说明传统高能耗产业升级水平近年来取得了较大进展。2005 年的 UPI 为 0.269,2016 年仅为 0.404,意味着整体的传统高能耗产业升级水平不高,但整体呈现递增趋势,年均增长约 3.8%,表明传统高能耗产业升级水平在不断提升。

与 2005 年相比,2016 年所有地区的 UPI 均有不同程度的增长。北京、上海的 UPI 在 2016 年均超过 0.9,显著高于其他地区,说明两个直辖市的传统高能耗产业升级水平较高,这与我们实际观测到的数据相符。

表 8-11 30个省域传统高能耗产业升级指数测算结果(2005~2016年)

地区	2005年	2006年	2007年	2008年	2009年	2010年	2011年	2012年	2013年	2014年	2015年	2016年
北京	0.553	0.608	0.655	0.715	0.766	0.854	0.873	0.858	0.890	0.920	0.964	0.977
天津	0.454	0.466	0.466	0.477	0.490	0.502	0.513	0.538	0.577	0.612	0.674	0.673
河北	0.141	0.155	0.166	0.170	0.196	0.214	0.211	0.213	0.244	0.265	0.255	0.264
山西	0.113	0.134	0.165	0.158	0.147	0.170	0.173	0.189	0.206	0.194	0.199	0.208
内蒙古	0.141	0.156	0.190	0.190	0.213	0.227	0.238	0.217	0.233	0.238	0.235	0.253
辽宁	0.228	0.250	0.259	0.267	0.297	0.320	0.324	0.319	0.349	0.338	0.325	0.354
吉林	0.282	0.305	0.338	0.333	0.364	0.346	0.344	0.364	0.388	0.392	0.398	0.401
黑龙江	0.318	0.324	0.332	0.346	0.322	0.330	0.320	0.314	0.337	0.339	0.342	0.335
上海	0.547	0.571	0.647	0.675	0.728	0.795	0.826	0.870	0.928	0.903	0.925	0.932
江苏	0.388	0.401	0.427	0.444	0.465	0.496	0.517	0.541	0.566	0.587	0.623	0.633
浙江	0.394	0.412	0.430	0.434	0.454	0.490	0.499	0.526	0.554	0.574	0.612	0.615
安徽	0.252	0.257	0.276	0.279	0.302	0.319	0.327	0.346	0.366	0.372	0.394	0.390
福建	0.400	0.401	0.400	0.399	0.407	0.428	0.416	0.440	0.465	0.463	0.479	0.469
江西	0.205	0.207	0.211	0.218	0.223	0.239	0.251	0.269	0.290	0.313	0.329	0.315
山东	0.297	0.307	0.322	0.338	0.345	0.361	0.366	0.376	0.405	0.418	0.423	0.424
河南	0.211	0.225	0.236	0.244	0.255	0.276	0.290	0.266	0.295	0.314	0.332	0.323
湖北	0.232	0.247	0.266	0.271	0.292	0.316	0.310	0.293	0.330	0.347	0.356	0.354
湖南	0.260	0.239	0.256	0.280	0.293	0.309	0.304	0.314	0.347	0.360	0.383	0.380
广东	0.696	0.718	0.731	0.722	0.731	0.757	0.751	0.757	0.775	0.775	0.812	0.835
广西	0.224	0.219	0.240	0.232	0.264	0.280	0.274	0.251	0.276	0.287	0.308	0.298
海南	0.312	0.298	0.293	0.272	0.279	0.320	0.267	0.276	0.308	0.277	0.292	0.284
重庆	0.297	0.311	0.343	0.345	0.364	0.356	0.364	0.389	0.439	0.464	0.493	0.468
四川	0.355	0.374	0.412	0.417	0.539	0.549	0.557	0.564	0.572	0.585	0.592	0.595
贵州	0.089	0.119	0.094	0.109	0.125	0.146	0.173	0.196	0.218	0.232	0.262	0.247
云南	0.127	0.138	0.140	0.149	0.169	0.182	0.181	0.198	0.188	0.190	0.213	0.211
陕西	0.222	0.218	0.238	0.250	0.271	0.297	0.296	0.315	0.313	0.317	0.327	0.338
甘肃	0.056	0.068	0.086	0.075	0.090	0.117	0.114	0.141	0.155	0.160	0.131	0.159
青海	0.057	0.065	0.073	0.063	0.067	0.081	0.083	0.084	0.091	0.110	0.089	0.099
宁夏	0.063	0.082	0.077	0.095	0.087	0.087	0.078	0.084	0.115	0.147	0.109	0.119
新疆	0.161	0.167	0.170	0.177	0.154	0.157	0.155	0.146	0.153	0.164	0.168	0.167

另外,我们发现,2016年的UPI大于0.6的地区均为东部发达地区。

2016 年的 UPI 小于 0.2 的地区有甘肃、青海、宁夏和新疆，都为西部地区，意味着西部地区的传统高能耗产业升级水平偏低，亟须优化升级。

样本期间内共有 8 个地区的 UPI 年均增长率超过 5%，分别为北京、河北、山西、内蒙古、贵州、甘肃、青海、宁夏，主要分布在中西部地区。值得注意的是，UPI 年均增长率最高的为贵州和甘肃，分别为 9.7% 和 10%，这两个省的 UPI 位于全国的末位(2016 年的 UPI 指数值分别为 0.25 和 0.16)，但相对于自身而言，其 UPI 取得了较大幅度的提升，也表明其传统高能耗产业升级水平有较大幅度的提升。

此外，广东省是唯一 UPI 在 2005 年超过 0.6 的省份，说明广东省在样本研究初期有相对较高的传统高能耗产业升级水平，但其样本期间内的 UPI 仅累计增长 20%，远低于全国平均累计增长水平，产业升级速度相对缓慢。

按照前面章节的分析思路，本书继续比较七大地区的 UPI。图 8-27 为七大地区 UPI 时间趋势图，图 8-28 为七大地区 UPI 累计增长水平。从区域来看，华南、华东、华北地区的 UPI 相对较高，而其他地区的 UPI 相对较低。华南地区在样本研究范围内前期具有最高产业升级水平，但到样本研究期末被华东地区超出，说明华南地区的产业升级水平提高较慢。值得注意的是，华东地区的 UPI 显著高于其他地区，而西北地区的 UPI 则显著低于其他地区，说明华东地区传统高能耗产业升级水平较高。西北地区的传统高能耗产业升级水平较低，亟须采取相应措施。

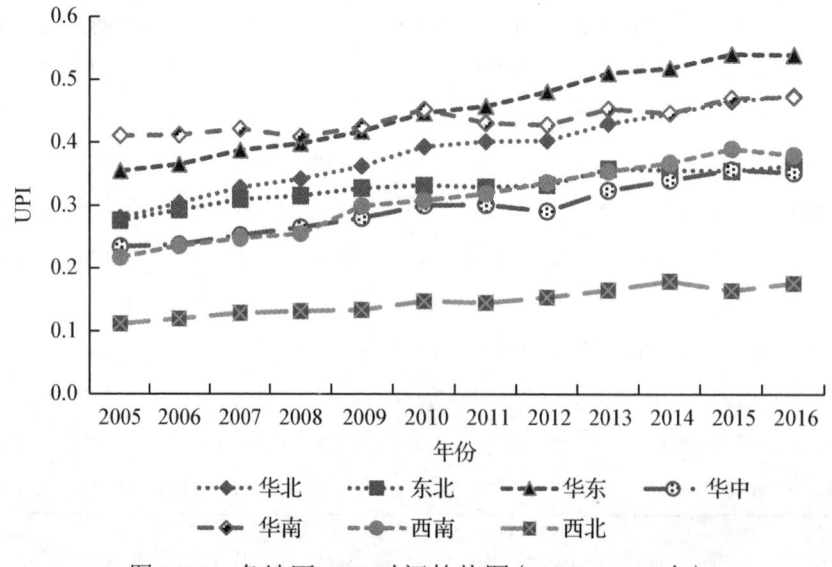

图 8-27　各地区 UPI 时间趋势图(2005~2016 年)

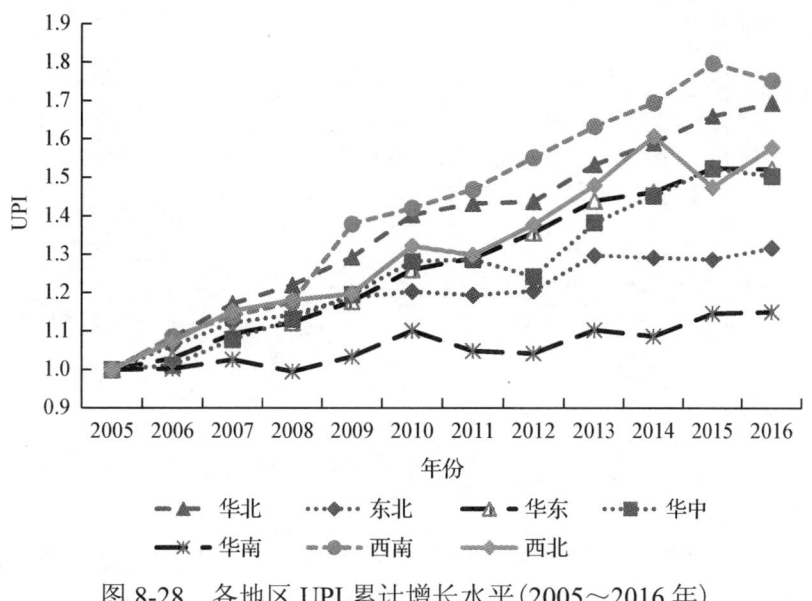

图 8-28　各地区 UPI 累计增长水平(2005~2016 年)

进一步观察图 8-28 可以发现，样本范围内，西南地区、华北地区及西北地区的 UPI 都有较为显著的累计增长。2013 年以前，多数地区 UPI 增长较为显著，但 2013 年以后出现增长平缓甚至下降的趋势，这可能是因为 2012 年以来中国经济增进出现较为下滑影响了部分地区的产业升级。华南地区的 UPI 累计增长幅度显著低于其他地区，且累计增长幅度并不明显，说明样本期间内华南地区的产业升级速度并未显著提高，产业升级水平并未取得显著进展。东北地区 2013 年以来的 UPI 累计增长有限，这可能是近几年来经济发展滞后于其他地区所致。

图 8-29 和图 8-30 进一步对 UPI 的时间差异和区域差异进行了比较。其中图 8-29 为小提琴图，用来描述数据的变化趋势和分布状况，小提琴图中的点为均值，外部形状为对称的核密度估计。图 8-30 为箱线图，用来描述数据分散情况，其中盒中的点为均值，线为中位数，盒子的长度表示数据的离散程度。图 8-29 显示，UPI 保持递增趋势(小提琴图中的点随时间推移位置不断上升)，到 2016 年出现回落，这与图 8-30 中的结论一致。观察小提琴的外部形状可以发现，密度曲线的跨度随着时间的推移越来越宽，说明地区之间的 UPI 差异越来越大，这意味着整体的传统高能耗产业升级水平越来越高，但地区间的产业升级速度出现了差异，且这种差异越来越大，导致有的地区的传统高能耗产业升级水平相对较高，而有的地区的传统高能耗产业升级水平相对较低。

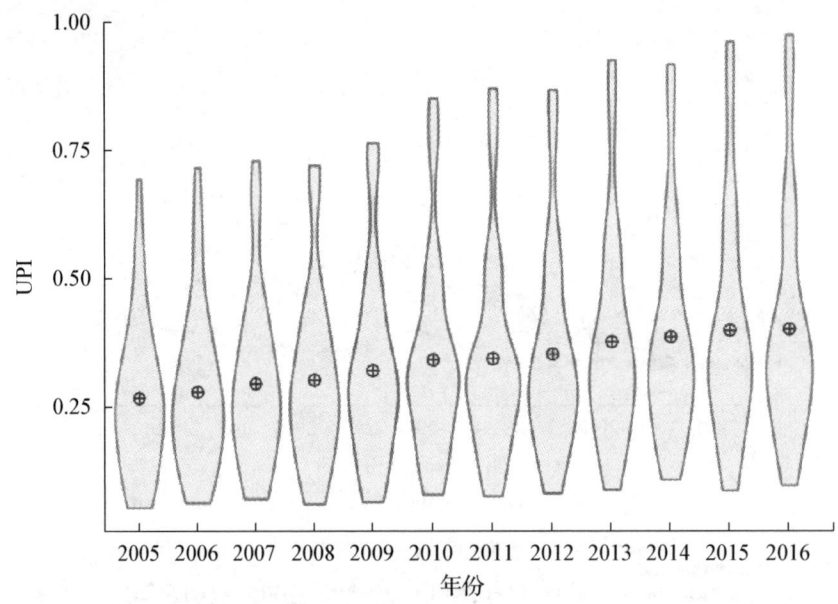

图 8-29　UPI 时间变化趋势（2005～2016 年）

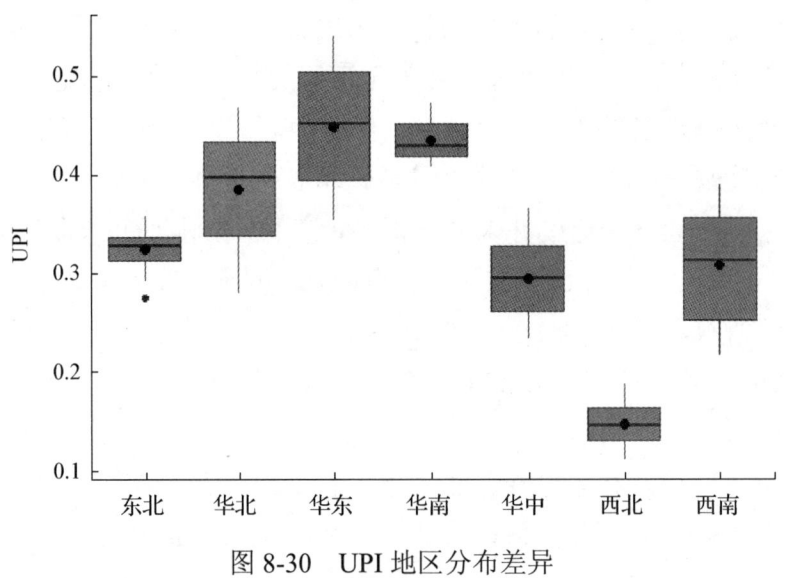

图 8-30　UPI 地区分布差异

图 8-30 比较了七大地区 UPI 的分布状况。相比于图 8-29，图 8-30 更能够清楚地描述地区间的差异，华东地区的 UPI 具有更大的均值和中位数，且均显著高于其他地区。西北地区的 UPI 具有更小的均值和中位数，均显著低于其他地区。华东及西南地区的 UPI 具有较高的离散程度，说明地区内部的 UPI 差异较大，即地区内部有的 UPI 较高，而有的 UPI 较低，这需要显著提升地区内 UPI 较低地区的产业升级水平。东北、华南和西北地区的 UPI 离散

程度较低,说明地区内 UPI 差异较小。对于 UPI 均值和中位数较低的地区,需要整体提高地区的产业升级水平。

图 8-31 比较了结构优化指数、结构转换指数及 GDPI 对 UPI 的贡献。从图中可以看出,华南地区的 GDPI 显著高于其结构优化指数和结构转换指数,因此,华南地区需着力推动结构优化指数和结构转换指数的提高以推动产业升级指数的提高。东北和华中地区的结构优化指数显著高于其结构转换指数和 GDPI,因此,东北和华中地区需着力推动结构转换指数和 GDPI 的提高以推动产业升级指数的提高。华北地区需要着力推动 GDPI 的提高,西南地区需要着力推动结构转换指数的提高,西北地区需要同时推动三个指数的提高。此外,华东地区三个指数均较高,主要得益于三个分项指数均较高。

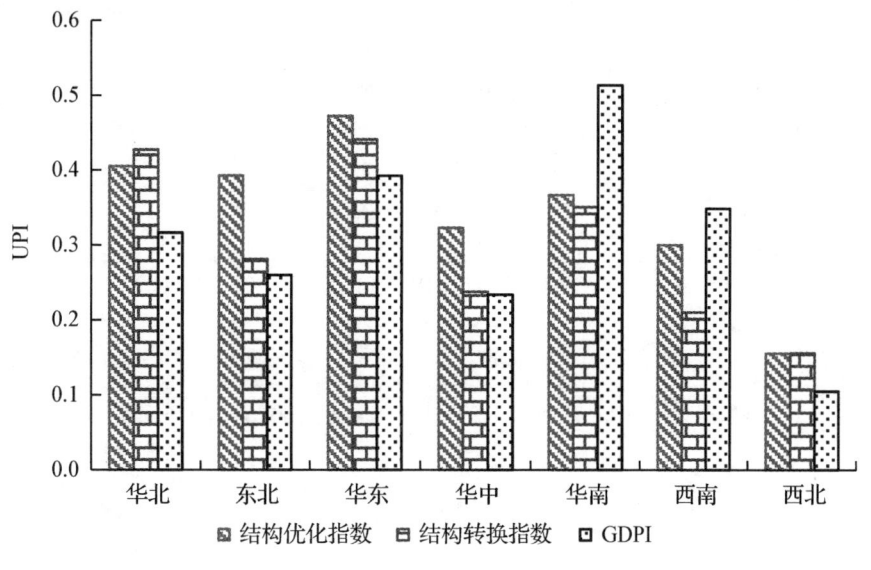

图 8-31 各地区 UPI 分指数比较

8.5.2 京津冀地区传统高能耗产业升级指数

本节对京津冀地区传统高能耗产业升级指数进行分析。图 8-32 为京津冀地区 UPI 时间趋势图,图 8-33 为京津冀地区 UPI 累计增长水平。整体来看,京津冀地区的 UPI 在样本研究范围内呈现显著增长趋势,表现为从 2005 年的 0.383,增长到 2016 年 0.638,产业升级水平有较大幅度提升,说明京津冀地区的产业升级水平取得了较大进展[①]。整体上,北京的 UPI 在样本范围内呈现

---

① 对北京、天津和河北的 GDPI 进行了求均值处理,得到京津冀地区的 GDPI。

持续增长趋势，意味着北京的产业升级水平在不断提高。天津的 UPI 在样本研究期间内平稳增长，表明天津的产业升级水平在稳步推进。河北整体的产业升级水平显著低于北京和天津，需要采取相应的政策措施推动产业升级水平的提高。图 8-33 进一步显示，虽然河北的产业升级水平较低，但相对而言，在样本研究范围内，河北的产业升级水平的累计增长幅度与北京并未有显著差异，显著高于天津的累计增长幅度。总的来说，三个地区的产业升级水平均都有显著提升。

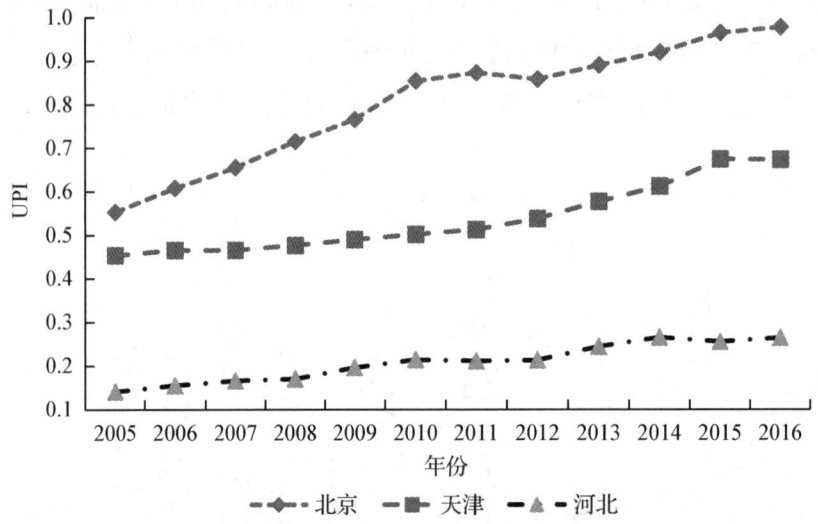

图 8-32　京津冀地区 UPI 时间趋势图（2005~2016 年）

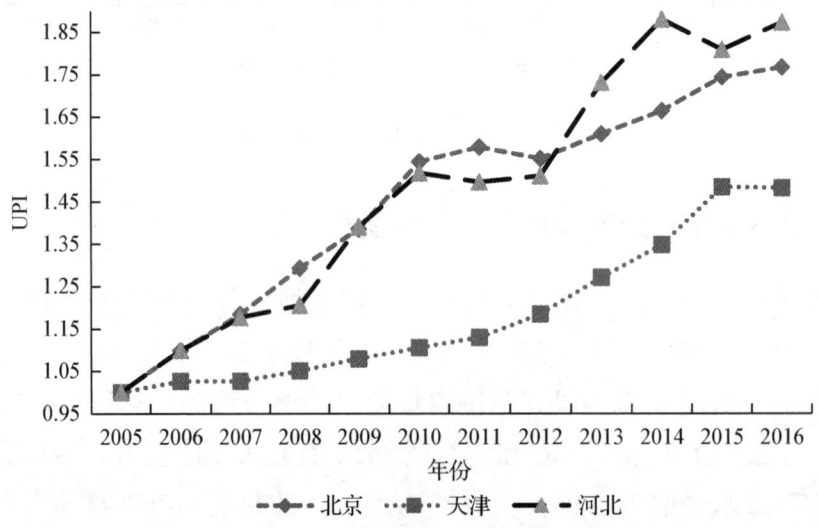

图 8-33　京津冀地区 UPI 累计增长水平（2005~2016 年）

图 8-34 比较了京津冀地区结构优化指数、结构转换指数及 GDPI 对 UPI 的贡献。图中结果显示，样本研究范围内，三个指数对 UPI 的贡献在不同地区之间存在一定的差异。北京的结构转换指数对 UPI 的贡献程度较低，因此在推动结构优化指数和 GDPI 提高的同时，需进一步推动结构转换指数的提高以进一步提高其产业升级水平。三个指数对 UPI 的贡献在天津和河北类似，三个指数需以相同力度提高以推动产业升级水平的提高。

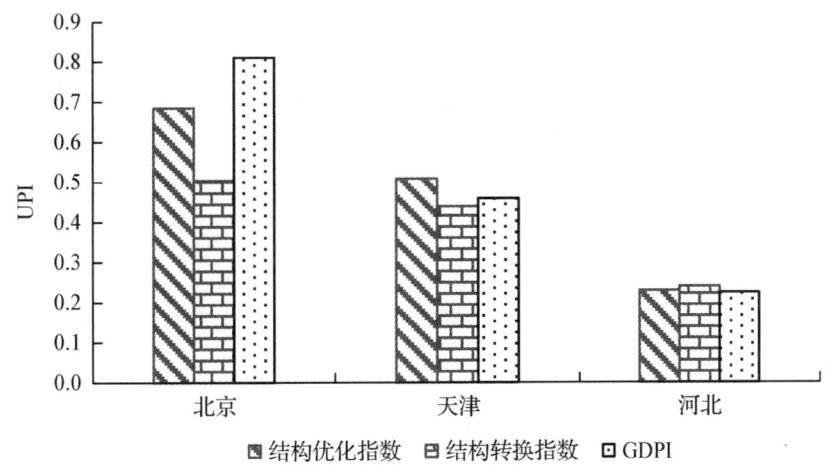

图 8-34　京津冀地区 UPI 分指数比较图

8.6　本章小结

基于熵权法从产业结构优化、产业结构转换能力及产业绿色增长三个方面构建了传统高能耗产业升级水平的综合评价指数，测算结果如下。

从整体来看，全国传统高能耗产业升级指数均值为 0.341，说明传统高能耗产业升级水平整体偏低，但产业升级水平在不断提高，特别是近年来提升较快。

从区域来看，华南、华东和华北地区的产业升级水平较高，特别是华东地区的产业升级水平显著高于其他地区，西北地区的产业升级水平最低。

从结构来看，不同地区的产业结构优化、产业结构转换能力及产业绿色增长对产业升级水平的贡献不同，因此，不同地区提高产业结构升级水平的侧重点存在差异。

对京津冀地区分析得出：从整体来看，京津冀地区的 UPI 在样本研究范围呈现显著增长趋势，说明京津冀地区的产业升级水平取得了较大进展。从结构来看，三个指数对 UPI 的贡献在不同地区存在一定的差异，进一步提高产业升级水平存在不同的侧重点。

第9章 产业结构优化升级对京津冀地区产能化解的影响评价

对传统高能耗产业而言,过剩产能的化解主要通过产业结构的优化升级来实现。运用情景分析法,本书定量分析产业结构变动对各种产能变动的影响。在此基础上,依据对未来京津冀地区产能化解的要求,找寻高效、去产能、可持续发展的产业结构。

9.1 产业结构优化的意义与方式

产业结构的优化升级是长期以来我国产能化解的重要战略。2005年11月国家发布《促进产业结构调整暂行规定》,提出产业结构调整的目标与原则。从目前来看,未来多年,产业结构的升级还是中国经济发展的重点建设方向。"十三五"规划期间,京津冀地区也明确制定了相应的产业结构政策,引导产业向合理的方向升级,实现资源最优配置。

产业结构优化升级,主要方式有鼓励技术创新、加大技改资金投入、促进技术装备革新与生产工艺,通过财政补贴与适当的投资政策淘汰落后产能、实行产能更新。本书中的产业结构优化升级,突出强调通过降低传统高能耗产业在国民经济中的比重来实现产业结构优化目标。

9.2 京津冀地区经济结构分析

9.2.1 北京市经济结构分析

2007~2016年,北京市第一、二产业比重基本呈下降的趋势,第三产业呈上升趋势。三次产业结构占比中,年均增长最多的是第三产业(1.31%),最小的是第二产业(−3.91%)。2016年,全年实现地区生产总值24899.3亿元。其中,第一产业增加值129.6亿元,第二产业增加值4774.4亿元,第三产业增加值19995.3亿元,三次产业构成为0.5∶19.2∶80.3(图9-1)。

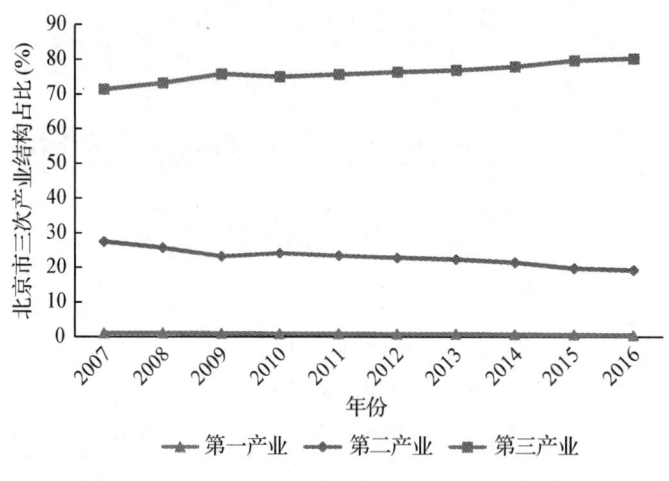

图 9-1　2007～2016 年北京市三次产业结构

根据《北京市国民经济和社会发展第十三个五年规划纲要》，北京市在未来五年内，在发展质量和效益不断提高的基础上，地区生产总值增长 6.5%，2020 年地区生产总值和城乡居民人均收入比 2010 年翻一番。三次产业内部结构进一步优化，服务业增加值占地区生产总值比重高于 80%，成为具有全球影响力的科技创新中心。坚决调整退出一般性产业特别是高消耗产业。就地淘汰一批有色金属、建材、化工、机械、印刷等污染较大、能耗耗水较高的行业和生产工艺，做好城区非首都功能疏解腾退空间的管理和使用，主要用于服务保障首都核心功能、改善居民生活条件、加强生态环境建设、增加公共服务设施。

就传统高能耗产业而言，2007～2016 年传统高能耗产业比重不断波动变化，但波动范围比较小，处于 22.86%～26.29%（图 9-2）。

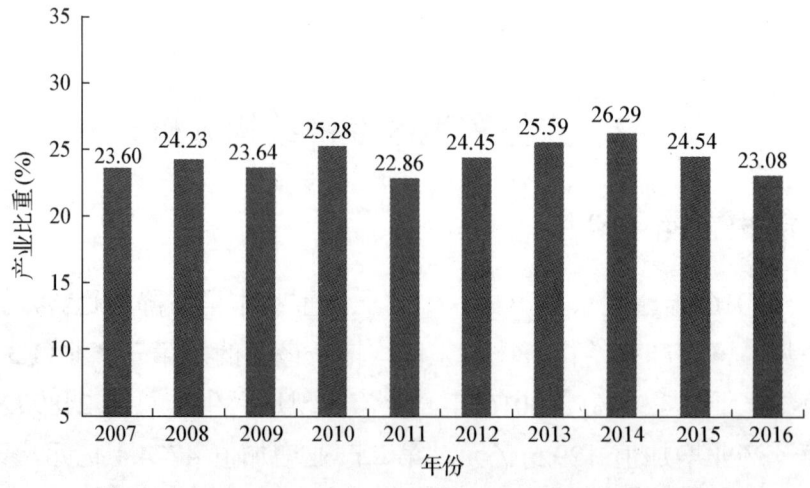

图 9-2　2007～2016 年北京市传统高能耗产业比重

9.2.2 天津市经济结构分析

2007~2016 年,天津市第一、二产业比重基本呈下降的趋势,第三产业呈上升趋势。三次产业结构占比的年均增长由大到小依次是第三产业(4.81%)、第二产业(-4.21%)和第一产业(-4.97%)。2016 年,天津市全市生产总值 17885.39 亿元。其中,第一产业增加值 220.22 亿元,第二产业增加值 8003.87 亿元,第三产业增加值 9661.30 亿元,三次产业结构为 1.2∶44.8∶54.0(图9-3)。

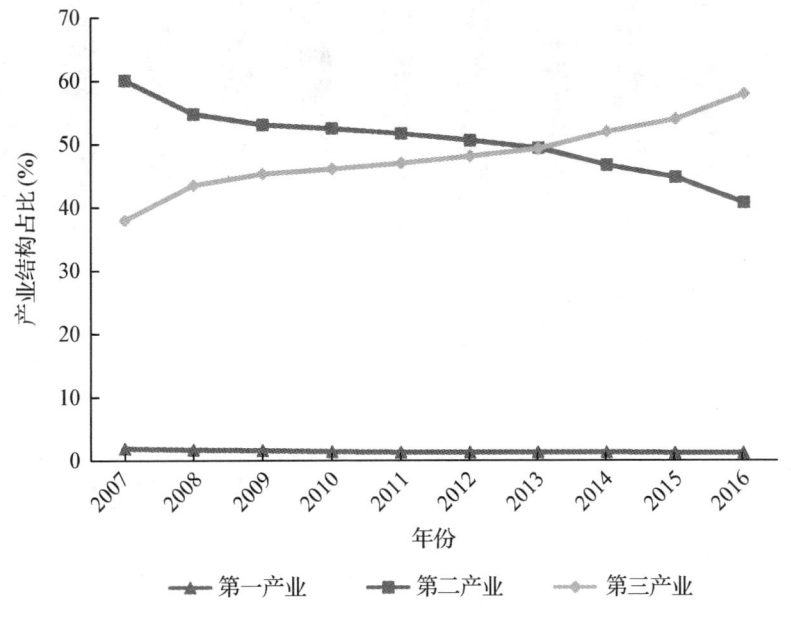

图 9-3　2007~2016 年天津市三次产业结构占比

根据《天津市国民经济和社会发展第十三个五年规划纲要》,天津市在未来五年内,经济保持平稳较快增长,实体经济不断壮大,产业结构优化升级,质量效益明显提高,协同发展取得新进展,全市生产总值年均增长 8.5%,服务业增加值占全市生产总值比重超过 55%。加快调整优化产业结构,推动产业融合发展,提高产业核心竞争力,构建以服务经济为主体、先进制造业为支撑、都市型农业为补充的现代产业体系,基本建成全国先进制造研发基地和生产性服务业集聚区。促进制造业绿色发展。实施重点节能工程,全面推动冶金、化工、电力、建材等主要能耗行业节能改造,推进产业绿色转型。深入实施万企转型升级行动,促进中小企业向新技术、新工艺、新设备、新材料、新业态转型升级,坚决淘汰落后产能。

就传统高能耗产业而言,2007~2011年传统高能耗产业比重呈现持续增加的趋势。2011年天津市传统高能耗产业比重最高,为25.61%;从2012年至2016年,传统高能耗产业比重趋于平稳,在23%上下波动(图9-4)。

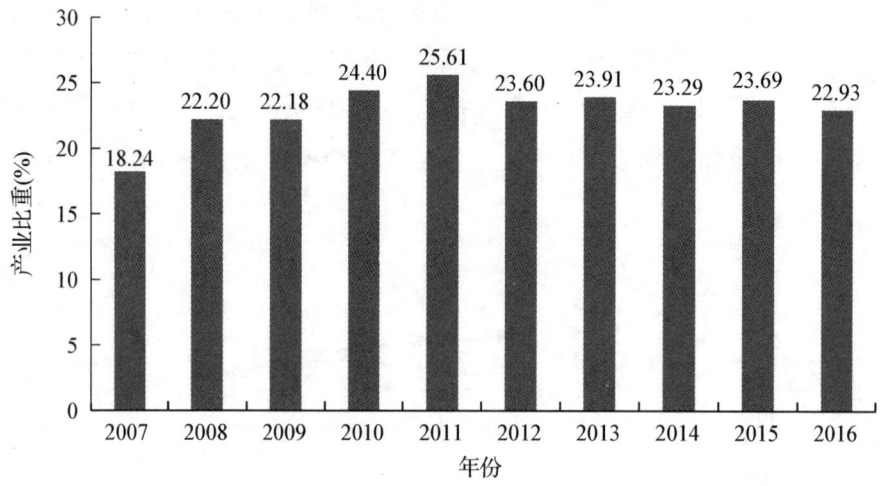

图9-4　2007~2016年天津市传统高能耗产业比重变化

9.2.3　河北省经济结构分析

2007~2016年,河北省第一、二产业比重基本呈下降的趋势,第三产业呈上升趋势。三次产业结构占比的年均增长由大到小依次是第三产业(2.59%)、第二产业(−1.25%)和第一产业(−2.75%)。河北省2016年国内生产总值为31827.9亿元。其中,第一产业增加值3492.8亿元,第二产业增加值15058.5亿元,第三产业增加值13276.6亿元。第一产业增加值占全省GDP的比重为11.0%,第二产业增加值比重为47.3%,第三产业增加值比重为41.7%(图9-5)。

根据《河北省国民经济和社会发展第十三个五年规划纲要》,河北省在未来五年内,在提高发展平衡性、包容性、可持续性的基础上,经济保持中高速,增长速度高于全国平均水平,生产总值比2010年翻一番以上,城乡居民人均可支配收入比2010年翻一番以上,到2020年如期全面建成小康社会。转型升级实现新突破,产业迈向中高端水平,钢铁、水泥、玻璃等行业过剩产能化解任务全面完成,新增长点形成规模,消费对经济增长贡献明显加大,农业现代化取得明显进展,服务业主导作用明显增强,战略性新兴产业占规模以上工业增加值比重达到20%以上。

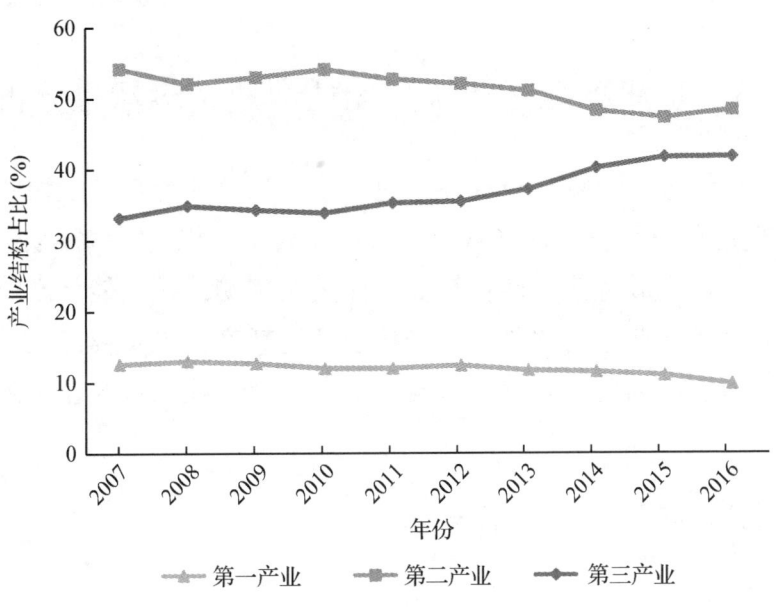

图 9-5　2007~2016 年河北省三次产业结构

就传统高能耗产业而言，2007~2016 年传统高能耗产业比重呈先增加后降低的趋势。2007~2011 年，河北省传统高能耗产业比重不断上升，到 2012 年，比重开始降低。总体来说，河北省传统高能耗产业比重均高于 25%，尤其是 2010 年至 2013 年的传统高能耗产业比重均高于 30%（图 9-6）。

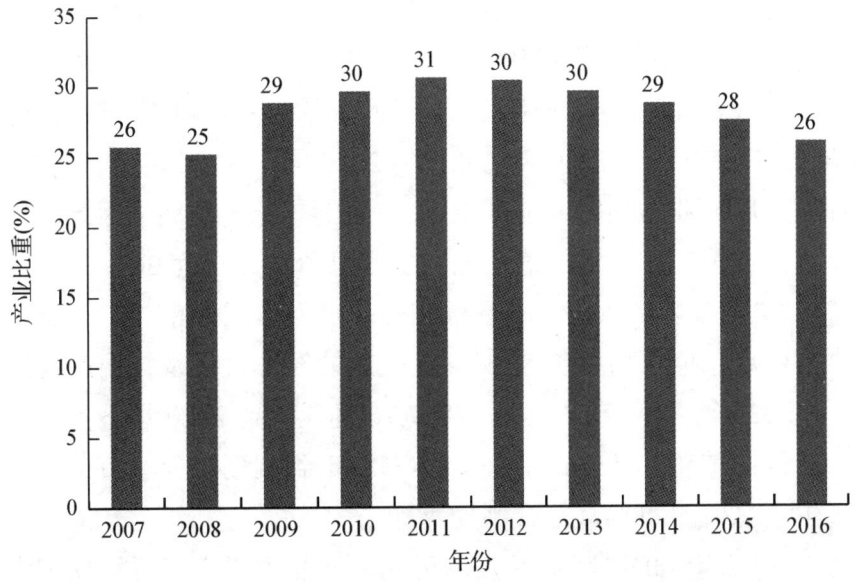

图 9-6　2007~2016 年河北省传统高能耗产业比重

9.3 京津冀地区传统高能耗产业结构情景分析

在京津冀地区总体规划目标中,包含了与传统高能耗产业调整相关的内容,如经济发展目标包括 GDP 规模、GDP 增长率,相关发展规划包括产业转型升级新突破、完成行业产能化解等。而关系预测传统高能耗产业结构比重的重要判据包括产业结构比重规划、传统高能耗产业投资及产业收入等却不属于规划的内容。因此,规划京津冀传统高能耗产业结构存在不确定性,应做情景分析。

9.3.1 情景分析核心参数的选择与预测

1) GDP

GDP 的预测是本书情景设计最重要的参数。GDP 取值不同将导致情景内容的完全不同。本书将以各地区规划为主要依据,并根据各地变化差异,得出自己的 GDP 预测值。考虑国家产业结构调整政策、行业技术政策、环境排放标准等巨大驱动力量,同时考虑上述政策、标准具有超前性,可体现社会经济发展与工业技术整体提升,按照现状水平和规划年标准的比值,对规划年作进一步处理。

北京市 2010 年 GDP 为 13699.84 亿元,北京市"十三五"规划中明确表示,到 2020 年,全市生产总值比 2010 年翻一番。在规划的经济目标前提下,2020 年北京市 GDP 为 27399.68 亿元。到 2020 年,北京市三次产业内部结构进一步优化,服务业增加值占地区生产总值比重高于 80%,因此,本书设定到规划年北京市第二产业增加值占地区生产总值的比重为 20%。

天津市 2015 年第二产业 GDP 为 7723.6 亿元,天津市"十三五"规划中表示,全市生产总值年均增长 8.5%。在规划的经济目标及二次产业结构调整的前提下,2020 年天津市 GDP 为 24867.76 亿元,到 2020 年服务业增加值占全市生产总值比重超过 55%,因此,本书设定到规划年天津市第二产业增加值占全市生产总值的 40%,符合预期目标。

河北省 2015 年 GDP 为 45407.38 亿元,河北省"十三五"规划中表示,与 2015 年相比,全省生产总值年均增长 8.5%,到 2020 年,全省国内生产总值超过 40000 亿元。河北省 2016 年第二产业增加值所占比重为 47.3%,在"十三五"期间，转型升级实现新突破，产业迈向中高端水平，并考虑河北省需接纳北京市非首都功能的产业，因此第二产业增加值比重降低幅度不会很大，本书设定规划年第二产业增加值所占比重为 45%，第二产业增加值为 18000 亿元（表 9-1）。

表 9-1　基准年与规划年 GDP 值　　　　　　　　　　　　（单位：亿元）

地区	2016 年国内生产总值	2016 年第二产业增加值	2020 年国内生产总值	2020 年第二产业增加值
北京	13699.84	4774.4	27399.68	5479.94
天津	28242.13	8003.87	24867.76	9947.1
河北	29806.1	15058.5	40000	18000

2）固定资产原价

固定资产原价反映了企业关于某项固定资产所投入的全部货币总额，是维持企业生产经营活动的物质基础。根据前文研究，京津冀地区六大传统高能耗产业都处于产能过剩状态，因此，降低资本投入将会在很大程度上减少不必要资源的生产。根据各地区实际情况，我们降低固定资产原价的总体处理原则为固定资产原价降低比例：北京市＞天津市＞河北省，具体如表 9-2 所示。

表 9-2　规划年固定资产原价降低比例设定表　　　　　　　　（单位：%）

地区	情景一	情景二	情景三
北京	25	50	65
天津	20	45	70
河北	15	30	45

3）平均用工人数

根据 2007～2016 年各地劳动力的投入情况，研究发现各地劳动力投入基本稳定，这说明各地传统高能耗产业的劳动力资源的利用情况短期内不会有较大变化。基于此，我们提出自己的预测，预计到 2020 年，各地传统高能耗产业劳动力资源的利用水平与近十年平均水平相一致（表 9-3）。

表 9-3　规划年平均用工人数设定表　　　　　　（单位：万人）

地区	情景一	情景二	情景三
北京	19.86	19.86	19.86
天津	28.46	28.46	28.46
河北	120.31	120.31	120.31

9.3.2　产业结构调整的目标设定

1) 产业结构设定

根据前文分析，资本的高投入比率推动了我国经济的持续增长，资本的投入带来主营业务收入的增长。改革开放以来，投资主导型的经济增长模式给各行各业带来了大量投资，从而促进了各产业的迅猛发展。六大传统高能耗产业的年度固定资产原价对主营业务收入的影响都比较大，在这里我们主要通过降低资本的方式来最终调整经济结构。首先我们将规划年的传统高能耗产业比重进行先行设定。各地区均以2016年为基准，考虑到京津冀协同发展现状，河北省需要承接来自北京市的非首都功能产业，因此，三种情景下河北省传统高能耗产业比重下调幅度均慢于北京市和天津市（表9-4）。

表 9-4　规划年产业结构设定表　　　　　　（单位：%）

地区	情景一	情景二	情景三
北京	21	19	17
天津	18	15	12
河北	26	25	24

2) 主营业务收入设定

主营业务收入代表能够体现传统高能耗产业的实际经营状况，综合全面地反映传统高能耗产业的发展情况。规划年主营业务收入由规划年产业结构比重设定与第二产业增加值推算得出（表9-5）。

表 9-5　规划年主营业务收入设定表　　　　　　（单位：亿元）

地区	情景一	情景二	情景三
北京	6214.25	5622.41	5030.58
天津	7161.91	5968.26	4774.61
河北	23400	22500	21600

2020年主营业务收入由规划年产业结构比重设定与第二产业增加值推算得到；北京市、天津市与河北省2007～2016年平均用工人数基本稳定，因此，规划年各地区平均用工人数用10年的平均值代替。

经过以上产业结构的调整，可得到规划年的产业利用率（表9-6）。

表9-6　各地区产业利用率　　　　　　　　（单位：%）

地区	情景一	情景二	情景三
北京	68.1	82.72	95.92
天津	75.3	82.39	102.4
河北	74.56	82.56	94.44

9.4　传统高能耗产业结构调整对产能利用率的影响分析

通过分析我们发现适当降低传统高能耗产业结构比重，会改善现有产能过剩的情况。将北京市传统高能耗产业比重下调至21%，其产能利用率为68.10%，依然维持产能过剩的现状；将传统高能耗产业比重下调至19%，其产能利用率为82.72%，处于正常范围以内；如果继续以降低固定资产原价的方式降低传统高能耗产业结构比重，则有可能会出现产能不足的情况，比如将北京市传统高能耗产业结构比重调整为17%，其产能利用率则会高达95.92%，是严重的产能不足（图9-7）。

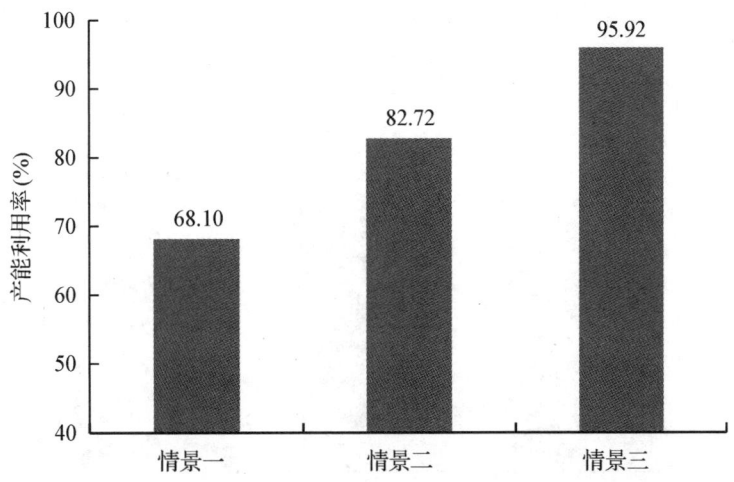

图9-7　北京市传统高能耗产业产能利用率

将天津市传统高能耗产业比重下调至 18%,其产能利用率为 75.30%,将依然维持产能过剩的现状;将传统高能耗产业比重下调至 15%,其产能利用率为 82.39%,处于正常范围以内;如果继续降低传统高能耗产业结构比重,则有可能会出现产能不足的情况,比如将传统高能耗产业比重调整为 12%,其产能利用率则高达 102.40%,是严重的产能不足(图 9-8)。

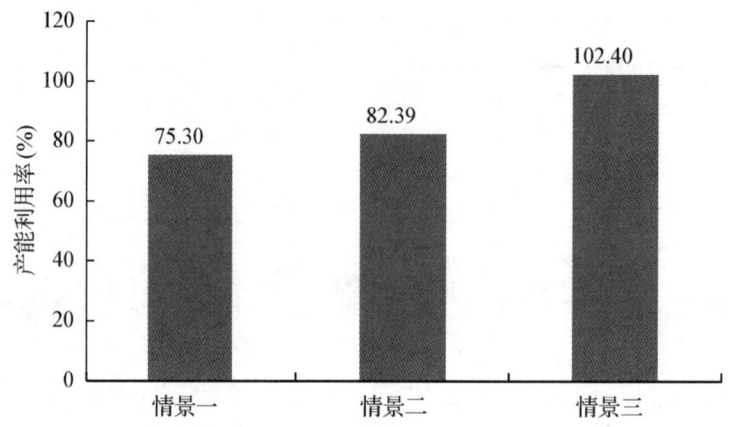

图 9-8 天津市传统高能耗产业产能利用率

将河北省传统高能耗产业比重下调至 26%,其产能利用率为 74.56%,依然维持产能过剩的现状;将传统高能耗产业比重下调至 25%,其产能利用率为 82.56%,处于正常范围以内;如果继续以降低固定资产原价的方式降低传统高能耗产业结构比重,则有可能会出现产能不足的情况,比如将传统高能耗产业结构比重调整为 24%,其产能利用率则高达 94.44%,形成产能不足的局面(图 9-9)。

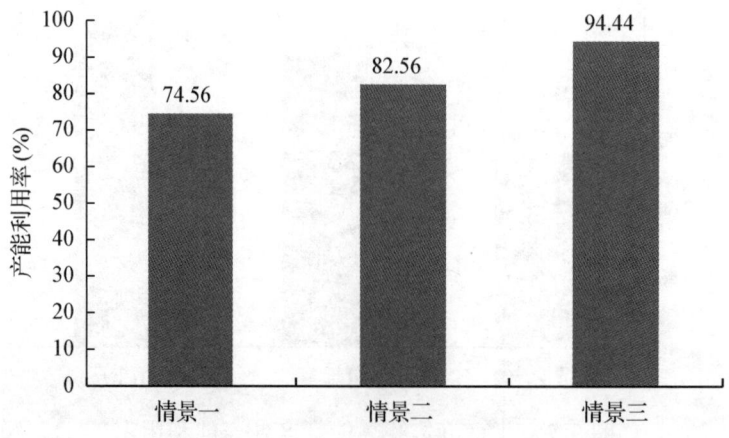

图 9-9 河北省传统高能耗产业产能利用率

根据上述结果可知，各地区在情景二中都有可能实现理想产能利用率的情形。想实现相应的目标，北京市、天津市和河北省的固定资产原价需要在 2016 年的基础上分别降低 50%、45% 和 30%；河北省的资本降低幅度不大，实施起来似乎不那么困难，但是考虑到河北省在产业接纳的现状下仍需继续将资本降低，这或许并非易事。过去京津冀地区在产业结构调整方面力度较大，也有可能在未来 3 年内，出现传统高能耗产业产能利用率反复的情况。诸多因素将会是影响产能化解的不稳定之源。

9.5 本章小结

通过产业结构优化，能够在一定程度上改善产能过剩状况。通过情景分析发现，适当降低传统高能耗产业结构比重，会改善现有产能过剩的情况。将北京、天津、河北的传统高能耗产业结构比重分别下调至 19%、15% 和 25%，同时，固定资产投资分别降低 50%、45% 和 30%，京津冀地区的产能利用率将会达到合理范围内。比重下调不足或过低，都会造成传统高能耗产业产能过剩或产能不足。

第10章 京津冀地区新兴绿色产业发展现状分析

诺贝尔经济学奖获得者、美国哥伦比亚大学教授约瑟夫·斯蒂格利茨（2013）认为经济增长过程中的关键因素是技术进步。不仅考虑用新方法生产旧东西，而且用新方法生产新东西。这意味着，知识是解释经济增长的核心。以知识作为核心驱动力的新兴绿色产业代表了未来科技和生活方式的发展方向。新兴绿色产业是培育新功能、获取未来竞争优势的关键。京津冀地区把发展新兴绿色产业放在重要的位置，并进行了一系列的规划部署，制定相关鼓励政策促进新兴绿色产业发展。

10.1 北京市新兴绿色产业发展现状

自"十二五"以来，北京市深入贯彻落实国家关于加快培育和发展战略性新兴产业的重要部署，将培育和发展新兴产业作为首都经济结构深度调整和产业结构优化升级的突破口和主攻方向，新兴绿色产业规模不断扩大。北京市新一代信息技术产业实力雄厚，产值占新兴绿色产业总产值的50%以上；新能源产业稳步前行，"十二五"以来，北京开展了延庆国家绿色能源示范区、昌平国家新能源示范城市等建设工作，实施了"五大阳光工程"等重大项目。新能源汽车产业知识产权状况表现抢眼，2016年发明专利授权量为241件，同比增长68.5%，增幅高于全国新能源汽车产业24.7个百分点；节能环保产业快速发展，2017年增速达19.4%，是新兴绿色产业中增速最快的产业。

北京市新兴绿色产业发展呈现五个特点。

(1)特点之一：新兴绿色产业龙头企业崛起。

自"十二五"以来，围绕发挥企业的主体作用，北京重点开展"十百千工程""G20工程""金种子工程""瞪羚计划"等企业培育工程，已培育出一批新兴绿色产业领域的龙头企业。大唐电信牵头制定了全球两大4G通信标准之一的TD-LTE标准，小米科技有限责任公司在智能移动终端领域实现了高速增长，出货量位居全球前十。京东方科技集团股份有限公司国际领先的8.5代TFT-LCD生产线实现量产，全国生产线达7条。北方微电子有限公司、七星华创电子股份有限公司、中科信电子装备有限公司等企业攻克了 65 纳米集成电路制造装备和先进工艺，中芯国际投建了 12 英寸 28~32 纳米的芯片生产线，有望改变中国集成电路制造长期受制进口的局面。北斗星通导航技术股份有限公司、合众思壮科技股份有限公司、华力创通科技股份有限公司等北斗导航领域的上市公司，掌握北斗导航芯片、终端、应用等一系列核心技术，全面支撑中国北斗产业应用在全球的创新发展。北斗三号基本系统完成建设，2018 年 12 月 27 日起提供全球服务。北斗系统在亚太地区的定位精度为 5 米，在全球其他地区的定位精度为 10 米，成为全球四大卫星定位系统之一，与美国的 GPS、俄罗斯的格洛纳斯系统和欧洲的伽利略系统比肩而立。北京新能源汽车龙头企业——北京新能源汽车股份有限公司 2017 年纯电动汽车全年销量达 103199 辆，同比增长 98%，成为国内首家年产销超过十万辆的纯电动车企业。

(2) 特点之二：自主创新促进新兴绿色产业发展。

2016 年，北京市节能环保、新能源和新能源汽车产业发明专利拥有量居全国第一，新一代信息技术和高端装备制造产业中发明专利拥有量全国排名第二，这些自主创新促进了北京市新兴绿色产业的加速发展。全球首个 5G 大规模天线设备、国际唯一脊柱全节段手术机器人系统、大角度离子注入机、轨道交通信号控制系统等一批高精尖产品集中面世，京东方科技集团股份有限公司新产品在国际高端市场占有率接近 4 成，中芯国际集成电路制造有限公司 28 纳米产品产能达到 2 万片/月，小米科技有限责任公司自主研发芯片"澎湃 S1"正式发布，成为全球范围内同时具备生产芯片和手机能力的第四家企业，北京自主可信开放高端计算系统进入产业化，品驰脑起搏器生产线扩建，北汽自主品牌第 100 万辆车下线，北京市纯电动汽车产量增长 1.7 倍，创新成果不断转化落地，成为北京经济发展的新动能。

(3) 特点之三：优势产业引领作用凸显。

北京不断夯实新兴绿色产业的发展基础，着力提升优势产业的发展水平和国际竞争力。新一代信息技术产业的国际影响力持续提升，中芯国际集成电路制造有限公司 12 英寸集成电路生产线、京东方科技有限责任公司 8.5 代线模组等重大项目建成投产，信息技术外包、软件销售等领域竞争力持续提升，大数据等关键技术应用领域与国际保持同步发展。新能源汽车推广应用领跑全国，2016 年北京新增电动汽车 7.36 万辆，较 2015 年增长 229%，累计达到 10.96 万辆，电动汽车规模全国第一，在电动公交车、电动环卫车及关键零部件技术上实现多项突破,北京市已累计建成6.7万个充电桩,充电设施建设规模及整体水平居全国前列。

(4)特点之四:空间布局加快新兴绿色产业特色聚集。

区块发展以北京中关村和北京经济技术开发区为典型。目前中关村已成为北京乃至全国新兴绿色产业的增长极。中关村起源于20世纪80年代初的中关村电子一条街,大体经历了三个发展阶段,包括北京市新技术产业开发试验区阶段(1988~1999年)、中关村科技园区阶段(1999~2009年)和中关村成为我国首个国家自主创新示范区阶段(2009年至今)。目前中关村示范区空间规模为488平方千米,已成为跨行政区域的高端产业功能区。随着京津冀协同发展国家战略和创新驱动全面发展的深入推进,一大批顶尖技术、"高精尖"项目和新兴绿色产业纷纷落地中关村,目前中关村已逐步形成了新一代信息技术、生物医药和大健康等新兴产业集群。其中,新一代信息技术产业规模超过2万亿元,大数据、信息安全市场占有率位居国内第一,集成电路设计收入约占全国的1/3。2017年,中关村企业总收入达到5.3万亿元,实现利润总额4670.8亿元,实缴税费2593.9亿元,对全市经济增长贡献率达到34%。2018年1~5月,中关村企业总收入达到1.9万亿元,同比增长16.3%。目前在北京落地生根的顶尖技术、高精尖项目、新兴产业中,绝大部分都有着来自中关村的基因。

北京经济技术开发区位于北京东南亦庄地区,是北京市唯一同时享受国家级经济技术开发区和国家高新技术产业园区双重优惠政策的国家级经济技术开发区。北京经济技术开发区于1992年开始建设,是北京重点发展的三个新城之一,定位为京津城际发展走廊上的高新技术产业和先进制造业基地,并承担疏解中心城人口、聚集新的产业、带动区域发展的重任。目前,开发区已聚集企业2万余家,包括奔驰、GE、拜耳、ABB、京东等80多家世界500强企业的120多个项目,投资总额近千亿美元,形成了电子信息、装备制造、生物工程和医药、汽车及交通设备四大主导产业。商务部组织开展的2017年国家级经济技术开发区综合发展水平考核评价显示,北京经济技术开发区在产业集聚、科技创新、区域带动、生态环保等方面处于全国领先水平,综合排名第4位。2018年1~5月,北京经济技术开发区规模以上工业企业实现产值1547.9亿元,同比增长16.4%;税收收入316.7亿元,同比增长16.5%。预计到2020年,开发区生产总值力争实现2000亿元,规模以上工业总产值完成6000亿元,形成6个千亿级产业集群、15家百亿级企业,企业研发经费投入强度3%以上,现代制造业和战略性新兴产业占比超过80%。

(5)特点之五:政策有力推进新兴绿色产业发展。

在政策的支持下,北京市新兴绿色产业引领产业结构调整的作用明显,高端制造业智能化发展水平不断提高,质量效益与生态功能显著提升。2016年,北京市规模以上新兴绿色产业中,新能源汽车和节能环保产业增加值分别增长 69.3%、5.5%,均快于工业平均增速(5.1%)。北京市新兴绿色产业能有如此显著的成果离不开政策对于新兴绿色产业的有力支持。

自"十二五"以来,北京市印发了《北京市关于加快培育和发展战略性新兴产业的实施意见》,编制并发布实施新一代信息技术、节能环保、新能源、新能源汽车等重点领域专项规划,明确了各领域发展重点及路线图。注重发挥中关村创新平台作用,深入贯彻落实"1+6""新四条"先行先试政策,先后出台了科技金融创新中心、中关村人才特区等创新政策。研究出台《加快推进科研机构科技成果转化和产业化的若干意见(试行)》(简称"京科九条")、《加快推进高等学校科技成果转化和科技协同创新若干意见(试行)》(简称"京校十条"),发布实施《关于进一步创新体制机制加快全国科技创新中心建设的意见》、《关于大力推进大众创业万众创新的指导意见》、《〈中国制造 2025〉北京行动纲要》、《关于积极推进"互联网+"行动的指导意见》等创新创业政策。

2017 年,北京市人民政府在《北京市"十三五"时期现代产业发展和重点功能区建设规划》中对北京新兴产业提出新的规划,要求推动并实现新一代信息技术产业领先发展、节能环保产业健康发展和新能源汽车突破发展。

10.2 天津市新兴绿色产业发展现状

天津是我国的老工业基地。"十二五"以来,天津工业按照走新型工业化道路的要求,新兴绿色产业规模不断扩大。工业节能成效显著,规模以上工业增加值能耗累计下降 42%,超额完成了国家下达的"十二五"淘汰落后产能任务,成功实践了一种绿色与科技融合、技术和市场结合的新模式。

天津市的新兴绿色产业发展可以归纳为四个特点:

(1)特点之一:传统产业为新兴绿色产业发展奠定基础。

在近现代中国工业史上,天津制造业一直占据着特殊的地位,新中国第一台电视机、第一台拖拉机、第一块手表、第一辆自行车都诞生在天津。天津作为我国北方重要的工商业城市，产生过不少名扬全国的知名品牌，譬如飞鸽牌自行车、海鸥牌手表、可耐牌冰箱、梅花牌运动服、红三晶牌聚氯乙烯、烧碱等。

天津区位优势明显，有较完备的工业基础。在迎接"工业4.0"时代的大潮中，天津传统优势产业的部分龙头企业逐渐向新兴绿色产业转型升级，并随着龙头企业的发展，通过传统优势行业"腾笼换鸟""凤凰涅槃"而形成一批涉及新兴产业的优势企业，成为新兴绿色产业发展的中坚力量，逐渐实现产业结构的调整和空间布局的优化。

2015年，天津启动实施"天津市钢铁行业节能减排科技示范工程"，共支持《烧结工序节能、低硫、低氮清洁技术与示范》等6个示范工程项目，财政资金投入1000万元，带动企业投入8000万元，示范工程各项目完成后，每年节省能源费用约800万元，节电约2300万元，节约2500吨标煤，推动了钢铁行业由粗放型、高耗型向精细控制型、低碳节能型转型升级，有效推动了钢铁低端产业向高端发展。

(2) 特点之二：科技创新成为产业深度融合的新引擎。

近几年，天津引进扶持了近百项新兴绿色产业，覆盖高性能计算机、新能源等领域，一大批企业正在通过自身的转型升级、绿色产品和创新技术为天津制造积蓄新的能量。

川铁电气(天津)集团股份有限公司(以下简称"川铁电气")是一家经营轨道交通电气开关柜、节能产品和检测设备的电气公司，2011年温州动车事故之后是中国高铁的低谷时期，川铁电气凭借技术创新实现了逆向发展，通过科技创新，打破了户外高压隔离开关的行业垄断(原来这个领域被德国西门子股份公司、法国阿尔斯通有限公司和ABB集团公司三家垄断)，拥有了企业自己的自主知识产权，70%的高铁在使用其生产的设备，在业内排名第一。

天津利用超级计算机领域具有世界领先的科研成果，引领传统产业转型升级，集聚一批高附加值、绿色低碳的新兴绿色产业。我国首台实测性能超过千万亿次的超级计算机曙光"星云"在天津诞生，"星云"运行一小时，相当于普通电脑运行3年。"星云"的问世，标志着我国成为世界上少数几个能够研制千万亿次超级计算机的国家，过去我国高新技术领域因计算能力不足而受到制约的局面得以改善。天津汽车模具股份有限公司在全球十几个竞争者中一举胜出，赢得了未来3年北美通用汽车公司高端模板上亿元的大订单，利用的就是千万亿次超级计算机。

清华大学天津高端装备研究院成立于2014年,是天津借助京津冀协同发展的战略优势积极引入的,为天津制造转型升级积攒了充足的后劲。清华高端院落地天津,有基础配套和工业需求,这种需求与高端院结合更好地服务当地工业。该研究院目前正式成立了20个研究所,孵化成功5个科技成果转化公司。

(3)特点之三:智能制造助力传统制造业实现升级。

越来越多的天津制造企业正在利用自动化、互联网+等先进技术理念,实现制造业智能化的升级,推动着天津制造向天津创造迈进。

天津长荣印刷设备股份有限公司在欧美、日本产品占据主流的印机行业,能够最终取得突破,发展成为世界第二的印后行业领军企业,就是靠着自动化、数字化、网络化和智能化的技术。在印机行业,公司提出建立智能印刷设备的研发生产制造基地,引进先进国外技术,嫁接到产品中实现智能化发展。

(4)特点之四:政策措施助力新兴绿色产业快速成长。

新兴绿色产业具有高投入、高风险、高回报的特征,其发展特别是前期发展离不开必要的资金投入。为此,天津市政府出台《关于贯彻落实"十三五"国家战略性新兴产业发展规划的实施意见》,促进产业原始创新,培育更多行业龙头企业和新兴绿色产业,加速建设一批新型研发机构,使天津成为具有国际影响力的产业创新中心。

产业技术研究院作为地方深化科技体制改革、加强科技与经济结合、组织创新和体制机制创新的产物,具有"四不像(不完全像大学、不完全像科研院所、不完全像企业、不完全像事业单位)"的典型特征。这类研发机构市场适应能力强,具有极大的产业拉动能力,也是地方原始创新能力的重要体现,将在人工智能、生物医药、新能源等新兴领域发挥重大作用,对支撑和引领天津市科技进步、高端人才培育、产业升级发展具有重大意义。这类机构建立后可享受3年政策优惠,并将实施年度考核与财政资金奖励制度(对上年度产研院开展技术开发、成果转化、企业孵化和对地方经济贡献的绩效进行评价,根据评价考核结果择优给予最高1000万元奖励,特殊情况还可突破奖励上限)。除此之外,对于牵头承担国家科技重大专项和国家重点研发计划项目的研究院开绿灯,申报天津市级科技计划取消数量限制,同时市区两级财政给予国家支持额度1:1配套资金支持。为了促进衍生企业的发展,研究院衍生企业主要负责人优先纳入天津"新型企业家培养工程",对于投资研究院在天津注册的衍生项目,发生投资损失时还会给予不超过损失额50%的补偿。

此外,天津以税收优惠促进新兴绿色产业快速发展。天津实施技术先进型服务企业所得税优惠政策。符合条件的技术先进型服务企业减按15%的税率征收企业所得税;符合条件的技术先进型服务企业实际发生的职工教育经费支出,不超过工资薪金总额8%的部分,准予在计算应纳税所得额时扣除,超过部分准予在以后纳税年度结转扣除。同时免征公共汽电车和固定装置非运输车车辆购置税。对城市公交企业自2016年1月1日起至2020年12月31日止购置的公共汽电车辆免征车辆购置税。对设有固定装置非运输车辆免征车辆购置税。上述税收优惠可以冲抵新兴绿色产业生长初期的不确定性,促进新兴产业快速成长。

10.3 河北省新兴绿色产业发展现状

近几年来,随着国家对新兴绿色产业的重视,河北新兴绿色产业市场投资力度不断增加,政府政策服务水平不断提高,发展速度明显加快。目前,河北省新兴绿色产业正处于成长初期向规模扩张的快速成长期发展的关键节点,但仍存在着产业规模小的问题。河北确定新兴产业十个主攻方向——大数据与物联网、信息技术产业、生物医药健康、人工智能与智能装备、高端装备制造、新能源与智能电网、新能源汽车与智能网联汽车、新材料、先进环保、未来产业等,以重点突破带动新兴产业发展的整体跃升。

河北省新兴绿色产业的发展呈现三个特点。

(1)特点之一:集中优势资源进行重点领域突破。

河北省新兴绿色产业发展的特点之一是要素向重点领域集中,其中大数据与物联网是最具代表性行业。近年来,廊坊市大力发展大数据产业,加快华为云数据中心、中国联合网络通信集团有限公司华北基地等龙头项目建设,积极承接北京数据中心转移业务,已成为京津冀地区的大数据航母。廊坊经济技术开发区润泽国际信息港规模不断扩大,水平不断攀升后,继A-1运维监控系统相继建成之后,T4绿色云数据中心也于2018年年初开工建设,可为中国电信、中国联通等高端客户提供稳定、安全、可靠的数据存储服务,同时联合近百家合作伙伴携手打造大数据创新应用平台。

为了促进优势资源向重点领域集中，河北省明确分别由发展和改革委员会、科学技术厅、工业和信息化局等部门牵头实施高技术产业化示范、重点技术改造、创新平台建设、重大科技攻关、标准体系创建、领导企业培育六大工程，以此带动人才、技术、资金等要素向重点领域集中，推动部门工作向重点领域发力。同时将战略性新兴产业发展专项资金重点用于高技术产业化、产业创新平台建设、高技术服务业发展等，河北省工业转型升级专项资金加大对新兴产业技术改造项目的支持力度，省开发区发展专项资金每年划出一定比例用于支持开发区战略性新兴产业发展，省中小企业发展、军民融合产业、技术创新引导等专项资金也要重点支持新兴产业的技术研发和成果转化。

(2)特点之二：科技创新推动绿色制造业快速发展。

河北省新兴绿色产业规模小、水平较低，必须依靠先进技术的推动。譬如，河北瑞兆激光再制造技术股份有限公司(以下简称"河北瑞兆")通过再制造技术让设备重获新生。所谓再制造，就是以旧的机器设备为毛坯面，采用专门工艺和技术进行新的加工制造，使产品恢复到新品原有的质量和性能，既节约了资源，又产生了收益。经过发展，河北瑞兆已从一个小维修厂，成长为年营业收入1.39亿元的大型机电再制造技术服务企业，这离不开企业对高端创新平台从无到有的执着追求。仅2017年引进德国申克集团公司50吨高速动平衡检测中心、15兆瓦大型电机试验站，投资了1.3亿元，结束了华北地区没有高速动平衡设备和大型电机试验站的历史，对企业形成机电设备全产业链服务能力起到了关键作用。再如，廊坊德基机械科技股份有限公司定位为科技创新型企业，以技术创新和研发设计为企业核心，始终坚持技术领先一步的创新理念。公司早年自行研发生产4000型大型高档沥青混合料搅拌设备，引领和推动了沥青混合料搅拌设备的技术进步和科技创新，打破了中国高端设备主要依靠进口的局面，成功演绎了以高端民族品牌替代进口品牌的民族制造业发展之路，其产品质量始终居国内同类产品市场的前列。公司成功研制出中国的废旧沥青混合料再生利用搅拌设备，以敏锐的行业触觉走在市场前端，并持续在此领域进行研发投入，积极推动技术创新和新工艺应用，为客户提供个性化的再生解决方案。以低故障率、高稳定性的设备、系统化的售后服务引领废旧沥青混合料再生利用搅拌设备市场的发展。

(3)特点之三：以示范基地建设促进产业集群快速发展。

集约集聚是新兴绿色产业发展的基本模式，也是新兴绿色产业实现整体跃升的必经之路。然而河北省现阶段的新兴绿色产业布局分散、缺乏龙头企业。为此，河北省规划在未来三年要建成一批产业示范基地，培育一批规模超千亿元的产业集群。加快推进京津冀大数据综合试验区、张家口可再生能源示范区、石家庄高端生物医药产业聚集区、石家庄通用航空综合示范区、京南科技成果转移转化示范区等国家级新兴产业试验区、示范基地建设。

以新能源汽车产业带动为例。总投资18亿元的河北御捷车业有限公司新能源乘用车重大技术改造提升项目在清河县顺利推进，项目建成后将成为集智能汽车、互联网、云技术为一体的现代化汽车生态园。2018年，公司计划从国内具有技术优势的企业中引进20家以电机、电池、电控为主的零部件配套企业，形成更具竞争优势的产业集群。公司董事长张立平被评为"改革开放40年河北知名民营企业家"。从生产新能源汽车到建设新能源汽车城，随着从电极材料、电池、配件到整车全产业链的发展，邢台市也成为国家首批新能源汽车推广城市、新能源示范城市。从传统汽车向新能源汽车发展是当前大势，由于新能源汽车产业也还处于初创期，因此龙头企业和产业示范基地的带动作用对形成产业聚集非常重要。

专栏10-1

雄安新区建设促京津冀科技创新要素集聚

雄安新区的设立与建设是一个重要引擎，契合了京津冀协同发展战略进一步落实的要求，利于破解制约京津冀协同发展的瓶颈，对于促进科技成果的转移转化、加快补齐区域发展短板、带动京津冀世界级城市群的崛起和高水平协同发展、形成区域新的增长极具有重要推动作用。

（1）作用之一：雄安新区是京津冀协同创新的新引擎。

创新驱动是经济发展或经济质量提高的重要途径。雄安新区的设立是国家推进京津冀协同发展的战略部署。雄安新区拥有优越的区位优势，新区的发展定位是要打造一个高新产业的集聚地，也是一个创新创业的集聚地。雄安新区将来既要有效承接北京市非首都功能，又能盘活河北的经济社会创新潜力和创新动能，进而逐步改变河北与北京、天津之间经济社会发展和创新能力的落差问题，有力促进京津冀协同创新。

北京拥有着全国最丰富的科技研发资源和人才资源，计算机信息技术发展速度超过天津和河北；天津占据了优越的港口位置优势，借助其自然资源和较多的高端科技人才和大型知名企业集团优势，高端装备制造业是天津的优势产业；河北与京津相比，产业优势主要源于以自然资源为依托的传统优势产业，如皮革制造业、农产品加工制造业和医药制造业等。因此，京津冀三地在各自找准比较优势产业重点发展的同时，整合各方面的科技资源，积极融入京津冀区域创新体系，弥补自身短板，驱动人、财、物在京津冀地区的合理配置，提高产业分配和转移的效率，加速雄安新区和京津冀区域产业的深度对接、协同发展。

(2)作用之二：雄安新区建设促进京津冀科技创新要素流动。

京津冀作为我国的三大城市群之一，拥有我国最为密集的智力资源，科技创新能力在全国占有明显的优势。京津冀地区集中了全国1/3的国家重点实验室和工程技术研究中心，拥有超过2/3的两院院士，形成了庞大的以两院院士为龙头、科技领军人才为骨干、青年科技后备人才为支撑的人才梯队。而且京津冀地区具有深厚的制造传统和制造能力，聚集了以中关村国家自主创新示范区为代表的7个国家高新区和7个国家级经济技术开发区，拥有多个国际港口、广阔的市场腹地，在生产性科技研发、港口贸易、金融保险等方面具有独特的优势，这为高端产品开发、高新技术产业发展提供了基础与条件。

雄安新区作为国家级新区，在空间尺度上将优化京津冀都市圈空间布局和创新空间结构，弥补京津冀城市群层次落差大、空间结构不合理、知识扩散远距离衰退等问题，促进城市之间相互融合与协作，推进京津冀城市群的多中心区域性城市协调发展。同时，雄安新区的设立将通过知识创造、知识溢出和知识扩散，提高落后区域的科技发展水平，打通区域间基础创新和应用转化之间的关键通道，化解京津冀关联系数低、协同创新程度不高的问题，释放人才、资本、信息、技术等创新要素活力，推进落后地区科技与经济融合，放大河北与京津的协同效应，创新驱动京津冀协同发展，加速京津冀城市群建设。

雄安新区建设的一项重要任务，就是发展高端高新产业，积极吸纳和集聚创新要素资源，培育新动能。因此，为促进京津冀地区传统高能耗产业转型升级，京津冀三地应以雄安新区建设为契机，充分发挥各自的优势，推动科技创新要素有序合理流动，加快淘汰落后产能，促进传统产业转型升级，加快培育发展新兴产业，不断提高产品质量和品牌附加值。

(3)作用之三：雄安新区建设促进京津冀地区绿色技术创新。

雄安新区建设的一个重要战略任务是建设绿色智慧新城，建成国际一流、绿色、现代、智慧城市，打造优美生态环境，构建蓝绿交织、清新明亮、水城共融的生态城市。如果说，深圳特区的国家使命是让世界进入中国、让中国融入世界，充当了窗口和桥梁的作用，浦东新区的战略使命是综合改革试点，它的重要作用就是发展金融和国际化，而雄安新区承载的核心使命就是创新和引领，并使之成为高水平社会主义现代化城市、京津冀世界级城市群的重要一极、现代化经济体系的新引擎、推动高质量发展的全国样板。

雄安新区的绿色智慧新城建设，对京津冀协同发展提出了新要求，需要政府加强对绿色技术创新的扶持力度，对各产业绿色创新活动的前沿技术、核心技术、关键技术和共性技术的研发要给予高度重视，并予以较大力度的扶持；通过绿色技术创新，彻底扭转靠传统要素驱动的发展惯性，加快培育绿色、低碳、可循环的现代高端成长型产业体系，推动产业发展绿色化。这对于促进京津冀传统高能耗产业转型升级起着有力的推动作用。

京津冀三地应以雄安新区建设为契机，将雄安新区建设需要纳入京、津及河北省内其他城市共同规划、共同投入、共同治理和共同保护之中，在严格管控高能耗、高污染产业生产的同时，加强绿色技术创新，打造绿色产业体系。

首先，从总体上减小高能耗、高污染产业的比重，依据京津冀三地的经济水平和产业定位，实现区域间产业转移和转型升级，产业转移过程中坚持严格的环境规制标准；其次，将创新技术运用到全要素及全产业链当中，发展低能耗、低污染的循环经济，打造完整的绿色产业链条和产业体系；最后，加强生态环境的协同治理，统一区域内的产业发展和环境保护标准体系，完善政府间的信息共享和合作机制，充分发挥在生态环境治理过程中政府间的协同作用。

10.4 京津冀地区新兴绿色产业发展中的制约因素

现状分析的目的在于发现问题，明晰问题才是破解瓶颈和促进发展的关键。虽然京津冀三地新兴绿色产业有了一定发展，京津冀地区作为一个区域，其新兴绿色产业的发展仍面临着一些深层次问题。

(1) 新兴绿色产业发展基础较为薄弱。

京津冀地区的协同发展程度有待提高，加之京津冀三地之间产业断层现象较严重，还没有形成良好的新兴产业生态。此外，京津冀地区行政色彩较浓，地区之间需要长期有效的交流、合作与协同，一些城市的新兴绿色产业同质化。习近平纵论京津冀协同发展金句：如同一朵花上的花瓣，瓣瓣不同却瓣瓣同心[①]。因此，京津冀地区新兴绿色产业的布局首先要站在京津冀一体化的视角，解决彼此分割的问题，实现产业差异化发展。

(2) 市场机制的不完善制约产业内资源整合和价值链增值。

目前，京津冀地区新兴绿色产业还处于价值链的中低端，上游设计研发弱于制造生产的现象比较普遍，同时产业链前端缺乏核心技术和组件，产业链后端缺乏标准制定，平台建设发展滞后，致使产业竞争力不足，存在产能过剩的隐患。产业链瓶颈在一定程度上制约了京津冀地区新兴绿色产业资源的整合优化和全面发展。

(3) 技术创新能力仍有待进一步提升。

科学技术是新兴绿色产业发展的核心竞争力。近年来，京津冀地区新兴绿色产业发展能力后来者居上，逐步赶超了全国平均水平，技术创新能力的提高是拉动新兴绿色产业水平向上提升的关键动力。但从整体上看，我国新兴绿色产业 R&D 的投入强度还比较低。2016 年我国战略性新兴制造业 R&D 的投入强度为 1.4%，与发达国家 2.5%~4.0% 的投入强度相比，还存在显著差距。这种情况在京津冀地区也同样存在，这就制约了京津冀地区新兴绿色产业的发展。京津冀协同发展的目标不是赶超全国平均水平，而是力争达到世界先进水平，R&D 的投入强度需要增加，科技创新能力也有待进一步提升。

---

① 习近平纵论京津冀协同发展金句：如同一朵花上的花瓣 瓣瓣不同却瓣瓣同心.(2019-02-25)[2019-2-25]. http://cpc.people.com.cn/xuexi/n1/2019/0225/c385474-30899362.html.

10.5 本章小结

京津冀地区把发展新兴绿色产业放在重要的位置，并进行了一系列的规划部署，制定相关鼓励政策促进新兴绿色产业发展。北京市新兴绿色产业发展呈现五个特点：①新兴绿色产业龙头企业崛起；②自主创新促进新兴绿色产业发展；③优势产业引领作用凸显；④空间布局加快新兴绿色产业特色聚集；⑤政策有力推进新兴绿色产业发展。天津市的新兴绿色产业发展可以归纳为四个特点：①传统产业为新兴绿色产业发展奠定基础；②科技创新成为产业深度融合的新引擎；③智能制造助力传统制造业实现升级；④政策措施助力新兴绿色产业快速发展。河北省新兴绿色产业的发展呈现三个特点：①集中优势资源进行重点领域突破；②科技创新推动绿色制造业快速发展；③以示范基地建设促进产业集群快速发展。

虽然京津冀三地新兴绿色产业有了一定发展，京津冀地区作为一个区域，其新兴绿色产业的发展仍面临着一些深层次问题：①新兴绿色产业发展基础较为薄弱；②市场机制的不完善制约产业内资源整合和价值链增值；③技术创新能力仍有待进一步提升。

第11章 京津冀地区新兴绿色产业培育机制研究

在新兴绿色产业发展中,技术驱动与市场拉动是产业发展的两大动力,而完善的政策制度体系可以优化产业发展的社会环境。本章分析新兴绿色产业培育机制,从三种机制相互影响和相互作用出发,开展京津冀地区新兴绿色产业培育研究。

11.1 新兴绿色产业培育机制作用解析

新兴绿色产业培育由技术、市场和制度等多子系统构成的复杂系统,因此新兴绿色产业的培育机制需要进行技术、市场和制度培育机制研究。其中,技术推动与市场拉动是产业发展的两大动力机制,而完善的政策制度体系可以破解产业发展的约束性条件,优化产业发展的社会环境,满足人民群众对美好生活的需求是发展的根本目标。

11.1.1 新兴绿色产业培育的技术研发机制

根据新古典经济增长模型,经济增长的源泉是技术进步、劳动力和资本。企业是新兴绿色产业培育与发展的主体,新兴技术的创新及其产业化是新兴产业发展的本质特征(朱瑞博等,2011)。新兴技术具有科技含量高、产业带动性强、市场空间大等特点,其技术突破对产业发展起到先导性和决定性的作用,可以促进新兴产业的技术群、产业配套体系和经营模式的快速发展,带动新一轮的经济增长。相关研究也表明,技术开发能力对高技术产业竞争力的影响要大于技术转化能力对高技术产业竞争力的影响(封伟毅等,2012)。在新兴绿色产业发展中,作为大量竞争技术的胜出者,主导设计是产业技术成熟与市场规模化发展的标志,对产业技术路径与竞争格局具有决定性的意义(刘志阳,2010);技术创新投入对产业结构高级化进程具有显著积极作用。

1)新兴绿色技术的创新影响分析

新兴绿色产业技术创新与技术进步对产业结构变动的影响可从供给和需

求两方面进行分析。

(1) 供给侧分析。

从供给方面看,新兴绿色产业技术创新影响企业实际的生产过程,使要素投入配比发生变化,进而影响产出变化。首先,新兴绿色产业技术创新通过更新完善原有的生产工艺和产业技术,促使新兴绿色产业具有更高的生产效率;其次,新兴绿色产业技术创新使得生产过程的社会化、专业化程度不断提高,使新兴绿色产业的大规模生产成为可能;再次,新兴绿色产业技术创新提高了劳动者的素质,为企业效率的提高和新兴绿色产业的兴起提供了高素质的劳动力。

(2) 需求侧分析。

从需求方面看,社会需求和需求结构的变动直接影响到新兴绿色产业的要素投入,推动各部门不同程度的技术进步,促使新兴绿色产业发展。

技术进步从以下三方面引发新兴绿色产业变化。

其一,新兴绿色产业技术创新促使新的机器设备和劳动对象大量出现,必然导致社会再生产过程中的需求结构和中间投入结构发生变动。原有的新兴绿色产业面临着新的技术结构选择,最终新兴绿色产业结构会发生适应技术进步要求的变化。

其二,技术进步提高了新兴绿色产业的技术素质,提升了产品质量,增强了产品在国际市场上的竞争力,改善了出口产品的比较成本结构,从国际市场需求方面作用于新兴绿色产业,使其出现相应变动。

其三,技术进步创造了新的产业部门,刺激和创造了新的需求,从需求方面拉动新兴绿色产业的产生和发展。同时,技术进步还使原有产业的产品不断更新换代,使新兴绿色产业获得更大的发展空间。

2) 原始创新:新兴绿色产业培育关键一环

每一个新兴绿色产业诞生的背后都必定有一项或多项原始创新成果作为发动机。本书认为,原始创新是新兴绿色产业培育中最为关键的一环。

(1) 新兴绿色产业的链式模式技术创新。

新兴绿色产业的创新活动是一种链式模式技术创新,不仅需要企业的应用创新,更需要科研院所、高校的原始创新。在新兴绿色产业创新链中,主要有科研院所、高校、企业研发机构和新兴技术转让中介等。创新链中有一个核心单元引领链上的技术创新活动,这一单元就是基础研究,它是原始创新的重要源泉,基础研究的关键是要加强对前沿技术的突破,把握科技发展趋势,掌握竞争先机。

从科技史来看,科学家高锟获得 2009 年诺贝尔物理学奖的成就是其在光学通信领域中光的传输的开创性成果。在高锟之前,科学家贝尔、梅曼等都在不断研究如何使光作为信息传递的载体,这些研究还只是物理学基础上的尝试性研究,直到高锟设计了通信用光纤的波导结,是在大量基础研究基础上的一个里程碑式的原创成果,为未来通信技术爆炸式的发展奠定了重要基础。从 1880 年贝尔用"光电话"证明光波可以作为传递信息的载波,到 1966 年高锟发表《用于光频的光纤表面波导》的论文,足足用了 86 年才使光波传输应用成为一种可能。可见,基础研究的时间是漫长的,可能需要几代人的不断试验,经历成功与失败才能获得具有重要意义的原创性突破。高锟的突破性发现在后来的半个世纪中广泛应用于产业。1976 年,美国 AT&T 公司开始应用光纤通信系统;到 20 世纪 90 年代后,光纤逐步替代了金属介质,用带宽极宽的光波作为传送信息的载体,实现通信越来越普遍。光纤的应用成为电子信息业快速发展的基础,依托互联网技术发展的物联网、云计算等创新型产业正在影响着世界的发展。

基础研究是原始创新链式结构中最基础的一环,是实现原始创新理论和技术的积累,基础理论的创新是为技术的发展做指导,而应用基础研究的技术成果能够实现产业化,产业化则是链式创新结构中最具有经济意义的重要一环。同样获得 2009 年诺贝尔物理学奖的科学家威拉德·博伊尔和乔治·史密斯,他们的成果是在贝尔实验室发明了半导体成像器件 CCD。CCD 是数码相机的核心成像元件,在此基础上发明出的数码相机对传统胶片式相机产生了颠覆式的影响,也为日本产业发展带来了一个契机。原创的成果往往出自实验室,是在对大量理论和技术的积累上,在良好的科研环境下产生的具有创造性的成果,这类成果真正应用于产业至少需要三十、四十年的时间。1980 年,日本索尼公司制造出了世界上第一台 CCD 彩色摄像机,并首次实现了 CCD 摄像机的商业化。随着存储技术、液晶显示技术等配套技术的发展,到 20 世纪 90 年代末,数码相机以其高像素的成像能力和冲印照片的便捷性迅速替代了传统胶片相机产业,这距离贝尔实验室的数字成像技术的发明已经快 30 年。

原始创新是一个有节奏的过程,它的链式结构模式决定了它的准备时间是极其漫长的，大量的基础研究都可能是默默无闻的，但只有对其持之以恒的钻研才能发现创新的曙光。模仿创新只能看到一时的成果，没有大量基础研究的积累，就没有持续创新的能力。而这种链式结构的传递性，又注定原始创新要实现产业化，开创新的产业才是原始创新的终极价值。

(2) 对基础研究的强力投入是新兴绿色产业发展的保证。

基础科学研究是整个科学体系的源头，是形成持续强大创新能力的关键，是建设世界科技强国的基石。经过多年努力，我国基础研究持续快速发展，整体水平显著提高，国际影响力大幅提升，支撑引领经济社会发展的作用不断增强。

2017年，我国全社会研发投入1.75万亿元，比上年增长11.6%，占国内生产总值的比重达到2.12%。2017年，我国基础研究经费为975.5亿元，比上年增长18.5%，增速较上年提高3.6个百分点；基础研究经费占R&D经费的比重为5.5%，较上年提高0.3个百分点。其中，高等学校对全社会基础研究增长的贡献率达64.6%，较上年提高25.8个百分点，为我国的基础研究创造良好的环境。

但与建设世界科技强国的要求相比，我国基础研究的短板仍然较为突出。我国基础研究经费虽逐年增长，但其占全社会研发投入的比例徘徊在5%左右，与美国19%、日本12.3%的占比尚有很大差距。我国基础研究投入中，政府投入占90%多，企业和其他社会力量投入较低。联合国教科文组织发布的《科学报告：面向2030年》认为尽管投入巨资，拥有更高素质的研究人员和精良的设备，但中国科学家们尚未取得尖端性突破，鲜有研究成果转化成为创新和竞争产品。许多中国企业仍然依赖外来的核心技术。

譬如，我国的节能环保产业，产品多为常规产品，未涉及核心关键工艺，技术含量低，在体现高端技术水平的风力发电总体设计和自动控制技术、太阳能薄膜电池的制备技术、脱氮脱硝处理设备、机动车污染控制及危险固体废弃处理装备等关键设备上都缺乏原创技术。再如，新一代信息技术领域，虽然我国在市场份额上相对跨国公司逐渐占据上风，但集成电路、CPU、系统芯片组、存储器芯片、RAID控制器为韩国等新兴工业国家所控制。

(3) 技术储备是新兴绿色产业创新的战略目标。

对研发的大规模投入对于新兴绿色企业的发展尤其重要。因为，低端试验发展活动的特点是只能产生一个新产品、一项新技术；而科学研究活动和高端试验发展活动可能开拓一个新的技术领域，产生一批新产品、新技术，并可能作为一种技术储备存在。2017年，华为技术有限公司（以下简称"华为"）研发投入达到近900亿，其中手机及手机麒麟芯片研发费用764亿人民币。高额的研发投入使华为的技术储备强大，领导全球技术的走向。

领先的新兴企业重视技术储备的深刻原因在于实施技术储备战略不仅仅要实现核心技术的突破，还要实现与此相关的一批技术，实现可持续的技术创新，进而产生一批产品，培育出一批企业，依靠企业的市场主体力量，共同繁荣，形成若干新兴产业。

中国科学院计算技术研究所研制出曙光这样的超级电脑，并研制成功龙芯CPU通用芯片，作为国家重要的研究机构，不断尝试从技术创新到产业化培育的途径，其本质还是具备良好的技术基础和强大的技术储备能力。技术储备战略，对于一个企业而言，反映了可持续发展的能力。华为在通信领域有20多年的积累，从芯片、软件、材料到美学设计、工艺等方方面面的能力都经历了漫长、痛苦的积累与改进过程。这些是华为长跑之下带来的深厚积累。华为17万员工中研发人员占比高达45%，在全球设立16个研发中心，31个联合创新中心，加入170多个标准组织和开源组织。截至2015年6月30日，华为累计共获得授权专利41903件。

北京汉王科技有限公司（以下简称"汉王"）拥有手写识别技术、笔迹输入技术、OCR技术和嵌入式软硬件技术四大核心技术。以核心技术为基础，已形成了以识别技术为核心的、针对不同细分市场的软硬件产品系列。汉王的发展规划是突破一项技术，打造一款产品，开拓一个市场，产品应用一批、储备一批、研发一批。这样的高技术企业时刻记得技术是企业的核心竞争力，不能停止技术的储备。

华旗资讯数码科技有限公司以市场动态为导向，技术创新快速响应市场，放射式多应用领域发展，这种高速的创新技术储备为公司的发展提供了强大的可持续发展动力。

北京君正集成电路有限公司作为专业的多媒体便携产品嵌入式CPU技术研发公司，选择CPU细分领域进行技术突破，5年时间成为中国出货量最大的自主CPU产品，这种沿技术链进行技术储备的方式，使得君正的CPU应用于多层次的多媒体电子产品中。

北京超图软件股份有限公司是一家主要以开发GIS软件平台为主的企

业，可以实现数据的搜集和处理，通过对平台软件技术的一代代积累，实现我国地理信息产业能力的提升。

无论从技术发展史溯源，还是从原始创新的模式探讨，从原始创新的技术经济规律探究，从原始创新的战略目的剖析，都告诉我们一个深刻道理：新兴绿色产业的创新链有一个核心单元引领链上的技术创新活动，这一单元就是原始创新，它是新兴绿色产业发展不可缺少的关键环节。

11.1.2 新兴绿色产业的市场培育机制

新兴绿色产业是以重大技术突破和重大发展需求为基础，对经济社会全局和长远发展具有重大引领带动作用的产业，往往具有很大的市场潜力，因此新兴绿色产业市场培育的目标是加快从新兴市场向大规模市场的转化。但由于新兴绿色产业的市场发展具有市场潜力大、不确定性强、投资风险高、经营模式不成熟等特点。因此，在这个转化过程中，新兴绿色产业的市场培育具有三种机制——应用示范机制、规模化发展与价格形成机制、经营模式创新与政策退出机制。

(1) 应用示范机制。

市场需求的不足或萎缩将直接限制新兴产业的长远发展。针对新兴绿色产业发展初期面临的市场认知度不够、经营模式不完善、产业配套体系不健全等问题，政府通过推进重大应用示范工程项目建设的方式，促进新兴绿色产业的市场应用，在示范工程项目建设中不断完善技术体系与产业配套体系，降低市场风险，提高产业成熟度。

新兴绿色产业领先示范市场培育不仅要重视顶层制度层面的统筹安排，而且要重视微观操作层面厂商行为与消费者行为的示范引导，并将政策扶持重点向终端市场和消费者转移(李鑫等，2016)。

(2) 规模化发展与价格形成机制。

新兴绿色产业市场机制的核心是价格机制。新兴绿色产业发展初期的产品往往因成本偏高、性价比低而缺乏市场竞争力，针对这些问题，政府通过财政补贴、税收优惠、政府采购、项目示范等方式对新产品进行市场支持，促进新产品的规模化使用，不断降低生产成本，提高产品性能，最终使新产品具有较强的市场竞争力，促使新兴产业逐渐形成规模化的成熟市场。

(3) 经营模式创新与政策退出机制。

经营模式创新是新兴绿色市场转化为大规模市场的重要环节。当新兴绿色产业中的企业通过经营模式创新，形成稳定可预期的盈利模式时，意味着新兴产业的市场化机制进入了良性循环，产业体系与生产要素开始进行市场化优化配置。与此同时，政府早期的扶持政策也进入了逐渐退出并让位于市场化机制的阶段。

新兴绿色产业发展最大的潜力在于巨大的消费市场。在全球气候变暖的压力下，未来五至十年内，低碳生活将逐渐形成重要的消费市场。社会公众消费结构的变化是影响产业形成的一项重要外部因素，市场容量大而且潜力大的产业，其成长规模和潜力也就比较大。随着经济发展阶段的演变和更迭，社会需求水平和需求结构处于不断变动之中。在一定的发展阶段上，特定的潜在新需求将逐步形成和壮大。这种潜在新需求的逐步成长，造成了对新供给力量的强大拉力。需要特别注意的是，在特定的潜在新需求挖掘上，一定考虑技术兼容与消费者习惯。日本的第五代计算机研发与高清晰度电视系统技术就是失败的案例，产业制定者忽略了新旧技术兼容、消费者习惯及价格因素，导致新技术游离于市场需求之外，几乎丧失了市场作用和商业价值。

专栏 11-1

海尔集团的体验式创新

在海尔集团的技术创新中，一个显著特点是非常重视用户的体验。用户体验技术创新，这是实现用户最佳体验的基础。海尔集团的创新理念是开放性的，连接世界一流的资源，形成一个开放性的研发体系，并且与用户打通，在此系统中，存在很多由用户提出的个性化需求，由海尔集团来整合各方资源，将其形成方案展现给用户，供其选择。

首先，除了开放性的研发创新体系外，海尔集团的科技创新是以成果为导向，以改善用户体验为导向。数据显示，在中国家电行业，海尔的发明专利占整个行业的 61%；中国家电行业的国际标准修正提案中，80%来自于海尔。

其次是平台创新，这是海尔创新的载体。通过社群交互层面，海尔集团可以在第一时间感知用户需求,并将解决方案提供给用户,从而提高用户黏性,将用户变成海尔的终身用户。通过"U+智慧"平台,可以实现家电和家电的连接、人与人的交流、人和物的交互,使用户的体验越来越好。用户可以在平台上定制产品。海尔在平台上的创新顺应了互联网时代的发展趋势。

最后是机制方面的创新,这是创新的保障。传统上都是企业对员工付薪,海尔做出了由用户付薪的机制创新,每一位员工都要直接面向用户创造价值,员工的薪酬不由企业说了算,而是用户说了算,根据为用户创造的价值,来决定员工的薪酬价值。这一机制的创新,驱动着企业的每一个员工,快速地面对用户需求来创新。

专栏11-2

青岛海景花园大酒店的管理模式

青岛海景花园大酒店(以下简称"海景")是五星级酒店,其管理模式被纳入了哈佛大学商学院的教学案例。

海景的标准化管理

海景在日常管理中形成一套标准化的管理体系。经理(主管)每日将本部门的工作进行考核,以发放不同颜色笑脸、小花和苹果的形式,对员工当日工作进行整体评价。在送餐班组,有送餐菜品的标准,在西餐厨房,有员工每日质量考核、"管理人员纪律条例42条"等,贴满了所有的后台通道,连锅炉房都贴满了操作流程、规章制度及服务标准。在海景的文化展示墙,张贴着各种警示语:不允许以貌取人对顾客降低服务标准的警示语、关于不得向顾客索要或变相索取表扬信的警示语等,与警示语相应的,还有各种处罚公示。

海景的企业文化

在海景员工活动区域,感受最强烈的文化是对员工的关爱。海景提出,对员工的关心越深,员工对顾客的关爱越亲。上级为下级办实事,成为一个考核指标。海景还专门设置"员工接待日",每周二上、下午分别 3 小时,由人力资源总监亲自接待。在海景的员工活动区域,设有健身房、KTV 房、可以上网的阅览室及专门的生日房,在员工生日当天,主管要带头为员工办一个生日聚会。

海景的"倒三角"管人

在"倒三角"体系中,每位员工工作指挥权的大小取决于其岗位为顾客提供服务的先后次序。直接对顾客服务的一线员工最有发言权和指挥权,二线员工、科室管理人员和核心管理层都要为一线员工提供最大限度的支持和服务。

业绩考核也与之相适应,顾客考核一线员工、一线员工考核二线员工,一、二线员工考核科室,全员考核核心管理层。

在海景,形成了六大管理机制:快速反馈机制、督导检查机制、问题解决机制、任务落实机制、案例学习成长机制、绩效评估多重奖励机制。其中,快速反馈机制是管理的重要一环,要求所有员工遇到顾客开口需求满足不了时,或听到、看到、感受到顾客不满、投诉时,必须在最短时间内逐级向上级反馈至总经理,把问题解决在客人不悦和离店之前。

海景人认为,服务的最高境界是让顾客惊喜和感动。海景的不仅让顾客满意,更让顾客感动的情感服务模式获山东省旅游产业创新一等奖。

11.1.3 新兴绿色产业培育的制度激励机制

新兴绿色产业培育是一项促进技术创新、产业发展、市场竞争、经济资源配置等的系统工程,系统化的政策制度设计与支撑体系构建具有重要的激励作用(赫运涛,2010)。市场机制要求完全竞争与信息充分对称,企业是理性的"经济人",但这对于处于萌芽与发展阶段的新兴绿色产业而言是很困难的。新兴绿色产业正处于深化改革时期,市场的调节机制尚不完善。同时由于市场具有信息滞后、事后调节等缺陷,作为追求经济社会总体利益最大化的政府必须根据市场情况,预测产业的现状及发展趋势,将近期利益和长远利益相结合,通过经济、法律、行政手段对市场实行必要的调控。

政府的制度激励机制涉及新兴产业不同发展阶段的技术、标准、市场、投资、产业、资源环境等多方面经济要素的配置机制,是新兴绿色产业培育的重要外部条件。其政策体系可以划分为发展规划、科技投入、创新政策三个层面,从战略的高度和整体的角度,运用的政策工具主要是财税政策、金融政策、创新平台、价格补贴、产业调控等,其主要目标是调控产业布局、研发关键核心技术、形成主导设计、降低企业创新成本、促进产业化等。

1)制度激励对于新兴绿色产业的促进作用

制度激励对于新兴绿色产业的促进作用有三个方面:一是政府财政支出投资来培育主导产业,二是进行技术开发引导和制定出台技术标准,三是制定实施科学合理的产业政策和发展规划。

(1)政府财政支出投资来培育主导产业。

新兴绿色产业的发展需要资金的有效供给,资本的获利性是产业形成的最主要的推动力,特别是在新兴产业成长期往往需要大量的固定资产投资,对于资本的形成主要靠企业自主成长与自我积累,政府投资也是扩大增量的重要保证。对产业的干预主要表现为由政府财政支出投资来培育主导产业,并迅速建立大规模的生产体系,或者建立有利于吸引投资的环境,鼓励区域以外的资本进入。

(2)进行技术开发引导和培育新兴产业生产能力。

新兴绿色产业的技术发展存在多种途径,技术可能朝着多个方向发展,不能够形成统一的技术标准,造成技术和产品之间缺乏兼容性,难以形成产业内的专业化分工和合作,需要政府进行技术开发引导和制定出台技术标准。政府补贴这一新兴产业政策为企业指明技术方向,在激励企业参与创新上发挥作用(郭晓丹等,2011)。新兴绿色产业需要大量的技术开发投入才能使技术逐渐完善,失败的可能性也很大,是一项高风险的投入。人们对一个新生事物的接受需要一个过程,需要企业对新产品进行早期宣传以扩大市场,这就需要政府提供一定的融资支持和税收优惠政策。政府的财税政策对于新兴产业生产能力有显著影响(李东霖,2016)。

(3)制定实施科学合理的新兴产业政策和发展规划。

在新兴绿色产业的萌芽期,政府应合理制定规划,引导新兴产业发展方向;在新兴绿色产业成长期,政府应规范市场,保障产业健康发展;在新兴绿色产业成熟期,政府应完善服务,提供产业发展的后续力量。

因此，如何制定实施科学合理的产业政策和发展规划，采取适度的政府干预，发挥制度激励作用，引导和扶持产业发展，是现阶段加快新兴绿色产业培育需要着重解决的一个突出问题。

2) 政府的六大推力促新兴绿色产业培育

新兴绿色产业培育成为世界各国关心的一个重要问题。在这一过程中，政府的政策作用尤为关键和重要。世界各国尤其是发达国家，政府在新兴绿色产业发展中具有独特的功能和举足轻重的地位，发挥着不可替代的作用。美国迈克尔·博腊和约翰·齐思曼在考察日本高新技术产业发展的实践后提出，国家的比较优势可以由国家的政策措施造成。只要政府管理的大方向正确，而且持续不变，无论资源匮乏、技术落后，还是资金短缺、人口不足等，都不能阻挡一国发展新兴产业。政府对新兴绿色产业所采取的政策措施影响着新兴绿色产业的成长环境和企业经营行为，从多方面有效引导和推动新兴绿色产业的发展。

本书认为，政府有六大推力，促新兴绿色产业培育。

推力之一：选择和导向新兴绿色产业优先发展。国家的产业发展往往取决于政府的政策导向。政府通过对资金、土地、行业规划、产业政策等使用方向的调控，来鼓励新兴产业的发展。在发达国家，政府通过政策导向，鼓励土地、技术、资金、人才等要素流向科技含量高、资源消耗低、环境污染少、发展前景好的新兴绿色产业，实现新兴绿色产业的优先发展。美国二战后国防研究的需要和相关政策导向帮助美国在半导体、计算机软硬件开发和因特网等多个信息产业领域取得领先地位。

推力之二：制定国家技术创新政策，营造良好创新环境。新兴绿色产业所涉及的技术具有前沿性和不确定性的特征，前期基础研究投入巨大。国家作为技术创新主体之一，在其中的作用日益突出。如法国、德国、美国等都制定了自己的国家技术创新政策，而日本、韩国、新加坡等更是强调政府在技术创新活动中的重要位置。这些国家不仅对技术创新予以大量的直接投资，还制定了一系列的鼓励技术创新的政策，为新兴绿色产业培育营造良好的创新氛围。

推力之三：积极推动产、学、研的深度合作。产学研合作是新兴绿色产业关键性技术取得突破的重要途径和方式。韩国十分注重产学研合作，通过共同研究项目积极推动产学研结合。韩国政府实施的"先导技术计划"就是一个产学研各方广泛参与的高技术研究与发展计划。韩国"特定研发计划"的 1900 多个课题中，85%为合作研究。目前，韩国的共同研究项目主要包括产业源头技术开发本业和产学研联盟事业。

推力之四：重视和实施知识产权保护制度。新兴绿色产业的竞争是知识产权的竞争。新兴绿色产业是真正建立在知识产权基础上的新产业，没有知识产权就没有新兴绿色产业。与传统产业或成熟产业相比，新兴绿色产业更需知识产权战略。

首先，知识产权保护制度可以有效防范新兴技术公开可能带来的仿制风险。新兴企业在研发出技术成果后，下一阶段的任务就是要将技术与产品相结合，生产出附加值高的产品，并寻求技术产业化。一旦技术研发成功或产品投向市场，为企业带来高的市场占有率和利润，就会有其他商家竞相仿制，此时，知识产权制度犹如一道屏障阻止其他企业的"搭便车"行为，赋予产权主体阶段性市场垄断权利，从而使新兴企业收回前期投入和取得应有利润。其次，知识产权制度还可以有效激励和推动新兴绿色企业的二次创新。对于拥有知识产权的新兴企业来说，可以利用技术产业化收回投入并赢得高额利润，从而提升企业在行业中的地位，并获取进一步研发资金，根据市场反馈需求，及时改进技术进行二次创新；对于市场中其他企业而言，由于专利技术必须对外公开，也可以了解新兴技术的构成及特征，并根据企业发展阶段，采取技术引进、技术转让等措施来消化技术，并刺激在此基础上的二次创新。再次，知识产权保护在日趋激烈的国际竞争中还发挥着主动防御的功能。对发展中国家来说，知识产权和技术标准等技术贸易壁垒已成为难以逾越的障碍。据统计，目前全世界 86%的研发投入、90%以上的发明专利都掌握在发达国家手里。我国在无线电传输、移动通讯等高技术领域中 80%以上专利被国外控制，有效专利持有量、关键技术专利掌握情况等专利质量指标与先进国家相比差距巨大。没有知识产权的产品是不可能有长远发展的，更不可能在国际新兴市场竞争中占有一席之地。

推力之五：建立公共服务平台。在培育新兴绿色产业的过程中，公共服务平台对与产业内的技术扩散和资源共享能够起到重要作用。由于公共服务平台具有开放性、公益性和基础性的特征，因此往往由政府主导，企业共同参与建立。公共服务平台对于从原始创新到产业培育的中间阶段起着重要作用，发布行业动态，提供知识产权服务，为企业技术创新提供信息交流中、公共测试平台和管理咨询服务,集中资源开发共性技术,提升行业技术水平。工业和信息化部主导建设的国家软件与集成电路公共服务平台,旨在减少竞争前的企业技术基础投入,实现共性基础技术资源共享,让更多的集成电路设计企业借此平台茁壮成长。这个公共服务平台不仅提供共性平台技术、测评中心,还为企业提供知识产权服务和人才培养服务,并帮助企业进行品牌建设和市场推广。对于技术发展迅速、知识产权竞争激烈的集成电路产业,政府主导建立的公共服务平台为中国软件企业的发展创建更宽松的环境。上海研发公共服务平台整合长三角地区的资源,科研院所、企业都参与其中,涉及各个产业领域的技术和管理服务平台,尤其为中小企业的创立和发展提供了从技术到市场的全链条服务。闪联信息技术工程中心有限公司是在科学技术部、国家发展改革委员会等部门的指导和支持下,由联想、TCL、长城、海信和康佳等我国电子信息领域领导企业联合发起成立的标准组织和产业联盟,其突出的特色就是为产业联盟内的企业提供设备协同的共性技术,而每一个联盟成员都可以在此技术上继续各具特色的技术创新。同时,闪联作为共性技术平台,将自主研发的共性技术上报国际标准组织,为下游联盟企业的市场发展创造了有利条件。

推力之六:积极实施各项产业扶持政策,助推新兴绿色产业不断成长壮大。其中,优惠的财政、税收、金融、政府采购等相关政策形成的合力共同推动着新兴绿色产业研发及产业化发展。风险投资是美国新兴技术发展的重要支持机制。以信息产业为例,美国政府的支持措施主要有:税收优惠——国会通过降低长期投资收益税的税率,刺激更多资金进入这个领域;提供R&D补贴——联邦政府每年将3%的R&D经费投入风险投资;提供信用担保——由国家财政拨出资金设立信用担保基金并专门组织管理,对商业银行向中小企业放款提供担保,以此拓宽风险投资的融资渠道;政府订货——根据国家发展计划倾向性地集中采购,从而降低投资回收风险和市场营销风险。北京中星微电子有限公司获得了财政部会同原信息产业部的"国家电子信息产业发展基金"的风险投资1000万元,正是政府这次尝试性的风险投资形式,成为了"星光中国芯工程"发展的有利条件。

新兴绿色产业的培育涉及一系列相互关联的上下游产业活动,在整个体系中,技术研发机制、市场培育机制和制度激励机制相互影响、相互作用,贯穿于传统高能耗产业向新兴绿色产业转型升级的整个过程之中,三者作为一个整体而存在。譬如，新能源产业一般不具备成本竞争优势，政策驱动更显重要；新能源汽车集群关联性高，要求整个产业上下游的协同；对于新一代信息技术，科技创新是最大驱动力。因此，在设计新兴绿色产业培育机制时，新兴产业面临市场和技术的不确定性，并具有高风险性，这就需要考虑市场、技术、政策等因素的综合影响，构建市场、技术、政策等多层次、全方位的支撑体系。

11.2 新兴绿色产业培育的阶段特征

新兴绿色产业培育，可分为孕育期、成长期、成熟期。按照企业生命周期分析，呈现出不同的阶段特征：孕育期，加大政府扶持，选择关键领域技术研发；成长期，不断导入市场，完善法律法规体系；成熟期，持续扩张规模，形成新兴产业链。

11.2.1 孕育期：加大政府扶持，选择关键领域技术研发

在新兴绿色产业的孕育期，技术的不确定性高，政府应通过规划、计划等方式开展多学科交叉领域的基础性研究和应用性研究，形成各种新的科技创新机会和平台。在此基础上选择一些有待突破的关键领域重点开展技术研发，以知识产权保护、技术标准研制等引导科技发展方向和主导设计走向，促成新兴绿色产业顺利进入成长期。

新兴产业市场培育路径重点在于正确处理好政府和市场的关系，把握好市场功能和政府行为的最佳结合点，以形成市场推动新兴绿色产业发展的新常态。所以，政府应同时通过制定发展规划和专项计划，引导新兴绿色产业的发展方向和空间布局，并在一定程度上创造新的市场需求。通过实行财税优惠政策，鼓励新兴绿色产业领域的开发和消费。

11.2.2 成长期：不断导入市场，完善法律法规体系

这一阶段，充分发挥市场机制的调节作用，使新兴绿色产业在公平的市场准入与退出机制、竞争机制、价格机制、风险机制和供求机制的共同作用下展开公平角逐。同时，政府降低企业的交易成本、弥补创新投入及用户使用成本，建立和完善与新兴绿色产业发展相配套的法律法规体系，明确新兴

绿色产业的范围、技术标准、发展方向及相关扶持措施，制定知识产权保护战略，建立技术标准体系。

11.2.3 成熟期：持续扩张规模，形成新兴产业链

新兴产业已具规模，技术和市场风险消除，进入市场竞争阶段，发展重点在于提高工艺、完善质量、降低成本和寻找新材料等。政府巩固基础设施建设、健全中介服务体系和完善人才储备制度。同时，积极吸纳社会力量，重点围绕企业技术咨询、技术创新成果转化、公共科技信息发布和风险投资等方面发展科技中介机构，改革和完善创新型人才培养选拔制度。

11.3　京津冀地区节能环保产业培育机制分析

以新兴绿色产业中的节能环保产业为例，进行京津冀地区新兴绿色产业培育机制的作用分析。所采用的是中国环保产业协会组织开展的全国2400多家环保重点企业的调研数据。

节能环保产业的培育涉及一系列相互关联的上下游产业活动，并要求整个产业系统向生态化、资源化模式转变，而这一资源化路径又涉及要素投入、企业生产、产品销售和废弃物资源化等多个环节的良性互动，从要素投入角度观察，其涉及生产投入要素、生产过程、销售过程和废弃物回收等各个环节的产业生态化过程。投入要素生态化就是指从生产源头控制使用再生资源，减少对资源的开发利用；生产过程生态化包括优化生产工艺，调整产品结构；销售过程生态化是指要倡导实施绿色包装，采用先进的运输设备，合理规划配货和运输路线，实现绿色运输；废弃物生态化是指利用生态化回收手段进行末端处理。

上述所有生态化过程都需要科技创新的推动力和市场回报的吸引力，也需要政府政策的宏观调控，而生态化的结果则是实现社会效益、经济效益和生态环境效益的统一，需要充分发挥市场、政府、技术创新等价值节点的多主体协同管理作用。技术研发、市场培育与制度激励的作用如下。

11.3.1　以技术研发为核心，促进新兴产业培育

技术创新是节能环保产业取得突破性进展的关键。技术创新在推动生态

产业发展方面已经成为理论和实践上的重要探索，包括清洁工艺、清洁产品等。现实中，学科交叉和技术融合加快，环保产品的制造工序更加复杂，需要不同学科领域知识。通过企业内部自行转化模式、支付专利费获得技术转让、产学研合作转化、依托孵化器转化等模式实现成果的转化，在成果转化过程中对成果转化的预期效用最大化。

譬如，新能源汽车的生产整合了电学、材料学、软件学等多领域、多学科的专业知识，企业在设计研发中若想把握所有领域的技术和新进展几乎不可能，以大学、企业、研究机构为核心要素，以政府、金融机构、创新平台、中介组织、非营利组织等为辅助的多元主体协同互动，以实现知识创造主体和技术创新主体间的深入合作和资源整合的协同创新尤为重要。

11.3.2 以市场机制为动力，促进新兴产业培育

获得等于或高于资本社会平均收益率的利润是企业的运营目的，可以说市场供需及价格决定着节能环保产业的生存和发展，如果生态化可以增加企业营利，那么市场机制在环保企业的生态化过程中就会发挥积极的调控作用。

由于经济发展水平、产业创新能力和市场需求的提升，节能环保产业发展具有很大的市场潜力。在新能源与低碳产业，据国际能源署估计，在发达国家和新兴经济体中，低碳能源产品和基础设施将在2030年前具有33万亿美元的投资需求(邱宝君，2015)。

我国在节能减排相关的节能环保、新能源、新能源汽车等领域不仅拥有较强的市场需求，而且具有较强的技术储备和规模化生产的价格优势。信息技术、生物产业在我国城市化、工业化、医疗改革等领域具有广阔的市场空间，高端装备制造、新材料也是促进我国节能环保产业发展的重要领域。新兴产业区域集聚的要素包含一般性要素(运费成本、劳动力成本、市场、交通等)，关键是领先的技术研发能力、高素质的人力资本、产业的配套能力、完善的市场技术转化平台和当地政府制定的新兴产业发展政策。

中关村节能环保与新能源产业创新资源集聚，形成了以技术服务、工程总包、集成创新为核心竞争力的产业集群，已成为国内最大的节能环保与新能源产业研发服务和技术辐射中心。2016年，中关村节能环保与新能源产业总收入达5917亿元，占示范区企业总收入的14%，约占全国的1/10。企业数量1500余家，上市企业数23家。在节能、环保、新能源等领域，培育了神

雾环保技术股份有限公司、天壕环境股份有限公司、桑德环境资源股份有限公司、碧水源科技股份有限公司、三聚环保新材料股份有限公司等领军企业。

但由于新兴产业技术与市场的不确定性强，新兴产业商业模式不成熟，市场进入瓶颈制约大，在市场化初期成本较高，如目前太阳能光伏的发电成本大概是煤电的 3~4 倍，这就限制了相关产业的规模化发展。

11.3.3　以政策环境为条件，促进新兴产业培育

一方面，政府改善企业的运营条件，包括经济环境、政治环境和文化环境；另一方面，政府为企业提供良好的技术创新环境，激发和释放企业的创新活力。

我国市场培育政策不断完备，对节能环保产业市场发展提出了明确发展目标，制定了强有力的具体政策措施，为产业规模化发展创造了有利的条件。我国《节能与新能源汽车产业发展规划(2012-2020 年)》明确提出，到 2020 年，纯电动汽车和插电式混合动力汽车生产能力达 200 万辆、累计产销量超过 500 万辆，燃料电池汽车、车用氢能源产业与国际同步发展。同时还提出了推进新能源汽车试点示范、推广普及节能汽车、发展替代燃料汽车。京津冀地区节能环保产业的市场培育政策不断完备，对节能环保产业市场发展提出了明确发展目标，制定了强有力的具体政策措施，为产业规模化发展创造了有利的条件。

2017 年中关村科技园区管理委员会、天津市科学技术局和河北省科学技术厅在北京中关村展示中心会议中心联合发布了《发挥中关村节能环保技术优势，推进京津冀地区传统产业转型升级工作方案》，以发挥中关村节能环保企业技术优势，推进京津冀地区传统产业转型升级。河北省发布了《河北省可再生能源发展"十三五"规划》。规划指出到 2020 年，河北省可再生能源利用总量折标煤约 2300 万吨，占能源消费总量比重将由 2015 年的 3.2%提高到 2020 年的 7%，实现翻一番。由此河北省将在未来普及和推广天然气、太阳能和地热能，实现能源结构战略转型。自 2013 年 10 月至 2016 年年初，邯郸公交总公司共计购置、更换 1008 辆纯电动公交车，建成多条新能源公交线路。

各省市也积极推进新能源汽车示范项目与应用补贴等政策措施。但是，由于以往我国高新技术产业发展中具有制造业为主、技术与市场"两头在外"的特点，存在产能严重过剩、过度依赖国际市场的现象。这种现象在目前节

能环保产业领域也开始出现,表现为项目投资重复建设,各地政府大量资金投入到制造环节,甚至直接去购买国外的生产线,出现了产能扩张与本土市场培育不足的矛盾。如 2011 年我国太阳能光伏电池产能已超过 35 吉瓦,而国内光伏装机容量只有 2.2 吉瓦,90%以上的光伏产品仍需依赖国外市场。这样不仅不利于我国自主创新能力提升,也不利于产业转型升级和新兴绿色产业培育。

11.4 本章小结

新兴绿色产业培育涉及一系列相互关联的上下游产业活动,在整个体系中,技术研发机制、市场培育机制和制度激励机制相互影响、相互作用。在技术研发机制上,新兴绿色产业的创新链有一个核心单元引领链上的技术创新活动,这一单元就是原始创新,它是新兴绿色产业发展不可缺少的关键环节。在市场培育机制上,新兴绿色产业具有市场潜力大、不确定性强、投资风险高、经营模式不成熟等特点,市场应用示范机制、市场规模化发展与价格形成机制、市场经营模式创新与政策退出机制建立是根本。在制度激励机制上,本书提出政府有六大推力,促新兴绿色产业培育。推力之一:选择和导向新兴绿色产业优先发展;推力之二:制定国家技术创新政策,营造良好创新环境;推力之三:积极推动产、学、研的深度合作;推力之四:重视和实施知识产权保护制度;推力之五:建立公共服务平台;推力之六:积极实施各项产业扶持政策,助推新兴绿色产业不断成长壮大。

按照生命周期理论,新兴绿色产业培育可分为孕育期、成长期、成熟期。按照企业生命周期分析,呈现出不同的阶段特征:孕育期,加大政府扶持,选择关键领域技术研发;成长期,不断导入市场,完善法律法规体系;成熟期,持续扩张规模,形成新兴产业链。

第12章　京津冀地区新兴绿色产业价值链增值研究

新兴绿色产业的发展不能仅靠政策补贴或技术创新，而且要走价值增值的发展策略。从价值增值的角度来看，不同的生产资源要素在产业链各环节的传递是实现价值增值的功能，主要表现为通过产业链中各环节之间的整体协作优势，实现生产效率提高和交易费用下降。节能环保产业是一个典型的新兴绿色产业，以其为样本进行研究具有代表性。但节能环保产业涉及门类众多，泛泛研究很难起到深入剖析与分析的效果，因此本章以污水及再生水利用产业为例，进行京津冀新兴绿色产业价值链增值策略研究。

12.1　价值链理论

1985年，美国学者波特在其《竞争优势》中最先提出了"价值链(value chain)"这一概念，并将其定义为一种集企业产品设计、产品生产、产品营销、产品配送等流程中各种相互分离而又相辅相成的经营活动一体的关系链条，同时指出这一系列生产运营活动实际上也是一系列价值创造的流程，价值链的起点在于供应商，终端流向每一位客户，同时伴随着物流、信息流、资金流的流转。在这一理论支持下，波特创造了价值链分析法，他认为，可以通过对企业运营活动的分解来考察其自身或相互间的内在联系，并以此明确企业的竞争优势。同时，波特指出，企业的价值链不是孤立的，而是与供应商、产品流程、客户价值链共生的，企业价值链也不是一成不变的，而是处于动态变化中的。此外，波特强调，体现企业竞争优势的关键便在于在价值链各节点的低成本、高效率的创新能力，它反映了企业战略及实现战略的方式。价值链思想的初衷是为了识别能够提高公司竞争力的价值活动，而后随着经济时代及管理环境的变化，价值链思想也逐渐升级，渐渐地开始作用于公司战略分析方面，并与企业管理的各学科如预算、成本、营销等相结合，成为一种新型的管理工具。

12.1.1 传统价值链

波特认为企业的价值创造主要由基本活动(含生产、销售、进料后勤、发货后勤、物流、售后服务等)和辅助性活动(含人事、财务、计划、研究与开发、采购等)两部分来完成,而这些相互关联的价值活动便构成了价值链,详见图12-1所示。

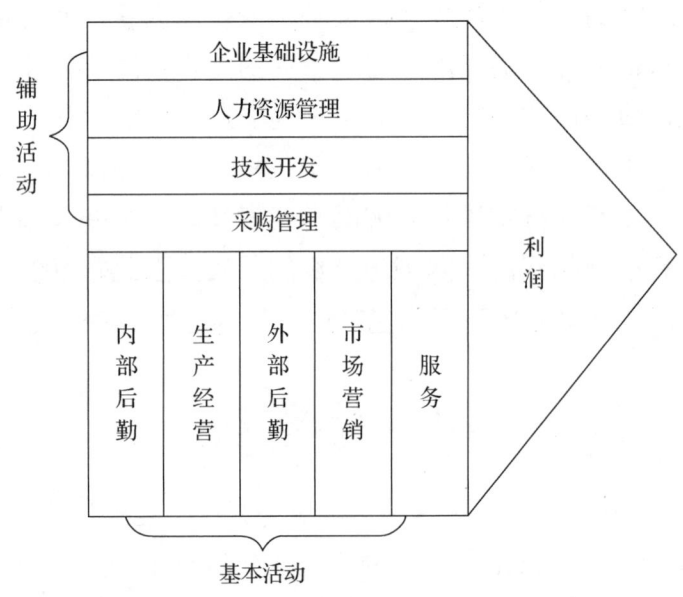

图 12-1　波特价值链模型

根据企业价值链的多个价值创造环节,企业可以在特定价值链进行正确定位。然而,波特的价值链偏重于分析单个企业的价值活动、企业与顾客及供应商可能的联系,该理论建立在产品的生产基础之上,没有顾及顾客的利益及其在利润中所起的作用,也没有考虑同行业中企业间的联系。波特的价值链理论是面向实物的传统价值链理论。

12.1.2 价值增加链

Kogut(1984)在研究企业融入全球经济过程中提出了价值增加链的概念:企业把技术及原料和劳动结合起来生产、销售产品的价值增值过程。在这一过程中,单个企业或者仅仅加入了某一环节,或者将整个价值增值过程都纳入了企业的体系之中,企业的各种活动与技术都会同其他的企业发生联系。Kogut 的观点更能反映价值链的垂直分离和全球空间再配置之间的关系。

12.1.3 产业价值链

当价值链理论的分析对象由一个特定的企业转向整个产业时，就形成了产业价值链。产业价值链是指由行业中基于一定的利益关系，由相互关联的企业构成的价值创造链条。这个链条包括供应商价值链、渠道商价值链及顾客价值链，详见图 12-2。

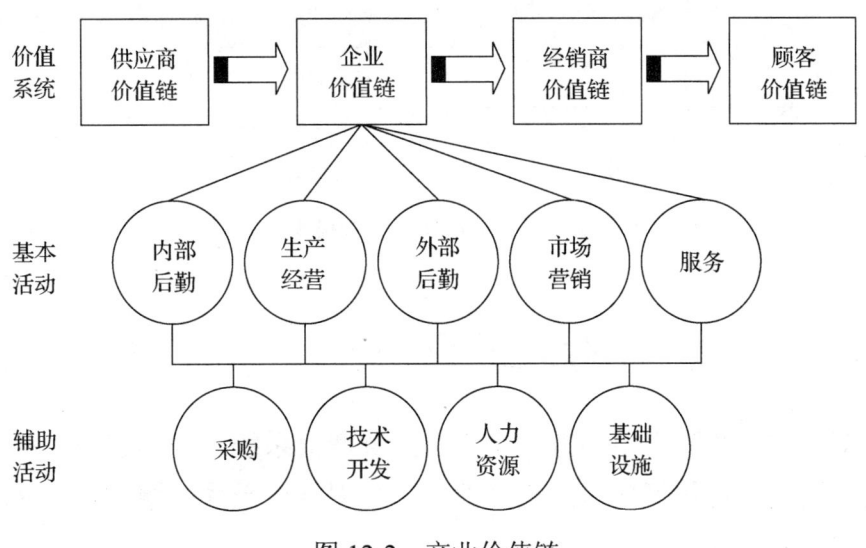

图 12-2 产业价值链

产业价值链从整体角度分析产业链中各个环节的价值创造活动及其影响价值创造活动的核心因素，由此，分析产业价值链可以找出价值创造的战略性环节，并与上下游企业更好地进行合作，从而利于企业降低生产成本和提高产业链的整体竞争优势。

12.1.4 虚拟价值链

价值链开始只是涉及物质产品的制造，价值增值被认为只有通过大量的产品装配和制造技术才能实现。1995 年，Rayport、Sviokla 提出了虚拟价值链的概念：现代企业除了在由资源组成的物质世界（即市场场所）以外，也在由信息所组成的虚拟世界（即市场空间）中进行运作。在市场空间中，企业可以在互联网中进行操作，通过加工、利用信息资源为顾客创造无形的产品或服务，这样便形成了与实物价值链并行的虚拟价值链。虚拟价值链能够在实物价值链的每个阶段水平地使价值增值，详见图 12-3。虚拟价值链中的每一项价值增加活动都可以分为基于物质资源的增值活动和基于信息资源的增值活动两个部分。

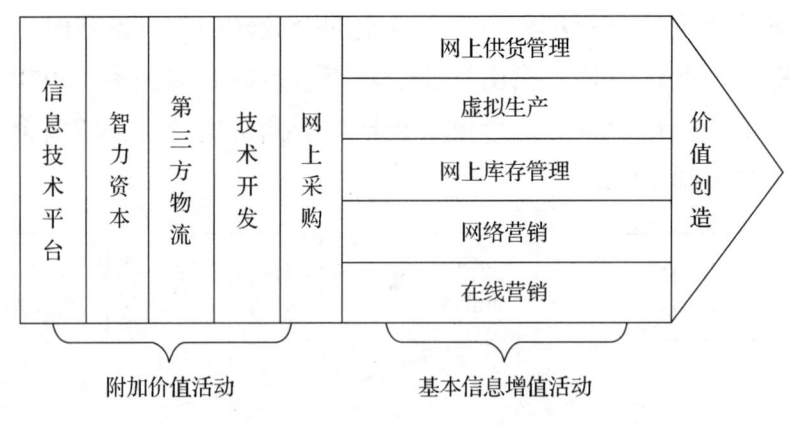

图 12-3　虚拟价值链模型

12.2　新兴绿色产业价值增值系统分析

本节通过系统动力学的方法，对产业链增值系统进行动态的、全方位的分析与建模，通过仿真探讨系统内部各影响因素对于系统增值效应促进或阻碍作用的影响程度。

12.2.1　基本创设条件的设定

在新兴绿色产业价值链增值情况建模过程中，为了能够更直观地分析企业实施减排投资带来的绿色性效果，通过以下假设来简化模型。

（1）虽然新兴绿色产业价值链中包括了多个主体，但是基本上是由一个主要企业和其他参与者构成的。模型模拟的是新兴绿色产业链内部系统的增值过程，所以系统边界定位为新兴绿色产业链本身，系统内部主要包括产业链内部的资本流动与价值的转化过程和实现产业链增值的过程。模型边界为单个新兴绿色产业。未考虑上下游企业之间的价值增值，且政府政策、市场波动等外部因素在模型中不予考虑。

（2）参与者都是完全理性决策者，以利润最大化为决策目标。

(3)企业产能处于未饱和状态,且市场环境良好,无产品积压现象。

(4)不同环境要素(大气、废水、废渣)的减排折算成统一的量纲,用污染物资源化量表示,仿真模拟基于假设数据进行模拟。

12.2.2 主要因果关系回路分析

模型的边界和假设条件确定之后,运用系统动力学 Vensim 软件得到新兴绿色产业价值链增值主要因果关系回路,共有 3 个正反馈回路和 1 个负反馈回路(图 12-4)。

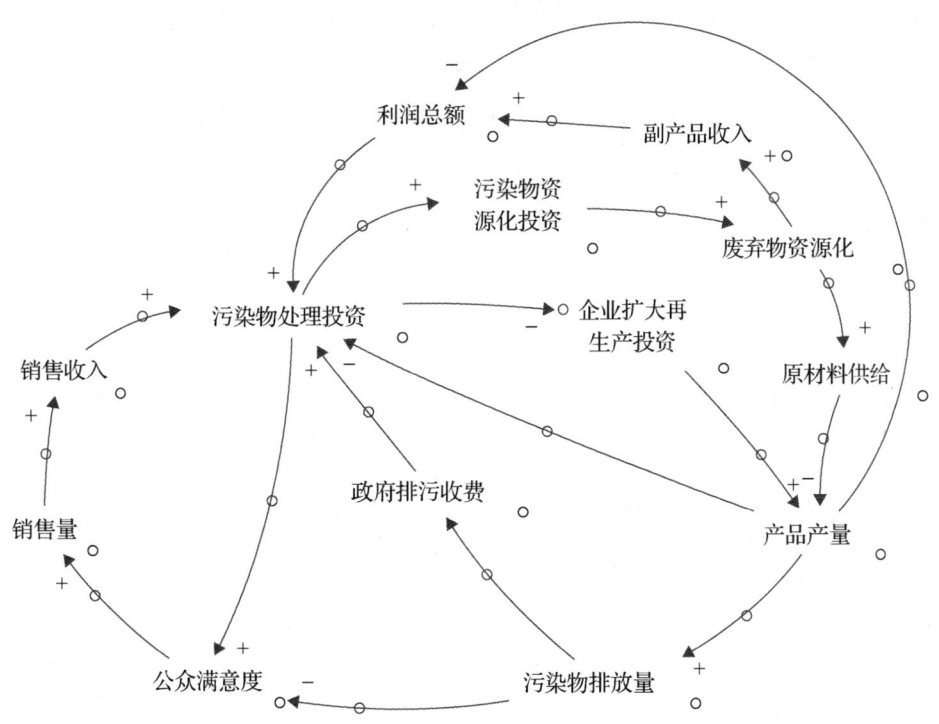

图 12-4 新兴绿色产业价值链增值的因果关系图

(1)通过减排投资,增加企业总产值回路。

+污染物处理投资──→+污染物资源化投资──→+副产品收入──→+利润总额。

(2)通过政府排污收费,提高企业污染物处理投资回路。

+污染物处理投资──→+污染物资源化投资──→+废弃物资源化──→+原材料供给──→+产品产量──→+污染物排放量──→+政府排污收费──→+污染物处理投资。

(3)通过增大公众满意度,提高企业总产值回路。

+污染物处理投资⟶+公众满意度⟶+利润量⟶+销售收入⟶+污染物处理投资。

(4)污染治理及资源化投资的双面作用回路。

+污染物处理投资⟶–企业扩大再生产投资⟶–产品产量⟶–利润总额⟶–污染物处理投资。

12.2.3 价值增值的结构流程

新兴绿色产业实现价值增值的主要途径是通过减排投资控制企业废物排放,增加了产品的绿色性,减轻企业环境压力,带来企业总产值的增加,企业进一步对节能减排项目加大投资。考虑实际操作的可行性,在适当简化一部分企业运营流程后,按照系统动力学建模要求,建立了系统结构图(图12-5)。

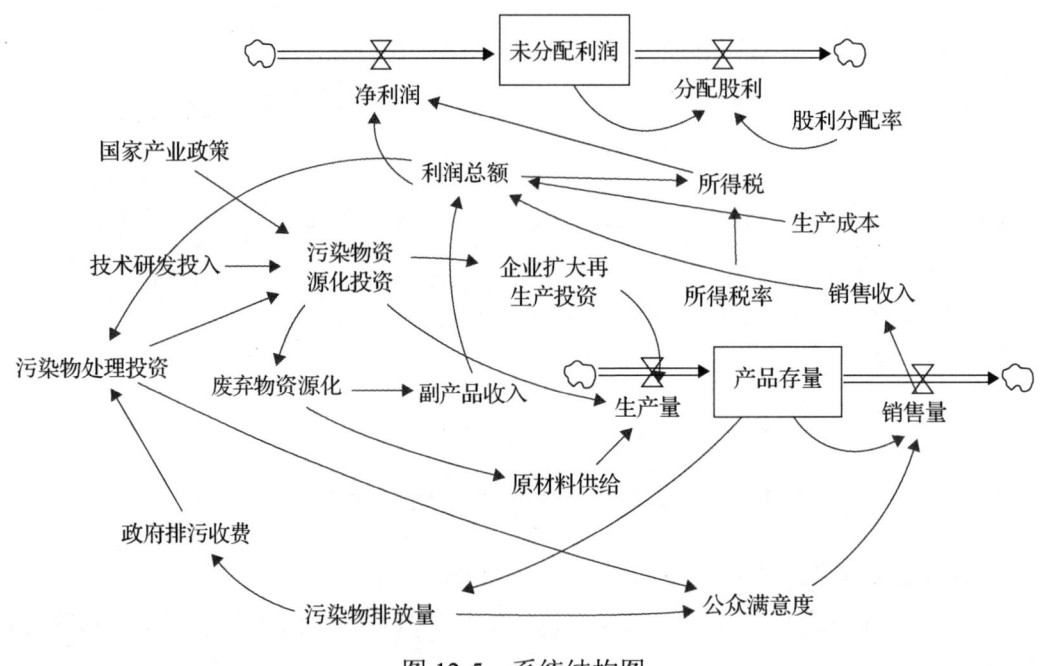

图12-5 系统结构图

图12-5中的系统方程如下。

(1)净利润=利润总额–所得税,万元。

(2)产品存量= INTEG (INTEGER(生产量–销售量),产品基量),吨/年。INTEGER表示取整,INTEG表示随着时间推移的累积值。

(3) 利润总额=销售收入+副产品收入−生产成本−政府排污收费，万元。

(4) 副产品收入=K1×废弃物资源化，万元/年。K1 表示废弃物资源化相关系数。

(5) 分配股利=未分配利润×股利分配率，万元。

(6) 所得税=利润总额×所得税率，万元。

(7) 未分配利润= INTEG（净利润+分配股利，100），万元。INTEG 表示系统动力学中随着时间推移的累积值。

(8) 公众满意度=K2×污染物排放量+K3×污染物处理投资。K2 表示污染物排放量因子，K3 表示污染物处理投资因子。

(9) 原材料供给=原材料供给基础量+K4×废弃物资源化，吨/年。K4 表示废弃物资源化因子。

(10) 国家产业政策=K。其中，将产业政策设定为具体数值，负数表示产业政策不利好，正数表示产业政策利好，其绝对值越大表明产业政策越明显。

(11) 废弃物资源化=K5×污染物资源化投资，吨/年。K5 表示污染物资源化投资因子。

(12) 技术研发投入=S，万元/年。

(13) 政府排污收费=排污收费因子×污染物排放量，万元/年。

(14) 污染物处理投资=K6×销售收入+K7×政府排污收费，万元/年。K6 表示销售收入中污染处理投资所占比例，K7 表示政府排污收费对污染处理投资影响相关系数。

(15) 污染物排放量=K8×产品存量，吨/年。K8 表示产品生产污染因子。

(16) 污染物资源化投资=（K9×污染物处理投资+K10×技术研发投入）×国家产业政策，万元/年。K9 表示污染物处理投资化因子，K10 表示技术研发投入资源化因子。

(17) 生产成本=G。

(18) 生产量=K11×原材料供给+K12×污染物资源化投资，吨/年。K11 表示生产因子，K12 表示污染物再生产因子。

(19) 销售收入= INTEG（单价×销售量），万元/年。

(20) 销售量=K13×产品存量+K4×公众满意度，吨/年。K13 表示产品销售系数，K14 表示公众满意销量影响系数。

12.3　新兴绿色产业价值增值关键因素分析

以上建立了新兴绿色产业价值系统的动态结构模型，下文对建立的模型进行仿真模拟，并通过对不同情景的仿真结果分析，分析各要素对新兴绿色产业价值链增值的影响。仿真模拟软件为 Vensim PLE 软件。基本程序如下。

(1) 系统模型初值及参数的确定。仿真数据采用假设数据模拟，进行数次运行试验后，使仿真结果与实际波动和发展趋势保持一致，继而进行更长期的仿真。

(2) 系统动态结构模型检验。建立系统动力学模型后必须进行测试、模拟、观察结果、分析与描述系统，再讨论策略目标的政策设计，调整相关执行方式。为了验证所建立模型的有效性，本书分别进行了一致性检验、结构验证测试。

(3) 系统模型仿真模拟与价值增值要素分析。模型进行有效性验证后，可以利用模型研究系统在不同条件下的一切可能的行为，帮助决策者了解各种状态下的系统行为结果，进而做出更优的决策。本书构建的系统动态模型，利润是模型的输出值，决策者可以研究和分析不同的变量水平（价值驱动因素的变化）对整个产业链增值效应的动态变化的影响。这里要分析产业链的增值效应，主要考察产业核心价值的变化趋势，现实中更直观地可以用企业利润的增长来表示。

12.3.1　公众满意度对利润的影响分析

公众满意度影响新兴绿色产业的产品需求。新兴绿色产业的产品销售通过社会公众才能赢利，从而实现价值的增值，公众群体购买产品数量增加，企业利润就增加，公众对产品的认可度在其对美好生活需求的追求中也随着企业在绿色发展方面的作为而发生改变。企业的利润随着公众满意度的增加而增大（图 12-6），也随着废弃物资源化量的增大而增大（图 12-7），由于绿色性价值具有延迟性，企业利润的增加也延迟。

现实中，社会公众满意度越高，就越容易形成稳定的消费市场，新兴绿色产业的收入也更容易实现快速的增长。产业链的增值总是首先出现一个低增长期，这与新兴绿色产业核心价值形成的时滞性有关，待受众数量达到稳定值后，产业链将会呈现显著的增值趋势。

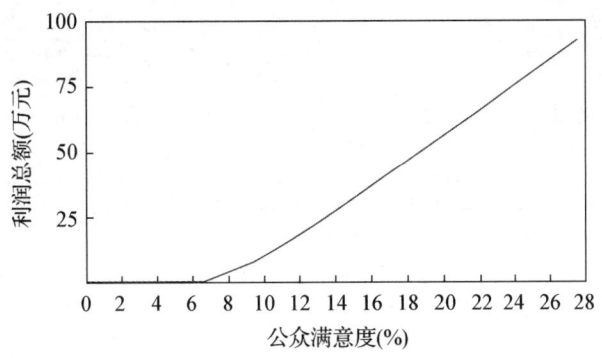

图 12-6　公众满意度对企业利润总额的影响

创新投入-1、创新投入-100、创新投入-1000、创新投入-10000，表示不同规模的创新投入

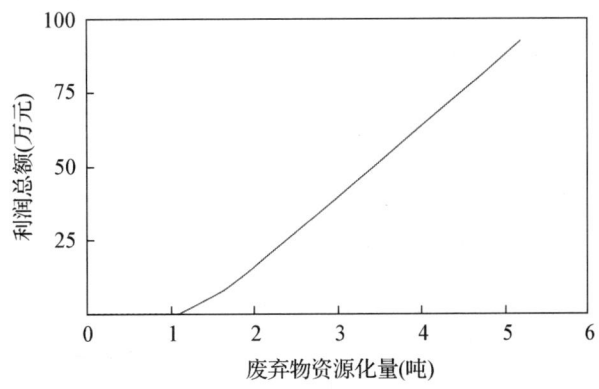

图 12-7　废弃物资源化水平对企业利润总额的影响

12.3.2　产业政策对利润的影响分析

我们模拟了三种不同的产业政策对企业利润的动态影响。产业政策指的是对新兴绿色产业发展利好的政策方针，包括中央产业政策和地区产业政策两个方面，模拟结果如图 12-8～图 12-10 所示。随着产业政策的利好愈加明显，污染物资源化投资和公众满意度呈现增加趋势，这说明其对政策的敏感性。同样，随着产业政策的不断利好，企业扩大生产规模，原材料的供给量增加，随之对企业的排污收费也在一定程度增加，但在产业政策保护上企业规模扩大生产带来的收入与政府对企业的排污收费相比，使得利润总额在开始呈现一定的缓慢增加趋势，之后产业规模扩大利润迅速增加，产业政策分别设定为 1、3、5 具体的数值，分别代表不同的产业扶持强度，分别由弱到强。

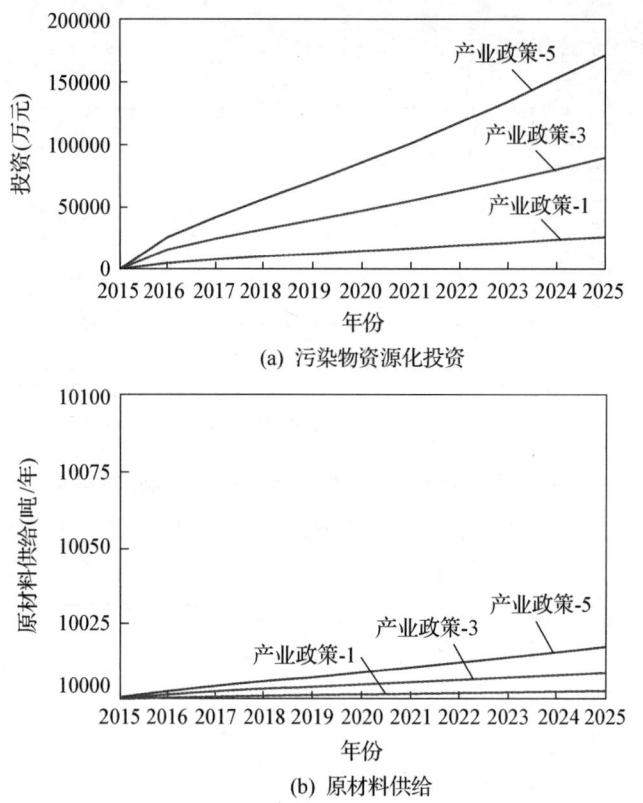

图 12-8 政策激励对污染物资源化投资和原材料供给的影响

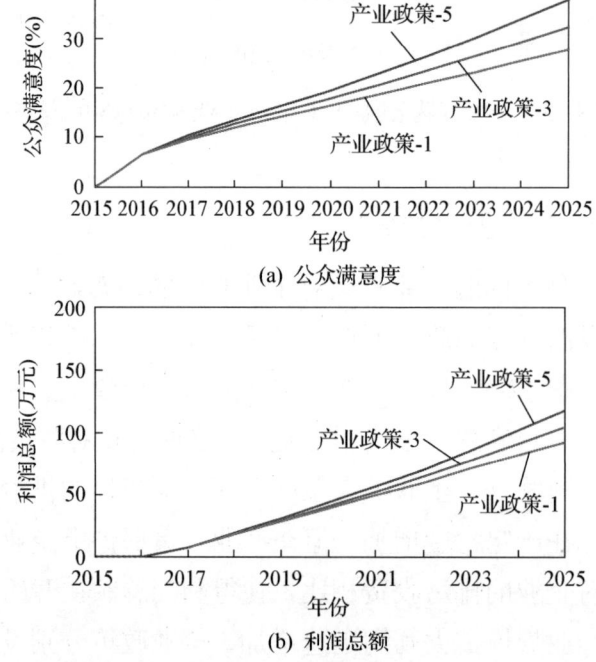

图 12-9 政策激励对公众满意度和利润的影响

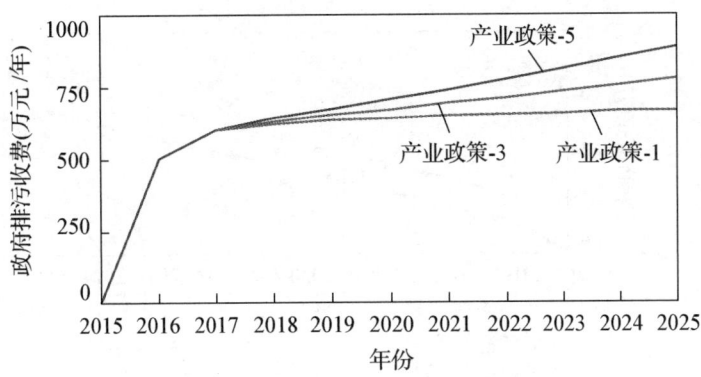

图 12-10 政策激励对政府排污收费的影响

12.3.3 创新投入对利润的影响分析

我们模拟了四种不同的创新投入水平对企业利润的动态影响，创新投入包括技术创新和管理创新两个方面，模拟结果如图 12-11 所示。在模拟中，将创新投入根据其规模的不同设定为 1、100、1000、10000 的具体数值。图 12-11 是创新投入水平在 1、100、1000 和 10000 时污染物资源化投资和废弃物资源化的变化，随着创新投入的增加，污染物资源化投资和废弃物资源化也呈增加的趋势，但只有当创新投入达到一定水平时，其变化趋势才会明显。

我们模拟了创新投入水平在 1、100、1000 和 1000 时对原材料供给和生产量的动态影响，模拟结果如图 12-12 所示。随着创新投入的增加，由于污染物资源化效率的提高，原材料供给和企业产品生产量也呈现增加的趋势，但只有当创新投入达到一定水平时，其变化趋势才明显。

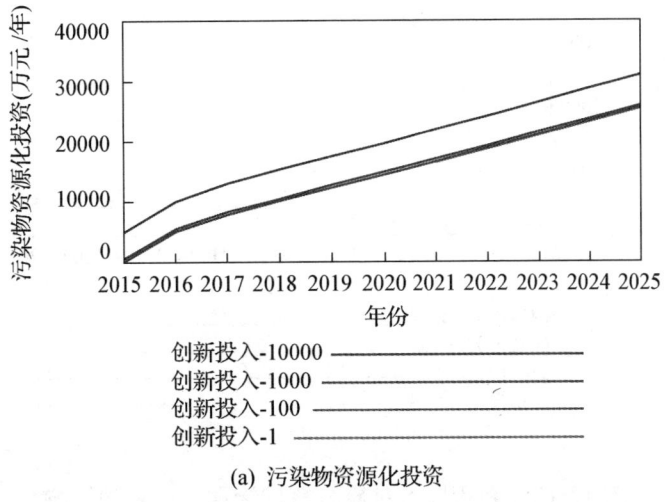

(a) 污染物资源化投资

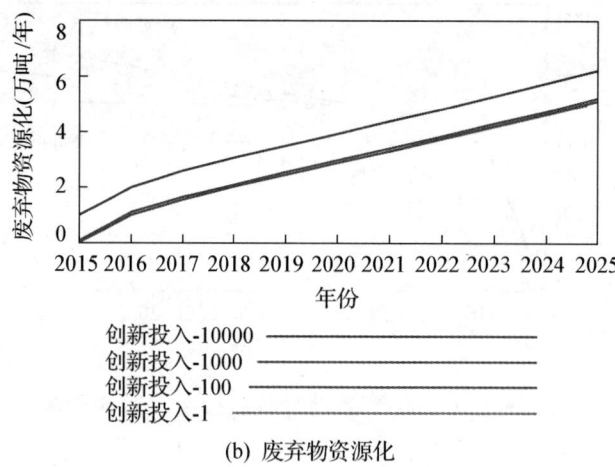

(b) 废弃物资源化

图 12-11 创新投入对污染物资源化投资和废弃物资源化的影响

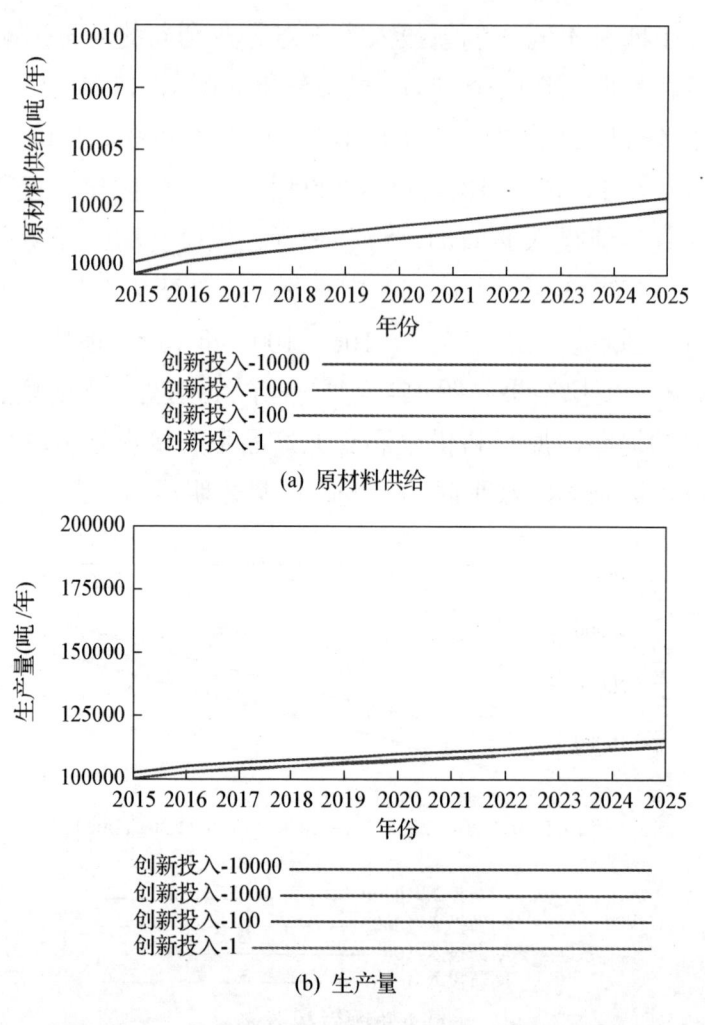

图 12-12 创新投入对原材料供给和生产量的影响

长远来看，如图 12-13 所示，技术研发投入提高对利润是正向的影响，但是由于技术创新具有一定的时滞性，利润变化呈现先变化趋势不明显后上升的趋势，也说明如果仅依赖技术创新投入，一定时期内会造成企业成本的增加，短期内企业会承担较高的风险，但对于企业的可持续发展具有贡献。现实中，新兴绿色产业的发展前期需要大量的资本作为支撑，产业收入在短时间内很难有显著的提升，甚至停滞不前，基于这种状况，很多企业找不到融资渠道，因为资金的周转问题而破产。实践中，把新兴绿色产业的再投资比率控制在适当的范围内，防止投资不足或投资过剩可以有效地提升产业链的增值效率。

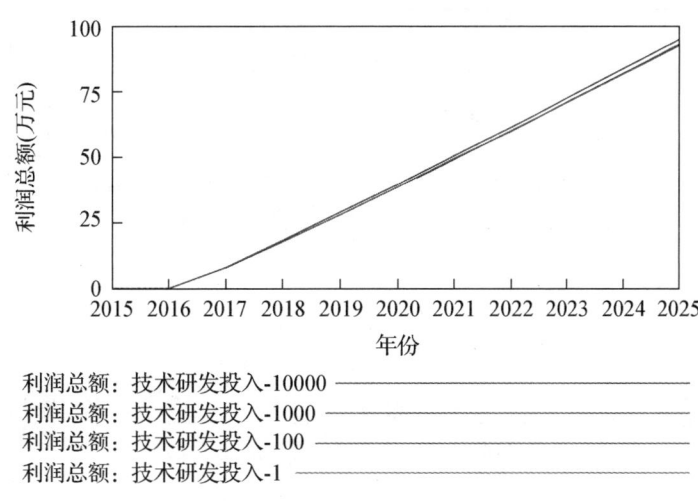

图 12-13　技术研发投入对企业利润总额的影响

12.3.4　新兴绿色产业价值增值的途径

通过系统动力学的方法，对产业链增值系统进行动态的、全方位的分析与建模，本书通过仿真探讨系统内部各影响因素对系统增值效应促进或阻碍作用的影响程度，建构新兴绿色产业价值系统的动态结构模型，对建立的模型进行仿真模拟，并对不同情景的仿真结果进行分析。结果表明，新兴绿色产业价值链增值途径是提高公众满意度、提升产业政策水平、扩大创新投入水平。

12.4　产业链延长与价值增值策略研究——以再生水产业为例

以上述关键因素的影响分析为基础，以再生水产业为例，进行水资源产业链延长与价值增值策略研究。

12.4.1 水处理产业链价值增值的原理分析

1) 水处理产业链价值增值的原理

随着中国工业化、城市化进程的推进和中国政府对环境的关注和投入，污水处理进入了迅速发展阶段。污水处理及再生水行业的价值链涵盖原水生产和供应，自来水生产和供应、销售，污水收集和处理，再生水（中水）生产和销售，这些价值环节构成了污水再生水产业的产业链，如图 12-14 所示。

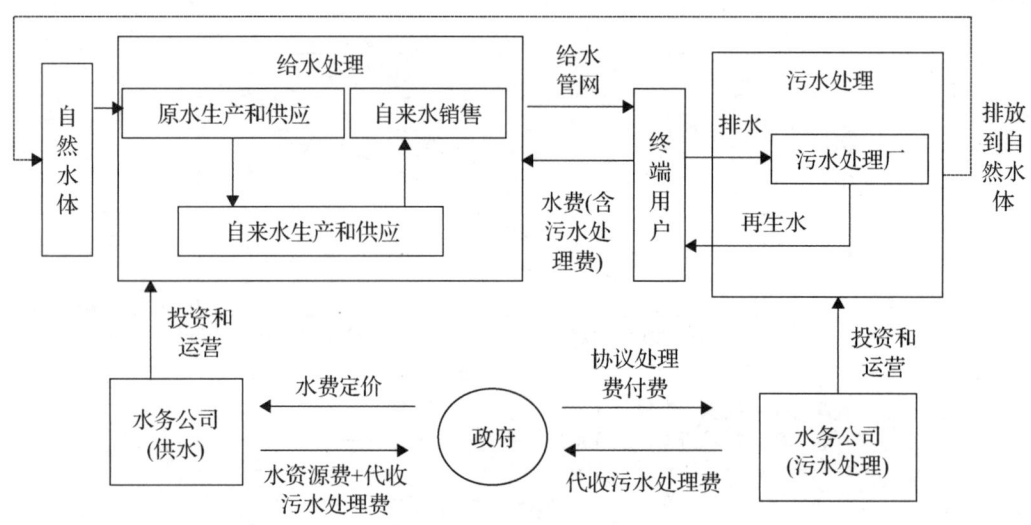

图 12-14 污水处理及再生水产业价值链构成

给水处理包括原水及自来水的生产、供应、销售三个环节，水源来自于自然水体供给，但由于气候变化导致的降雨强度的变化和人类活动，自然水体提供水源的不稳定性逐渐增大。自来水经过给水管网输送到终端用户，其所缴纳的水费也蕴含了污水处理费用，这个环节由水务公司提供供水服务。在污水处理环节，自来水使用之后进入污水处理厂，最终有部分再生水再次进入终端用户使用环节，其余水处理达标后排入自然水体，这个环节也由相应的水务公司提供污水处理工作。

在这三个环节中，政府在水务公司的供水和污水处理过程中起到政策制定及政策监督的作用，对于水费定价及处理费的征收标准具有主导权，有利于作为公共资源的水资源的有效开发利用及生态环境保护，水务公司则按照相应的国家和区域标准征收相应的水资源费和污水处理费用。

污水处理产业链不同环节的盈利能力差异显著，在污水处理技术升级和水环境监测方面具有较大利润，未来中水利用有广阔的市场。未来行业投资机会在于：一是城镇污水尤其是县城及中小城镇污水处理设施形成新一轮投资重点；二是污水处理厂的污泥处置及其无害化后土地综合利用是污水处理下游产业链的一个重点；三是工业企业污水处理标准的提升带来新的投资机会；四是工业壁垒较高的工业污水处理及再生水技术等领域可能成为投资热点。在客户领域方面，由于工业废水各子领域处理技术的差别，导致各子领域垄断壁垒较高，煤化工、石油化工工业污水处理具有较高利润。

2) 水处理产业链价值增值的问题分析

中水回收利用是解决城市水资源危机的重要途径，也是协调城市水资源与水环境的根本出路之一。中水回收利用可以节约淡水资源，减少污水、废水排放量，减少水环境的污染，缓解城市下水道的超负荷等，因此，中水回收利用具有明显的社会效益、生态效益和经济效益。

本来是可以形成循环形态运行的中水回收利用产业链，却因为污水处理厂、中水再处理厂和下游的回用客户之间的配合不畅导致了中水回收利用产业链基本处于断裂状态。这种产业链的断裂不仅来自于价格机制没有理顺，而且来自于配套设施建设的滞后及政策引导机制不健全。目前中水利用在中水处理技术、中水价格、用水市场等方面还存在诸多问题。在华北地区，与工业和生活总用水量相比，中水使用量仅占总用水量的1.8%，中水作为重要可选择水源的资源禀赋并未得到体现。

中水回收利用的产业链主要在以下五个方面存在问题。

(1) 在价格机制方面，目前由于技术水平的差异，各地对中水的需求各有不同，价格差异也较大。新加坡政府注重利用价格杠杆来引导市民节水和推广新生水的使用。新加坡新生水的水价最初为每立方米1.3元新币[①]，后调低至1.15元新币，目前已下调至1元新币，这种水价有很大的市场优势。新生水的生产成本是海水淡化的一半，价格比自来水便宜10%以上，而且还在不断下降。使用新生水取代自来水，用户的水费将大大降低。对比之下，我国并没有在这方面有强制性的要求，目前各省地中水价格大多属于协议价格，

---

① 1新币=4.9535人民币。

中水水价依据深处理条件的不同从 0.3 元到 4 元不等。由于价格优势不明显，居民和工厂也不愿意使用中水，这在很大程度上也造成了中水市场无法形成统计的价格标准，更无法根据技术标准来确定价格政策或补贴政策。另外，各地区也有不同的价格制定机制。譬如，北京市中水价格为 1 元/吨，天津市确定再生水实行分类水价，再生水居民生活用水价格 2.20 元/吨，发电企业用水价格 2.50 元/吨，其他用水（包含特种用水、工业用水、行政事业用水、经营服务用水）价格为 4.00 元/吨。

(2) 在基础配套设施建设方面，国家或地区缺少对中水利用的前瞻性规划，特别是由于中水回收利用必须建立另一套给排水系统以便和自来水供应系统相互区分，管网等工程设施的缺乏也成为开展中水回收利用工作的"拦路虎"。很多地方政府在招商引资、环评编制时，向企业承诺规划或配套建设污水处理厂、中水管网，而往往项目主体建设快，计划配套使用的污水处理厂或中水工程进展缓慢，使得部分项目迟迟用不上中水。

(3) 中水的处理技术没有达到相关企业标准。中水经过再生回用，如果要真正产生规模效益，还是在工业和民用供水体系中产生，但现在中水的水质不稳定已经影响到潜在用户的正常使用。要让深度处理中水进入相关企业或者饮用水环节中，新标准的出台及技术的应用则是要解决的问题。

(4) 有待吸引更多的社会资本参与污水处理设施的运营。合理制定和调整污水处理费标准以确保污水处理运营收益，形成合理预期，吸引更多的社会资本参与污水处理设施的建设和运营，有利于 PPP 模式的加快推广，进而解决污水处理设施建设融资难题，在有效减轻政府财政支出压力、化解地方政府融资平台债务风险的同时，将促使政府手中污水处理项目资源的加快释放，从而推动污水处理行业的发展壮大。特别是在《水污染防治行动计划》出台的背景下，污水处理费的合理定价，增强了环保企业参与提标改造、污水处置等市场的信心和动力。

(5) 污水处理行业整体盈利水平偏低。污水处理仍属于市政公用行业的范畴，产业化程度相对较低。污水处理主要在设备制造和工程建设方面市场化程度比较好，而在投资和运营这两个最重要的环节基本还是以政府为主体市场，参与度较低。中国污水处理能力已具规模，对参与主体在投资、运营、技术等方面提出了新的要求，这些要求将有力推动这个行业的产业化进程。

目前，我国污水处理行业整体盈利水平相对偏低，全国 278 家规模以上污水处理企业的平均毛利率约为 11.4%，随着电费、原材料费、人工成本费用的不断上升，污水处理行业的盈利空间或将被进一步压缩。污水处理费的提高有利于污水处理费的及时足额拨付并确保污水处理企业的合理盈利，从而带来行业估值水平的提升。污水处理费标准的调整，将为污水及污泥处理行业发展带来实质性利好。同时，污水处理价格制度的完善和征收力度的加强，有利于水务运营企业的盈利回升。

根据水资源管理制度的要求，水利部在全国用水总量控制目标、用水效率指标和水功能区纳污能力这三条红线上做出了具体的实施方案，方案的重点之一便是在全国范围内逐级分解用水总量指标，并细化到具体的行业企业。由于当前全国范围内的水资源危机日益加重，实施用水定额管理就成为国家近年来最严水资源管理制度的核心抓手。在政策倒逼下，各行业兴起节水、提高用水效率的热潮，特别是在火电、钢铁、石油炼制、造纸、纺织等高耗水行业中，用水定额标准将更严格。中国要提高用水效率实现节水，一方面除需控制新增用水量外，另一方面需提高存量水用水效率，主要途径便是实现水资源的二次利用，具体来说，就是加强工业和生活用水再生水的利用。

12.4.2 基于演化博弈理论的再生水合理定价与政府补贴策略

再生水可以有效缓解城市用水量不断增长与水资源总量有限的矛盾，而且再生水的生产过程也是水污染去除过程，因此有利于水环境的保护。此外，再生水产业可以通过生产而获利，并带动相关产业的发展。由此可见，再生水的开发利用和再生水产业的发展可谓一举多得。

再生水定价难是制约再生水产业快速发展的瓶颈问题。如果再生水定价过低，不能使再生水生产厂家获得应有的利润，影响再生水生产厂家投资生产的积极性；如果再生水定价过高，不能对用户使用再生水起到很好的激励作用，会导致再生水销售阻滞，影响再生水的推广使用。本书运用演化博弈理论从供需双方利益分配角度对再生水定价进行研究，为再生水合理定价提供一种新思路。

1) 再生水供需关系分析及利益模型

再生水供水方（简称供方）与再生水用水方（简称用户）本质上是供需关系，供方通过向用户提供再生水获得利益，用户使用再生水会节省费用，可见再生水的推广对供需双方都有利。因此可以从合作博弈视角,分析供方和用户的利益分配,进而由利益分配得出再生水定价。

假定用$(M,1,2,3,\cdots,n)$表示供方与用户的联盟,用M代表供方,$1,2,3,\cdots,n$代表参与合作的用户,即使用再生水的用户,M所获得利益l_M可以用(12-1)表示:

$$l_M = (d-c)\sum_{i=1}^{n} x_i \tag{12-1}$$

式中,l_M代表供方所获得利益,元;d代表再生水定价,元/吨;c代表再生水成本,元/吨;x_i代表成员i日用再生水量,吨。

成员i所获得的利益可以用式(12-2)表示:

$$l_i = (p-d)x_i \tag{12-2}$$

式中,l_i代表成员i所获得的利益,元;p代表再生水所替代的水的价格,元/吨。

由上可以看出,在一般情况下,无论是对于供方还是用户而言,只有进行合作,才能使双方都获益。因此,对于供方和用户,合作是明智的选择。可见,再生水的供与需是一对多用户的合作博弈问题。

2) 合作博弈模型的构建与求解

在合作博弈中,通常用$N=\{1,2,3,\cdots,n\}$表示博弈局中人的集合,其中$1,2,3,\cdots,n$代表参与合作博弈的所有成员。除了有强制性约束的合作博弈,一般的合作博弈追求的是总收益最大化,或者是总成本最小化。同时对于任意一个联盟$N=\{1,2,3,\cdots,n\}$的利益分配问题也必须满足下面式(12-3)和式(12-4):

$$\sum_{i\in n} x_i = v(N) \tag{12-3}$$

式中,x_i代表成员i所分得的利益,$i=1,2,3,\cdots,n$;$v(N)$代表联盟的总利益。即要求联盟成员在合作博弈中的获益不能小于不参与合作博弈的获益。

$$v(\{i\}) \leqslant x_i, i \subset n \tag{12-4}$$

即要求联盟成员所得利益不小于自己单独行动所获利益。

具体到本问题，用 $N=(M,1,2,3,\cdots,n)$ 来表示供水方与所有用户的大联盟，则有

$$V(N)=l_M+\sum_{i=1}^{n}l_i=(d-c)\sum_{i=1}^{n}x_i+\sum_{i=1}^{n}(p-d)x_i=(p-c)\sum_{i=1}^{n}x_i \qquad (12\text{-}5)$$

对于子联盟 $S=\{M,1,2,3,\cdots,s\}$，则有

$$V(S)=l_M+\sum_{i=1}^{s}l_i=(d-c)\sum_{i=1}^{s}x_i+\sum_{i=1}^{s}(p-d)x_i=(p-c)\sum_{i=1}^{s}x_i \qquad (12\text{-}6)$$

对于合作博弈的利益分配有很多概念，比如沙普利（Shapley）值、核心、谈判集、稳定集、内核、核仁等。沙普利值是合作演化博弈理论中最具典型的一种分派方式解，它使用博弈参与者在合作博弈中的边际效益的平均值作为衡量利益分配的依据，具有一定的合理性。

沙普利值是唯一能满足四个基本公理的价值函数，具体表述如下。
(1) $\sum \varphi_i(v)=v(N)$ 即成员所得的沙普利值之和等于联盟总价值。
(2) 公平性也称对称性，$\varphi_i(v)=\varphi_j(v)$，当对于所有的联盟 $S\subseteq N$，成员 $i,j\notin S$，都有 $v(S\cup i)=v(S\cup j)$。即当两个成员对于所有的联盟都做出同样的边际贡献，则两个成员所分得的利益相等。
(3) 如果某成员对于所有的联盟没有贡献，则该成员所分得的利益为零。
(4) 如果 v 和 w 是两个博弈，而且对于所有的联盟 $S\subset N$，都有 $(v+w)(S)=v(S)+w(S)$，则有 $\varphi_i(v+w)=\varphi_i(v)+\varphi_i(w)$。

因此，采用沙普利值对本问题进行利益分配，沙普利值的定义如下。

$$\varphi_i(v)=\sum_{S\subseteq N}\frac{(|S|-1)!(n-|S|)!}{n!}[v(S)-v(S-\{i\})] \qquad (12\text{-}7)$$

式中，$\varphi_i(v)$ 代表联盟某成员 i 所应分得的利益；$v(S)$ 代表联盟 S 的总收益；$|S|$ 代表联盟 S 中的成员数；$[v(S)-v(S-\{i\})]$ 代表联盟 S 中的某个成员 i 对联盟的贡献利益。

首先分析用户沙普利值，观察式(12-7)，可以看出要想求得用户 i 的沙普利值，应首先考虑所有成员中包含 i 的联盟。

若联盟的形式为 $S=\{1,2,3,\cdots,s\}$，即只由用户组成的联盟，则 $V(S)=0$，

没有讨论意义，可称为无效联盟。故子联盟形式应该为 $S=\{M,1,2,3,\cdots,s\}$，其中 $s=1,2,\cdots,n$。

当联盟人数 $|S|=2$ 时，即 $S=\{M,i\}$，易得 $[v(S)-v(S-\{i\})]=(p-c)x_i$。

当联盟人数 $|S|=3$ 时，即 $S=\{M,i,t_1\}$，其中 t_1 代表任意一个其他成员，即与 i 不同的用户。t_1 的选择有 $C_{n-1}^1=(n-1)$ 种，即这样的 3 人联盟 $S=\{M,i,t_1\}$ 有 C_{n-1}^1 种，并且此类联盟收益情况相同，可以看成一类来处理。易得 $[v(S)-v(S-\{i\})]=(p-c)x_i$。

当联盟人数 $|S|=4$ 时，即 $S=\{M,i,t_1,t_2\}$，其中 t_1、t_2 代表任意两个其他成员，即与 i 不同的两个用户。t_1、t_2 的选择有 C_{n-1}^2 种，即这样的联盟有 C_{n-1}^2 种。易得 $[v(S)-v(S-\{i\})]=(p-c)x_i$。

依次类推……

当联盟人数 $|S|=n+1$ 时，即 $S=\{M,i,t_1,t_2,\cdots,t_{n-1}\}$，这样的联盟 S 有 C_{n-1}^{n-1} 种。易得 $[v(S)-v(S-\{i\})]=(p-c)x_i$。

综上所述，用户 i 的沙普利值计算如下：

$$\begin{aligned}\varphi_i(v)&=\sum_{S\subseteq N}\frac{(|S|-1)!(|N|-|S|)!}{|N|!}[v(S)-v(S-\{i\})]\\&=\frac{(2-1)!(n+1-2)!}{(n+1)!}(p-c)x_i+C_{n-1}^1\times\frac{(3-1)!(n+1-3)!}{(n+1)!}(p-c)x_i\\&\quad+\cdots+C_{n-1}^{n-1}\times\frac{(n+1-1)![n+1-(n+1)]!}{(n+1)!}(p-c)x_i\\&=\sum_{y=2}^{n+1}C_{n-1}^{y-2}\times\frac{(y-1)!(n+1-y)!}{(n+1)!}(p-c)x_i\end{aligned}\quad(12\text{-}8)$$

再由 $C_{n-1}^{y-2}=\dfrac{(n-1)!}{(y-2)!(n-y+1)!}$ 可以将上式化简得

$$\varphi_i=\frac{1}{2}(p-c)x_i \quad (12\text{-}9)$$

供水方沙普利值可以由 $\varphi_M+\sum_{i=1}^n\varphi_i=v(N)$ 得

$$\varphi_M=v(N)-\sum_{i=1}^n\varphi_i=(p-c)\sum_{i=1}^n x_i-\sum_{i=1}^n\frac{1}{2}(p-c)x_i=\frac{1}{2}(p-c)\sum_{i=1}^n x_i \quad (12\text{-}10)$$

3) 再生水定价模型

令 $\begin{cases} l_M = (d-c)\sum_{i=1}^{n} x_i = \varphi_M \\ l_i = (p-d)x_i = \varphi_i \end{cases}$，解得

$$d = \frac{p+c}{2} \tag{12-11}$$

在合理定价确定的情况下，分析式(12-1)和式(12-2)，易得 $l_M = \sum l_i$，其中，$i=1,2,\cdots,n$。这表明，利用合作博弈和沙普利值得出的再生水定价可以使再生水的消费者剩余与生产者剩余相等。

由再生水定价公式可以看出，再生水的定价与其替代的水产品价格有关。从再生水公式还可以推导出 $p-d=(p-c)/2$，即当再生水成本不变的情况下，其替代的水的价格越高，再生水与其替代的水的价格差越大，用户使用再生水的意愿就会越强烈。

4) 考虑非完全市场的再生水阶段定价模型

在再生水投入市场初期，需要一定时间使大家接受并使用再生水，此时再生水的销量比较低，再生水的制水成本比较高，如果完全根据市场定价，势必导致再生水的定价较高、再生水价格与其替代的水价格差异过小，进而使再生水市场推广受阻，陷入恶性循环。解决这个问题的有效办法是综合考虑再生水成本对消费者剩余和生产者剩余的影响，对再生水定价模型进一步优化，具体分析如下。

(1) 考虑消费者剩余。

再生水用户 i 的收益为 $l_i=(p-d)x_i$，用户只有在使用再生水带来的利益足够大时，才会改变原有的生活习惯，可以设约束条件：

$$l_i = (p-d)x_i \geq \alpha p x_i \tag{12-12}$$

式中，$\alpha p x_i$ 代表用户 i 获利的最小期望值。在市场化条件下，用户的使用再生水获得的收益为 $(p-c)x_i/2$，当再生水的成本无限趋近 0 时，用户的收益无限趋近 $px_i/2$，由此可知 $\alpha \in (0, 0.5)$。

式(12-12)的约束表示用户因使用再生水获得的利益必须大于期望值 $\alpha p x_i$。将其化简为 $p-d \geq \alpha p$，即 $(1-\alpha)p \geq d$，将再生水的定价 $d=(p+c)/2$ 代入，

易得 $c \leq (1-2\alpha)p$。

由此可知当再生水成本 $c \leq (1-2\alpha)p$ 时，再生水定价 $d=(p+c)/2$ 可以满足用户的收益期望，但当再生水成本 $c > (1-2\alpha)p$ 时，为使再生水定价能够满足用户的收益期望，此时再生水定价应调整为 $d=(1-\alpha)p$，只有这样才能保证用户有足够的动力使用再生水，从而保证再生水的推广。

（2）考虑生产者剩余。

当再生水成本 $c > (1-2\alpha)p$ 时，为了满足再生水用户的收益期望，将再生水定价调整为 $d=(1-\alpha)p$。此时，生产者的收益变为

$$l_M = [(1-\alpha)p - c]\sum_{i=1}^{n} x_i \geq \beta c \sum_{i=1}^{n} x_i \tag{12-13}$$

与用户相似，生产者有自己的盈利底线，不妨设约束条件：

$$l_M = [(1-\alpha)p - c]\sum_{i=1}^{n} x_i \geq \beta c \sum_{i=1}^{n} x_i \tag{12-14}$$

式中，不等式右边为生产者的最小盈利期望，$\beta \geq 0$，将式(12-14)进行化简，可以得 $(1-\alpha)p \geq (1+\beta)c$，即 $c \leq (1-\alpha)/(1+\beta)p$，即当再生水成本小于这一限定时，再生水的生产者才有足够的动力进行生产。

此时的推导结果出现一个问题，即式(12-15)是否成立：

$$(1-2\alpha)p \leq \frac{(1-\alpha)}{(1+\beta)}p \tag{12-15}$$

式(12-15)化简得式(12-16)：

$$\beta - 2\beta\alpha - \alpha \leq 0 \tag{12-16}$$

式(12-16)是否成立取决于式(12-17)：

$$\beta \leq \frac{\alpha}{1+2\alpha} \tag{12-17}$$

又因为 $\left(\dfrac{\alpha}{1+2\alpha}\right)' = \dfrac{1}{(1+2\alpha)^2} > 0$，即 $\dfrac{\alpha}{1+2\alpha}$ 是单调递增的，而由 $c > (1-2\alpha)p$ 可知 $\alpha > \dfrac{p-c}{2p}$，将其代入式(12-17)得

$$\beta \leqslant \frac{\alpha}{1+2\alpha} < \frac{\dfrac{p-c}{2p}}{1+2\dfrac{p-c}{2p}} = \frac{p-c}{4p-2c} \tag{12-18}$$

若式(12-18)能够成立,则式(12-17)成立。

又因为 $\left(\dfrac{p-c}{4p-2c}\right)$ 对 c 的导数 $\left(\dfrac{p-c}{4p-2c}\right)' = \dfrac{-2p}{(4p-2c)^2} < 0$,即 $\dfrac{p-c}{4p-2c}$ 是单调递减的,随着 c 的增大而减小。

即使当 $c=80\%p$, $\dfrac{p-c}{4p-2c} = \dfrac{1}{12} \approx 8.33\%$, $\beta \leqslant 8.33\%$ 也是合理的,即在正常情况下,式(12-18)能够成立。

根据上述分析,$(1-2\alpha)p \leqslant \dfrac{(1-\alpha)}{(1+\beta)}p$ 能够成立。

(3) 考虑政府补贴政策。

通过上述对用户和生产者的收益期望分析,可以知道,当再生水的成本满足 $(1-2\alpha)p < c \leqslant (1-\alpha)/(1+\beta)p$ 时,此再生水的定价公式 $d = (1-\alpha)p$,可以同时满足使用者和生产者的收益期望,那么当再生水成本 $c > (1-\alpha)/(1+\beta)p$ 时,又应该如何定价?

当再生水的成本 $c > (1-\alpha)/(1+\beta)p$ 时,若生产者为自身利益考虑,提高再生水定价,即 $d > (1-\alpha)p$,则无法对用户形成足够的吸引力,但若生产者为保证用户的使用动力,维持再生水定价,即 $d = (1-\alpha)p$,则自身的获益小于最小盈利期望,影响生产积极性,再生水定价陷入两难的困境中。

此时,需要政府对再生水市场予以支持,即为了促进再生水行业发展,再生水的定价应仍为 $d = (1-\alpha)p$,以保证用户对再生水使用的热情,同时由政府对再生水生产者进行适当的补贴,补贴额可以设为

$$g = r(t)[(1+\beta)c - (1-\alpha)p] \tag{12-19}$$

式中,$r(t) \in [0,1]$,$t = 1,2,3,\cdots,n$ 表示时间,并且 $r(t)$ 随着 t 增大而减少。即对于再生水生产者的收益与预期收益的差额部分,由政府给予一定的补贴,同时为避免生产者过度依赖政府,促进生产者推广再生水,政府的补贴额与时间呈负相关。

综上所述,再生水定价:

$$d = \begin{cases} \dfrac{p+c}{2}, c \leq (1-2\alpha)p \\ (1-\alpha)p, (1-2\alpha)p < c \leq \dfrac{(1-\alpha)}{(1-\beta)}p \\ (1-\alpha)p, \dfrac{(1-\alpha)}{(1-\beta)}p < c, g = r(t)\left[(1+\beta)c - (1-\alpha)p\right] \end{cases}$$

12.5 本章小结

通过系统动力学的方法，对产业链增值系统进行动态的、全方位的分析与建模，探讨系统内部各影响因素对于系统增值效应促进或阻碍作用的影响程度，构建新兴绿色产业价值系统的动态结构模型，对建立的模型进行仿真模拟，并通过对不同情景的仿真结果分析，分析了各要素对新兴绿色产业价值链增值的影响。结果表明，新兴绿色产业价值链增值途径是提高公众满意度，提升产业政策水平，扩大创新投入水平。

本章以再生水产业为例，进行新兴绿色产业链延长和价值增值策略研究。结果显示，新兴绿色产业的发展初期，需要政策的补贴与扶持，但是仅依靠政策的支撑不够，还必须发挥市场的供需、价格和竞争作用，因此，对于单位产品的政策补贴不能一成不变，要一次性给足并逐步降低。在产业发展初期，政府补贴应能帮助企业克服新兴产业发展所具有的不确定性，保障新兴产业的资本回报率不低于社会平均水平，这样才能使有能力的企业通过技术创新降低成本而获得较高的剩余，进而增强企业自身的造血功能，使其具有扩大再生产的欲望和能力，进而促进整个产业水平的提高和成本的降低。随着产业生产成本的降低，政府的补贴也应降低，并最终实现完全的市场化运营。

第13章 京津冀地区新兴绿色产业发展指数研究

从产业发展基础、发展环境、发展能力入手，构建了新兴绿色产业发展指数。发展基础和发展能力是用于衡量产业自身所具备的发展条件，发展环境用于衡量外部环境对产业发展的影响。筛选了我国新兴绿色产业的 513 家上市公司为样本，依据其 2009~2017 年的数据，进行中国新兴绿色产业发展态势定量分析，并与京津冀地区新兴绿色产业发展进行对比分析。

13.1 新兴绿色产业发展指标体系构建

13.1.1 指标体系框架

本书从产业发展基础、发展环境、发展能力入手，综合考虑指标体系的系统性、代表性、可获取性和易计量性，构建新兴绿色产业发展指标。

新兴绿色产业发展指标体系由三层指标构成，具体包括 3 个一级指标、10 个二级指标和 32 个三级指标。新兴绿色产业发展指标体系结构框架如表 13-1 所示。

表 13-1 新兴绿色产业发展指标体系

一级指标	二级指标	三级指标
发展基础	产业规模	从业人员
		资产总计
		主营业务收入
	产业结构	产业集中度
		主营业务鲜明度
		高端利润企业占比
		市场占有率
发展环境	宏观经济因素	经济景气程度
		经济发展速度
		经济密度
	政策因素	政府补助
		收到的税费返还
	市场因素	清洁能源占比

续表

一级指标	二级指标	三级指标
发展能力	营运能力	应收账款周转率
		存货周转率
		营运资金周转率
		总资产周转率
		流动资产周转率
	融资能力	负债比率
		市盈率
		市销率
	盈利能力	营业净利润
		总资产净利率
		权益净利率
	技术创新能力	研发人员数量
		研发经费支出
		专利授权价值
	偿债能力	营运资本
		流动比率
		现金流量比率
		权益乘数
		利息保障倍数

二级指标的设计旨在从不同方面体现新兴绿色产业发展基础、发展环境、发展能力所具备的条件。本书共设计了 10 个二级指标,其中,产业规模和产业结构 2 项指标用于表征新兴绿色产业的发展基础；宏观经济因素、政策因素和市场因素 3 项指标用于表征新兴绿色产业的发展环境；营运能力、融资能力、盈利能力、技术创新能力和偿债能力 5 项指标用于表征新兴绿色产业的发展能力或潜力。

三级指标为具体指标,具体指标根据新兴绿色产业的自身特点并参考其他产业发展指数的研究成果选取,共 32 个。

13.1.2 指标解释及计算方法

(1) 从业人员。是指年末在调查对象中工作的从业人员实有数,是在岗职工、劳务派遣人员及其他从业人员期末人数之和,不包括离开本单位仍保留劳动关系的职工。

(2) 资产总计。资产总计=(年初资产总额①+年末资产总额②)/2。式中，年初资产总额①、年末资产总额②指调查对象在从事生产经营活动时拥有或控制的能以货币计量的经济资源，包括财产、债权和其他权利。资产按其流动性(即资产的变现能力和支付能力)划分为流动资产、长期投资、固定资产、无形资产、递延资产和其他资产。根据会计资产负债表中资产总计项的年初数和年末数填列。

(3) 主营业务收入。是指企业经常性的、主要业务所产生的基本收入。

(4) 产业集中度。是指某行业内少数几个企业的生产量、销售量、资产总额等对某一行业的支配程度，它一般以这几家企业某项指标占该行业该项指标总量的百分比来表示，本书中以营业收入进行产业集中度表征。

计算公式：产业集中度=前10%企业的营业收入之和/全产业营业收入。

(5) 主营业务鲜明度。主营业务利润=主营业务利润/利润总额。

(6) 高端利润企业占比。是指净利润为正的企业占所有企业的比重。

(7) 市场占有率。是指一个企业的销售量(或销售额)在市场同类产品中所占的比重。

(8) 经济景气程度。是指宏观经济景气指数。

(9) 经济发展速度。是指GDP增速。

(10) 经济密度。是指区域国民生产总值与区域面积之比，是单位面积土地上的经济效益水平，一般以每平方千米土地的产值来表示，它表征了城市单位面积上经济活动的效率和土地利用的密集程度。

(11) 政府补助。是指企业从政府无偿取得货币性资产或非货币性资产，不包括政府作为企业所有者投入的资本。我国目前主要政府补助：财政贴息、研究开发补贴、政策性补贴。

(12) 收到的税费返还。是指政府按照国家有关规定采取先征后返(退)、即征即退等办法向企业返还的税款，属于以税收优惠形式给予的一种政府补助。

(13) 清洁能源占比。是指采用清洁能源占总能源的比重。清洁能源是指自然界中能够提供热、光、动力和电能等各种形式的能量的物质资源。

(14) 应收账款周转率。是指报告期内应收账款转为现金的平均次数。应收账款周转率越高，平均收现期越短，说明应收账款的回收越快。

计算公式：

应收账款周转率=营业收入①/[(年初应收账款②+年末应收账款③)/2]。

式中，营业收入①代表调查对象调查年度内经营主要业务和其他业务所确认的收入总额，营业收入合计包括主营业务收入和其他业务收入，根据会计利润表中营业收入项目的金额数填报；年初应收账款②和年末应收账款③指调查对象因销售商品、提供劳务等经营活动，应向购货单位或接受劳务单位收取的款项，主要包括企业销售商品或提供劳务等应向有关债务人收取的价款及代购货单位垫付的包装费、运杂费等。根据资产负债表中应收账款项目的期初数和期末数分别填列。

(15) 存货周转率。指企业一定时期销货成本与平均存货余额的比率。用于反映存货的周转速度，即存货的流动性及存货资金占用量是否合理，促使企业在保证生产经营连续性的同时，提高资金的使用效率，增强企业的短期偿债能力。

(16) 营运资金周转率。营运资金周转率是指年销货净额与营运资金之比，反映营运资金在一年内的周转次数。

计算公式：营运资金周转率=销售收入净额/(平均流动资产–平均流动负债)。"平均"指报表期初数与报表期末数的平均值。

(17) 总资产周转率。指营业总收入与平均总资产的比值，反映资产总额的周转速率。

计算公式：总资产周转率＝营业收入①/[(年初资产总额②+年末资产总额③)/2]。

式中，营业收入①指调查对象调查年度内经营主要业务和其他业务所确认的收入总额。

(18) 流动资产周转率。流动资产周转率是分析流动资产周转情况的一个综合指标，流动资产周转的快可以节约资金，提高资金的利用效率。

流动资产周转率=主营业务收入净额/平均流动资产总额。

(19) 负债比率。指企业全部负债与全部资金来源的比率，用以表明企业负债占全部资金的比重。负债比率是指债务和资产、净资产的关系，反映企业偿付债务本金和支付债务利息的能力。

(20) 市盈率。是最常用来评估股价水平是否合理的指标之一，由股价除以年度每股盈余(EPS)得出(以公司市值除以年度股东应占溢利亦可得出相同结果)。

(21) 市销率。市销率=每股市价/每股销售收入。

(22) 营业净利润。指企业当期利润总额减去所得税后的金额，即企业的税后利润。所得税是指企业将实现的利润总额按照所得税法规定的标准向国家计算缴纳的税金，是企业利润总额的扣减项目。

(23) 总资产净利率。指公司净利润与平均资产总额的百分比，反映公司运用全部资产所获得利润的水平，即公司每占用 1 元的资产平均能获得多少元的利润。该指标越高，表明公司投入产出水平越高，资产运营越有效，成本费用的控制水平越高，体现企业管理水平。

(24) 权益净利率。是净利润与平均股东权益的百分比，是公司税后利润除以净资产得到的百分比，反映股东权益的收益水平，用以衡量公司运用自有资本的效率。指标值越高，说明投资带来的收益越高。该指标体现了自有资本获得净收益的能力。

计算公式：权益净利率=净利润/[(本年期初所有者权益+本年期末所有者权益)/2]。

(25) 研发人员数量。指科技活动人员中从事环境基础研究、应用研究和试验发展三类活动的人员，包括直接参加上述三类项目活动的人员及这类项目的管理和服务人员。

(26) 研发经费支出。指年度内实际用于某项环境技术研究和试验发展的经费支出，包括实际用于研究与试验发展活动的人员劳务费、原材料费、固定资产构建费、管理费及其他费用支出。

(27) 专利授权价值。指专利技术账面价值，其中，专利技术是指被处于有效期内的专利所保护的技术。根据我国专利法对专利的分类，主要是包括发明专利、实用新型专利和外观设计专利。

(28) 营运资本。指合营企业流动资产总额减流动负债总额后的净额，即企业在经营中可供运用、周转的流动资金净额。

计算公式：营运资本=流动资产−流动负债。

(29) 流动比率。是流动资产对流动负债的比率，用来衡量企业流动资产在短期债务到期以前，可以变为现金用于偿还负债的能力。一般说来，比率越高，说明企业资产的变现能力越强，短期偿债能力亦越强；反之则弱。

计算公式：流动比率=流动资产/流动负债。

(30) 现金流量比率。指现金流量与其他项目数据相比所得的值。该比率用于衡量企业经营活动所产生的现金流量可以抵偿流动负债的程度。

计算公式：现金流量比率=经营活动产生的现金净流量/期末流动负债。

(31) 权益乘数。权益乘数反映了企业财务杠杆的大小，权益乘数越大，说明股东投入的资本在资产中所占的比重越小,财务杠杆越大。

计算公式:权益乘数=资产总额/股东权益总额。

(32)利息保障倍数。指企业生产经营所获得的息税前利润与利息费用的比率(企业息税前利润与利息费用之比),它是衡量企业支付负债利息能力的指标,企业生产经营所获得的息税前利润与利息费用相比,倍数越大,说明企业支付利息费用的能力越强。

计算公式:利息保障倍数= EBIT/利息费用。

13.2 新兴绿色产业发展指数模型构建

本书指数测算模型的构建是适宜方法的集成,旨在体现发展指数的动态特征。

首先。采用比值法进行数据的标准化处理(即用观察期数值比基期数值)。

其次,在专家调查问卷的基础上,采用层次分析法确定一、二级指标的权重,具体指标采取等权确权。

层次分析法具体步骤如下。

第一步,建立层次结构模型。将评估所涉及的指标分为4个层次,即综合指数层、目标层、准则层和具体指标层,建立多级递阶的层次结构框架模型。

第二步,构建判断矩阵。对准则层指标构建判断矩阵,如式(13-1),进行同层次因素两两对比,并引入1-9的层次分析法的标度法予以量化。

$$A = \begin{bmatrix} w_1/w_1 & w_1/w_2 & \cdots & w_1/w_n \\ w_2/w_1 & w_2/w_2 & \cdots & w_2/w_n \\ \vdots & \vdots & & \vdots \\ w_n/w_1 & w_n/w_2 & \cdots & w_n/w_n \end{bmatrix} \qquad (13\text{-}1)$$

第三步,进行专家咨询。参考式(13-1)设计调查问卷,进行专家咨询,请专家对两两因素的重要性进行判断,并将判断结果列入式(13-1)。

第四步,进行一致性检验。首先计算判断结果的一致性指标 CI, $CI = (\lambda_{max} - n)(n-1)$,式中,$\lambda_{max}$ 代表判断矩阵 A 的最大值特征根;n 代表判断矩阵阶数。然后查找相应的平均随机一致性指标 RI,最后计算一致性比率 CR,CR=CI/RI。一般认为,CR<0.1 时,判断矩阵的一致性可以接受。

第五步，确定指标权重。将通过有效性检验的问卷应用几何平均法进行统计，并计算准则层指标的权重，然后将准则层指标所获得的权重以均权的方式分解到其下属具体指标。

最后，采用综合指数法进行新兴绿色产业发展指数测算。计算公式为

$$\text{SEI} = \sum_{i=1}^{n} W_i V_i \quad (13\text{-}2)$$

式中，SEI 代表发展指数得分；W_i 代表第 i 项指标的权重；V_i 代表第 i 项指标的标准化值，在产业发展指数计算中，V_i 为产业数据的标准化处理结果，在行业发展指数计算中，V_i 为行业数据的标准化处理结果。

13.3 京津冀地区新兴绿色产业发展指数测评

上市公司数据公开，易于获取，因此以之作为晴雨表可以从整体上反映我国新兴绿色产业的发展态势及制约瓶颈。为此，本书筛选了我国新兴绿色产业的 513 家上市公司为样本，依据其 2009~2017 年数据，进行我国新兴绿色产业发展态势定量分析。新兴绿色产业分为 3 大产业，具体产业名称和产业下各企业数量如表 13-2 所示。

表 13-2　新兴绿色产业所包含的产业名称及对应的上市公司企业数量

产业名称	上市公司企业数量
新能源汽车	183
新能源	189
节能环保	141

数据来源于 IFind 数据库、中国统计年鉴、天天财富年报数据库等。为了能够直观反映产业指数及各分指标的具体情况，本书将产业指数及各级分指标分值均以百分制的形式加以表征。分值大于 100，说明该项指标向好；分值小于 100，说明该项指标处于下降趋势。此外，为了更好地比较京津冀地区新兴绿色产业发展态势与全国新兴绿色产业发展态势，本书将京津冀地区作为一个整体，进行了该地区指数测算，并将全国新兴绿色产业发展指数与京津冀地区新兴绿色产业发展指数列于表 13-3~表 13-9。

表 13-3 2011 年新兴绿色产业发展指数及各级指标值

指数	一级指标			二级指标			三级指标		
	指标	全国	京津冀	指标	全国	京津冀	指标	全国	京津冀
新兴绿色产业发展指数	发展基础	105	111	产业规模	121	119	从业人员	116	117
							资产总计	125	119
							主营业务收入	121	120
				产业结构	101	109	产业集中度	99	110
							主营业务鲜明度	105	128
							高端利润企业	98	97
							市场占有率	100	99
	发展环境	117	107	宏观经济因素	102	103	经济景气程度	99	99
							经济发展速度	90	90
							经济密度	117	119
				政策因素	143	118	政府补助	135	128
							收到的税费返还	152	108
				市场因素	97	97	清洁能源占比	97	97
	发展能力	100	106	营运能力	96	99	应收账款周转率	92	94
							存货周转率	91	94
							总资产周转率	111	115
							营运资产周转率	96	101
							流动资产周转率	91	89
				融资能力	76	90	负债比率	98	99
							市盈率	44	111
							市销率	84	60
				盈利能力	94	81	营业净利润	110	92
							总资产净利率	88	77
							权益净利率	84	75
				技术创新能力	142	130	研发人员数量	142	154
							研发经费支出	162	136
							专利授权价值	122	99
				偿债能力	94	88	营运资本	109	76
							流动比率	108	113
							现金流量比率	70	73
							权益乘数	97	97
							利息保障倍数	89	80

表 13-4　2012 年新兴绿色产业发展指数及各级指标值

指数	一级指标			二级指标			三级指标		
	指标	全国	京津冀	指标	全国	京津冀	指标	全国	京津冀
新兴绿色产业发展指数	发展基础	103	97	产业规模	110	109	从业人员	106	105
							资产总计	117	115
							主营业务收入	106	107
				产业结构	101	95	产业集中度	100	101
							主营业务鲜明度	107	80
							高端利润企业	97	97
							市场占有率	100	101
	发展环境	107	110	宏观经济因素	99	98	经济景气程度	96	96
							经济发展速度	83	87
							经济密度	118	110
				政策因素	107	117	政府补助	111	99
							收到的税费返还	104	134
				市场因素	112	112	清洁能源占比	112	112
	发展能力	115	113	营运能力	89	97	应收账款周转率	83	86
							存货周转率	90	89
							总资产周转率	91	130
							营运资产周转率	91	93
							流动资产周转率	91	89
				融资能力	87	119	负债比率	99	98
							市盈率	72	167
							市销率	91	93
				盈利能力	89	122	营业净利润	100	135
							总资产净利率	85	118
							权益净利率	83	113
				技术创新能力	151	118	研发人员数量	133	120
							研发经费支出	118	131
							专利授权价值	201	103
				偿债能力	110	103	营运资本	116	91
							流动比率	100	103
							现金流量比率	149	119
							权益乘数	97	96
							利息保障倍数	87	108

表 13-5 2013 年新兴绿色产业发展指数及各级指标值

指数	一级指标			二级指标			三级指标		
	指标	全国	京津冀	指标	全国	京津冀	指标	全国	京津冀
新兴绿色产业发展指数	发展基础	101	99	产业规模	112	107	从业人员	111	103
							资产总计	112	110
							主营业务收入	112	107
				产业结构	99	97	产业集中度	100	100
							主营业务鲜明度	92	93
							高端利润企业	102	98
							市场占有率	100	95
	发展环境	103	103	宏观经济因素	105	100	经济景气程度	100	100
							经济发展速度	99	91
							经济密度	115	109
				政策因素	98	102	政府补助	99	105
							收到的税费返还	96	99
				市场因素	107	107	清洁能源占比	107	107
	发展能力	114	112	营运能力	101	100	应收账款周转率	93	90
							存货周转率	104	91
							总资产周转率	106	127
							营运资产周转率	100	97
							流动资产周转率	101	96
				融资能力	135	81	负债比率	100	99
							市盈率	222	30
							市销率	84	114
				盈利能力	112	105	营业净利润	121	113
							总资产净利率	107	103
							权益净利率	106	100
				技术创新能力	121	129	研发人员数量	112	120
							研发经费支出	115	117
							专利授权价值	135	148
				偿债能力	105	108	营运资本	106	77
							流动比率	99	105
							现金流量比率	111	145
							权益乘数	100	99
							利息保障倍数	110	112

表 13-6　2014 年新兴绿色产业发展指数及各级指标值

指数	一级指标			二级指标			三级指标		
	指标	全国	京津冀	指标	全国	京津冀	指标	全国	京津冀
新兴绿色产业发展指数	发展基础	100	100	产业规模	108	108	从业人员	100	104
							资产总计	113	111
							主营业务收入	109	110
				产业结构	98	97	产业集中度	99	98
							主营业务鲜明度	93	86
							高端利润企业	99	106
							市场占有率	100	101
	发展环境	114	119	宏观经济因素	101	96	经济景气程度	100	100
							经济发展速度	94	84
							经济密度	111	106
				政策因素	124	141	政府补助	128	154
							收到的税费返还	120	129
				市场因素	110	110	清洁能源占比	110	110
	发展能力	116	125	营运能力	97	101	应收账款周转率	94	100
							存货周转率	96	91
							总资产周转率	105	120
							营运资产周转率	96	99
							流动资产周转率	96	96
				融资能力	122	127	负债比率	99	99
							市盈率	130	155
							市销率	136	126
				盈利能力	107	118	营业净利润	116	127
							总资产净利率	102	114
							权益净利率	101	112
				技术创新能力	135	147	研发人员数量	113	131
							研发经费支出	120	132
							专利授权价值	172	178
				偿债能力	99	102	营运资本	104	110
							流动比率	99	100
							现金流量比率	93	93
							权益乘数	98	97
							利息保障倍数	98	109

表 13-7　2015 年新兴绿色产业发展指数及各级指标值

指数	一级指标			二级指标			三级指标		
	指标	全国	京津冀	指标	全国	京津冀	指标	全国	京津冀
新兴绿色产业发展指数	发展基础	101	106	产业规模	115	118	从业人员	119	120
							资产总计	117	118
							主营业务收入	109	116
				产业结构	98	103	产业集中度	98	106
							主营业务鲜明度	95	99
							高端利润企业	99	98
							市场占有率	100	107
	发展环境	116	116	宏观经济因素	99	99	经济景气程度	96	96
							经济发展速度	95	97
							经济密度	106	104
				政策因素	135	134	政府补助	141	133
							收到的税费返还	130	135
				市场因素	106	106	清洁能源占比	106	106
	发展能力	113	117	营运能力	90	102	应收账款周转率	90	95
							存货周转率	96	93
							总资产周转率	76	130
							营运资产周转率	93	99
							流动资产周转率	93	94
				融资能力	200	183	负债比率	98	98
							市盈率	313	238
							市销率	189	214
				盈利能力	99	102	营业净利润	110	115
							总资产净利率	94	97
							权益净利率	92	94
				技术创新能力	116	125	研发人员数量	138	168
							研发经费支出	122	158
							专利授权价值	88	49
				偿债能力	113	95	营运资本	143	71
							流动比率	101	105
							现金流量比率	114	93
							权益乘数	98	96
							利息保障倍数	109	110

表 13-8　2016 年新兴绿色产业发展指数及各级指标值

指数	一级指标			二级指标			三级指标		
	指标	全国	京津冀	指标	全国	京津冀	指标	全国	京津冀
新兴绿色产业发展指数	发展基础	103	101	产业规模	115	112	从业人员	108	104
							资产总计	121	121
							主营业务收入	118	112
				产业结构	101	99	产业集中度	97	92
							主营业务鲜明度	103	103
							高端利润企业	102	104
							市场占有率	100	95
	发展环境	109	106	宏观经济因素	101	103	经济景气程度	101	101
							经济发展速度	97	99
							经济密度	104	109
				政策因素	113	105	政府补助	106	90
							收到的税费返还	119	121
				市场因素	109	109	清洁能源占比	109	109
	发展能力	110	117	营运能力	94	97	应收账款周转率	95	88
							存货周转率	106	98
							总资产周转率	75	116
							营运资产周转率	97	93
							流动资产周转率	96	89
				融资能力	85	106	负债比率	100	101
							市盈率	51	53
							市销率	103	163
				盈利能力	103	100	营业净利润	117	113
							总资产净利率	97	94
							权益净利率	96	93
				技术创新能力	128	143	研发人员数量	120	118
							研发经费支出	122	112
							专利授权价值	142	198
				偿债能力	111	108	营运资本	157	133
							流动比率	102	99
							现金流量比率	78	99
							权益乘数	99	102
							利息保障倍数	117	104

表 13-9 2017 年新兴绿色产业发展指数及各级指标值

指数	一级指标			二级指标			三级指标		
	指标	全国	京津冀	指标	全国	京津冀	指标	全国	京津冀
新兴绿色产业发展指数	发展基础	104	105	产业规模	114	110	从业人员	107	102
							资产总计	118	116
							主营业务收入	118	111
				产业结构	102	104	产业集中度	97	96
							主营业务鲜明度	110	126
							高端利润企业	99	98
							市场占有率	100	95
	发展环境	106	98	宏观经济因素	103	95	经济景气程度	100	100
							经济发展速度	103	75
							经济密度	106	109
				政策因素	108	92	政府补助	98	97
							收到的税费返还	119	88
				市场因素	106	106	清洁能源占比	106	106
	发展能力	109	124	营运能力	104	92	应收账款周转率	98	93
							存货周转率	104	103
							总资产周转率	121	72
							营运资产周转率	99	96
							流动资产周转率	98	96
				融资能力	77	151	负债比率	100	100
							市盈率	58	226
							市销率	74	125
				盈利能力	96	84	营业净利润	107	91
							总资产净利率	90	79
							权益净利率	90	81
				技术创新能力	132	161	研发人员数量	121	111
							研发经费支出	126	113
							专利授权价值	148	261
				偿债能力	89	102	营运资本	98	172
							流动比率	98	97
							现金流量比率	71	61
							权益乘数	100	102
							利息保障倍数	79	81

由表 13-3～表 13-9 可知，从整体上看，2011～2017 年，全国及京津冀地区新兴绿色产业发展走势大体一致。近年来，京津冀地区新兴绿色产业的发展水平好于全国整体水平。两组样本群的三个一级指标稍有差别。首先，全国的发展基础较为稳定，京津冀的发展基础先下降后波动上升。其次，全国与京津冀地区新兴绿色产业的发展环境走势一致。最后，全国新兴绿色产业的发展能力稳中有升，京津冀地区的发展能力快速增强，对其总发展指数超越全国起到了重要推动作用。

13.4 京津冀地区新兴绿色产业发展指数测算结果比较分析

13.4.1 京津冀与全国新兴绿色产业发展态势比较分析

全国新兴绿色产业与京津冀地区新兴绿色产业总发展指数的模拟对比情况如图 13-1 和图 13-2 所示。

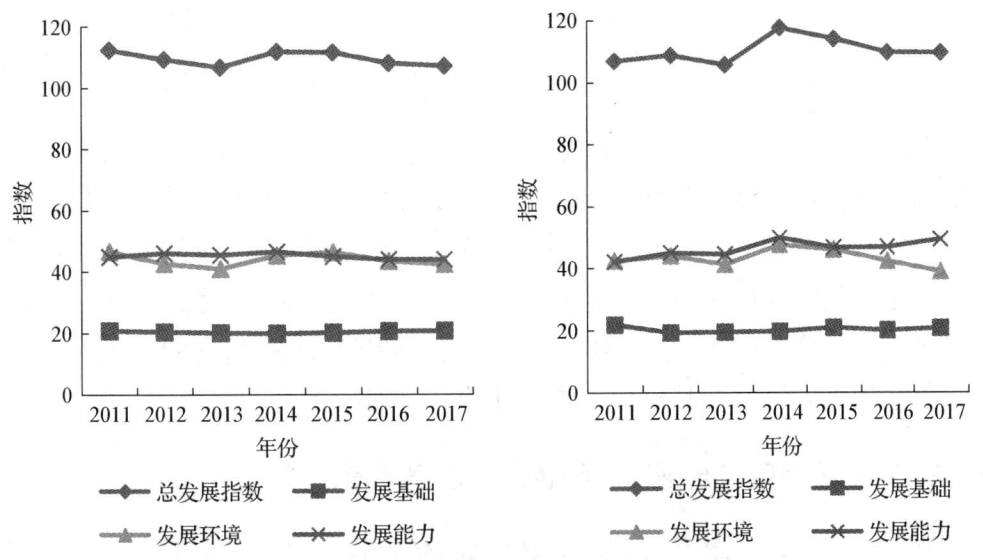

图 13-1 全国新兴绿色产业总发展指数　　图 13-2 京津冀新兴绿色产业总发展指数

由图 13-1 和图 13-2 可以看出，全国及京津冀地区新兴绿色产业发展走势大体一致。2014 年后京津冀地区新兴绿色产业的发展水平更胜一筹。在发展基础方面，全国新兴绿色产业的发展基础非常平稳，京津冀地区的发展基础呈现先下降后波动上升的态势；在发展环境方面，全国与京津冀地区的发展环境走势一致；在发展能力方面，全国的发展能力稳中有升，京津冀地区的发展能力虽然起步较晚，但是后期发展速度较快，到 2014 年反超全国。

13.4.2 京津冀地区与全国新兴绿色产业发展基础比较分析

全国和京津冀新兴绿色产业发展基础如图 13-3 和图 13-4 所示。

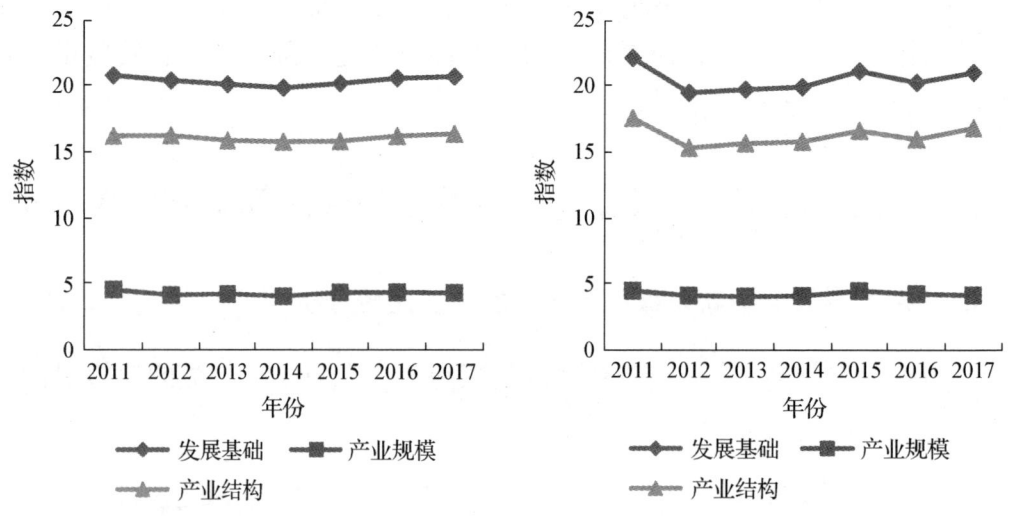

图 13-3　全国新兴绿色产业发展基础　　图 13-4　京津冀新兴绿色产业发展基础

由图 13-3 和图 13-4 可知，全国新兴绿色产业的发展基础非常稳定，而京津冀地区的发展基础呈现先下降后波动上升的态势。两者的产业结构与其发展基础的走势基本相同，这说明产业结构对于新兴绿色产业的发展基础影响较大。受产业结构指标下的主营业务鲜明度的影响，2012 年京津冀地区新兴绿色产业的发展基础有较大幅度下降，随着主营业务鲜明度的逐渐回升，近年来京津冀地区的发展基础已逐渐赶上全国整体水平。

13.4.3 京津冀地区与全国新兴绿色产业发展环境比较分析

为了简明清楚，本书将京津冀地区新兴绿色产业发展环境中 4 项重要指标绘于图中，并将其与全国的发展环境进行对比，如图 13-5 和图 13-6 所示。

由图 13-5 和图 13-6 可知，京津冀地区新兴绿色产业的发展环境基本同全国一样，呈现下降—上升—再下降的趋势，但其下降幅度大于全国整体水平。自 2015 年开始，京津冀地区新兴绿色产业的发展环境呈明显的下降。受政策因素和宏观经济因素的共同影响，2017 年该地区发展环境的指数值跌破正常水平。两张图拐点前后的变化较为鲜明，主要拉动因素是政策因素。说明政府的直接支持力度对京津冀地区新兴绿色产业发展的影响最为显著。

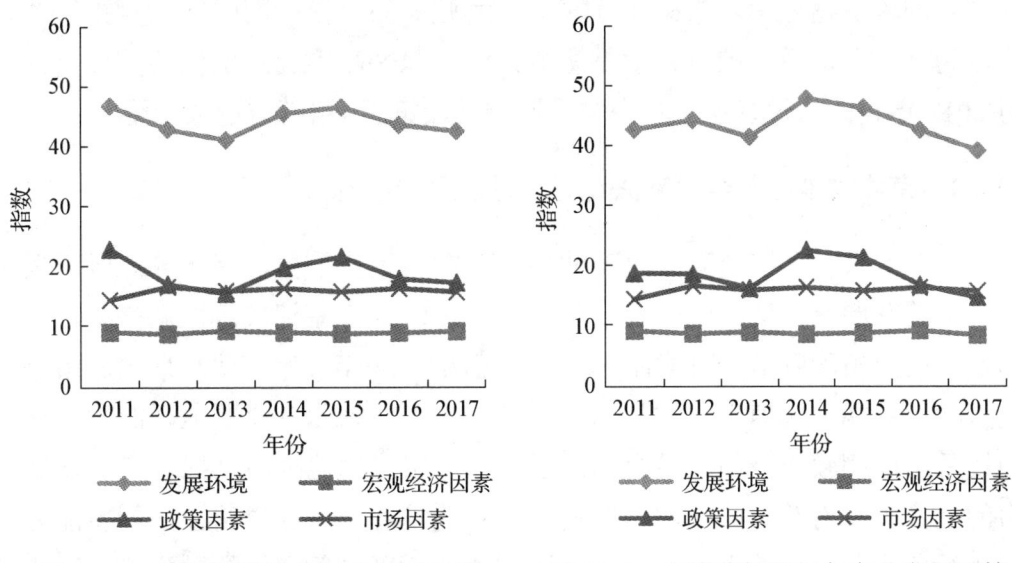

图 13-5 全国新兴绿色产业发展环境　　图 13-6 京津冀新兴绿色产业发展环境

为了进一步了解全国及京津冀地区新兴绿色产业的发展环境,我们将对政策因素这一、二级指标及其下属的三级指标进行分析,如图 13-7 和图 13-8 所示。

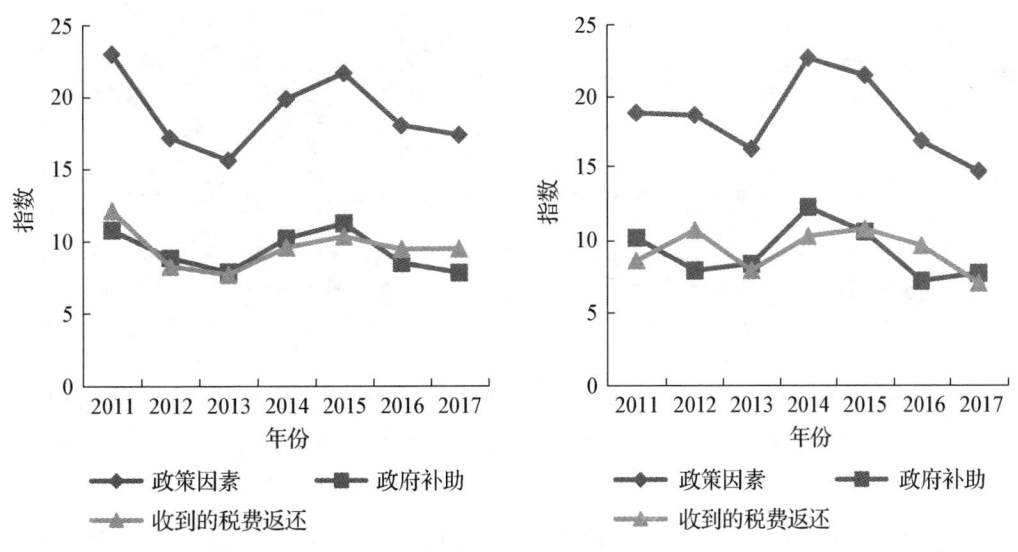

图 13-7 全国新兴绿色产业政策因素　　图 13-8 京津冀新兴绿色产业政策因素

由图 13-7 和图 13-8 可知,2012~2014 年京津冀地区新兴绿色产业的政策因素要高于全国整体水平,但 2015 年之后其政策因素开始被全国超越。政策因素下设政府补助和收到的税费返还两个三级指标,全国新兴绿色产业的政府补助和收到税费返还两项指标走势基本重合，而京津冀地区的政府补助和收到的税费返还两项指标相互穿插，其政府补助指标同政策因素指标的走势较为一致。这说明政府补助是影响京津冀地区政策因素变化的重要指标，但 2017 年收到的税费返还减少成为影响其政策因素下降的主要原因。

13.4.4 京津冀地区与全国新兴绿色产业发展能力比较分析

综合来看，全国新兴绿色产业的发展能力走势平稳，京津冀地区新兴绿色产业的发展能力呈波动上升态势。2011～2013 年京津冀地区新兴绿色产业的发展能力稍落后于全国整体水平，但是从 2014 年开始京津冀地区的新兴绿色产业发展能力快速上升并赶超全国整体水平，因此京津冀地区的发展能力曲线后半段相较于全国明显上翘。近年来，京津冀地区新兴绿色产业发展能力的上升主要得益于其技术创新能力的快速发展，这也说明技术创新能力是新兴绿色产业发展的主要动力。京津冀地区新兴绿色产业的融资能力变化剧烈，营运能力优于全国整体水平，偿债能力和盈利能力与全国难分伯仲，具体如图 13-9 和图 13-10 所示。

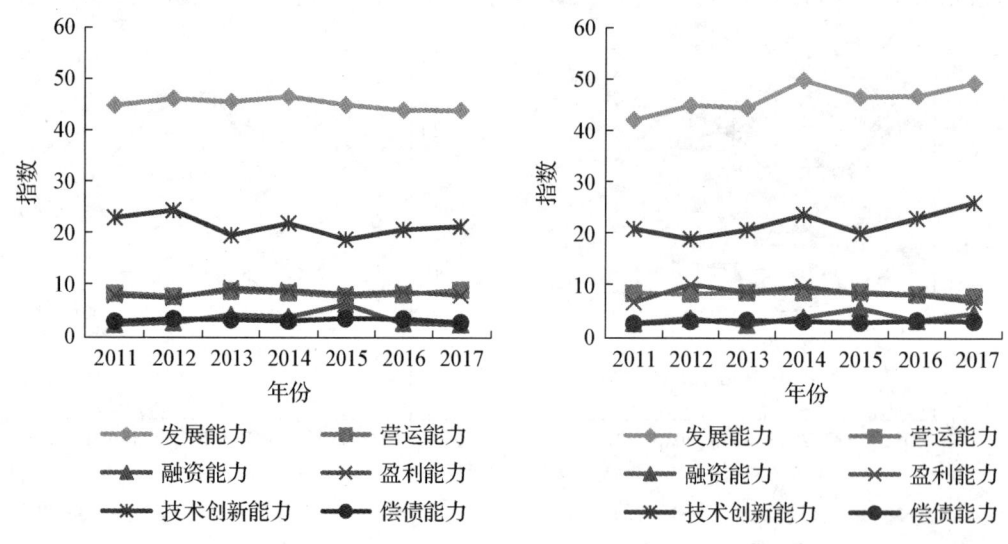

图 13-9　全国新兴绿色产业发展能力　　图 13-10　京津冀新兴绿色产业发展能力

为了深入了解京津冀与全国新兴绿色产业的发展能力，本书将进一步从技术创新能力、融资能力和营运能力三方面进行分析。

(1) 技术创新能力。

本书绘制出京津冀地区新兴绿色产业技术创新能力的具体指标变化图，

并将其与全国技术创新能力下的具体指标变化情况进行对比,如图 13-11 和图 13-12 所示。

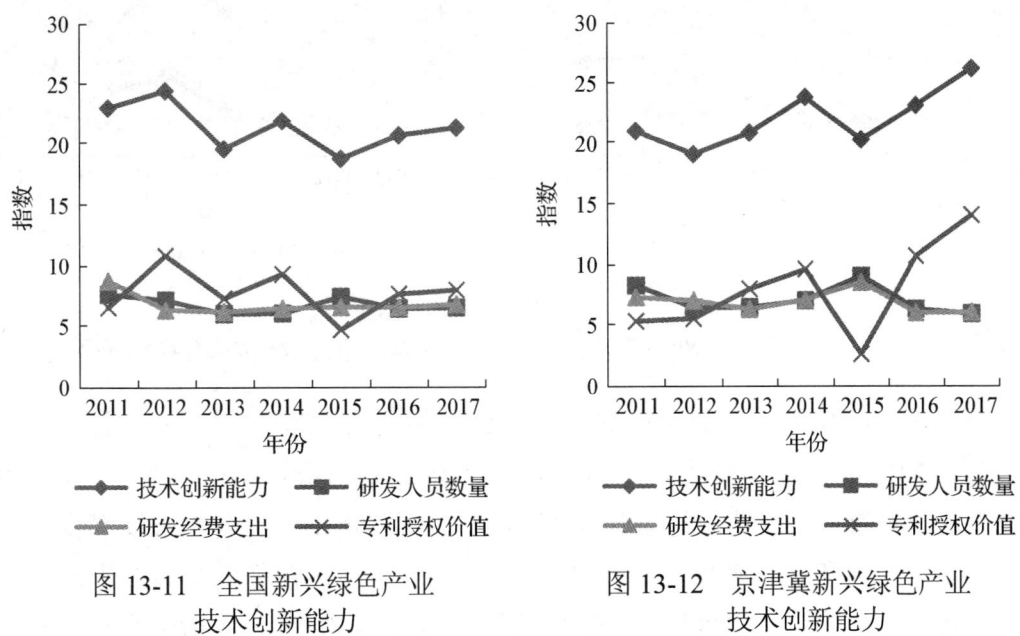

图 13-11　全国新兴绿色产业技术创新能力

图 13-12　京津冀新兴绿色产业技术创新能力

由图 13-11 和图 13-12 可知,全国新兴绿色产业的技术创新能力在 2015 年之前呈现波动下降趋势,2015 年之后开始缓慢回升;京津冀地区的技术创新能力总体上呈上升态势,2013 年开始超过全国整体水平,2015 年之后进入快速发展阶段。全国和京津冀地区研发人员数量和研发经费支出这两项指标的走势相差不大,京津冀地区稍胜一筹。专利授权价值波动幅度较大,对于新兴绿色产业技术创新能力的影响也较大。2013 年前京津冀地区新兴绿色产业的专利授权价值低于全国整体水平,之后其专利授权价值指标呈现明显上涨的态势,对京津冀地区技术创新能力的快速发展起到了有力的支撑作用。

(2)融资能力。

京津冀地区新兴绿色产业融资能力与全国对比情况如图 13-13 和图 13-14 所示。

如图 13-13 和图 13-14 可知,全国与京津冀地区新兴绿色产业的融资能力波动都很大。具体来看,全国与京津冀地区的负债比率较为稳定,市销率也都呈现出先上升后下降的发展趋势,且京津冀地区的市销率整体情况略好于

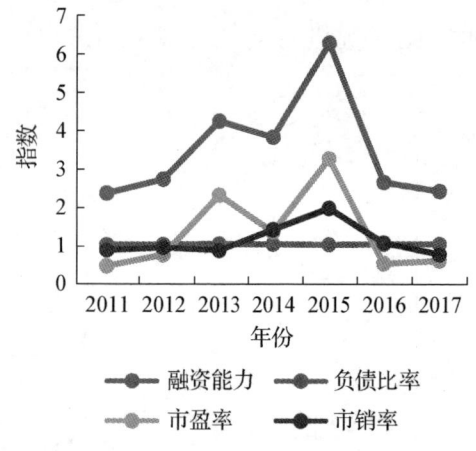 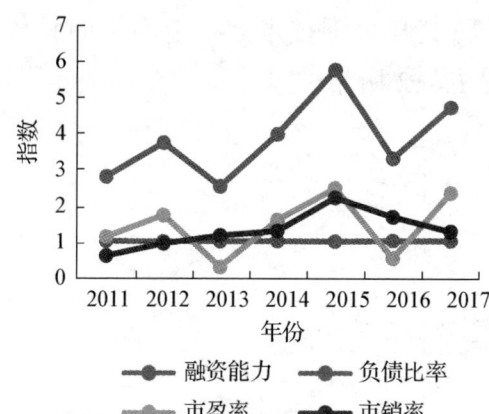

图 13-13 全国新兴绿色产业融资能力　　图 13-14 京津冀新兴绿色产业融资能力

全国水平。市盈率是造成新兴绿色产业融资能力变化幅度较大的主要原因。受我国 2015 年资本市场大幅上涨影响，全国和京津冀地区新兴绿色产业的市盈率出现峰值，融资能力也表现出强劲势头；而 2016 年的资本市场深度调整也造成了全国和京津冀地区的市盈率出现下跌，新兴绿色产业的融资能力受到重创。2017 年，全国和京津冀地区新兴绿色产业的市盈率指标均有回升之势，京津冀地区的回升速度远快于全国，这说明市场对京津冀地区新兴绿色产业的发展预期较好，看好京津冀地区的新兴绿色产业的发展潜力。

（3）营运能力。

营运能力相关指标变化情况如图 13-15 和图 13-16 所示。

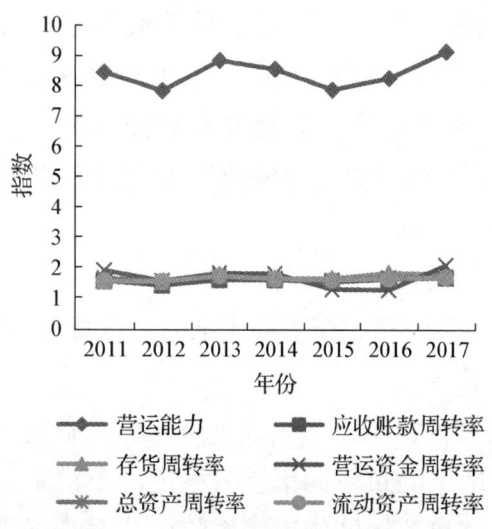 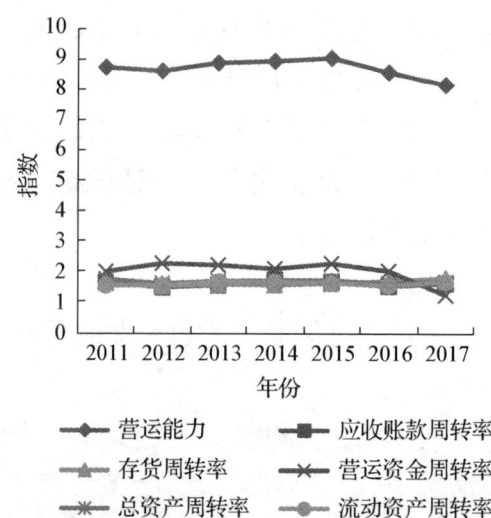

图 13-15 全国新兴绿色产业营运能力　　图 13-16 京津冀新兴绿色产业营运能力

由图 13-15 和图 13-16 可以看到，全国新兴绿色产业的营运能力呈波动上升趋势，而京津冀地区的营运能力走势较为平稳，虽然其营运能力整体水平优于全国，但近两年有下降趋势。从图中不难看出除营运资金周转率外其他指标如应收账款周转率、总资产周转率等都较为接近，变化幅度不大。营运资金周转率成为影响新兴绿色产业营运能力的关键指标。营运资金周转率表明企业营运资金的周转效率，营运资金周转率越高说明营运资金的利用效率越高，营运资金的收回速率越快。京津冀地区新兴绿色产业在 2015 年之前营运资金周转率保持较高水平，这也使其营运能力优于全国整体水平，但 2015 年之后由于营运资金周转率的下降，致使京津冀地区新兴绿色产业营运能力下滑，并于 2017 年被全国反超。

13.5　中国三大城市群新兴绿色产业发展指数比较分析

为了进一步研究京津冀地区新兴绿色产业发展态势，本书还将 513 家样本中位于长三角地区及珠三角地区的新兴绿色产业挑选出来，进行京津冀、长三角和珠三角三个地区新兴绿色产业发展指数的比较分析。

13.5.1　中国三大城市群新兴绿色产业发展态势比较分析

京津冀与长三角、珠三角新兴绿色产业总发展指数如图 13-17～图 13-19 所示。

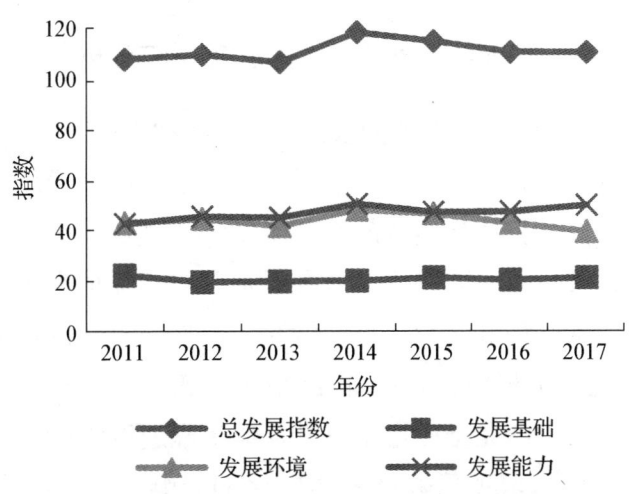

图 13-17　京津冀新兴绿色产业总发展指数

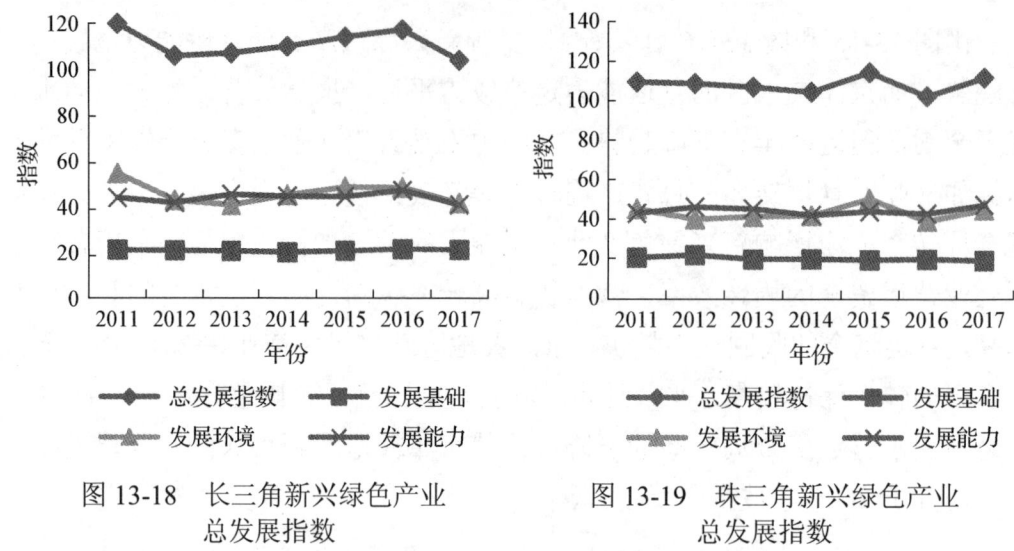

图 13-18　长三角新兴绿色产业总发展指数　　图 13-19　珠三角新兴绿色产业总发展指数

由图 13-17～图 13-19 可知,京津冀、长三角与珠三角地区新兴绿色产业的发展指数均在 100 以上,呈现出稳中向好的态势。发展基础方面,中国三大城市群发展基础旗鼓相当,总体较为稳定;发展环境方面,京津冀地区新兴绿色产业发展环境较为平稳,但近期有下滑趋势;长三角地区的发展环境一直处于高速增长状态,2017 年有所放缓;珠三角地区的发展环境基本呈上涨态势,虽然 2016 年有所下降,但 2017 年迅速回升。发展能力方面,中国三大城市群的发展能力均处于快速上升态势,2014 年之前京津冀地区新兴绿色产业的发展能力指标值稍落后于长三角和珠三角地区,在此之后京津冀地区的发展能力快速上涨,一跃成为中国三大城市群发展能力最强的地区。

13.5.2　中国三大城市群新兴绿色产业发展基础比较分析

京津冀和长三角、珠三角地区的发展基础走势如图 13-20～图 13-22 所示。

由图 13-20～图 13-22 可以看到,中国三大城市群新兴绿色产业的发展基础均较为稳定,京津冀和长三角地区的发展基础都呈现出先下降后上升的态势,珠三角的发展基础大体呈下降趋势。从发展基础的指标值来看,长三角地区的新兴绿色产业发展基础最好,京津冀地区次之,珠三角地区最弱。具体来说,三个地区的产业规模不相伯仲,产业结构是影响三个地区发展基础的重要因素。京津冀和长三角的产业结构稳中有升,但上涨速度缓慢;珠三角地区的产业结构受主营业务收入鲜明度和产业集中度的影响,表现稍逊色于前两个地区。也正是因为珠三角的产业结构呈现下滑态势,致使其发展基础较为薄弱。

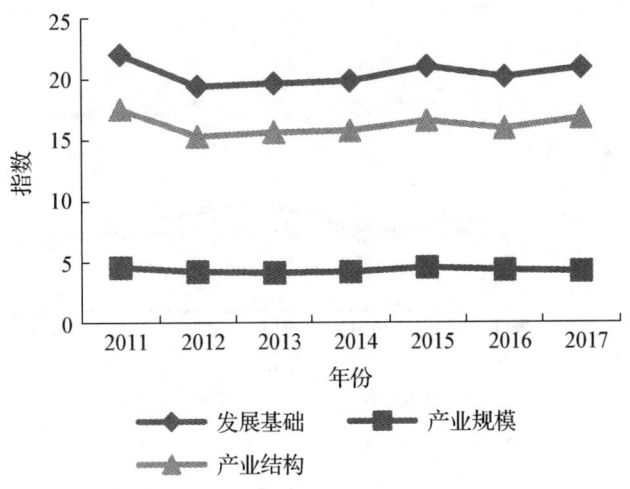

图 13-20 京津冀新兴绿色产业发展基础

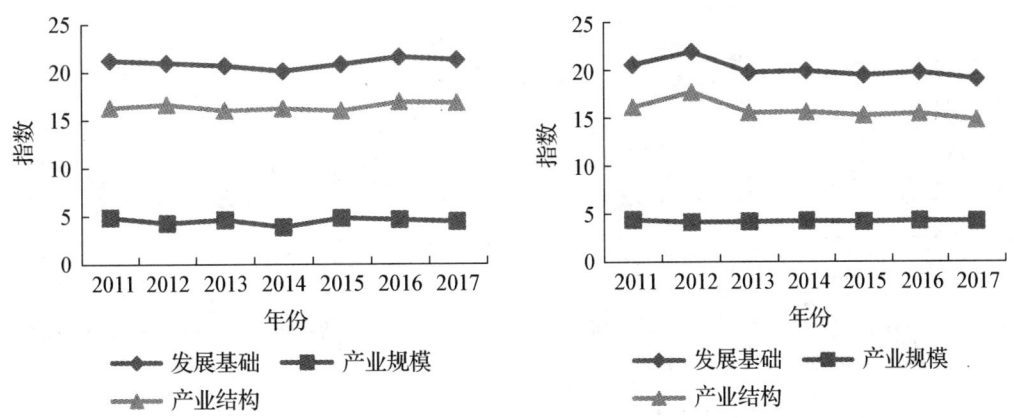

图 13-21 长三角新兴绿色产业发展基础　　图 13-22 珠三角新兴绿色产业发展基础

13.5.3 中国三大城市群新兴绿色产业发展环境比较分析

为了简明清楚，本书将京津冀地区发展环境中 4 项重要指标绘于图中，并将其与长三角与珠三角地区的发展环境进行对比，如图 13-23～图 13-25 所示。

从图 13-23～图 13-25 不难看出，中国三大城市群新兴绿色产业的发展环境大致都呈现出下降—上升—再下降的趋势，但仔细对比三大城市群发展环境的曲线和发展指数值可知三大城市群的发展环境仍有一定差别。京津冀地区新兴绿色产业的发展环境较为平稳，但近三年呈下降趋势，2017 年京津冀地区发展环境的指标值跌破正常水平；长三角地区新兴绿色产业的发展环境

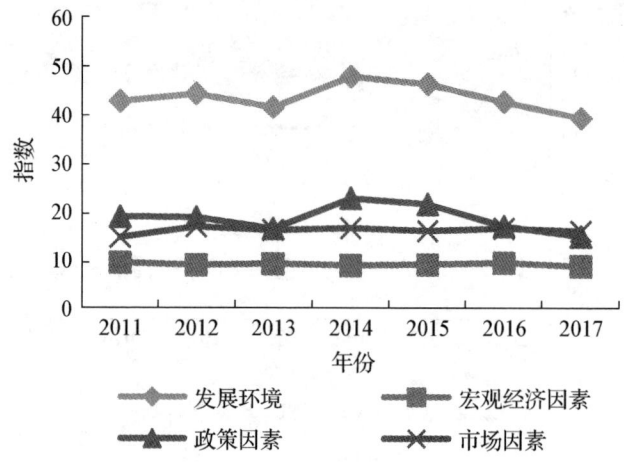

图 13-23 京津冀新兴绿色产业发展环境

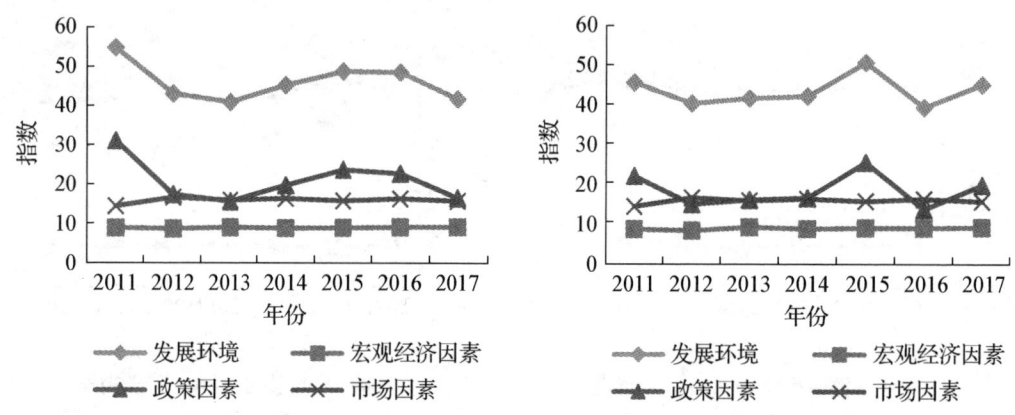

图 13-24 长三角新兴绿色产业发展环境　　图 13-25 珠三角新兴绿色产业发展环境

上升速度较快，2017 年稍有放缓；珠三角地区的发展环境基本呈上涨态势，虽然 2016 年有所下降，但 2017 年迅速回升。因此，从发展环境的发展趋势和 2017 年的指标值来看，京津冀地区新兴绿色产业的发展环境要稍落后于长三角和珠三角地区，政策因素和宏观经济因素是拉低其发展环境的主要原因。

为了进一步辨析政策因素对于发展环境的影响，本书将政策因素及其三级指标提炼出来进行深入分析，详细对比如图 13-26～图 13-28 所示。

由图 13-26～图 13-28 可知，京津冀地区新兴绿色产业的政策因素近期有明显的下降趋势，且下滑幅度相比长三角和珠三角地区大。长三角和珠三角地区政策因素下的政府补助和收到的税费返还两个三级指标几乎重合，同政策因素走势也完全一致；京津冀地区的政府补助和收到的税费返还两个三级指标相互穿插，政府补助指标同政策因素指标的走势较为一致，这可以说

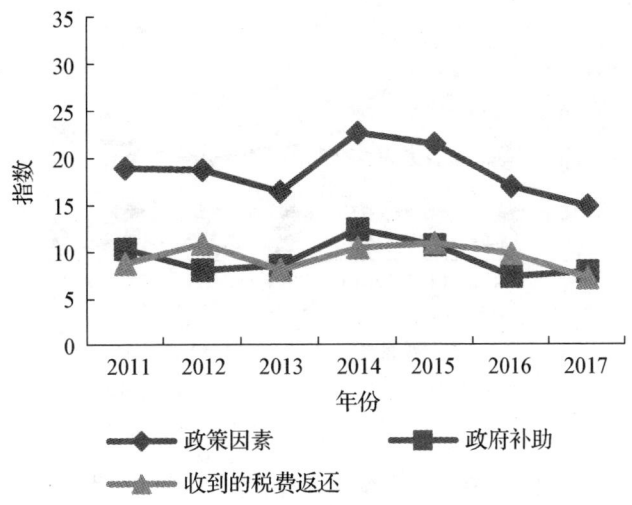

图 13-26 京津冀新兴绿色产业政策因素

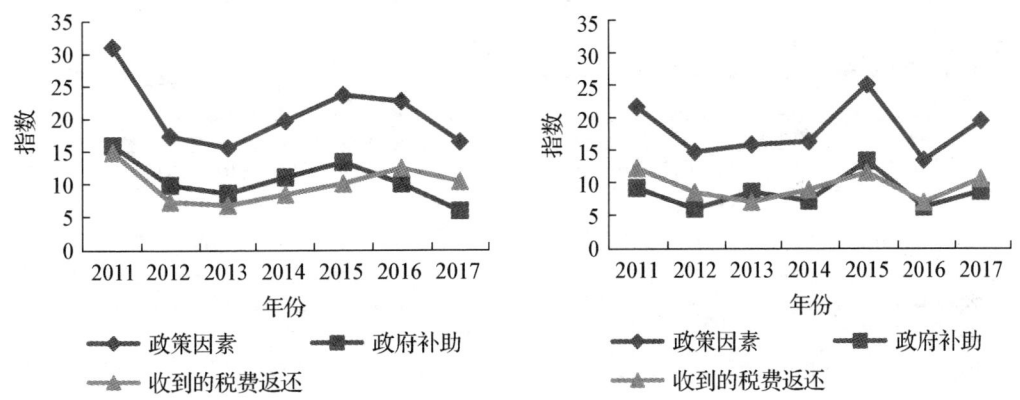

图 13-27 长三角新兴绿色产业政策因素　　图 13-28 珠三角新兴绿色产业政策因素

明政府补助对京津冀地区新兴绿色产业政策因素的影响最大。2017年京津冀地区的政策因素跌破正常值，低于长三角和珠三角地区，收到的税费返还减少是其下降的主要原因。

13.5.4 中国三大城市群新兴绿色产业发展能力比较分析

综合来看，三大城市群的发展能力均处于快速上升态势，2014年之前京津冀地区新兴绿色产业的发展能力指标值稍落后于长三角和珠三角地区，在此之后京津冀地区的发展能力快速上涨，一跃成为发展能力最强的地区。技术创新能力的快速发展是京津冀地区新兴绿色产业在2014年后超过长三角和珠三角地区的主要原因，具体如图13-29～图13-31所示。

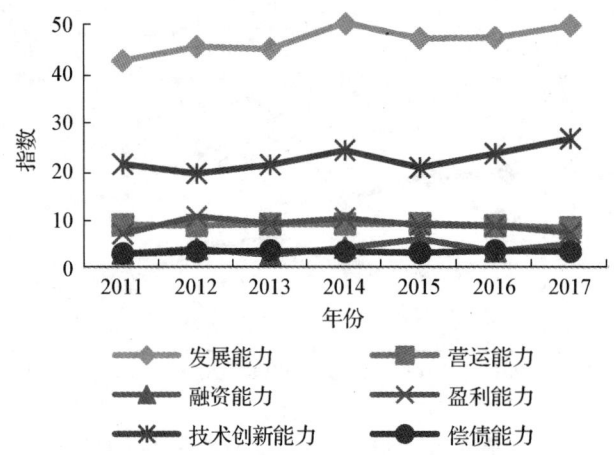

图 13-29　京津冀新兴绿色产业发展能力

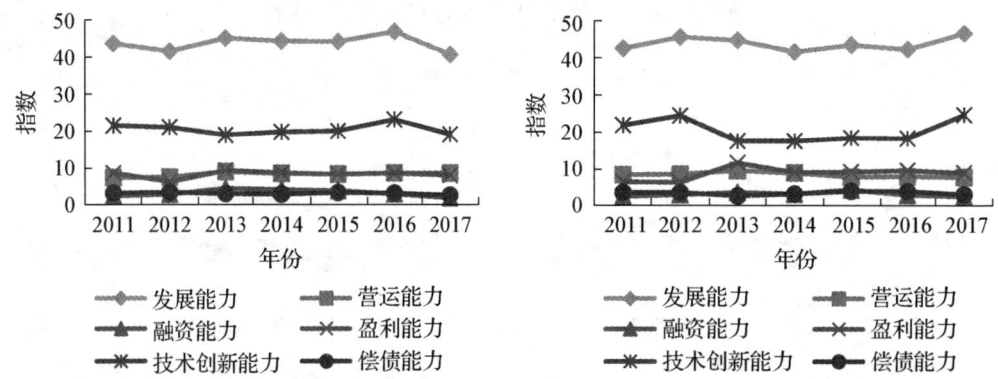

图 13-30　长三角新兴绿色产业发展能力　　图 13-31　珠三角新兴绿色产业发展能力

为深入了解对发展能力影响的各项因素，本书接下来从技术创新能力、融资能力和营运能力三个方面进行对比分析。

(1) 技术创新能力。

本书绘制出京津冀地区技术创新能力下的具体指标变化图，并将其与长三角和珠三角地区技术创新能力下的具体指标变化情况进行对比，如图 13-32～图 13-34 所示。

由图 13-32～图 13-34 可知，中国三大城市群新兴绿色产业的技术创新能力都处于快速发展阶段，京津冀地区新兴绿色产业技术创新能力呈现出逐年上升态势，2014 年后领跑长三角地区与珠三角地区；长三角地区技术创新能力近年来一直保持较快的增长速度，2017 年稍有放缓；珠三角地区的技术创新能力波动幅度较大，经过 2011～2012 年的高速增长，2013 年之后珠三角地区的技术创新能力开始放缓并保持稳定，2017 年又出现了高速发展的态势。

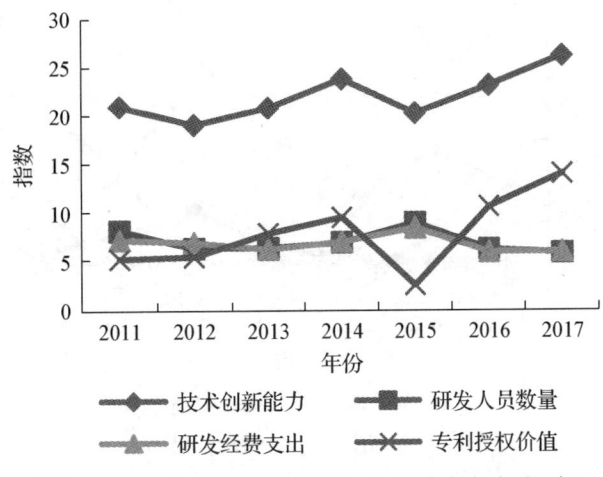

图 13-32 京津冀新兴绿色产业技术创新能力

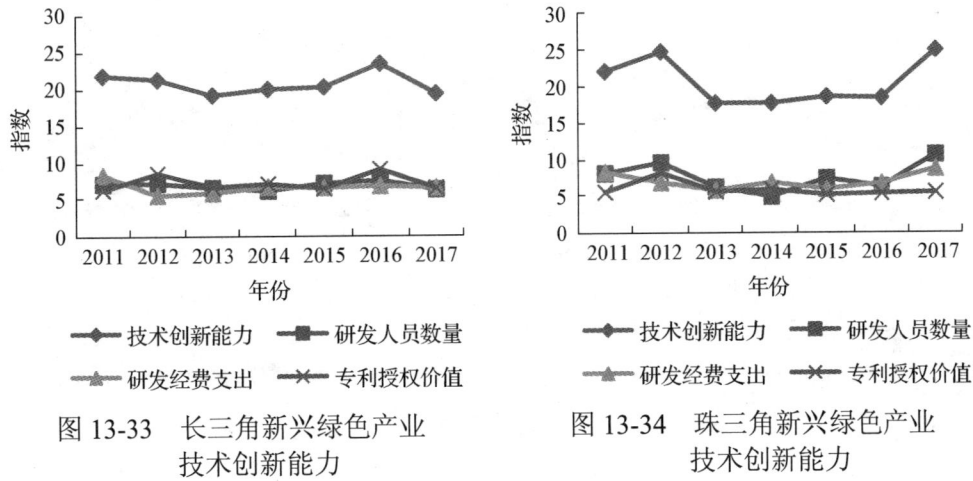

图 13-33 长三角新兴绿色产业技术创新能力　　图 13-34 珠三角新兴绿色产业技术创新能力

京津冀地区新兴绿色产业的技术创新能力之所以能在中国三大城市群中处于领先地位,主要依靠其专利授权价值的强劲拉动,技术创新后劲强大。长三角地区专利授权价值的变化相比京津冀波动幅度较小,2016 年上涨之后,2017 年有所放缓;珠三角地区专利授权价值的发展趋势较为平缓,并且从图 13-34 中也可看出专利授权价值已经不再是该地区技术创新能力上涨的主要影响因素。研发人员和研发经费支出方面,京津冀地区近两年有下降趋势,长三角地区平稳发展,珠三角地区在 2017 年上涨幅度较大,对拉动其技术创新能力起到了非常重要的作用。

(2)融资能力。

京津冀地区新兴绿色产业融资能力与长三角、珠三角地区对比情况如图 13-35~图 13-37 所示。

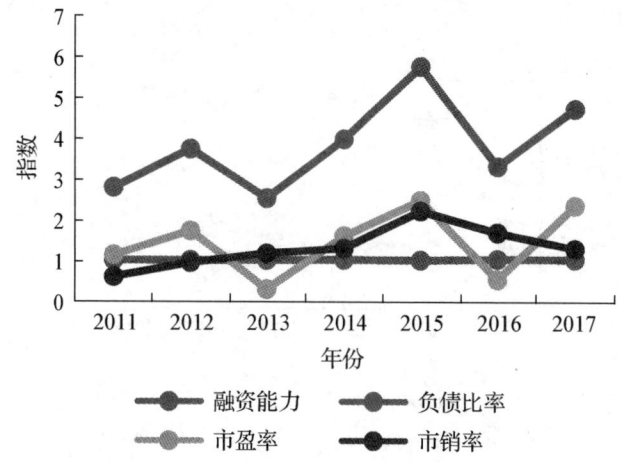

图 13-35　京津冀新兴绿色产业融资能力

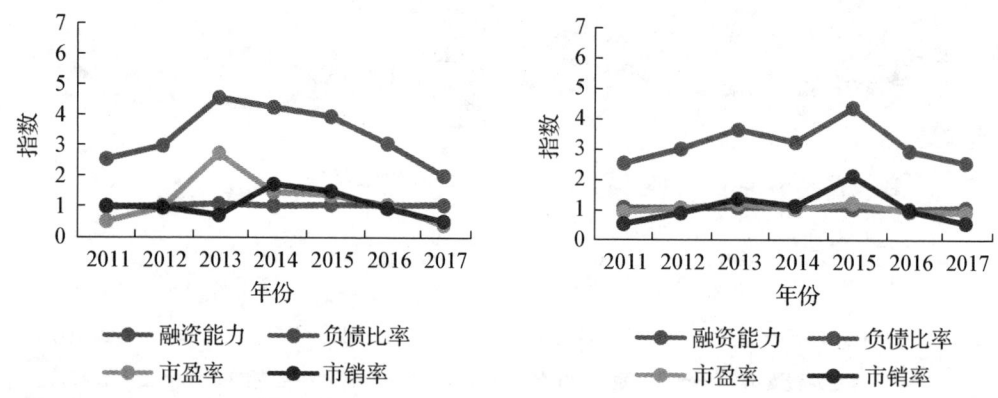

图 13-36　长三角新兴绿色产业融资能力　　图 13-37　珠三角新兴绿色产业融资能力

由图 13-35～图 13-37 可以看到，中国三大城市群新兴绿色产业的融资能力波动强烈，出现了形态各异的变动状态。具体来说，京津冀地区新兴绿色产业的融资能力整体呈现出波动上升的趋势；长三角地区的产业融资能力先升后降，且下降幅度较大；珠三角地区的产业融资能力 2015 年之前波动上升，近两年来有下降趋势。进一步对比可以发现，负债比率基本保持稳定，市盈率是造成融资能力变化的主要因素。京津冀地区新兴绿色产业的市盈率，无论从发展态势还是指标值方面都优于长三角和珠三角地区，这也说明市场投资者对于京津冀地区新兴绿色产业的发展预期较好，对其投资的热情较高。

(3)营运能力。

营运能力下的具体指标变化情况如图 13-38～图 13-40 所示。

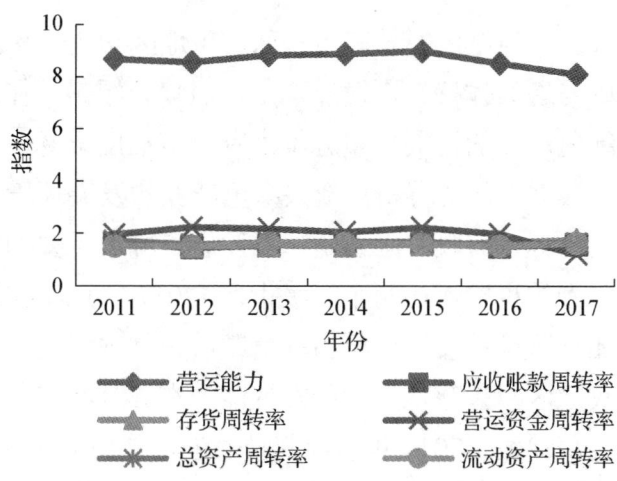

图 13-38 京津冀新兴绿色产业营运能力

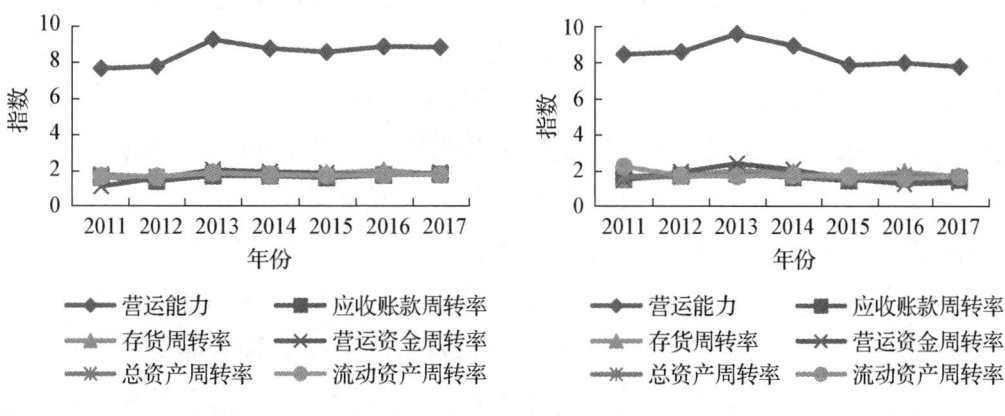

图 13-39 长三角新兴绿色产业营运能力　　图 13-40 珠三角新兴绿色产业营运能力

由图 13-38～图 13-40 可知，京津冀地区、珠三角地区新兴绿色产业的营运能力起初强于长三角地区，之后两地的营运能力都有不同程度的下滑。长三角地区虽然起点较低，但随着各类指标的普遍提升，营运能力迎头赶上，并呈现出不断增强之势。由此说明长三角地区的新兴绿色产业利用现有资产获取利润的效率逐渐提高，京津冀和珠三角地区的新兴绿色产业需要提升营运能力。

13.6　结论与讨论

综上所述，京津冀地区新兴绿色产业的总体发展走势与全国大体一致，发展水平稳中向好。一级指标发展基础较为稳定，发展环境稍有下降，发展能力快速上升。

在发展基础方面,与全国、长三角和珠三角地区相比,京津冀地区新兴绿色产业的发展基础与之大体持平,发展稳定,但较为缓慢;在发展环境方面,京津冀地区新兴绿色产业的发展环境近年来有一定程度下降,对产业发展指数产生了一定影响。根据前面的分析,新兴绿色产业的发展环境是影响产业总发展指数较为重要的指标,而政策因素是影响发展环境最重要的指标。政策因素包含政府补助和收到的税费返还两个三级指标,2017年京津冀地区新兴绿色产业收到的税费返还下降是其发展环境指标值跌破正常水平的重要原因。在发展能力方面,京津冀地区新兴绿色产业的发展能力在2014年之前一直落后于全国、长三角和珠三角地区,2014年后因其技术创新能力的快速发展而增长。

京津冀地区新兴绿色产业的发展喜忧参半,喜的是未来的发展潜力大、前景好,具体原因有以下三点:首先,发展基础稳中有升,从2012年落后于全国整体水平到近三年的反超,京津冀地区新兴绿色产业的发展基础愈加雄厚;其次,技术创新能力持续上升,对京津冀地区新兴绿色产业的发展能力超过全国、长三角和珠三角地区起到十分关键的作用,技术创新能力作为发展能力最为重要的指标,不仅是新兴绿色产业发展能力的发动机,也更容易形成持久的发展能力;再次,市盈率指标呈波动上升态势,发展水平整体优于全国、长三角和珠三角地区。一般市盈率越高说明产业的成长潜力越大,市场投资者对于产业的发展前景越看好,因此,京津冀地区新兴绿色产业近年来较受投资者青睐。忧的是发展环境和营运能力两大发展瓶颈亟待解决。首先,京津冀地区新兴绿色产业近期的发展环境一直处于下降趋势,2017年甚至跌破正常水平,过度依赖政策因素是其主要原因;其次,营运能力发展趋势虽较为平缓,但也出现下跌趋势,表明其运用资产获利的效率有待提高。

因此,亟须加快构建市场导向的绿色技术创新体系,发展绿色金融,发挥市场对资源的有效配置作用,一方面激发企业科技研究及成果转化的积极性,另一方面促进科技产出效率的提高及运营能力的提高,进而发展壮大京津冀新兴绿色产业。

13.7 本章小结

本章从产业发展基础、发展环境、发展能力解析入手,构建了新兴绿色产业发展指数。发展基础和发展能力是用于衡量产业自身所具备的发展条件,发展环境用于衡量外环境对产业发展的影响。以我国新兴绿色产业的 513 家上市公司为样本，依据其 2009~2017 年的数据，进行京津冀地区新兴绿色产业发展态势定量分析，并与长三角、珠三角地区新兴绿色产业发展进行了对比分析。

结果显示，在发展基础方面，与全国、长三角和珠三角地区相比，京津冀地区新兴绿色产业的发展基础与之大体持平，发展稳定，但较为缓慢；在发展环境方面，京津冀地区新兴绿色产业的发展环境近年来有一定程度下降，对产业发展指数产生了一定影响。根据前面的分析，新兴绿色产业的发展环境是影响产业总发展指数较为重要的指标，而政策因素是影响发展环境最重要的指标。政策因素包含政府补助和收到的税费返还两个三级指标，2017 年京津冀地区新兴绿色产业收到的税费返还下降是其发展环境指标值跌破正常水平的重要原因。在发展能力方面，京津冀地区新兴绿色产业的发展能力在 2014 年之前一直落后于全国、长三角和珠三角地区，2014 年后因其技术创新能力的快速发展而得到反超。

针对京津冀地区新兴绿色产业发展不足的现状，本书提出亟须加快构建市场导向的绿色技术创新体系，发挥市场对资源的有效配置，一方面激发企业科技研究及成果转化的积极性，另一方面促进科技产出效率及运营能力的提高。

第14章　京津冀地区传统高能耗产业优化升级与新兴绿色产业培育策略

京津冀地区传统高能耗产业升级与新兴绿色产业培育是区域产业结构优化升级的核心。本书提出，京津冀地区传统高能耗产业升级的策略有差异化发展策略、需求导向策略、技术创新策略、生态化升级策略、素质提升策略、产业对接策略等。京津冀地区新兴绿色产业培育策略有制度支持策略、消费导向策略、商业模式创新策略、集群发展策略、产品多样化策略、产业互动策略。

14.1　京津冀地区传统高能耗产业优化升级策略

京津冀地区传统高能耗产业升级的策略有：差异化发展策略、需求导向策略、技术创新策略、生态化升级策略、素质提升策略、产业对接策略等。

(1)差异化发展策略。

京津冀地区应根据各地的资源禀赋、经济发展阶段、科技发展水平，走出一条具有特色的差异化发展路径。北京应进一步提高产业层次，收缩产业范围，优化产业分工，重点发展高附加价值、知识与技术密集型的绿色制造业和现代服务业。进一步压缩一批高能耗、高污染的重化工业和用人多、占地多、附加价值低的劳动密集型产业。天津与北京的共同点在于都要积极推进高能耗产业升级，淘汰高能耗、高污染的落后产能，促进低附加值产业的转移，优化产业组织结构，通过专业化、社会化分工加强与河北省的产业关联度，区别在于天津既要加快现代服务业发展，同时必须继续坚持以发展先进制造业为基础，瞄准工业发达国家的先进水平，加强现有制造业的绿色创新。在河北省的工业构成中，高能耗比重偏高，超出了京津冀地区自然生态环境承载力，又由于国内需求结构的变化和产能过剩矛盾突出，加剧了河北省钢铁、建材工业等高能耗产业的生产经营困难。在生态环境和市场环境的双重压力下，河北的传统高能耗产业升级的任务更为艰巨，一是下决心淘汰钢铁、建材等传统高能耗产业的落后产能；二是优化传统高能耗产业的生产力布局，促进钢铁、建材、化工等传统高能耗产业向沿海地区集中；三是加快并购重组步伐，促进资源密集型高能耗产业的生产要素向生产技术先进和具有规模经济效益的大型企业集中。

(2) 需求导向策略。

在宏观层面，天津、河北应全面提高现代服务业的比重和水平，使产业结构更加适应京津冀地区的资源环境和人口状况。河北积极发展与京津产业配套的现代物流业，承接京津劳动密集型制造业的转移，发挥河北毗邻京津的地理优势，发展面向京津大市场的农牧产品的种养加产业，培育大批量、多品种的蔬菜生产基地，改变京津地区蔬菜供应依靠远距离运输的状况。在微观层面，应充分挖掘国外市场的消费潜力。对于京津冀地区来说，"走出去"是传统高能耗产业升级的重要途径。"一带一路"战略的实施，使得区域经济协作趋势加强，也为传统高能耗产业升级提供了重要的机遇。

(3) 技术创新策略。

现阶段，传统高能耗产业应依靠技术创新策略推动发展。以西欧工业史来看，第二产业内不断有技术创新和新产品问世，从而使各行各业采用效率更高的新机器和新材料。正是由于第二产业内的技术创新推动，产业面貌一新。在西欧国家工业化后期，第二产业的产值在国内生产总值比例在 20%～25%，产业升级和产品实现了更新换代，这深刻反映出技术创新是传统高能耗产业升级的发展源动力。因此，国家技术创新体系与区域技术创新体系，不仅应支持战略性新兴产业发展，而且应支持高技术改造传统产业，支持传统产业的技术升级。因为，让制造业重新回归城市环境，是 21 世纪工业发展的主题。譬如，河北津西钢铁股份有限公司以技术创新升级为切入点，建立了津西钢结构研发中心，开发新产品，开拓新市场，发展新经济增长点，解决了钢结构建筑防火、防漏、防腐、隔音、抗震等技术难题，向消费者提供绿色钢构建筑产品，为河北推广钢结构应用发挥重要作用。

(4) 生态化升级策略。

绿水青山就是金山银山。赞皇金隅水泥有限公司前后共投入 3 亿元进行生态化升级。目前在污泥、生活垃圾处理方面取得重要成就，每日可处理 300 吨生活垃圾和 200 吨污泥，远超过赞皇县每日 100 吨生活垃圾的产生量，同时作为石家庄市区的应急处理垃圾处理点。公司注重氮氧化物的超低排放研发，目前已达到130毫克/立方米以下，公司远超国家400毫克/立方米和河北省260毫克/立方米的标准。公司的生态化升级，有力促进了企业发展，2018年上半年经济收益创历史最好水平。

(5) 素质提升策略。

研究发现，传统高能耗产业升级最难的是产业结构转换能力提升。传统高能耗产业升级的速度和质量内生于技术积累与劳动者的技能升级。对于京津冀而言，一方面，重视核心技术积累；另一方面，加强人力资源供给，把工匠人才的素质提升作为京津冀地区传统高能耗产业升级的重大策略，合力培养造就一批门类齐全、结构合理、技艺精湛、素质优良的工匠人才。

(6) 产业对接策略。

目前，京津冀地区传统高能耗产业升级一个突出问题是三地产业对接不力，还没有形成技术、产品、产业相互联系的京津冀地区产业链。其深刻原因在于，财政包干的财税制度使得内在的利益驱动倾向于本地发展，这样，区域对接的谈判成本和交易费用大幅攀升。个别地方政府对本地企业可能实施过度保护，再加上要素禀赋、科技经济条件、历史文化因素，造成产业对接环境缺失。那么，就应以京津冀地区产业对接为抓手，消除地方保护主义，改革财税制度，减少市场交易成本，真正实现三地的产业深度合作。

14.2　京津冀地区新兴绿色产业培育策略

京津冀地区新兴绿色产业培育策略有制度支持策略、消费导向策略、商业模式创新策略、集群发展策略、产品多样化策略、产业互动策略。

(1) 制度支持策略。

新兴绿色产业培育应设计三层制度支持体系，第一层制度支持体系是技术创新制度，尤其应支持新兴绿色技术。在京津冀地区结构优化中，应注意技术进步的非对称性。现实中的许多技术进步源于资源开发，主要考虑如何降低开采或收获成本、如何增加资源利用率以获取更多收益、如何开采新的资源等问题。这些技术进步在客观上可能促进自然资源的开发利用，但不利于环境保护。资源开发利用技术多是市场机制作用的结果，这类技术反应快、开发周期短、投入产出比高；消减污染和修复环境的科技发展则缓慢，往往反应慢、开发周期长、市场收益率低甚至是负数。因此，在市场机制作用下的技术进步往往倾向于资源的开发利用,忽视环境保护和发展的可持续性,后者具有巨大的环境正效益,但在市场中往往供应不足。因此,促进这类科技发展就需要政府的干预,可以直接投资于环境保护技术的开发研制,出台相应的政策,要求污染者承担污染成本,为技术的研发提供外部环境。

第二层制度支持体系是竞争有序的市场制度。本书调研发现,在新兴绿色产业发展中,最大的问题是一些新兴企业仍使用传统企业的价格制度,把降低产品价格作为企业竞争的最主要手段,而不是使用新兴绿色产业的锐利武器——新技术、创新性产品,直接导致新兴市场还没有发展到一定程度,竟出现了集中度障碍与规模经济障碍。因此,新兴绿色产业应重视非价格竞争手段,是通过提高产品差异化进行的竞争,在不改变产品价格的情况下,通过改变产品的某些属性,形成本企业产品与竞争企业产品之间的某些差异,从而吸引更多的客户购买。

第三层制度支持体系是区域网络整合制度。经济学家萨克森宁(2000)认为,硅谷有一个以地区网络为基础的工业体系,能促进各个专业制造商集体学习和灵活调整一系列相关的技术。区域网络整合是硅谷的核心竞争优势。从经济学来说,知识对创新的作用越来越重要,知识具有路径依赖性,企业缺乏相关的知识积累,就无从取得和吸收其他知识。区域网络使企业可以集中资源于一个细分市场,有以利于企业更好地了解细分市场状况,研究市场需求特点,提高企业专业经营技能。同时,在区域网络中,人们频繁接触和交往,使一家企业的知识创新可以很快地外溢到其他企业,由于空间上的接近性,企业之间可以模仿与学习,学习成本较低,对于难以编码化和远距离传递的缄默知识,地理接近更为重要。此外,区域网络中具有不同技术优势的企业之间的资源和能力的交流和互补,有利于分散开发利用新技术、新产品的成本与风险,减少产品开发的时间,促进产品创新。因此,应大力建设创新网络。新兴绿色产业的创新方式以原始集成创新为主,投入大,风险高,特别是其中的基础与应用研究风险更高,研发投入更大,由于不能直接转化为生产力,中小新兴绿色产业很难有此实力与动力独自进行技术创新,这就要求新兴绿色产业与高校、研究机构、中介服务机构、政府共同结盟,构建技术创新联盟,形成创新网络。

(2)消费导向策略。

京津冀地区经济发展阶段处于投资驱动型向消费驱动型转变阶段,消费升级水平亟须提升，目前，中国有 100 多个部门管理生产，但是鲜有部门管理消费。"十三五"规划将消费作为民生问题的重要任务去落实，希望消费成为经济发展的新引擎。

消费不足或萎缩将直接限制新兴绿色产业的长远发展。社会公众消费结构的变化是影响产业形成的一项重要外部因素，市场容量大而且潜力大的产业，其成长规模和潜力也就比较大。新兴绿色产业发展最大的潜力在于巨大的消费市场。在全球气候变暖的压力下，低碳产品、低碳生活将形成重要的消费市场。随着经济发展阶段的演变和更迭，社会需求水平和需求结构不断变动，在一定的发展阶段上，特定的潜在新需求将逐步形成和壮大。这种潜在新需求的逐步成长造成了对新兴绿色产业强大的供给拉力。

(3)商业模式创新策略。

尚处于发展初期的新兴绿色产业商业模式创新主要表现在两个方面：一方面是传统产业开展新业务领域；另一方面是在新兴产业展开创新。这两种商业模式创新的最大区别是企业基础不同。前者创新多在内部实现，一般追求巩固现有收益，后者力求实现超越式发展，希望通过颠覆式创新后来者居上。然而，不论哪类企业，其运营模式的创新可以分为三类：一是商业模式创新。企业可以通过内部运营流程，重新架构商业模式，如"互联网+"运营模式的企业，可以增设网络、仓储、配送、售后等环节，针对销售渠道将商业方法创新。二是商业链创新。新兴绿色产业处于初级阶段，大多配套性的生产服务环节缺乏，产业链与商业链都没有成熟，如新能源汽车的充电桩设备、新能源发电的储能站配套、页岩气的勘探与服务管理都处于缺失环节。链接供应、研发、生产、服务、商业等环节，实现全生产环节的创新，才能最终实现商业链的创新。三是商业终端创新。新兴绿色产业应让社会盈余成为企业永续进步的源泉。譬如，小米科技有限公司的网络创新社区，这类创新的共同点是以客户终端为根本需求，客户参与式创新，客户界面的运营创新。再如，平台创新是海尔集团创新的载体，通过社群交互层面，海尔集团可以在第一时间感知用户需求，并将解决方案提供给用户，从而提高用户黏性，将用户变成海尔的终身用户。通过"U+智慧"平台，可以实现家电和家电的连接，人与人的交流，人和物的交互，使用户的体验越来越好。用户可以在平台上定制产品。海尔在平台上的创新，顺应了互联网时代的发展趋势。

(4) 集群发展策略。

较长的产业链是区域新兴绿色产业培育的重要条件。产业的价值链越长，技术上进行生产分解的可能性就越大，垂直方向的劳动分工可能越细，企业专业化生产程度就越高，各企业有效的互补活动和资源整合，使京津冀地区新兴绿色产业更加富有竞争力。以太阳能光伏发电产业为例，产业链包括硅料、硅片、电池片、电池组件及应用系统。其产业价值链呈金字塔结构，5个环节所涉及企业数量依次大幅度增加，但附加值呈递减趋势，出现"技术即价值"的现象，即随着产业链的延伸，技术含量在降低，资本密度在减少，产能在增加。因此，新兴绿色产业价值链取决于各环节的专业化生产、协调与配合的深度。集群发展促进新兴绿色产业的技术创新与技术扩散，促进传统产业与新兴产业的对接融合，从而进一步延伸了产业价值链。

京津冀地区新兴产业集群发展，应发挥规模效应和集聚效应。在京津冀经济圈内部，部分地区新兴绿色产业发展已具有相当的优势，如北京的新一代信息技术产业，天津的节能环保产业，保定、邢台和张家口的新能源产业，石家庄的医药制造业等。根据现有基础和各自的优势，京津冀三地应布局新兴绿色产业园区，通过新兴绿色产业园区推力，促使其集中布局，加速形成一批特色鲜明的新兴绿色产业集群，实现规模经济，产生聚集效益。

(5) 产品多样化策略。

产品的多样化是新兴绿色产业竞争发展的有力武器。产品差异化的存在，一方面由于产品仍属于同一类产品，相互之间存在竞争，有很强的替代性；另一方面，产品的差异化是为了满足客户的不同偏好，每种有差别的产品都以自己的某些特色吸引客户，从而扩大市场规模，反过来日益扩大的市场规模又可以促进新兴绿色产业的发展。因此，如果没有明显的差异化，众多集聚在一起的生产同类型产品的企业将陷入价格战的恶性循环中。以太阳能光伏电池为例，太阳能光伏电池主要分为两类：一类是晶体硅电池，包括单晶硅、多晶硅两种，占据90%的市场份额；另一种为薄膜电池，这类电池占据10%的市场份额。有关资料表明，带跟踪系统的晶体硅电池系统、非晶硅薄膜电池系统是未来的发展方向，由此可见，新兴绿色产业产品的差异化空间很大，应丰富产品系列，形成多样化的产品。

(6) 产业互动策略。

京津冀地区传统高能耗产业与新兴绿色产业的互动程度还不高。一方面，传统高能耗产业升级需要新兴绿色产业的支撑，另一方面，京津冀地区传统高能耗产业技术创新与管理创新不足，导致高端装备制造的核心设备从国外引进，从经济学来说，降低了传统产业对新兴产业的带动效应。国内新兴绿色产业发展不足的根源在于太多的资源投向传统高能耗产业，导致新兴绿色产业发展不足，后果是新兴产业发展水平不高，未得到传统产业的更有力支持。那么，就应将传统高能耗产业与新兴绿色产业的互动作为促进区域产业结构优化的重要举措，通过互动策略提升京津冀地区产业结构转化能力，从而促进区域产业健康发展。

参考文献

白让让. 2016. 供给侧结构性改革下国有中小企业退出与"去产能"问题研究. 经济学动态, (7): 65~74.
包海波. 2012. 我国战略性新兴产业的培育机制与对策研究. 毛泽东邓小平理论研究, (8): 44~50.
贝塔朗菲. 1989. 人的系统观. 北京: 华夏出版社.
蔡凤兰. 2007. 我国绿色产业健康发展道路探索. 商场现代化, (23): 252~253.
蔡海霞. 2014. 能源约束下我国全要素生产率的测算——基于DEA-Malmquist指数的分析. 中原工学院学报, 25(2): 20~24.
曹建海, 江飞涛. 2010. 中国工业投资中的重复建设与产能过剩问题研究. 北京: 经济管理出版社.
陈斌开, 于也雯. 2017. 以"去产能"为契机推动国有企业改革: 战略与路径. 新疆师范大学学报(哲学社会科学版), (1): 88~98.
陈飞翔, 石兴梅. 2000. 绿色产业的发展和对世界经济的影响. 上海经济研究, (9): 33~38.
陈佳贵, 黄群慧, 钟宏武. 2006. 中国地区工业化进程的综合评价和特征分析. 经济研究, (6): 4~15.
陈文玲. 2014. 化解过剩产能需要新思路和新突破. 经济研究参考, (7): 94~96.
陈元江, 黄小舟. 2005. 我国产业产值比例与人均国内生产总值的相关关系. 统计与决策, (20): 88~89.
陈昭玖, 翁贞林. 2015. 新能源经济学. 北京: 清华大学出版社.
褚晓, 沙景华. 2012. 西部五省产业结构转换能力比较分析. 资源与产业, (2): 880~886.
都晓岩, 卢宁. 2006. 论提高我国渔业经济效益的途径——一种产业链视角下的分析. 中国海洋大学学报(社会科学版), (3): 10~14.
樊华, 周德群. 2012. 中国省域科技创新效率演化及其影响因素研究. 科研管理, 33(1): 8~10.
封伟毅, 李建华, 赵树宽. 2010. 技术创新对高技术产业竞争力的影响——基于中国1995~2010年数据的实证分析. 中国软科学, (9): 154~164.
付宏, 毛蕴诗, 宋来胜. 2013. 创新对产业结构高级化影响的实证研究——基于2000~2011年的省际面板数据. 中国工业经济, (9): 56~68.
傅培瑜. 2010. 我国战略性新兴产业发展的研究. 大连: 东北财经大学.
耿强, 江飞涛, 傅坦. 2011. 政策性补贴、产能过剩与中国的经济波动——引入产能利用率RBC模型的实证检验. 中国工业经济, (5): 27~36.
龚惠群, 黄超, 王永顺. 2011. 战略性新兴产业的成长规律、培育经验及启示. 科技进步与对策, (23): 78~81.
辜胜阻, 王晓杰. 2006. 新能源产业的特征和发展思路化. 经济管理, (11): 29~32.
郭广生, 贾品荣. 2018. 绿色发展: 京津冀高能耗产业升级的有效路径. (2018-12-08)[2018-12-20].
    http://epaper.gmw.cn/gmrb/html/2018-12/08/nw.D110000gmrb_20181208_1-09.htm.
郭铁成. 2010. 新兴产业形成规律和政策选择. 中国科技产业, (11): 60~62.
郭晓丹, 何文韬, 肖兴志. 2011. 战略性新兴产业的政府补贴、额外行为与研发活动变动. 宏观经济研究, (11): 63~69.
郭勇. 2016. 基于"两基准"理论的我国产业结构优化路径分析. 中共四川省委党校学报, 2011, (3): 87~89.
韩城. 2011. 辽宁省新能源产业现状及政策研究. 技术经济与管理研究, (5): 109~112.
韩国高, 高铁梅, 王立国, 等. 2011. 中国制造业产能过剩的测度、波动及成因研究. 经济研究, (12): 18~31.
韩永辉, 黄亮雄, 王贤彬. 2017. 产业政策推动地方产业结构升级了吗——基于发展型地方政府的理论解释与实证检验. 经济研究, 52(8): 33~48.

何潇. 2008. 氯化镧的神经毒理研究. 北京: 中国科学院研究生院.
贺俊, 吕铁. 2012. 战略性新兴产业: 从政策概念到理论问题. 财贸经济, (5): 5~9.
赫尔曼·E·达利, 小约翰·B·柯布. 2015. 21世纪生态经济学. 北京: 中央编译出版社.
赫尔曼. 哈肯. 2005. 协同学-大自然构成的奥秘. 上海: 上海世纪出版集团.
赫运涛, 袁伟. 2010. 浅析技术创新服务平台建设与战略性新兴产业培育发展的关系. 中国高校科技, (7): 64~66.
胡荣涛. 2016. 产能过剩形成原因与化解的供给侧因素分析. 现代经济探讨, (2): 5~9.
黄健柏, 徐震, 徐珊. 2015. 土地价格扭曲、企业属性与过度投资——基于中国工业企业数据和城市地价数据的实证研究. 中国工业经济, (3): 57~69.
黄民生. 2014. 节能环保产业. 上海: 上海科学技术文献出版社.
黄南. 2008. 世界新兴产业发展的一般规律分析. 科技与经济, (5): 31~34.
贾品荣. 2010. 国计民生策论. 北京: 经济科学出版社.
贾品荣. 2015. 航空金融论: 技术经济视角. 北京: 经济科学出版社.
贾品荣. 2015. 民生科技: 创新模式与评价体系. 北京: 经济科学出版社.
贾品荣, 李科. 2018. 京津冀地区低碳发展的技术进步路径研究. 北京: 科学出版社.
蒋国俊, 蒋明新. 2004. 产业链理论及其稳定机制研究. 重庆大学学报(社会科学版), 10(1): 36~38.
蒋洪强, 张静, 张伟. 2015. 以技术创新推动环保产业发展的思路与建议. 环境保护, 43(8): 36~39.
鞠蕾, 高越青, 王立国. 2016. 供给侧视角下的产能过剩治理: 要素市场扭曲与产能过剩. 宏观经济研究, (5): 3~15.
剧锦文. 2011. 战略性新兴产业的发展变量: 政府与市场分工. 改革, (3): 31~37.
孔红杰, 李国庭, 李梅广. 2012. 铁矿石资源产业的未来发展. 山东冶金, (4): 6~9.
李东霖. 2016. 战略性新兴产业财税政策实施效果实证分析. 辽宁大学学报(哲学社会科学版), 44(2): 58~69.
李江涛. 2006. 产能过剩——问题、理论及治理机制. 北京: 中国财政经济出版社.
李静, 杨海生. 2011. 产能过剩的微观形成机制及其治理. 中山大学学报(社会科学版), (2): 192~200.
李朴民. 2010. 如何培育战略性新兴产业. 中国科技产业, (7): 60~61.
李少林. 2016. 产业结构优化升级与城镇化质量: 资源环境倒逼机制分析. 北京: 中国社会科学出版社.
李万立. 2005. 旅游产业链与中国旅游业竞争力. 经济师, (3): 123~124.
李细建, 廖进球. 2009. 有限理性视角下的地方政府行为分析. 社会科学家, (10): 44~47.
李香菊, 祝丹枫. 2016. 战略性新兴产业财税政策实施效果研究——以陕西省数据为样本. 财经论丛, (2): 24~31.
李晓东. 2015. 经济新常态下战略性新兴产业市场培育机制探索. 改革与战略, 31(2): 133~137.
李鑫, 熊勇清, 李越恒. 2016. 新兴产业领先示范市场的政府引导模式与机制——基于嘉兴光伏市场培育模式的案例研究. 中国科技论坛, (5): 25~31.
李艳梅, 陈增. 2017. 引入倒逼机制的河北省节能降耗创新思路研究. 北京: 知识产权出版社.
厉以宁. 2015. 工业化和制度调整——西欧经济史研究. 北京: 商务印书馆.
梁树广. 2014. 产业结构升级影响因素作用机理研究. 商业研究, 56(7): 26~33.
梁威. 2017. 战略性新兴产业与传统产业协调发展研究. 北京: 经济科学出版社.
林毅夫, 巫和懋, 邢亦青. 2010. "潮涌现象"与产能过剩的形成机制. 经济研究, 45(10): 4~19.
林毅夫. 2007. 潮涌现象与发展中国家宏观经济理论的重新构建. 经济研究, (1): 126~131.
林毓朋, 李文溥. 2000. 福建省城市化水平: 测量与分析. 福建论坛(经济社会版), (11): 53~569.

刘贵富, 赵英才. 2006. 产业链核心企业研究. 中国管理信息化, 9(10): 25~28.
刘洪昌. 2011. 中国战略性新兴产业的选择原则及培育政策取向研究. 科学学与科学技术管理. (3): 87~92.
刘伟, 张辉, 黄泽华. 2008. 中国产业结构高度与工业化进程和地区差异的考察. 经济学动态, (12): 4~8.
刘小敏, 付加锋. 2011. 基于CGE模型的2020年中国碳排放强度目标分析. 资源科学, (4): 634~638.
刘小清. 1999. 绿色产业——迎着朝阳走来的新兴产业. 商业研究, (9): 22~24.
刘亦红. 2013. 新能源产业发展中政府与企业的博弈均衡, 求索, (9): 53~55.
刘志斌, 王君. 2009. 基于系统动力学的油价预测. 工业技术经济, (5): 98~101.
刘志阳, 施祖留. 2013. 我国战略新兴产业自主创新问题与对策研究. 福建论坛(人文社会科学版),(8): 10~16.
刘志阳. 2010. 战略性新兴产业主导设计形成机理与竞争策略研究. 经济社会体制比较, (5): 165~172.
娄伟. 2013. 情景分析理论研究. 未来与发展, (8): 30~37.
卢明华, 李国平, 杨小兵. 2004. 从产业链角度论中国电子信息产业发展. 中国科技论坛, (4): 18~22.
卢中原. 1996. 产业结构对地区经济发展影响的分析. 经济研究, (7): 38~45.
芦千文, 孙鹏. 2014. 钢铁业"产能过剩"累积机制和化解路径. 企业改革与管理, (23): 113~114.
罗伯特·索洛. 1991. 经济增长因素分析. 北京: 商务印书馆.
罗吉. 2004. 西部地区产业结构转换能力比较的实证研究. 重庆大学学报社会科学版, 10(2): 11~14.
罗斯托. 1988. 从起飞进入持续增长的经济. 成都: 四川人民出版社.
马海良, 黄德春, 姚惠泽. 2011. 中国三大经济区域全要素能源效率研究——基于超效率DEA模型和Malmquist指数. 中国人口·资源与环境, 21(11): 38~43.
毛中根, 孙豪. 2015. 中国省域经济增长模式评价: 基于消费主导型指标体系的分析. 统计研究, (9): 68~70.
庞皓, 杨作康. 1998. 统计学. 成都: 西南财经大学出版社.
钱爱民, 付东. 2017. 信贷资源配置与企业产能过剩——基于供给侧视角的成因分析. 经济理论与经济管理, (4): 30~41.
钱纳里. 1995. 工业化和经济增长的比较研究. 上海: 上海人民出版社.
钱吴永, 王育红, 李晓钟. 2014. 江苏省物联网产业培育机制研究. 价值工程, (29): 8~11.
乔纳森.M. 哈里斯, 布斯恩, 罗奇. 2017. 环境与自然资源经济学. 上海: 上海财经出版社.
邱宝军. 2015. 大数据, 创新驱动重要路径——2025年33万亿美元新兴产业的基础工具. 中国科技产业, (3): 85.
阮爱清, 刘思峰. 2006. 企业集群演进的进化博弈链模型研究. 科技进步与对策, (11): 34~37.
芮明杰, 刘明宇, 任江波. 2006. 论产业链整合. 上海: 复旦大学出版社.
桑瑜. 2017. 产能过剩: 政策层面的反思与实证. 财政研究, (8): 14~20.
申俊喜. 2014. 技术创新引领产业升级的路径研究. 南京: 南京大学出版社.
沈坤荣, 钦晓双, 孙成浩. 2012. 中国产能过剩的成因与测度. 产业经济评论(山东大学), (4): 24~27.
沈利生. 1999. 我国潜在经济增长率变动趋势估计. 数量经济技术经济研究, (12): 3~6.
史宝娟, 郑祖婷, 张立华, 等. 2018. 京津冀生态产业链的构建及优化研究. 北京: 冶金工业出版社.
史忠良, 何伟达. 2004. 产业兴衰与转化规律. 北京: 经济管理出版社.
宋安宁. 2013. 运用政策推动环保产业发展. 中国科技投资, (27): 52~57.
苏东水. 2015. 产业经济学. 北京: 高等教育出版社.
苏立宁, 李放, 丁先存. 2012. 论公共政策系统中的信息监督: 博弈与治理. 南京农业大学学报(社会科学版), 12(2): 110~115.
孙豪, 毛中根, 桂河清. 2017. 中国经济增长模式演进及区域差异. 经济问题探索, (6): 30~38.
汤华杰. 2016. 建立政府与市场协同的新兴产业培育机制. 中国国情国力, (2): 55~57.

唐旭, 张宝生, 邓红梅, 等. 2010. 基于系统动力学的中国石油产量预测分析. 系统工程理论与实践, (2): 207~212.

陶晓燕. 2013. 基于主成分分析的资源型城市产业转型能力评价. 资源与产业, (2): 7~11.

陶忠元. 2011. 开放经济条件下中国产能过剩的生成机理: 多维视角的理论诠释. 经济经纬, (4): 20~24.

田金平. 2013. 基于情景分析的浙江沿海地区环境污染防治战略研究. 环境科学, (1): 336~346.

万钢. 2010. 把握全球产业调整机遇培育发展战略性新兴产业. 中国科技投资, (2): 18~20.

汪伟. 2006. 对我国20年来经济增长的实证分析——基于Solow新古典增长模型. 华中科技大学学报(社会科学版), 20(3): 76~79.

汪应洛. 2005. 系统工程. 北京: 机械工业出版社.

王傲雪. 2015. 关于绿色产业概念与特征的界定研究. 现代经济信息, (15): 370~371.

王斌斌. 2014. 战略性新兴产业发展的财政政策: 效果测度与实证分析. 东北财经大学学报, (6): 53~58.

王海燕, 刘鲁, 杨方廷, 等. 2009. 基于SD的粮食预测和政策仿真模型研究. 系统仿真学报, (21): 3079~3083.

王磊, 崔晓莹. 2017. 我国产业低碳化路径研究. 北京: 化学工业出版社.

王立国, 张日旭. 2010. 财政分权背景下的产能过剩问题研究——基于钢铁行业的实证分析. 财经问题研究, (12): 30~35.

王立国, 周雨. 2013. 体制性产能过剩: 内部成本外部化视角下的解析. 财经问题研究, (3): 27~35.

王群伟, 周德群. 2008. 中国全要素能源效率变动的实证研究. 系统工程, 26(7): 74~80.

王善成. 2018. 把绿色金融培育成节能环保产业新引擎. 环境经济, (Z1): 48~49.

王文甫, 明娟, 岳超云. 2014. 企业规模、地方政府干预与产能过剩. 管理世界, (10): 17~36.

王欣亮. 2018. 区域协调发展研究: 要素配置视域下的产业转移分析. 北京: 中国社会科学出版社.

王玉燕, 林汉川, 王建秀. 2013. 中部地区工业结构转换能力: 测度、趋同及影响因素. 山西财经大学学报, 35(6): 60~69.

王岳平. 2006. 我国产能过剩行业的特征分析及对策. 宏观经济管理, (6): 15~18.

王仲成, 官秀玲. 2005. 关于我国环保产业内涵的界定. 绿色中国, (24): 35~37.

威廉·配第. 2010. 政治算术. 北京: 中国社会科学出版社.

闻潜. 2006. 经济高位运行中的产能过剩及其成因分析. 经济经纬, (5): 19~23.

肖兴志. 2010. 产业经济学理论新进展和文献评述出版. 北京: 科学出版社.

解振华, 潘家华. 2018. 中国的绿色发展之路. 北京: 外交出版社.

谢非, 胡林春, 王栋. 2007. 基于进化博弈的风险投资退出方式选择研究, 科技进步与对策, (11): 34~36.

熊勇清, 李世才. 2011. 战略性新兴产业与传统产业的良性互动发展——基于我国产业发展现状的分析与思考. 科技进步与对策, 28(5): 54~58.

熊勇清, 黄健柏. 2013. 光伏产业困境摆脱与市场的协同培育. 改革, (12): 52~57.

许肖瑜, 周德群. 2008. 基于进化博弈的新兴产业进入问题研究, 技术与创新管理, (6): 600~606.

薛安伟. 2016. 要素引进下的产业升级的路径. 上海: 上海人民出版社.

杨公朴, 夏大慰. 1999. 现代产业经济学. 上海: 上海财经大学出版社.

杨俊. 2012. 基于系统动力学的短生命周期产品需求预测方法比较研究. 中国管理科学, (S1): 55~59.

于立宏, 孔令丞. 2017. 产业经济学. 北京: 北京大学出版社.

于刃刚. 1996. 配第-克拉克定理评述. 经济学动态, (8): 63~65.

于淑艳, 荣晓华. 2004. 辽宁产业结构转换能力比较分析. 工业技术经济, (3): 94~97.

于晓勇, 张跃军, 杨瑞广. 2011. 基于系统动力学方法预测中国的煤炭投资需求. 北京理工大学学报, (4): 489~493.

郁义鸿. 2005. 产业链类型与产业链效率基准. 经济与管理研究, (11): 25~30.

袁江, 张成思. 2009. 强制性技术变迁、不平衡增长与中国经济周期模型. 经济研究, (12): 17~29.

袁晓玲, 张宝山. 2009. 中国商业银行全要素生产率的影响因素研究——基于DEA模型的Malmquist指数分析. 数量经济技术经济研究, (4): 93~104.

约瑟夫·E·斯蒂格利茨, 卡尔·E·沃尔什. 2013. 经济学. 北京: 中国人民大学出版社.

曾建民. 2003. 论绿色产业的内涵与特征. 江汉论坛, (11): 24~25.

曾昭法, 王明. 2018. 经济增长、信贷投放对能源消费的影响研究——基于省级面板数据的实证分析. 工业技术经济, 37(2): 114~120.

翟东升. 2013. 解析"中国式"产能过剩. 宏观经济管理, (7): 34~35.

张斌. 2009. 2020年我国能源电力消费及碳排放强度情景分析. 中国能源, (3): 28~31.

张伯伦. 2013. 垄断竞争理论. 北京: 华夏出版社.

张长令, 马犇, 杜玖玉. 市场开放、资金补贴与新兴产业市场演化——以新能源汽车产业为例. 上海经济研究, (5): 47~57.

张军. 1994. 道格拉斯·诺斯的经济增长理论述评. 经济学动态, (5): 59~61.

张连城, 王少国, 段永亮. 2017. 北京节能环保产业发展与经济可持续增长研究. 北京: 经济日报出版社.

张为付. 2015. 低碳经济与我国国际分工战略的调整. 北京: 商务印书馆.

张卫国. 2015. 政府在新能源投资系统中的角色——基于演化博弈的分析. 科技管理研究, (23): 205~210.

张文平, 张全景, 刘志刚. 2012. 山东省城市竞争力评价研究. 河北师范大学学报(自然科学版), (1): 96~101.

张先锋, 蒋慕超, 刘有璐, 等. 2017. 化解过剩产能的路径: 出口抑或对外直接投资. 财贸经济, (9): 63~78.

张轩, 2017. 战略性新兴产业持续创新能力研究. 武汉: 湖北人民出版社.

赵绪福. 2006. 产业链视角下中国农业纺织原料发展研究. 武汉: 武汉大学出版社.

郑江淮. 2010. 理解战略性新兴产业的发展——概念、可能的市场失灵与发展定位. 上海金融学院学报, (4): 37~40.

郑文, 史文胜, 付保宗. 2007. 行业产能过剩问题的经济学思考. 商业时代, (13): 82~83.

钟春平, 潘黎. 2014. "产能过剩"的误区——产能利用率及产能过剩的进展、争议及现实判断. 经济学动态, (3): 35~47.

仲伟俊, 胡钰, 梅姝娥. 2014. 自主培育发展新兴产业的路径与政策. 北京: 科学出版社.

周劲. 2007. 产能过剩的概念、判断指标及其在部分行业测算中的应用. 宏观经济研究, (9): 33~39.

周路明. 2003. 关注高科技"产业链". 深圳特区科技, (6): 10~11.

周明, 喻景. 2015. 创新驱动五大中心城市产业结构转换能力研究. 中国科技论坛, (8): 93~98.

周叔莲, 裴叔平. 1984. 试论新兴产业和传统产业的关系. 经济研究, (8): 20~24.

周新生. 2000. 产业兴衰论. 西安: 西北大学出版社.

周新生. 2006. 产业链与产业链打造. 广东社会科学, (4): 30~36.

周振华. 1990. 论产业结构分析的基本理论框架. 中国经济问题, (1): 1~8.

朱凯, 姚驿虹. 2012. 对自我发展能力理论的规范性研究. 成都理工大学学报(社会科学版): 31~37.

朱庆华, 窦一杰. 2011 基于政府补贴分析的绿色供应链管理博弈模型. 管理科学学报, (6): 86~95.

朱瑞博, 刘芸. 2011. 我国战略性新兴产业发展的总体特征、制度障碍与机制创新. 社会科学, (5): 65~72.

朱迎春. 2011. 政府在发展战略性新兴产业中的作用. 中国科技论坛, (1): 20~24.

宗蓓华. 1994. 战略预测中的情景分析法. 预测, (2): 50~51.

Barham B, Ware R A .1991. Sequential entry model with strategic use of excess capacity. Working Papers, 26(2): 286~298.

Barham B, Ware R A. 1993. Sequential entry model with strategic use of excess capacity. Canadian Journal of Economics, 26: 286~298.

Blank S C. 2008. Insiders'views on business models used by small agricultural biotechnology firms: Economic implications for the emerging global industry. Ag Bio Forum,11(2): 71~81.

Chang T P, Hu J L. 2010. Total-factor energy productivity growth, technical progress, and efficiency change: An empirical study of China. Applied Energy, 87(10): 3262~3270.

Chung Y H, Färe R, Grosskopf S. 1997. Productivity and undesirable outputs: A directional distance function approach. Journal of Environmental Management, 51(3): 229~240.

Claude G Y. 2003. Dynamic Competition and Development of New Competencies. Charlotte: Information Age Publishing.

Copeland M A. 1934.The theory of monopolistic competition. Journal of Political Economy, 42(4):531~536.

Färe R, Grosskopf S Jr. 2007. Pollution abatement activities and traditional productivity. Ecological Economics, 62: 673~682.

Garofalo G A, Malhotra D M. 1997. Regional measures of capacity utilization in the 1980s. Review of Economics & Statistics, 79(3): 415~421.

Kamien M I, Schwartz N L. 1972. Uncertain entry and excess capacity. American Economic Review, 62(5): 918~927.

Kirkley J, Paul C J M, Squires D. 2002. Capacity and capacity utilization in common-pool resource industries. Environmental & Resource Economics, 22(1-2): 71~97.

Kogut B. 1984. Normative observations on the international value-added Chain and strategic groups. Journal of International Business Studies, 15(2): 151~167.

Li K, Song M. 2016. Green development performance in China: A metafrontiernon-radial approach. Sustainability, 8(3): 219~240.

Nishimori A, Ogawa H. 2004. Do firms always choose excess capacity. Economics Bulletin, 12(2): 1~7.

Porter. 1980. Competitive Strategy Techniques for Analyzing Industries and Competitors. New York: Free Press.

Skinner A S. 1986.The theory of monopolistic competition: A re-orientation of the theory of value. Journal of Economic Studies, 13(5):27~44.

Solow R M. 1957. Technical change and the aggregate production function. Review of Economics & Statistics, 39(3): 554~562.

Svensson L E O, Wijnbergen S. 1989.Excess capacity, monopolistic competition, and international transmission of monetary disturbances. The Economic Journal, 99(397): 785~805.

Wijnbergen S V. 1989.Excess capacity, monopolistic competition, and international transmission of monetary disturbances. Economic Journal, 99(397): 785~805.

Zhang N, Zhou P, Kung C. 2015. Total-factor carbon emission performance of the Chinese transportation industry: A bootstrapped non-radial Malmquist index analysis. Renewable and Sustainable Energy Reviews, 41: 584~593.

Zhou P, Ang B W, Wang H. 2012. Energy and CO_2 emission performance in electricity generation: A non-radial directional distance function approach. European Journal of Operational Research, 221: 625~635.

附录1 全国省域传统高能耗产业结构合理化指数测算结果(2005~2016年)

地区	2005年	2006年	2007年	2008年	2009年	2010年	2011年	2012年	2013年	2014年	2015年	2016年
北京	13.728	14.804	15.123	14.987	14.850	14.716	17.283	17.584	18.927	20.150	21.608	21.043
天津	5.123	4.819	5.034	4.562	5.518	5.704	5.604	5.866	7.305	5.723	5.098	7.264
河北	1.676	1.728	1.901	1.885	2.044	2.121	2.205	2.419	2.644	2.623	2.750	2.743
山西	1.278	1.341	1.307	1.287	1.470	1.377	1.319	1.552	1.752	1.852	2.066	2.108
内蒙古	0.918	0.850	0.868	0.833	0.818	0.795	0.773	0.811	0.906	0.974	0.918	0.995
辽宁	2.223	2.119	2.134	1.776	1.754	1.612	1.504	1.567	1.855	2.009	2.493	2.752
吉林	1.374	1.331	1.257	1.236	1.250	1.083	1.030	1.057	1.253	1.333	1.482	1.533
黑龙江	1.060	1.059	1.210	1.138	1.352	1.105	1.084	1.523	1.876	2.239	2.627	2.737
上海	5.797	5.634	9.448	20.878	21.393	29.853	30.048	18.818	12.296	25.854	13.313	10.416
江苏	2.536	2.800	3.208	3.449	3.789	4.142	4.409	4.645	5.142	4.893	5.152	5.232
浙江	3.676	4.025	4.646	4.868	5.024	5.850	6.480	5.697	6.149	5.190	5.068	5.304
安徽	1.537	1.553	1.725	1.808	1.777	1.498	1.341	1.407	1.524	1.719	2.216	2.375
福建	2.230	2.443	2.751	2.935	3.084	3.155	3.506	3.802	4.072	3.958	4.151	4.232
江西	2.142	1.965	1.894	1.947	2.093	1.828	1.853	2.080	2.244	2.478	2.765	2.998
山东	1.644	1.707	1.892	1.813	1.923	2.075	2.273	2.431	2.741	2.765	2.924	2.938
河南	1.076	1.098	1.226	1.268	1.402	1.466	1.551	1.663	1.856	1.880	2.038	2.053
湖北	1.436	1.379	1.380	1.359	1.278	1.235	1.214	1.236	1.347	1.571	1.707	1.836
湖南	1.552	1.607	1.711	1.693	1.719	1.643	1.588	1.623	1.686	1.663	1.731	1.796
广东	2.449	2.644	2.728	2.932	3.084	3.444	3.550	3.551	3.781	3.779	3.763	3.791
广西	0.950	0.909	1.055	1.000	1.133	1.064	1.065	1.045	1.080	1.123	1.109	1.108
海南	1.808	1.532	1.358	1.510	1.610	1.679	1.704	1.767	2.147	2.314	2.538	2.680
重庆	1.277	1.168	1.116	1.091	1.169	1.182	1.306	1.624	1.929	2.241	2.454	2.654
四川	1.407	1.410	1.602	1.593	1.575	1.527	1.489	1.582	1.644	1.803	2.063	2.224
贵州	0.409	0.415	0.460	0.501	0.549	0.594	0.635	0.687	0.758	0.814	0.935	1.032
云南	0.556	0.569	0.606	0.643	0.709	0.694	0.779	0.829	0.874	0.893	0.920	0.983
陕西	1.013	0.963	1.044	1.080	1.356	1.513	1.571	0.829	0.945	0.974	1.055	0.840
甘肃	0.754	0.720	0.712	0.736	0.767	0.729	0.740	0.785	0.863	0.893	1.013	1.297
青海	0.961	1.010	1.093	1.059	1.169	1.136	1.051	1.073	1.048	1.215	1.532	1.601
宁夏	0.957	1.379	1.295	1.393	1.669	0.880	0.840	0.875	0.945	1.098	1.105	1.056
新疆	1.007	0.760	0.846	0.732	0.944	0.829	0.860	0.970	1.127	1.193	1.346	1.330

附录2 全国省域传统高能耗产业结构高级化指数测算结果(2005~2016年)

地区	2005年	2006年	2007年	2008年	2009年	2010年	2011年	2012年	2013年	2014年	2015年	2016年
北京	1.504	1.654	1.927	2.040	2.209	2.346	2.502	2.591	2.742	2.920	3.103	3.230
天津	1.028	1.147	1.204	1.335	1.558	1.714	1.920	2.103	2.264	2.449	2.685	3.116
河北	0.379	0.440	0.485	0.525	0.600	0.662	0.713	0.764	0.787	0.885	1.015	1.125
山西	0.440	0.468	0.546	0.606	0.619	0.673	0.735	0.810	0.855	0.975	1.187	1.252
内蒙古	0.751	0.935	1.085	1.253	1.430	1.570	1.661	1.745	1.643	1.698	1.923	2.149
辽宁	0.538	0.632	0.707	0.795	0.878	0.990	1.097	1.187	1.212	1.333	1.604	1.826
吉林	0.428	0.520	0.615	0.722	0.837	0.964	1.083	1.178	1.163	1.201	1.261	1.386
黑龙江	0.484	0.544	0.588	0.666	0.772	0.846	0.911	0.969	1.029	1.121	1.349	1.446
上海	1.674	1.838	2.191	2.135	2.457	2.528	2.749	3.099	3.338	2.980	3.375	3.725
江苏	0.549	0.639	0.742	0.857	0.991	1.166	1.335	1.514	1.673	1.965	2.200	2.441
浙江	0.657	0.725	0.767	0.845	0.949	1.058	1.154	1.296	1.388	1.584	1.749	1.877
安徽	0.142	0.165	0.181	0.200	0.235	0.282	0.332	0.365	0.388	0.446	0.514	0.588
福建	0.515	0.575	0.657	0.705	0.769	0.827	0.816	0.873	0.967	1.035	1.104	1.212
江西	0.152	0.180	0.212	0.256	0.303	0.349	0.403	0.455	0.499	0.577	0.661	0.763
山东	0.416	0.487	0.553	0.624	0.711	0.822	0.935	1.055	1.142	1.328	1.486	1.656
河南	0.247	0.292	0.331	0.356	0.388	0.427	0.476	0.530	0.574	0.703	0.787	0.874
湖北	0.229	0.282	0.346	0.398	0.482	0.558	0.640	0.713	0.781	0.888	0.985	1.072
湖南	0.228	0.244	0.279	0.332	0.404	0.465	0.529	0.610	0.693	0.811	0.942	1.091
广东	0.814	0.898	1.027	1.091	1.181	1.262	1.376	1.536	1.639	1.796	1.999	2.184
广西	0.180	0.218	0.259	0.307	0.378	0.429	0.477	0.613	0.683	0.767	0.823	0.889
海南	0.353	0.410	0.521	0.556	0.623	0.700	0.739	0.774	0.749	0.827	0.883	0.969
重庆	0.352	0.435	0.497	0.564	0.649	0.741	0.819	0.922	0.998	1.220	1.345	1.459
四川	0.173	0.204	0.244	0.278	0.343	0.402	0.466	0.541	0.603	0.701	0.832	0.966
贵州	0.303	0.362	0.450	0.488	0.564	0.627	0.720	0.774	0.790	0.796	0.831	0.855
云南	0.312	0.332	0.360	0.370	0.415	0.454	0.502	0.538	0.589	0.641	0.735	0.799
陕西	0.285	0.341	0.393	0.455	0.514	0.578	0.656	1.368	1.415	1.523	1.566	1.656
甘肃	0.254	0.294	0.336	0.372	0.415	0.454	0.549	0.636	0.682	0.787	0.910	0.817
青海	0.262	0.296	0.320	0.377	0.421	0.478	0.536	0.599	0.661	0.760	0.849	0.933
宁夏	0.356	0.322	0.381	0.461	0.446	0.678	0.742	0.833	0.876	0.920	0.983	1.064
新疆	0.551	0.664	0.715	0.813	0.829	0.863	0.931	0.989	0.952	1.072	1.132	1.153

附录3 全国省域六大高能耗产业销售产值占比测算结果(2005~2016年)

地区	2005年	2006年	2007年	2008年	2009年	2010年	2011年	2012年	2013年	2014年	2015年	2016年
北京	0.325	0.304	0.307	0.316	0.295	0.311	0.298	0.321	0.324	0.327	0.321	0.321
天津	0.297	0.303	0.336	0.343	0.350	0.354	0.360	0.336	0.328	0.321	0.325	0.342
河北	0.560	0.549	0.554	0.557	0.534	0.514	0.507	0.496	0.472	0.453	0.436	0.436
山西	0.573	0.562	0.581	0.532	0.488	0.466	0.442	0.415	0.425	0.435	0.434	0.380
内蒙古	0.484	0.485	0.479	0.475	0.450	0.421	0.427	0.422	0.436	0.431	0.410	0.401
辽宁	0.506	0.482	0.446	0.420	0.392	0.388	0.385	0.388	0.378	0.380	0.397	0.348
吉林	0.317	0.313	0.284	0.283	0.250	0.240	0.252	0.243	0.241	0.234	0.226	0.209
黑龙江	0.308	0.313	0.325	0.293	0.338	0.325	0.319	0.311	0.298	0.293	0.288	0.297
上海	0.280	0.277	0.261	0.273	0.253	0.260	0.266	0.260	0.253	0.236	0.220	0.231
江苏	0.307	0.310	0.312	0.304	0.293	0.288	0.295	0.298	0.298	0.290	0.278	0.282
浙江	0.244	0.249	0.247	0.258	0.255	0.262	0.290	0.289	0.296	0.291	0.269	0.297
安徽	0.392	0.388	0.381	0.394	0.359	0.345	0.335	0.320	0.318	0.301	0.279	0.277
福建	0.248	0.252	0.254	0.249	0.247	0.251	0.257	0.266	0.261	0.277	0.264	0.270
江西	0.501	0.510	0.518	0.511	0.475	0.489	0.494	0.460	0.444	0.424	0.399	0.412
山东	0.314	0.319	0.319	0.326	0.313	0.320	0.339	0.333	0.338	0.340	0.332	0.341
河南	0.405	0.406	0.431	0.408	0.386	0.386	0.380	0.380	0.366	0.353	0.343	0.343
湖北	0.409	0.393	0.387	0.395	0.374	0.362	0.358	0.343	0.319	0.303	0.282	0.285
湖南	0.455	0.454	0.450	0.422	0.378	0.373	0.368	0.362	0.359	0.344	0.329	0.310
广东	0.208	0.216	0.219	0.217	0.214	0.218	0.223	0.226	0.226	0.220	0.206	0.220
广西	0.448	0.451	0.465	0.453	0.416	0.418	0.424	0.429	0.415	0.405	0.381	0.389
海南	0.263	0.372	0.537	0.574	0.583	0.561	0.592	0.571	0.520	0.608	0.594	0.664
重庆	0.299	0.302	0.294	0.284	0.256	0.262	0.263	0.244	0.230	0.217	0.202	0.200
四川	0.381	0.372	0.360	0.323	0.313	0.317	0.309	0.300	0.295	0.276	0.281	0.259
贵州	0.586	0.599	0.602	0.558	0.541	0.516	0.488	0.483	0.463	0.440	0.386	0.392
云南	0.522	0.564	0.587	0.565	0.537	0.561	0.565	0.536	0.530	0.532	0.487	0.517
陕西	0.317	0.365	0.358	0.349	0.339	0.351	0.368	0.376	0.364	0.357	0.347	0.366
甘肃	0.739	0.752	0.758	0.729	0.701	0.685	0.697	0.664	0.648	0.644	0.630	0.617
青海	0.554	0.572	0.581	0.591	0.628	0.624	0.657	0.652	0.636	0.664	0.680	0.693
宁夏	0.605	0.623	0.629	0.607	0.584	0.599	0.617	0.648	0.651	0.614	0.594	0.620
新疆	0.429	0.417	0.426	0.451	0.498	0.515	0.537	0.549	0.550	0.560	0.546	0.594

后　记

　　传统高能耗产业转型升级和新兴绿色产业培育的关键是技术创新。技术创新是拉动传统高能耗产业转型升级和新兴绿色产业水平提升的关键动力。近年来，北京在科技原创方面取得了一些技术突破，面对新时代的新要求，北京需要进一步加强战略投入，坚守战略定位，强化战略韧性，为科技创新中心建设打好基础，储备长远！北京市科学技术研究院"北科智库"聚焦首都科技发展重大问题，积极构建促进科技创新智库合作的桥梁纽带，不断探索适应新时代发展新特点的合作机制和治理结构，为市委、市政府决策提供独创性的研究和咨询，为助推北京建设全国科技创新中心和国际一流的和谐宜居之都提供更多的思想启迪和智慧支撑。

　　本书是"北科智库"助推科技创新中心建设的一个研究成果。从科技的维度、创新的视角，找寻京津冀地区传统高能耗产业优化升级路径及新兴绿色产业培育的战略路径。在研究中，天津工业大学张雪花教授承担京津冀地区新兴绿色产业培育机制及产业链发展研究，华北水利水电大学赵荣钦教授承担京津冀地区传统高能耗产业产能过剩化解机制研究，河北建筑工程学院李秀芳副教授承担课题满意度问卷调查，在此表示衷心感谢！本书的写作，首先感谢著名经济学家、中国社会科学院学部委员吕政研究员撰写序言，吕老师是研究产业经济的著名学者。他认为，产业经济是一个应用性很强的研究领域，专业特点决定了这个领域研究的理论工作者必须熟悉实际情况，对实际问题具有认识与分析能力。课题调研组到北京、天津、石家庄、唐山、保定、秦皇岛、邯郸、邢台、张家口等地深入调研，在此基础上，提出京津冀地区产能化解的模式及传统高能耗产业升级策略与新兴绿色产业培育策略。在此，向调研的企业致谢！同时，感谢北京市科学技术研究院科研开发处、条件处、宣传处的大力支持，在此谨向他们表示衷心的感谢！感谢科学学研究中心领导及课题组成员积极参与调研与组织论坛。

　　书中不足之处，请读者指正。

作　者

2019 年 2 月 6 日